SAMMLUNG TUSCULUM

Herausgegeben von

Karl Bayer, Manfred Fuhrmann, Gerhard Jäger

FABELN DER ANTIKE

Griechisch – Lateinisch – Deutsch

Herausgegeben und übersetzt
von Harry C. Schnur
Überarbeitet von Erich Keller

ARTEMIS & WINKLER

Titelvignette: Darstellung des Aesop.
Rotfigurige Schale (Vatikan).
Wiedergabe nach Ernst Pfuhl
„Malerei und Zeichnung der Griechen"
III. Band. München 1923.

Die Deutsche Bibliothek – CIP-Einheitsaufnahme

Fabeln der Antike :

Hrsg. und übers. von Harry C. Schnur.
Überarb. von Erich Keller.
3. Aufl. – Düsseldorf ; Zürich : Artemis und Winkler, 1997
(Sammlung Tusculum)
1. Aufl. im Heimeran-Verl., München

ISBN 3-7608-1535-9

NE: Schnur, Harry C. [Hrsg.];
Keller, Erich [Berab.]

INHALTSVERZEICHNIS

Zur dritten Auflage   6

Vorwort   7

Anmerkungen zum Vorwort   30

Texte mit deutscher Übersetzung   34

   Altes Testament   34

   Hesiod und Archilochos   36

   Aesop   40

   Syntipas   160

   Phaedrus Buch I   162

       Buch II   192

       Buch III   202

       Buch IV   214

       Buch V   220

       Appendix Perottina 224

       Zander   234

   Babrius   244

   Avian   322

Zeittafel   342

Bibliographie (Andreas Beschorner)   344

ZUR DRITTEN AUFLAGE

Für die vorliegende Ausgabe wurde von Andreas Beschorner eine neue, umfangreiche Bibliographie erstellt, die den aktuellen Forschungsstand wiedergibt.

Eine Reihe wertvoller kleinerer Veränderungen und Ergänzungen verdankt dieser Band Erich Keller, der bereits die zweite Auflage überarbeitet hatte. Die Textgestalt blieb im wesentlichen unverändert.

VORWORT

Die Fabel: Begriffsbestimmung
Weder vom Wortsinn noch vom Inhalt her ist jemals eine völlig befriedigende Definition der Fabel gelungen. Die griechischen Bezeichnungen *mythos, ainos* oder schlechthin *logos* sind vieldeutige Wörter: sie bedeuten (mündliche) Erzählung, poetische (im Gegensatz zu faktischer) Darstellung, auch wohl „Sprichwort"; besonders das hundertfach schillernde *logos* kann sowohl tatsächliche wie fiktive Geschichte und letzthin alles Gesprochene oder Erzählte bedeuten.
Ebenso vieldeutig ist das lateinische *fabula* (von *fari*, sprechen), das nicht nur alle vorgenannten griechischen Entsprechungen, sondern darüber hinaus auch noch „Drama" wiedergibt. Gemeinsam wäre also der etymologischen Begriffsableitung etwa „erdichtete Erzählung" – eine zu weitmaschige Definition, wobei noch hinzukommt, daß z. B. bei Phaedrus historische Anekdoten ebenfalls als Fabel bezeichnet werden. Und wenn wir bei dem Wort Fabel in erster Linie an die aesopische Tierfabel denken, in der Tiere redend und handelnd auftreten, so erscheint sehr häufig Unbelebtes, von Natur oder Menschenhand Geformtes; auch Menschen, Götter, personifizierte Naturkräfte.
Inhaltlich berührt und überschneidet sich die Fabel mit Märchen und Sage ebenso wie mit Parabel und Allegorie, Epigramm und Satire – der Satire im modernen Sinn, da ja antike Gattungsnamen wie „Satire" oder „Elegie" längst ihre Bedeutung gewandelt haben. Wohl mag sich noch der Zweck der Fabel einer Definition bieten: „to point a moral and adorn a tale", also eine kurze Erzählung, die eine ausdrückliche (Promythium, Epimythium) oder implicite dargestellte Lebensweisheit enthält; aber auch hier versagt die Definition, wenn wir eine Anekdote oder einen bloßen Witz vor uns haben; und selbst die Kürze ist nicht immer das Merkmal der Gattung (Phaedrus hat mehrmals bis zu sechzig Zeilen). Die äußere Form der Fabel gar ist ganz

variabel – Prosa und verschiedene Versmaße, mit Ausnahme der rein lyrischen.

Definitionen wurden schon in der Antike immer wieder versucht. So definiert Theon (2. Jhdt. n. Chr.) in seinen *Progymnasmata*[1] die Fabel als „eine unwahre Erzählung, die eine Wahrheit darstellt, wobei wohlverstanden nicht von allen Erzählungen hier die Rede ist, sondern nur von solchen, wo der vergleichsweise angeführte Gegenstand deutlich ausgedrückt wird." Ähnliche Definitionen besitzen wir von Aphthonios[2] (3. Jhdt. n. Chr.) und zahlreichen anderen antiken Autoren, so z. B. Isidorus (560–636) *Orig.* 1, 40: „Fabeln benannten die Dichter von *fari*, weil es nicht wahre, sondern nur durch Erzählung fingierte Dinge sind. Sie wurden zu folgendem Zweck eingeführt: daß durch fiktive Gespräche stummer Tiere miteinander ein gewisses Abbild menschlichen Lebens erkannt würde. Als erster soll sie Alcmaeon[3] aus Kroton erfunden haben; man nennt sie aesopische, weil dieser in Phrygien sich mit ihnen hervortat. Es gibt nun aesopische und libysche Fabeln; in den erstgenannten werden stumme Tiere als miteinander redend dargestellt, oder Unbelebtes wie Städte, Bäume, Berge, Felsen, Flüsse; libysche sind es, wenn Menschen mit Tieren oder Tiere mit Menschen redend vorgestellt werden."

Unter den Modernen beschäftigt sich vor allem Lessing (Abhandlung vom Wesen der Fabel) mit der Fabel im engeren Sinn, der aesopischen, die er als Lehrgedicht betrachtet:

„Wenn wir einen allgemeinen moralischen Satz auf einen besonderen Fall zurückführen, diesem besonderen Fall die Wirklichkeit erteilen und eine Geschichte daraus dichten, in welcher man den allgemeinen Satz anschauend erkennt, so heißt diese Erdichtung eine Fabel."

Man sieht leicht, daß diese scharfsinnige Definition eben doch nicht alle Arten der Fabel umfaßt. Hatten Lessings Vorgänger vielfältige Unterarten der Fabel postuliert – etwa wie Aphthonios, der vernünftige, sittliche und vermischte unterscheidet –, so hat Herder[4] theoretische, sittliche und Schicksalsfabeln, wobei Lessing die sittlichen in „mythische" und „hyperphysische" unterteilt. Es findet sich aber das Wunderbare auch im Märchen,

das ebenso wie die Fabel ursprünglich Volksdichtung ist, nahe
verwandt der epischen Erzählung[5]. Doch hat das Wunderbare,
das im Epos eben als außergewöhnlich, als mirakulös, erscheint,
eine fantastische Eigenrealität. Die normale Kausalität, welche
die meisten Fabeln immerhin beherrscht, ist aufgehoben, und
das Zauberhafte regiert. Wenn im Märchen Tiere auftreten, so ist
ihr Verhalten nicht artbedingt, wie meistens in der Fabel: der
Kürbis wird zur goldenen Kutsche, der schöne Prinz ein häß-
licher Frosch, der Zauberteppich fliegt mit Passagieren durch die
Lüfte, der Kater trägt Stiefel. Die Handlung konzentriert sich
nicht wie in der Fabel auf *einen* Vorfall, sondern wird ins Breite
ausgesponnen. Das. Märchen wendet sich an ein naiv-unkriti-
sches Publikum, meist an Kinder oder primitive Menschen, und
die satirisch-kritische Tendenz vieler Fabeln ist ihm völlig
fremd – es „fabuliert".
Enger verwandt ist die Fabel dem Gleichnis, weshalb auch
„Fabel" im Hebräischen mit *maschal*, Beispiel, wiedergegeben
wird, ebenso wie im Mhd. bispel.
Eine kurze, ebenfalls nicht unumschränkt zutreffende Definition
gibt J. Jacobs (1889). Die Fabel sei eine kurze humoristische und
allegorische Erzählung, in der Tiere eine einfache moralische
Wahrheit illustrieren oder eine weise Maxime ausdrücken. Ihr
anekdotischer Charakter unterscheide sie vom Sprichwort, während sich die Parabel mit ethisch höherstehenden menschlichen
Beziehungen beschäftige. Jacobs beschränkt also seine ganz an-
nehmbare Definition auf die Tierfabel.
Eine einigermaßen brauchbare, wenngleich willkürliche Definition der Fabel gibt B. E. Perry (Aesopica S. IX). Nach ihm muß die
aesopische Fabel, im Gegensatz zur Chrie oder einem historischen Beispiel, offenbar und absichtlich fiktiv sein, ob die Handlung nun möglich sei oder nicht. Sie ähnele dem im gnomischen
Aorist formulierten Sprichwort, sei aber unähnlich der Art des
Physiologus oder des homerischen Gleichnisses. Während diese
beiden allgemein gehalten sind, muß die Fabel den Anspruch
erheben, *eine* bestimmte Handlung oder Äußerung, die *einmal* in
der Vergangenheit von bestimmten Charakteren vollbracht
wurde, wiederzugeben. Schließlich muß sie wenigstens dem An-

schein nach nicht um ihrer selbst willen erzählt werden (wie so viele Tiergeschichten bei Aelian, einschließlich der ätiologischen Abart mit einer rein wissenschaftlichen Pointe), sondern um einer Pointe willen, die moralisch, paränetisch oder persönlich ist.

Schon der Umfang aller dieser versuchten Definitionen – ganz abgesehen von den Ausnahmen, die so zahlreich sind, daß sie die Regel nicht bestätigen, sondern durchlöchern – zeigt, wie mißlich es ist, eine starre Definition der Fabel zu versuchen. Und ferner haben fast alle Definitionen eines vergessen, nämlich den Witz. Eine Fabel, die uns nicht ein Lächeln entlockt, ob sie nun Schlauheit oder Dummheit darstellt, Heiliges verspottet oder einen Überraschungseffekt bietet, bleibt blutlose Allegorie.

Verwandte Gattungen

Sodann gibt es Randgebiete der Fabel. Ist das Streitgespräch, die Synkrisis, zwischen Ölbaum und Dornbusch, Wasser und Wein, eine echte Fabel oder lediglich eine dialektische Übung? Bereits in altbabylonischer Spruchweisheit finden wir solche Streitgespräche (Pferd – Ochse, Palme – Tamarinde). Diese nach Lambert[5a] aus der Zeit der dritten Dynastie vor Ur, also von ca. 2000 bis 1900 datierenden Wettstreite wurden bei festlichen Anlässen zur Erheiterung des Hofes vorgetragen (sumerische, dann akkadische, assyrische und aramäische Spruch- und Weisheitsbücher reichen von der vorerwähnten Periode bis ins 7. vorchristliche Jahrhundert). Solche „Rangstreitliteratur" gab es überall und zu jeder Zeit: uns liegen am nächsten etwa die Rangstreitgedichte der Goliarden (Kleriker-Ritter) oder der Wasser-Wein-Wettstreit in: „Des Knaben Wunderhorn".

Wie nahe ist Spruchweisheit der Fabel verwandt? „Beobachte die Ameise und lerne von ihr, du Fauler!" Oder das alte Skolion[6] (zum Vortrag beim Symposion bestimmtes Lied): „Der Krebs packte die Schlange und sprach: Geradezu muß ein Kumpan sein und nicht auf krumme Wege sinnen." An die Fabel grenzen z. B. altbabylonische Sprichwörter wie das folgende: „Wenn ich aufspeichere, wird man mich bestehlen; wenn ich verschwende, wer wird mir geben?" Auch die im (später noch zu besprechenden) Buch Ahiqar enthaltenen Sprüche sind oft der Fabel nahe[7].

Tierepos

Ein Tierepos kennt die Antike nicht: der Froschmäusekrieg (Batrachomyomachia) ist lediglich Eposparodie. Erst im Mittelalter, das bereits die einzelne Fabel ausgeschmückt und homiletisch-allegorisch erweitert hatte, treten tierische Persönlichkeiten, deren Charakter feststeht, in laufenden Episoden auf: die Tendenz des Tierepos ist allegorisch-satirisch.

Verwendung und Ursprung

Kurz war die Fabel in ihrer ursprünglichen Form, sowohl die sumerische wie diejenige, die uns unter dem Namen Aesops überliefert ist. Erst als sie „literaturfähig" gemacht wurde, ward sie geschmückt und ausgedehnt, wie wir dies bei Avian sehen. Als literarische Gattung nämlich wurde die Prosafabel in der Antike nicht angesehen: sie war reines Rohmaterial, für rhetorischen Gebrauch alphabetisch angeordnet, und erst ihre poetischen Bearbeiter, beginnend mit Phaedrus, erheben einen bescheidenen Anspruch darauf, zur „Literatur" zu gehören. Wegen ihrer Kürze, Einprägsamkeit und Moralität war die Fabel beliebtes Schulübungsmaterial. Wir besitzen einen Papyrus[8] mit dem ungelenken Versuch eines Schulknaben, eine Fabel nachzuerzählen. Quintilian (1, 9, 1) läßt den Schüler, gleich nachdem er den Ammenmärchen entwachsen sei, Aesops Fabeln in reinem aber schlichtem Stil erst in Prosa nacherzählen, dann mit anderen Worten wiedergeben, schließlich etwas kühner paraphrasieren. Ebenso erwähnt er (5, 11, 19 ff.) die Fabel als rednerisches Schmuckmittel, besonders um Naive und Ungebildete zu ergötzen und dadurch leichter zu überzeugen.

Quintilian hat auch erkannt, daß die Fabel oft zum Sprichwort schrumpft, oder auch nur zur andeutenden Redewendung. Deutsche Wendungen wie der Eselstritt, der Löwenanteil, sich mit fremden Federn schmücken, der Wolf im Schafspelz, saure Trauben, gehen sämtlich auf Fabeln zurück; so sagte der Römer *bos clitellas ⟨portabat⟩, societas leonina, sus Minervam, vestigia terrent.* Treffend erkennt Quintilian den didaktischen Gebrauch der Fabel. In der Vorschule der Rhetorik war der Schüler gehalten, zu einer gegebenen Fabel eine Moral zu finden (daß wir zu

manchen Fabeln mehr als eine, oft nicht besonders gut passende, Moral haben, mag das Ergebnis solcher Schulübungen sein), und wohl auch, zu einem Sprichwort oder einem Apophthegma eine illustrierende Fabel zu erfinden. Hier also berührt sich die Fabel gleichfalls mit der Spruchweisheit.

Wollen wir zusammenfassend eine annähernde Begriffsbestimmung der Fabel wagen, so müssen wir uns mit der Feststellung begnügen, daß es eine kurze, pointierte und witzige Geschichte ist, dem Epigramm also recht ähnlich, von dem sie sich allenfalls dadurch unterscheidet, daß ein Vorgang hier nicht nur erwähnt, sondern, wenn auch kurz, geschildert wird. Oft grenzt die Fabel auch an die Fazetie, ja an den erotischen Witz, die Zote. Sie ist also ein Histörchen, eine Schnurre, in der oft nicht-menschliche Wesenheiten redend und handelnd auftreten.

Ihr Ursprung? Der menschliche Urtrieb, Legenden, Märchen, Geschichten zu ersinnen, zu erzählen und ihnen zuzuhören, also ein Vergnügen, das Erzähler und Hörer teilen, wobei praktische Lebensweisheit – keineswegs immer ethisch hochstehend – in unterhaltender Form präzisiert wird. Der tiefere Ursprung der Fabel mag im animistischen Denken wurzeln, dem alles, Tiere, Pflanzen und Steine ebenso wie elementare Naturerscheinungen, beseelt und mit Willen und Sprache begabt sind. Noch heute haben wir unbewußt den Hang zum anthropomorphischen Denken, das Ruskin[9] als „the pathetic fallacy" charakterisierte: das mitleidslose Meer, der grausame Wolf, drohende Wolken.

Geschichte der Fabel

Die Annahme, daß die Fabel aus dem Nahen oder Fernen Osten „stamme" und von dort nach Ionien und Griechenland gekommen sei, beruht auf einem Irrtum. Wohl können wir eine Wanderung von Fabelmotiven in dieser Richtung verfolgen, aber Fabeln hat es zu allen Zeiten und wohl bei allen Völkern gegeben. Lange vor Aesop hatten Hesiod und andere Dichter der Griechen Fabelmotive, wir kennen Fabeln aus ägyptischer und chinesischer Vorzeit, und ohne Zweifel gilt dies für viele andere Kulturen. Was wir in historischer Reihenfolge erkennen können, ist die

Aufzeichnung der Fabel: wir haben vor uns, nicht eine Geschichte der Fabel, sondern eine Geschichte der Fabelliteratur.

Diese Geschichte zeigt eine beispiellose Verschachtelung von Motiven und Überlieferungen, von Hin- und Rückwanderungen, die fast unentwirrbar ist. Fabelmotive wurden von einer Sprache in viele andere übernommen, übersetzt, erweitert, rückübersetzt; oft wurden sie aufgrund falscher Etymologien oder mißverstandener und deformierter Namen historischen, pseudohistorischen oder apokryphen Verfassern zugeschrieben. So wird z.B. im Hebräischen „Aisopos", „Sophos" und „Josephus" („Josippos") mit fast dem gleichen Graphem wiedergegeben, wodurch Verwechslungsmöglichkeiten entstanden, deren keine unbenutzt gelassen wurde. Ähnliches gilt für die Wiedergabe griechischer Namen im Syrischen; werden dann solche Namen noch durch Persisch (Pählevi) oder Armenisch gefiltert, so ergibt sich ein schwer entwirrbares Durcheinander.

Da man heute, wie wir noch im einzelnen sehen werden, trotz intensiver Wechselbeziehungen zwischen mesopotamischem und griechischem Fabelgut die Polygenese der Fabel annimmt (während noch Jacob Grimm[10] an ihren nordisch-germanischen Ursprung glaubte), erhebt sich die Frage, warum ähnliche Fabelmotive in vielfältigen Kulturen erscheinen. Die einfache Antwort ist, daß in jeder Gesellschaftsform, von der primitiven bis zur hochorganisierten, ungefähr dieselben Weisheits-, Lebensklugheits- und Anstandslehren das Zusammenleben regeln. „Respektiere das Alter," „höre viel und sprich wenig", „lege dich nicht mit Stärkeren an," „vertraue nicht dem Weibe", „werde aus Schaden klug," – unzählige Maximen dieser Art, zusammen mit den sie illustrierenden anthropomorphischen Tierfabeln, können autochthon entstanden sein. So könnte man auf Ecclesiastes wie auf den Disticha und Monosticha Catonis Fabeln aufbauen.

Der Mode der Zeit entsprechend haben manche, beginnend mit Crusius (1913), der Fabel einen „soziologischen" Ursprung zugeschrieben. Das Aufmucken des Sklaven, des kleinen Mannes, des Armen gegen die Reichen und Mächtigen finde sein Ventil in der Fabel, ähnlich wie in heutigen Linksdiktaturen im politi-

schen Witz. Crusius behauptet, die Fabeln in Europa, ein Ausdruck der Spannung zwischen Herren und Knechten, beginne mit dem Aufsteigen der niederen Volksschichten, der Bauern und Halbbürtigen. „Die Fabeln begleiten den Bauernaufstand in der Moral." Ebenso stark formulierte es Spoerri (1942) in seiner Abhandlung „Der Aufstand der Fabel." Er sagt: „Sie sieht die Großen in ihrer ganzen Brutalität, Machtgier und Heuchelei", weshalb die Fabel im 18. Jhdt. besonders floriert habe. Er formuliert dies recht bombastisch: „Die Fabel ist der Feuerbrand, der aus den Kellergewölben der Paläste aufsteigt. Die Könige und Helden haben ausgespielt ... schließlich verwandelt das Volk Literatur in blutige Realität." Arno Schirokauer (1953) und Karl Meuli (1954) drücken sich weniger pathetisch aus, teilen aber diese Ansicht.

Die konsequenteste Darstellung dieses marxistischen Standpunktes bringt Dithmar. Nach ihm ist die Fabel „in ihrem Wesen existenz- und gesellschaftskritisch" und „ein vorzügliches Kampfmittel in der politischen, sozialen und religiösen Auseinandersetzung." Es sei nicht zufällig, daß Aesop und Phaedrus Sklaven waren, und er behauptet, „daß auch die sogenannte Moral der Fabel sklavisch ist, eine Antimoral, die sich gegen die Vereinigung von Macht und Moral in der Hand der Herrschenden richtet."

Hierzu wäre zu sagen, daß D. selber (S. 13) die Möglichkeit erwähnt, „daß Aesop überhaupt keine historische Gestalt ist", er also schwerlich unterstellen kann, daß er ein Sklave war. Phaedrus wiederum gehörte als Freigelassener des Augustus und Hofangestellter dem Mittelstand an – einem Stand, der im julisch-claudischen Zeitalter beträchtlichen Einfluß erwarb, da sich die Herrscher lieber auf ihn stützten als auf Senatoren oder Ritter, deren Ergebenheit fragwürdig war. Ferner: was auf neuere Tendenzdichter wie Pfeffel und Christ. Aug. Fischer zutrifft – mit ihren wütenden Anklagen gegen „Despoten, Wüteriche, Sultane" – ist keineswegs für eine allgemeine Genese der Fabel brauchbar. Wenn D. vollends moderne Fabeln zitiert, etwa von W. Schnurre, Brecht, Arntzen u. a., so sind dies meist radikal-politische Aphorismen. Für das Wesen der antiken

Fabeln besitzen diese keinen Aussagewert, und die Retro-Projektion klassenkämpferischer Schlagworte ist ein Taschenspielertrick. Weiter: die Entstehungszeit der teils von Osten nach Westen, teils in umgekehrter Richtung gewanderten Fabelmotive ist überhaupt nicht bestimmbar, weshalb die aesopische Fabel nicht mit einer bestimmten sozialpolitischen Epoche der griechischen Gesellschaft identifiziert werden kann. Oder sollen wir annehmen, daß schon altsumerische Fabeln, mit denen aesopische übereinstimmen, der „Revolte des kleinen Mannes" entspringen?

Entscheidend ist allein der Kontext, in dem eine Fabel illustrierend oder polemisch verwendet wird: dieser zeigt ihre Verwendung, nicht aber ihren Ursprung. Je nach der jeweiligen Situation können die unschuldigsten Histörchen oder Bibelzitate, Märchen oder Fabeln, den jeweiligen Machthabern in die falsche Kehle kommen. Man erzählt, daß Anfang dieses Jahrhunderts eine chinesische Übersetzung von Grimms Märchen erschienen sei: ein Mandarin rief erzürnt aus: „Dies zielt auf uns!", und verbot sie. Verfremdung einer Gattung sagt nichts über ihren Ursprung.

Betrachten wir die bekannte Fabel vom Wolf und Lamm, das alle Vorwürfe widerlegt, aber doch gefressen wird: „So war es halt dein Vater, der mich beschimpft hat." Wie leicht könnten Machthaber verschiedener politischer Systeme Gewaltmißbrauch, welcher „Sippenhaftung" oder nicht-proletarische Abkunft zum Vorwand für Ungerechtigkeit nimmt, auf sich beziehen! Als Phaedrus Aesop-Fabeln in lateinische Verse kleidete, bezog der mächtige Sejan manches auf sich und bestrafte den Dichter.

Nicht jede Unzufriedenheit ist Gesellschaftskritik. Der Esel, der sich über sein hartes Los beschwert, der Arme, der unzufrieden ist, der Schwächere, der im Kampf dem Stärkeren unterliegt – das hat es zu allen Zeiten gegeben, aber ein „Bauernaufstand" ist es gewiß nicht. Was Thersites[11] gegen Agamemnon vorbringt, ist sachlich nicht abwegig, so daß Odysseus allein das *argumentum ad baculum* hat, um ihn zum Schweigen zu bringen, aber das macht Thersites nicht zum klassenkämpferischen Revolutionär.

Daß der einfache Soldat aufbegehrte und schimpfte, gab es zu
allen Zeiten und in allen Heeren.

Beachten wir ferner, daß neben kritischen Fabeln – und diese
erstrecken sich nur auf den privaten Bereich, ohne ein Angriff
auf die Gesellschaftsordnung zu sein – eine ungleich größere
Anzahl von Fabeln empfiehlt, sich der Macht zu beugen, sich im
niederen Stand sicherer zu fühlen als es die Prominenten können.
Manchmal werden die Götter verspottet oder die Religion
skeptisch betrachtet: eben so oft aber wird fromme Gott-
ergebenheit angeraten oder Unrecht von den Göttern bestraft.
Wir haben eben in den „aesopischen" Fabeln Einflüsse heidni-
scher, alt-babylonischer, alt-jüdischer Art. Darum ist auch das
empfohlene Verhalten keineswegs immer ethisch hochstehend:
sehr oft lehrt die Fabel, man solle rücksichtslos seinen Vorteil
wahrnehmen oder wenigstens rein praktisch handeln; man solle
sich für Unbilden rächen oder dem Feind zuvorkommen.
Manche Fabeln besitzen überhaupt keine „Moral" im landläufigen Sinn oder sind rein humoristisch und unterhaltend. Horaz
hat Phaedrus stark beeinflußt: sein Wort[12] *aut prodesse volunt aut
delectare poetae* wiederholt Phaedrus mit geringer Abwandlung in
seiner Definition der Fabel: *risum movet et prudenti consilio vitam
monet.* Nur scheinbar postuliert Phaedrus (Prolog zu Buch III)
einen soziologischen Ursprung der Fabel. Wir übersetzen ganz
wörtlich:

> Jetzt will ich dir kurz darlegen, warum die Gattung „Fabel"
> erfunden wurde. Der ohnmächtige Sklave *(servitus obnoxia)*,
> der ja nicht zu sagen wagte, was er wollte, legte seine eigenen
> Gefühle in Fabeln hinein und entging so mittels erdichteter
> Scherze *(fictis iocis)* der *calumnia* (Anklage, besonders die
> falsche oder schikanöse; wohl auch = Strafe).

Also doch „Sklavenaufstand?" Nein, höchstpersönliches Anlie-
gen des Phaedrus, denn er fährt fort:

> Wo jener (Aesop) einen Pfad hatte, baute ich eine Straße und
> habe mehr Stoffe erdacht als jener hinterlassen hatte, obwohl
> manches, das ich erwählte, mich ins Unglück gestürzt hat.
> Hätte ein anderer als Sejan mich angeklagt, wäre ein anderer

als Zeuge gegen mich aufgetreten, wäre schließlich ein anderer
Richter gewesen, dann –

wir erwarten: wäre mir nichts geschehen, aber nein:

> dann würde ich bekennen, solche Unbilden verdient zu haben
> und nicht mit solchen Heilmitteln (nämlich weiterer Dich-
> tung) meinen Schmerz lindern. Wenn aber fortan einer fälsch-
> lich Verdacht faßt und auf sich persönlich bezieht, was als
> allgemeine Moral gedacht ist *(rapiens ad se quod erit commune
> omnium)*, dann wird er in seiner Torheit sein schlechtes Ge-
> wissen entblößen.

Phaedrus ist also keineswegs der Fürsprecher der Entrechteten;
ihm *persönlich* hat der mißtrauische Machthaber Unrecht getan.
Man erinnert sich Luthers mörderischer Wut gegen den völlig
unschuldigen Epigrammatiker Lemnius[13], der sich mit genauer
Not retten konnte und danach allerdings, wie Phaedrus an Sejan,
sich an Luther rächte (Monachopornomachia). Übrigens lag die
Opposition in der frühen Kaiserzeit keineswegs beim „Volk" –
in Rom ein verschwommener Begriff – sondern allenfalls bei der
senatorischen Aristokratie.

Weisheitsliteratur

Ein wichtiger Vorläufer der aesopischen Fabel ist, wie bereits
erwähnt, die orientalische Weisheitsliteratur – gnomische
Sprüche, die oftmals Vergleiche mit Tieren und Pflanzen ver-
wendend entweder kondensierte Fabeln sind oder zu solchen
ausgeweitet wurden. Eine (nach Perry) bis ins 18. Jhdt. v. Chr.
zurückgehende Tradition solcher in Keilschrift aufgezeichneten
Sprüche fand dann gegen Ende des 7. Jhdts. im Buch Ahiqar
ihren Niederschlag; die Texte folgen sich in sumerischer, akadi-
scher, assyrischer und schließlich aramäischer Sprache. Parallel
geht die Entwicklung altjüdischer Spruchweisheit. König
Salomon (970–930) wurden 3000 Sprüche, gleichfalls oft über
Tiere und Pflanzen, zugeschrieben. Diese wahrscheinlich erst
unter König Zedekiah (597–586), dem letzten Herrscher vor dem
babylonischen Exil, redigierte Sammlung enthält Zusätze die von
anderen Weisen (Agur bin Jakeh; „Lemuel") stammen. Es sind

gleichfalls Aphorismen, die einerseits zum Sprichwort ge-
schrumpfte Fabeln, andererseits auffallende Parallelen mit den
Sprüchen des Assyrers Ahiqar zeigen; auch ägyptische Fabeln
haben eingewirkt.

Dieses Buch „Von der Geschichte und der Weisheit des Ahiqar",
von dem ein Teil in der Aesop-Vita (W) erscheint, hat zweifellos
einen historischen Kern. Die Handlung spielt unter den Königen
von Niniveh Senaherib (705–681) und Asarhaddon (681–668),
deren Kanzler er war. Der weise Wesir bestimmt seinen Schwe-
stersohn zu seinem Nachfolger und erteilt ihm eine Reihe weiser
Lehren. Der undankbare Neffe aber (sein Name schwankt zwischen Nadan, Nadab und einem halben Dutzend anderer For-
men) bezichtigt Ahiqar einer Verschwörung. Dieser wird vom
König zum Tode verurteilt, aber durch den ihm befreundeten
Henker gerettet und verborgen gehalten. Als der ägyptische
Pharaoh dem König Rätselfragen und scheinbar unlösbare Aufgaben vorlegt, wird Ahiqar wieder in Gnaden angenommen. Er
löst die Aufgaben (diese Vorgänge erscheinen in der Aesop-Vita
[W 123 ff.]) und sein Neffe wird in seine Hand gegeben. Ahiqar
läßt ihn halbtot prügeln und hält ihm dann strafverschärfend
seine Undankbarkeit in einer langen Reihe von Sprüchen und
Gleichnissen vor, deren viele sich der Fabel nähern. Zum Schluß
zerplatzt der Neffe.

Das Buch Ahiqar hat die vielfältigsten Berührungen mit der gesamten orientalischen Literatur, dem Alten und dem Neuen
Testament (besonders dem apokryphen Buch Tobit), dem babylonischen Talmud; Parallelen finden sich bei Demokrit, Menan-
der und, wie gesagt, in der Aesop-Vita. Der Name Ahiqar war
gleichfalls der Titel eines (verlorenen) Werkes von Theophrastos.
Über den gesamten Ahiqar-Komplex (der sich wiederum mit
„Loqman" berührt) informiert das monumentale Werk von
F. Nau in ausführlichem Detail.

Altsumerische Sprichwörter, die trotz ihrer Kürze – von Perry
als „metaphorisch" bezeichnet – eigentlich Fabeln sind, entsprechen griechischen Sprichwörtern, z. B.: „Als ich dem Wild-
ochsen entrann, stand ich der wilden Kuh gegenüber", vgl. von
Charybdis zur Scylla, from the frying pan into the fire, vom

Regen in die Traufe. Diogenian[14] (2. Jhdt. n. Chr.) hat das bekannte Sprichwort, „Die Berge kreißen und gebären eine Maus,"
das Phaedrus durch Hinzufügung beschreibender Einzelheiten
zur Fabel erweitert. Oder: Theognis 329 f.: „Der Kluge bewegte
sich langsam, doch durch der Götter Ratschluß, Kyrnos, über-
holte er den Schnellfüßigen," was bei Aesop (H 420) als die bekannte Fabel von Hase und Schildkröte erscheint. Quintilian
erkannte diese Identität von Fabel und Sprichwort (5, 11, 21):
„Jene Gattung von *paroimia*, die wie eine kürzere kleine Fabel
ist und allegorisch aufgefaßt wird."
Der Ahiqar-Roman, aus dem man Motive selbst im Tibetani-
schen findet und der ein Bestandteil der 1001 Nacht ist, stellt also
eine Mündung von ältestem und einen Quell jüngeren Weisheits-,
Spruch- und Fabelgutes dar. Die Urform, in der der Roman aufgezeichnet wurde, war fast mit Sicherheit hebräisch oder ara-
mäisch; seine Niederschrift wird zwischen 550 und 450 ange-
setzt.

Indische Fabeln

Als eine weitere Quelle der griechischen Fabel sah man lange
Zeit die einem Bidpai genannten Verfasser zugeschriebenen
Fabeln an, die von Buddhas früheren Existenzen in Tiergestalt
erzählen. Als Pantschatantra (das Fünfteilige) wurde das Buch
aber erst im 2. vorchr. Jhdt. niedergeschrieben; zwei im ersten
Buch erscheinende (Schakal-) Personen, Kalila und Dimna,
bilden den Gegenstand eines besonderen Buches, das erst im
6. Jhdt. n. Chr. in mittelpersischer Sprache (Pählevi) erschien.
Eine weitere indische Fabelsammlung, älter als Bidpai, sind die
Jataka, frühere Inkarnationen des Buddha beschreibend, die dem
Weisen Kâsyapa zugeschrieben werden. Eine ceylonesische Gesandtschaft brachte sie ca. 50 n. Chr. nach Alexandria, wo sie
übersetzt wurden: es ist denkbar, daß sich unter dem Namen
„Kybisses", dem Babrius (Beginn von Buch II) die Erfindung
der „libyschen" Fabeln zuschreibt, „Kâsyapa" (hebr. Kubsis)
verbirgt.
Diese indischen Fabeln sind aber nicht so uralt, als daß man, so
zahlreich ihre Entsprechungen mit Aesop sind, die aesopischen

Fabeln von ihnen herleiten müßte. Durch den Alexanderzug und
die Gräzisierung des Orients können ebenso gut griechische
Fabelmotive nach Osten gewandert sein (wie sich ja auch die
Einwirkung hellenistischer Kunst im westlichen Indien nach-
weisen läßt). Die erste westliche Fabelsammlung (abgesehen von
dem umstrittenen „Volksbuch von Aesop"), von Demetrios von
Phaleron um 300 v. Chr. zusammengestellt, lag vor, ehe das
Pantschatantra aufgezeichnet wurde. Zudem ist uns eine ganze
Anzahl voraesopischer griechischer Fabeln bekannt. Man hat daher die Theorie der Fabeldiffusion aus *einem* Punkt, wie noch
gegen Ende des 19. Jhdts. vertreten (Benfey), heute wohl end-
gültig fallen gelassen. Nachdem wir die Intensität kultureller und
kommerzieller Beziehungen zwischen Ionien wie auch dem
griechischen Festland einerseits und dem Orient andererseits
schon im prähistorischen, „helladischen" Zeitalter erkannt
haben, können wir höchstens gegenseitige Beeinflussung, nicht
aber einseitigen ost-westlichen Import von Fabeln feststellen.

Aesop

Im Abendland ist der Begriff „Fabel" untrennbar mit dem Namen
Aesop verbunden. Man darf ihn als zumindest halb-historische
Persönlichkeit betrachten: wenn Herodot[15] ihn etwa hundert
Jahre vor seiner eigenen Zeit annimmt, so ist dieser Abstand
nicht groß genug, um uns die Historizität Aesops gänzlich leug-
nen zu lassen. Daß seine Lebensbeschreibungen spät und wider-
sprüchlich sind und viele Schwänke und Fabeln an den bekannten, zum Gattungsnamen gewordenen, Namen „Aesop" gehängt
wurden, nimmt nicht wunder. Er stammte wohl aus Phrygien,
also einem dem babylonisch-mesopotamischen Kulturkreis
nicht fernliegenden Lande; seine ungefähren Lebensdaten wären
etwa 620–561. Dies würde ihn zum Zeitgenossen der „Sieben
Weisen" machen, mit denen ihn die Legende zusammenbringt;
er wäre auch nicht allzu weit entfernt von der Zeit Sakyamunis,
des Buddha, ebenso von Confucius und Zoroaster – gleichfalls
historischer aber von Legenden umrankter Persönlichkeiten.
Aesop, so erzählt die Tradition, sei ein mißgestalteter, ja anfangs
der Sprache beraubter Sklave gewesen; er habe erst dem

„Philosophen" Xanthos von Samos gedient, sei dann, freigelassen, Freund und Berater des Krösus geworden, als dessen Ge-
sandter er schließlich von den Delphiern aufgrund einer ungerechten Anklage hingerichtet worden sei. Seine Lebensgeschich-
ten enthalten Eulenspiegeleien und Witze, wobei insbesondere
der Philosoph Xanthos hereingelegt wird, sowie eine Anzahl
eigentlicher Fabeln. Viele andere waren, ehe sie selbständig
wurden, sicherlich in seine Lebensbeschreibung eingebettet.
Wahrscheinlich gab es lange vor der Sammlung des Demetrios
ein altjonisches Volksbuch vom Aesop – eine Annahme mehrerer
Gelehrter, darunter Hausrath. Perry bestreitet dies entschieden,
allerdings mit Argumenten, die nicht jeden überzeugen werden.
Im 6. oder 5. Jhdt. solle es ein solches Volksbuch gegeben haben?
„Kann man sich vorstellen," fragt Perry (Praef. ad vit. Aes. p. 3),
„daß Männer jener strengen Zeit, seien es Athener, Ionier oder
Dorer, ein Prosabuch über Aesop gelesen haben sollten, das
unter den anderen Büchern jener Zeit, mit viel ernsterem Inhalt,
durch Frivolität hervorgestochen wäre *(levitate insignis)*? Wer
dies behauptet, begeht einen großen historischen Irrtum," und
Perry fährt fort: nur für ernste Zwecke und Berichte, nicht zur
leichtfertigen Verbreitung bloßer Scherze hätten Männer damals
zur Feder gegriffen: auch habe man nicht über Einzelpersönlich-
keiten, sondern über Geschichte und Philosophie geschrieben.
Höchstens handle es sich, neben mündlicher Überlieferung, um
gelegentliche Erwähnung seitens einzelner Logographen.
Ungern widerspricht man einem Gelehrten vom Rang Perrys,
aber zwingend sind seine Argumente nicht. Daß im vorderen
Orient solche „leichtfertigen" Bücher, wenn auch in semitischen
Sprachen, zu jener Zeit existierten und weitgehend rezipiert wurden, haben wir bereits gesehen. Daß es, wie die „Milesischen
Geschichten" beweisen (die allerdings erst später von Aristeides
gesammelt wurden, aber doch wohl auf alte Tradition zurück-
gehen), gegenüber der „seriösen" und anerkannten Prosa auch
eine Subliteratur des Schwankes, der Fazetie, gegeben haben
kann, ist u. E. nicht auszuschließen; und schließlich stellen viele
Streiche und schlaue Antworten Aesops eine Widerlegung oder
ad absurdum-Führung der Fachphilosophen dar – also auf etwas

anderer Ebene doch ungefähr das, was Sokrates mit seiner
scherzhaft-ironischen Widerlegung der Sophisten tat.
Hierbei fällt immer wieder eine starke Ähnlichkeit zwischen
Aesop und Sokrates auf. Beide sind, entgegen dem hellenischen
Schönheitsideal, häßlich, während z. B. die Schönheit des Philo-
sophen Gorgias berühmt war. Beide benutzen den Witz als
Waffe gegenüber dem tierischen Ernst der Berufsweisen; beide
fallen durch ungerechten Richterspruch; und der Kreis rundet
sich, da der seine Hinrichtung erwartende Sokrates Fabeln
Aesops in Verse bringt, also doch wohl etwas wie eine geistige
Verwandtschaft spürt.

Phaedrus

Bei den Römern erscheinen Fabeln schon lange vor Phaedrus.
Der Konsul Menenius Agrippa (nach der Tradition 495 v. Chr.)
verwendete die an sich ganz unpolitische Fabel vom Magen und
den Gliedern („Syntipas" 35) zu einem politischen Zweck[16];
Horaz hat mehrere Fabeln, darunter in knapperer Form als
Babrius (108) „Stadtmaus und Landmaus"[17]; und zweifellos gab
es bodenständige italische Fabeln. Der erste aber, der die Fabel
durch dichterische Formung „literaturfähig" machte, war
Phaedrus.
Sein Erfolg muß zunächst gering gewesen sein. Abgesehen davon, daß ihm wirkliche oder vermeintliche Anspielungen auf
Tiberius' mächtigen Minister Sejan eine *calamitas* (schwere Un-
annehmlichkeiten) eintrugen, wurde er von Seneca nicht nur
nicht zur Kenntnis genommen, sondern der Philosoph bezeichnet *(ad Polyb. de consol.* 8, 3*)* die Herausgabe einer lateinischen
Sammlung aesopischer Fabeln als ein „vom römischen Talent
noch nicht unternommenes Werk" – *intemptatum Romanis ingeniis
opus.* Da die *consolatio* unter Claudius im J. 43 erschien, während
Sejan schon i. J. 31 gestürzt war, ist kaum anzunehmen, daß
Phaedrus mit der Veröffentlichung seiner Fabeln (in denen
Tiberius lobend erwähnt wird) so lange gewartet habe. Seit langem bemüht man sich, diese auffallende Unterlassung Senecas
zu erklären: eine Sammlung der z. T. recht abstrusen, von früheren Gelehrten vorgebrachten Versuche findet sich bei De Lo-

renzi *(op. laud.* pp. 5–16). Für Nichterwähnung eines Schrift-
stellers bei einem anderen, der ihn kennen mußte (Martial-
Statius, Lucretius in Ciceros philosophischen Schriften), ist gemäß dem juristischen Satz *negativa non sunt probanda* schwerlich
eine zwingende Begründung zu finden. Auch bei Quintilian, der
sich ja mit griechischen Fabeln beschäftigt, wird Phaedrus nicht
erwähnt. Freilich ist zu bedenken, daß Quintilian von der griechischen Schulung spricht und nicht eine Literaturgeschichte,
sondern eben ein Handbuch zur Rhetorenausbildung gibt.
Erst bei Martial (3, 20) finden wir Phaedrus erwähnt: *an aemulatur
improbi iocos Phaedri*? – ein Urteil, das ebenfalls zu vielen Konjekturen Anlaß gegeben hat[18].
Eine Biographie des Phaedrus hat De Lorenzi in scharfsinniger
Auswertung autobiographischer Anspielungen rekonstruiert,
wobei er sich natürlich auf frühere Gelehrte, darunter Joh.
Scheffer aus Straßburg (1621–1679) stützt. Phaedrus wurde also
ca. 18 v. Chr. in Pierien, der an Thessalien angrenzenden Region
Makedoniens, wahrscheinlich in Pydna geboren. Möglicherweise
war seine Mutter eine Hetäre und verließ ihn bald nach der Geburt. Er wurde von einer Sklavin des Rhetors Antipater von
Thessalonike aufgezogen, und nach einer militärischen Expedi-
tion in den Jahren 13–11 nahm der kaiserliche General Lucius
Calpurnius Frugi den Antipater mit nach Rom, und mit ihm den
jungen Phaedrus. Phaedrus, ein Altersgenosse des jungen Neffen
des Augustus, Lucius Caesar, den dieser adoptierte und zu seinem Nachfolger heranziehen wollte, wurde in den Hofstaat des
Prinzen aufgenommen – natürlich als Sklave –, um mit ihm
Griechisch zu sprechen. Bei dem berühmten Professor Verrius
Flaccus wurde Phaedrus zusammen mit dem Prinzen Lucius und
dessen Bruder Caius erzogen. Als Prinz Lucius in jugendlichem
Alter starb, wurde Phaedrus ein Sekretär des Augustus – dieselbe
Stellung, die er Horaz angeboten hatte. Der Kaiser rekrutierte
seine Sekretäre vorzugsweise aus dem Freigelassenenstande: er
wurde also bald, spätestens aber im Testament des Augustus,
freigelassen. Vielfach wird, wohl zu Recht, behauptet, er habe,
wie es Freigelassene zu tun pflegten (Martial verspottet einen
früheren Cinnamus, der sich Cinna nannte), seinen Namen zu

„Phaeder" latinisiert: ein direkter Nachkomme des Dichters hieß jedenfalls C. Julius C. f. Phaeder. Er mag mit dem irrsinnigen Agrippa Postumus, dem jüngeren Bruder des Lucius, Kontakt gehabt haben, blieb aber nach dessen Verbannung in Rom. Hier wohnte er den Spielen zu Ehren des Tiberius i. J. 6 n. Chr. bei: bei dieser Gelegenheit ereignete sich der von ihm dargestellte (5, 7) amüsante Zwischenfall, die Blamage des Flötenspielers L. Cassius Princeps, der den alternden Bathyllus, einen von Augustus ausgezeichneten Tänzer, begleitete.

Nach dem Tode des Augustus scheint Tiberius Phaedrus in seinem Landhaus bei Kap Misenum beschäftigt zu haben. Um das Jahr 18 wollte er seine ersten zwei Bücher dem Kaiser überreichen lassen. Es kam dem mißtrauischen Sejan zu Ohren, daß hier ein Freigelassener sich erlaube, die Person des Kaisers in einer seiner Anekdoten erscheinen zu lassen. Entweder war Sejan selber Ankläger, Zeuge und Richter in einer Person (wie Prolog zu Buch 3,41 ff. anzudeuten scheint), oder der Kaiser saß zu Gericht; doch war das Urteil ein relativ mildes – vielleicht Verbannung, vielleicht Schreibverbot. Es lag eben doch nichts Konkretes gegen den Dichter vor. Merkwürdig ist indes, daß verurteilte römische Dichter (Phaedrus, Ovid, Juvenal) über die Anklagepunkte schweigen: war dies vielleicht eine richterliche Auflage? Jedenfalls sah sich Phaedrus nach dem Sturz Sejans wieder rehabilitiert und fand auch (uns nur dem Namen nach bekannte) Hofbeamte, Eutychus und Particulo, als Gönner. Er starb unter Claudius oder Nero, also Anfang der fünfziger Jahre.

Der äußere Erfolg, die Anerkennung als Dichter, blieb ihm zu Lebzeiten versagt, und außer der zweifelhaften Erwähnung bei Martial erscheint er in der Antike nur noch einmal, bei Avian[19]. Erst als die erste Ausgabe erschien (Pithou 1596), wurde Phaedrus wieder bekannt und berühmt. Im Mittelalter kannte man nur die im „Romulus" enthaltenen Prosaparaphrasen[20].

Seine Fabeln und Anekdoten, meist länger als seine aesopischen Vorbilder, sind im allgemeinen doch schlicht und sparsam und in einfachem Stil gehalten. Daß er den hohen Stil der Tragödie parodieren kann, zeigt 4, 7. Ob der manchmal auftretende Reim nur auf grammatischem Endungsgleichklang (Flexionsreim) be-

ruht oder beabsichtigt ist (sehr auffällig in 2, 9; auch 2, 8; 2, 4;
1, 20; 1, 15; 1, 9; 1, 8; 1, 5; 1, 1, 3 f. *et pass.*) sei dahingestellt.
Jedenfalls hat sich seine reine Sprache an Laberius und Publilius
Syrus ebenso gebildet wie an Horaz und Ovid.
Daß seine Fabeln fünf Bücher umfaßten, teilt uns Avian mit; das
uns vorliegende 5. Buch enthält nur zehn Fabeln und ist mit
Sicherheit unvollständig. Zweiunddreißig weitere Fabeln fand
der Renaissancegelehrte Nicolà Perotti; eine weitere Anzahl hat
mit großem Geschick Zander aus den Prosaparaphrasen des
„Romulus" metrisch rekonstruiert.

Babrius

War Phaedrus ein lateinisch schreibender Grieche, so haben wir
in Babrius einen hellenisierten Römer, der griechisch schrieb. Er
war der erste, der, soweit uns bekannt, aesopische Fabeln in
griechische Verse kleidete; erhalten sind nur Choliamben
(Hinkjamben), doch hat er auch andere Versmaße benutzt. Hat
man ihn früher ins 3. Jhdt. n. Chr. setzen wollen, so ist – aus
Gründen, die hier im einzelnen darzulegen zu weit führen würde –
heute die herrschende Meinung, daß er Ende des 1., Anfang des
2. Jhdt. wirkte, und der frühere Ansatz unter Alexander Severus
(† 235) wird nicht mehr aufrechterhalten. Letzte Gewißheit besteht allerdings nicht.[21]
Selbst sein Name steht nicht ganz fest (Babri*os*? Babri*as*?), doch
scheint es der gut-römische Name Valerius Babrius gewesen zu
sein. Er verfaßte zwei Bücher mit ca. 200 Fabeln, von denen 143
erhalten sind; hinzu kommen vielfache Nachahmungen. Ein
byzantinischer Mönch, Ignatius, reduzierte eine Anzahl babria-
nischer Fabeln auf Vierzeiler – ein nicht sehr glückliches Unternehmen. Die an die authentischen Fabeln angehängten Epimythia
gelten zwar als unecht, aber viele von ihnen sind antik und werden, wo passend, in der vorliegenden Sammlung gelegentlich
wiedergegeben.
Babrius war Erzieher eines semitischen Prinzen namens Branchos,
des Sohnes eines Königs Alexander (wie man annimmt, von Cilicien), und war, wie wir gesehen haben, mit dem babylonisch-assy-
rischen Fabelgut vertraut; daneben lag ihm natürlich das Aesop-

Buch von Demetrios Phalereus vor, und er mag auch die als Augustana bekannte umfangreichere griechische Fabelsammlung gekannt haben. Nikostratos, wie sein Zeitgenosse, der i. J. 161 verstorbene Rhetor Hermogenes, berichtet, hatte ein zehnbändiges Fabelbuch verfaßt; wenn wir Babrius nicht zu früh ansetzen, kann er dieses Prosawerk gekannt, ja als Vorlage einer Versübersetzung benutzt haben (nach Suidas soll Babrius ebenfalls 10 Bücher Fabeln verfaßt haben). Wenn Perry annimmt, ohne es indessen beweisen zu können, daß Quintilians Bemerkung über griechische Fabeln (1,9,1) sich auf Babrius beziehen könnte – er starb i. J. 100 – wäre ein etwas früherer Ansatz nötig. Jedenfalls sind wir bezüglich der Lebenszeit und -umstände des Babrius völlig im Dunkel.

Die *editio princeps* wurde erst 1844 veröffentlicht; sie basierte auf einem aus dem 10. Jhdt. datierenden Athos-Codex. Bis dahin waren nur Prosa-Paraphrasen sowie einzelne Bruchstücke bekannt. Sein Versmaß war der Choliambus – ein dem Deutschen fremdartiger Vers, so daß die vorliegende Sammlung mit wenigen Ausnahmen den jambischen Senar gebraucht.[22] Die ersten 123 Stücke zeigen alphabetische Anordnung, welche in den letzten gestört ist.

Alle uns bekannten Babrius-Fabeln stammen letztlich aus dem Aesop-Corpus; die geschickte Bearbeitung verleiht ihnen poetischen und gedanklichen Wert. Vielfache, oft sehr geschickte Nachahmungen beweisen ihre verdiente Beliebtheit. Als Kuriosum sei erwähnt, daß ein Neugrieche, Minoides Mylas, der zwischen 1850 und 1855 viele Manuskripte entdeckte, eine Sammlung von 95 babrianischen Fabeln fand und abschrieb, von denen 28 eigene Fälschungen sind. Der originale Babrius-Text wurde fernerhin durch viele Interpolationen erweitert, bei deren Ausmerzung die Herausgeber unterschiedlich urteilen.[23]

Avian

Der dritte Fabelschreiber unserer Sammlung ist Avianus. Er wird (nicht unbestritten) am Ende des 4. Jhdts. gelebt haben. Von ihm haben wir 42 Fabeln in lateinischen elegischen Distichen.

Auch hier wurde der Name des Dichters angezweifelt (Avianius? Avienus?); ferner wurde er mit dem gleichzeitigen lateinischen

Dichter Rufius (sic) Festus Avienus verwechselt.[24] Heute wird
angenommen, daß seine Fabeln, die durchweg das Christentum
ignorieren, zwischen 365 und 379 verfaßt wurden. Es bestanden
ja noch heidnische Kulte (Isis);[25] auch der ungefähr gleichzeitige
Ausonius macht zwar eine flüchtige Verbeugung vor der neuen
Staatsreligion, verharrt aber durchweg bei der klassischen
Mythologie. Er widmet sein Werk einem Theodosius, und es
wurde lange Zeit angenommen, daß dies der Kaiser Flavius
Theodosius Magnus († 395) gewesen sei, zumal zwei frühe
Manuskripte zu *ad Theodosium* den Zusatz *imperatorem* haben.
Indeß hat Robinson Ellis in seiner vortrefflichen Ausgabe über-
zeugend nachgewiesen, daß es sich um Ambrosius Macrobius
Theodosius (um 400) handelt, den Verfasser der *Saturnalia* und
eines neuplatonischen Kommentars zu Ciceros *Somnium Scipionis*,
sowie anderer Schriften.
Die 42 Fabeln stellen, wie Avian in seiner Vorrede aussagt, das
Gesamtwerk dar. Dreiundzwanzig Fabeln des Avian finden sich
in dem, was uns von Babrius erhalten ist, eine weitere beruht
nachweislich auf einer verlorenen Babrius-Vorlage, eine weitere
auf einem Babrius-Gedicht, von dem nur eine Zeile erhalten ist.
Ein Gedicht zeigt Anklang an eine Fabel des Babrius. Für die
anderen finden wir in dem uns vorliegenden Babrius keine Vorlage, doch stammen die meisten aus Aesop und/oder Phaedrus.
Avian sagt selber, daß er seine Fabeln sowohl Phaedrus wie
Babrius entnommen habe; Anspruch auf Originalität erhebt also
allein die Versbearbeitung, wobei der Dichter bescheiden von
seiner *rudis latinitas* spricht.
Avian bedient sich eines anspruchsvollen Versmaßes, des elegischen Distichs, während Babrius und Phaedrus richtig erkannt
hatten, daß das jambische Metrum, welches sich dem Rhythmus
der Alltagssprache nähert, zu der einen schlichten Stil erfordern-
den Fabel besser paßt. Trotzdem ist das summarische Verdam-
mungsurteil von H. J. Rose (Handbook of Latin Literature,
New York 1960, S. 532), „Ein Poetaster, der schlechte elegische
Verse schrieb", wie so viele oberflächliche Werturteile dieses
Autors abzulehnen. Sein Latein wie auch seine Prosodie sind von
bemerkenswerter Korrektheit; seine Sprache, die sich an Vergil

anlehnt, sowie seine Syntax sind mit sehr wenigen Ausnahmen regelmäßig.[26] Einige prosodische Freiheiten (neunmal Längung kurzer Silbe in der Zäsur des Pentameters, zweimal an dieser Stelle Hiatus) sind durch klassische Vorbilder häufig belegt oder sind, z. B. durch Wortumstellung, unschwer zu heilen. Zwei Promythia und zwei Epimythia (in je einem findet sich ein metrischer Verstoß) werden ohnehin als unecht betrachtet. Promythia hat Avian überhaupt nicht, während die Moral oft nur implicite erscheint; etwa zehnmal wird sie in zwei Versen ausgedrückt, die eng mit dem Gedicht zusammenhängen.

Avians Verse sind nicht hohe Poesie – wie könnten sie es bei diesem Stoff auch sein? – aber anmutig und glatt. Da sie auch keine „unmoralischen" Episoden enthalten, waren und blieben sie eine beliebte Schullektüre auch im Mittelalter. Die ältesten uns vorliegenden Mss. gehen ins 9. und 10. Jhdt. zurück. Durch die neueste Ausgabe (A. Guaglianone, 1958) ist das klassische Werk von Ellis keineswegs überholt.

„Romulus"

Ein wohl in das 2. Jhdt. n. Chr. zurückgehender, allerdings nicht mehr erhaltener *Aesopus latinus* in Prosa bildet die Quelle des „Romulus". Dieser in sehr zahlreichen Abschriften vorliegende Text – er schwankt stark und weist viele Varianten auf – wird einem angeblichen Romulus zugeschrieben, der das Werk seinem Sohn Tiberinus widmete. Es ist versehen mit einem apokryphen Brief Aesops an seinen Herrn „Rufus" (= Xanthos) und erscheint in zwei Hauptrezensionen, der Gallicana und Ademari einerseits, der recensio vetus andererseits. Die älteste Handschrift stammt aus dem 10. Jhdt.: es gibt sehr viele codd., deren gegenseitige Beziehungen nicht restlos geklärt sind.[27] Fest steht, daß ein Großteil der Sammlung aus Prosaparaphrasen des Phaedrus besteht: durch die Prosafassung schimmern die Verse so deutlich hindurch, daß ihre Wiederherstellung mit Erfolg unternommen wurde (Luc. Müller, Postgate, besonders Zander). Die Entstehung des „Romulus" wird zwischen 350 und 500 angenommen: christliche Einflüsse sind, wie auch bei Avian, minimal.

Mit „Romulus" schließt die antike Periode der Fabel, doch überbrückt er den Übergang zum Mittelalter. Die Fabel lebte fort und findet sich bereits in voller Blüte im frühen Mittelalter, beginnend in der Karolingerzeit.

Ein zweiter Band dieser Sammlung beschäftigt sich mit der Fabel im Mittelalter, besonders auch mit ihrem Bedeutungswandel (Lateinische Fabeln des Mittelalters, Sammlung Tusculum, 1979). - Aus der übergroßen Fülle von Fabeln - allein Halms Sammlung „aesopischer" Fabeln zählt über 400 - konnte natürlich nur eine Auswahl getroffen werden, wobei Wert darauf gelegt wurde, neben den landläufigen auch weniger bekannte vorzulegen; wo mehrere Autoren denselben Stoff verarbeitet haben, wurde die ansprechendste Version gewählt.

Und zum Schluß: mögen sich die Worte bewahrheiten:

Fabula delectat salibus iuvenesque senesque,
   namque brevi spatio nos monet atque docet.
Hic animalia muta, hic non animata loquuntur,
   hic homines videas numinibus socios.
Astus miramur, stultos ridemus, at ipsi
   nostros sic mores cernimus in speculo.
Pastillos dulci nam tegmine condit amaros
   saepe sagax medicus, sicque placent pueris.
Narratur de te (sic Flaccus) fabula, lector:
   ut te ipsum noscas, perlege, disce - vale![28]

(H. C. Schnur)

Anmerkungen zum Vorwort

1.
Rhetores Graeci, rec. L. Spengel, II, Leipz. 1854, S. 72.

2.
Ebenda, S. 21.

3.
Perry, *Aes.* 230 sagt: Möglicherweise wurde der Name Alcmaeon bei den Arabern in Spanien zu Loqman (Luqman) korrumpiert; sie kannten schon einen im Koran (31) erwähnten Weisen dieses Namens, der von Petrus Alphonsus mit Bileam identifiziert wird; aber zu Anfang des 12. Jhdts. war ein Fabulist Loqman noch nicht erfunden.

4.
„Adrastea", 1801. Sämmtliche Werke, hrsg. von B. Suphan, XXIII, S. 252–73

5.
W. Wundt (Völkerpsychologie), der festgestellt hat, daß es bei allen Völkern Tierfabeln gibt, darunter mythologische und biologische, unterscheidet nicht streng zwischen Fabel und Märchen. Er sieht (S. 427) einen Übergang vom mythologischen zum biologischen Märchen, von hier aus zur Scherzfabel und der mit ihr verwandten moralischen Fabel: aus der Scherzfabel entstehe dann das Tierepos, wobei der Schwank zur Satire wird, die einen moralischen Zweck in sich trägt, was bei Aesop nicht überall der Fall war. Von der scherzhaften und moralischen Tierfabel sei zugleich eine Rückwirkung auf die Märchendichtung ausgegangen.

5a. W. G. Lambert, Babylonien Wisdom Literature, Oxford 1960.

6.
Siehe unten S. 306 f.

7.
Ein frappantes Beispiel, wie nicht nur der Inhalt, sondern der genaue Wortlaut einer altbabylonischen Fabel wörtlich von dem hellenisierten Römer Babrius (der in Kleinasien wirkte und die Fabel aus Assyrien herleitete) übernommen wurde, ist diese (Ebeling, op. cit. S. 50):
„Als die Schnake sich auf den Elefanten gesetzt hatte, sagte sie, ‚Bruder, war ich dir zu schwer? Wenn ja, will ich fortfliegen, zu jenem Teiche hin.‘ Sprach der Elefant zur Schnake: ‚Ich habe nicht bemerkt, daß du auf mir saßest. Was bist du schon? und flogst du weg, so habe ich es auch nicht bemerkt.‘"
Vgl. Babrius 84: „Auf das gekrümmte Horn eines Ochsen setzte sich eine Schnake und sagte nach einer Weile summend: ‚Wenn ich deinen Hals zu sehr belaste und beuge, will ich fortgehen und mich auf die Pappel dort am Fluß setzen.‘ Sprach der Ochse: ‚Es ist mir gleich, ob du bleibst oder gehst; selbst dein Kommen habe ich nicht bemerkt.‘" Hier finden wir sogar das Detail, daß das Insekt zum Wasser fliegt; diese Einzelheit fehlt in der ganz ähnlichen aesopischen Fabel (H 235). Die babylonische Vorlage war 716 v. Chr. von einer älteren abgeschrieben worden. (Sämtliche vorstehende Beispiele bei Perry, *Babrius and Phaedrus*, S. XXXII ff., wo er auf seine Quellen verweist.)
Zur gleichen Fabel gehört vermutlich auch das babylonische Sprichwort (Lambert, *op. laud.* p. 278, 7–8):

ta-al-li-ik mi-i-nu / tu-si-ib mi-i-nu / ta-az-zi-iz- mi-i-nu (du gingst fort? Na und? Du bliebst stehen? Na und? Du kamst zurück? Na und?)
Es ist mit Sicherheit anzunehmen, daß eine griechische Übertragung des Ahiqar-Romans Babrius vorlag, zumal Babrius selbst den Ursprung der Fabel im alten Assyrien sucht.
Ein Beispiel genüge:

Ahiqar 126	Babrius 1, 38
Mein Sohn, du warst zu mir wie ein Baum, der denen, die fällen, sagt: Hättet ihr nicht einen Teil von mir in Händen, so hättet ihr euch nicht auf mich gestürzt.	Holzfäller, die eine zähe Fichte schon teilweise gespalten hatten, steckten Keile hinein, um sie zu spalten und sich ihre weitere Arbeit zu erleichtern. Der Baum seufzte und sprach: Wie kann ich die Axt tadeln. die doch nicht von meinem Geschlecht ist, und nicht vielmehr die bösen Keile, deren Mutter ich bin. Hier und dort in mich hineingetrieben, werden sie mich zerreißen.

Die bekannte Lebensweisheit, daß es töricht ist, einen kleinen aber sicheren Vorteil zugunsten eines unsicheren und nur erhofften aufzugeben (Loqman 39, Aesop 233, Babrius 79, Phaedrus 1, 4, Avian 20, und so noch oft) lautet bei Ahiqar (68): Eine Ziege nahebei ist mehr wert als ein Stier, der entfernt ist, und ein Spatz in deiner Hand ist mehr wert als hundert, die fliegen – was ja noch heute im Sprichwort „Ein Spatz in der Hand ist besser als eine Taube auf dem Dach" fortlebt.

8.
Vergleiche unten S. 62 f.
9.
John Ruskin, Modern Painters. Vol. III, Part IV, Chapt. XII: Of the Pathetic Fallacy. New Universal Library, London o. J. (ca. 1905), S. 166–83.
10.
Reinhart Fuchs, 1834.
11.
Homer, Ilias 2, 225 ff.
12.
Ars poetica, V. 333.
13.
Luther, Weimarer Ausg., 50, 350; 54, 175.
14.
Corpus Paroem. Graec. I, 8, 75; Phaedrus 4, 24; unten S. 218.
15.
2, 134
16.
Livius 2, 32, 9–11. Zu Syntipas unten S. 160.
17.
Satire 2, 6, 79 ff.

18.

Die Lesart der codd. *locos* (*iocus* und *locus* werden ja sehr häufig verwechselt) wird heute fast allgemein abgelehnt (De Lorenzi ist eine Ausnahme); daß Martial den ihm in mancher Hinsicht geistesverwandten Phaedrus als „ruchlos" abgewertet haben solle, ist jedenfalls ganz unhaltbar. *Improbus*, ganz wie seine deutsche Entsprechung „schelmisch", hatte sich erheblich abgeschwächt; zudem ist der freundschaftlich-neckende Ton des an den Freund Canius Rufus gerichteten Gedichtes unvereinbar mit der Unterstellung, dieser gebe sich der Lektüre eines „ruchlosen" oder „verwerflichen" Dichters hin. Ebenso kann die Annahme, es handle sich um einen gleichnamigen Mimendichter, ausscheiden. Martial bezeichnet ja sein eigenes Werk als *lasciva pagina*, was dem *improbus*, etwa = keck, durchaus entspricht.

19.

Prosapraefatio

20.

Über die Text-Tradition siehe Perry, Babrius and Phaedrus, p. XCVIII ff. Die *editio princeps* von Pierre Pithou erschien 1596, die *Appendix Perottina* (Ianelli) 1809; seitdem sehr häufig. Perrys Text beruht eklektisch auf Havet und Postgate. Die Prosa-Paraphrasen nach Phaedrus basieren auf einer lateinischen „Aesop"-Sammlung des 4. oder 5. Jhdts. Aus dieser Sammlung fließen die als Adhémar, Wissemburgensis und Romulus bekannten Texte, welche Hervieux in seinem monumentalen Werk, *Les fabulistes latins*, sämtlich wiedergegeben hat.

21.

Über alle Aspekte des Babrius siehe die 103 Seiten umfassende Einführung zu W. G. Rutherfords klassischer, noch heute unentbehrlicher Babrius-Ausgabe (1883), die nur in zwei Punkten vielleicht korrekturbedürftig ist, nämlich das Zeitalter des B. (das er als das des Alexander Severus annimmt) und seine vielleicht zu strenge Athetierung betreffend. Vier Abhandlungen (Babrius; Geschichte der griechischen Fabel; Die Sprache des Babrius; Textgeschichte) vermitteln einen Reichtum an Erkenntnissen, die Perry auf 15 Seiten nur dürftig wiedergibt; auch Rutherfords Text-Apparat sowie seine Lesarten sind von größter Bedeutung.

22.

Auch Fabeln in reinen Jamben, nicht Hinkjamben, werden B. zugeschrieben.

23.

Wenn solche Epimythia in Choliamben, die der strengen Regel des Dichters nicht entsprechen, abgefaßt sind, sind sie sicher falsch; daraus folgt aber noch nicht, daß metrisch korrekte echt sind (wie Perry treffend bemerkt).

24.

Siehe die eingehende Erörterung dieser und anderer Avian betreffender Fragen bei Robinson Ellis, Prolegomena.

25.

Im 4. Jhdt. erneuerte sich der Widerstand gegen das Christentum; die von Kaiser Julian i. J. 361 wiederhergestellten „heidnischen" Riten blieben noch unter Valentinian I. und Gratian insofern unberührt, als beide Kulte nebeneinander

bestanden. Aus den Saturnalien des Macrobius kennen wir die Opposition eines Praetextatus, eines Symmachus. Selbst nach dem Tode Gratians (383), der dem römischen Kult die Subsidien des Staates entzogen hatte, schien die Tradition wieder zu erstarken: Praetextatus und Symmachus wurden i. J. 384 als *praefectus praetorio* und *praefectus urbi* eingesetzt, da die Götter sich im Vorjahr durch eine Teuerung und Brotverknappung gerächt hatten. Es gelang aber Symmachus doch nicht, trotz eines beweglichen Antrages an das kaiserliche Konsistorium, die Wiederherstellung des alten Kults, insbesondere die Wiedererrichtung des Victoria-Altars durchzusetzen. Bald darauf erließ Theodosius eine Reihe von Edikten, die den alten Glauben verboten. – Da Avian Opfer, Priester, Tempel und Götterbilder erwähnt, war er sicherlich nicht Christ, sondern, wie Ellis mit Recht annimmt, wohl „Mitglied einer literarischen Clique, die alle Überbleibsel alten Römertums, Religion wie auch Sprache, als heiliges Erbe bewahrte."

26.
Siehe hierzu die feinsinnige Erörterung bei Ellis, *op. laud.* XXII–XXXIX.

27.
Detaillierte Wiedergabe aller Romulus-Texte: siehe Hervieux, *op. cit.* Bd. II; Manuskript-Tradition G. Thiele, *Der lateinische Aesop des Romulus*, Heidelberg 1910, Nachdr. Hildesheim 1985.

28.
Witzig ergötzt die Fabel die Jungen sowie auch die Alten,
    denn sie ermahnt und belehrt – alles auf kürzestem Raum.
Hier spricht stummes Getier, auch Unbeseeltes, es redet,
    Menschen findet man hier Göttern zur Seite gesellt.
Schlauheit bewundern und Dummheit verlachen wir; aber wir selber
    schauen unsre Moral also im spiegelnden Bild.
Denn in süßer Hülle verbirgt die bittere Pille
    oft der erfahrene Arzt: also gefällt sie dem Kind.
Leser, auf dich (so sagte Horaz) bezieht sich die Fabel,
    drum erkenne dich selbst, lies sie und lerne! Lebwohl!

H. C. Schnur

ANTIKE FABELN

Liber iudicum 9, 7-16

Καὶ ἀνηγγέλη τῷ Ιωαθαμ καὶ ἐπορεύθη καὶ ἔστη ἐπὶ κορυφὴν ὄρους Γαριζιν, καὶ ἐπῆρεν τὴν φωνὴν αὐτοῦ καὶ ἔκλαυσεν, καὶ εἶπεν αὐτοῖς Ἀκούσατέ μου, ἄνδρες Σικιμων, καὶ ἀκούσεται ὑμῶν ὁ θεός. *8.* πορευόμενα ἐπορεύθη τὰ ξύλα τοῦ χρίσαι ἐφ᾽ ἑαυτὰ βασιλέα, καὶ εἶπον τῇ ἐλαίᾳ Βασίλευσον ἐφ ἡμῶν. *9.* καὶ εἶπεν αὐτοῖς ἡ ἐλαία Μὴ ἀπολείψασα τὴν πιότητά μου, ἐν ᾗ δοξάσουσι τὸν θεὸν ἄνδρες, πορεύσομαι κινεῖσθαι ἐπὶ τῶν ξύλων; *10.* καὶ εἶπον τὰ ξύλα τῇ συκῇ Δεῦρο βασίλευσον ἐφ᾽ ἡμῶν. *11.* καὶ εἶπεν αὐτοῖς ἡ συκῆ Μὴ ἀπολείψασα ἐγώ τὴν γλυκύτητά μου καὶ τὰ γενήματά μου τὰ ἀγαθὰ πορεύσομαι κινεῖσθαι ἐπὶ τῶν ξύλων; *12.* καὶ εἶπαν τὰ ξύλα πρὸς τὴν ἄμπελον Δεῦρο σὺ βασίλευσον ἐφ᾽ ἡμῶν. *13.* καὶ εἶπεν αὐτοῖς ἡ ἄμπελος Μὴ ἀπολείψασα τὸν οἶνόν μου τὸν εὐφραίνοντα θεὸν καὶ ἀνθρώπους πορεύσομαι κινεῖσθαι ἐπὶ τῶν ξύλων;

Im ganzen AT gibt es nur zwei ausgeführte Fabeln: die eine ist hier im LXX-Text wiedergegeben, die andere findet sich in 2. Könige 14, 9: „Der Dornbusch auf dem Libanon sandte zur Zeder auf dem Libanon und sprach: Gib deine Tochter meinem Sohn zum Weibe! Da kam das Wild des Feldes und zertrat den Dornbusch." – Die Fabel Jothams richtet sich gegen den herrschsüchtigen und grausamen Abimelech, der rücksichtslos seine Königwahl durchsetzte und dann gegen die von ihm Abgefallenen mit Feuer und Schwert wütete. Der historische Zeitpunkt wäre nach dem Tode Gideons (1210) anzusetzen, die Niederschrift spätestens z. Zt. der nachexilischen (539) Niederschrift der Bibel.

ANTIKE FABELN

Richter 9, 7–16

[Abimelech, ein Sohn Gideons, ließ siebzig seiner Brüder umbringen; nur der Jüngste, Jotham, entkam. Dann überredete Abimelech das Volk von Sichem, ihn zum König auszurufen.]

7. Als man dies dem Jotham berichtete, ging er hin, stellte sich auf den Gipfel des Berges Gerisim, erhob wehklagend seine Stimme und rief ihnen zu:

8. „Höret mich an, ihr Männer von Sichem, dann wird auch Gott euch erhören.
   Einst gingen die Bäume hin einen König über sich zu salben, und sprachen zum Ölbaum ‚Sei doch König über uns!‘

9. Aber der Ölbaum sagte zu ihnen: ‚Soll ich mein Öl aufgeben, mit dem man Gott und Menschen ehrt? Und hingehen, über die Bäume zu schwanken?‘

10. Da sprachen die Bäume zum Feigenbaum: ‚Wohlan, sei du König über uns!‘

11. Da sprach der Feigenbaum zu ihnen: ‚Soll ich etwa meine Süßigkeit aufgeben und meine herrliche Frucht und hingehen, über die Bäume zu schwanken?‘

12. Da sprachen die Bäume zum Weinstock: ‚Wohlan, sei du König über uns!‘

13. Aber der Weinstock sagte zu ihnen: ‚Soll ich etwa meinen Most aufgeben,
    der Gott und die Menschen erfreut, und hingehen, über die Bäume zu schwanken?‘

Der Dornbusch als Symbol des Niedrig-Verächtlichen findet sich auch in einer Fabel des Loqman (22, nach Derenbourg, Fables de Loqman le Sage, Berlin 1850): „Der Dornbusch sprach einmal zum Gärtner: ‚Hätte ich jemanden, der sich um mich kümmerte, mich mitten in den Garten setzte, bewässerte und pflegte, so würden Könige verlangen, meine Blüten und Früchte zu sehen.‘ – Der Gärtner nahm ihn, pflanzte ihn mitten in den Garten, in den besten Boden, und begoß ihn zweimal täglich. Der Busch wuchs, und seine Dornen wurden stark; seine Zweige umrankten alle Bäume, die ihn umstanden; seine Wurzeln senkten sich in die Erde, er erfüllte den ganzen Garten, und die Dornen wurden so zahlreich, daß niemand sich dem Garten nähern konnte."

14. καὶ εἶπαν πάντα τὰ ξύλα τῇ ῥάμνῳ Δεῦρο σὺ βασίλευσον
ἐφ' ἡμῶν. *15.* καὶ εἶπεν ἡ ῥάμνος πρὸς τὰ ξύλα Εἰ ἐν ἀληθείᾳ
χρίετέ με ὑμεῖς τοῦ βασιλεύειν ἐφ' ὑμᾶς, δεῦτε ὑπόστητε ἐν
τῇ σκιᾷ μου· καὶ εἰ μή, ἐξέλθῃ πῦρ ἀπ' ἐμοῦ καὶ καταφάγῃ τὰς
κέδρους τοῦ Λιβάνου. *16.* καὶ νῦν εἰ ἐν ἀληθείᾳ καὶ τελειότητι
ἐποιήσατε καὶ ἐβασιλεύσατε τὸν Αβιμελεχ, καὶ εἰ ἀγα-
θωσύνην ἐποιήσατε μετὰ Ιεροβααλ καὶ μετὰ τοῦ οἴκου αὐτοῦ,
καὶ εἰ ὡς ἀνταπόδοσις χειρὸς αὐτοῦ ἐποιήσατε αὐτῷ·

Dies bedeutet, daß, wer sich Bösen anschließt, ihre Bosheit und Hartnäckigkeit
nur vergrößert, je mehr Rücksicht er auf sie nimmt; und daß, je mehr Gutes er
ihnen tut, sie desto böser an ihm handeln werden."
Im nachbiblischen Schrifttum nahm die Fabel (*maschal* = Beispiel) eine be-
deutende Rolle ein: oft bediente man sich der Fabel, um Bibelstellen zu erläu-
tern. R. Jochanan b. Sakkai (1. Jhdt. n.) erzählte Fuchsfabeln; R. Josua b.
Chananjah beschwichtigte die Erregung des Volkes i. J. 117 – Hadrian hatte
ein gegebenes Versprechen zurückgezogen – durch Erzählung der aesopischen

Hesiod, Erga 202-212

Νῦν δ' αἶνον βασιλεῦσι ἐρέω φρονέουσι καὶ αὐτοῖς·
ὧδ' ἴρηξ προσέειπεν ἀηδόνα ποικιλόδειρον
ὕψι μάλ' ἐν νεφέεσσι φέρων ὀνύχεσσι μεμαρπώς·
ἡ δ' ἐλεόν, γναμπτοῖσι πεπαρμένη ἀμφ' ὀνύχεσσι,
μύρετο· τὴν ὅ γ' ἐπικρατέως πρὸς μῦθον ἔειπεν·
δαιμονίη, τί λέληκας; ἔχει νύ σε πολλὸν ἀρείων·
τῇ δ' εἶς, ᾗ σ' ἂν ἐγώ περ ἄγω καὶ ἀοιδὸν ἐοῦσαν·

Vor und nach diesem *ainos* (einem Fabel-Gleichnis, das lange vor „Aesop"
liegt) spricht der Dichter, anknüpfend an einen mit seinem Bruder geführten
Erbstreit, den dieser, vermutlich durch Bestechung der „Herren", gewonnen
hat, von Recht und Ungerechtigkeit. Das Verständnis dieses Gleichnisses

14. Da sprachen die Bäume alle zum Stechdorn: ‚Wohlan, sei du König über uns!'
15. Der Stechdorn sagte zu den Bäumen: ‚Wenn ihr im Ernst mich salben wollt,
um König zu sein über euch, so kommt her und bergt euch in meinem Schatten!
Wo nicht, wird Feuer ausgehen von mir und verzehren die Zedern des Libanon'
16. Nun denn, wenn ihr ehrlich und redlich gehandelt habt, da ihr Abimelech zum König machtet, und schön gehandelt habt an Jerubbaal und seinem Hause, und wenn ihr an ihm gehandelt habt so wie er es verdiente –"
[hier kommt eine Aposiopesis, und erst in V. 19 wird der Gedankengang fortgesetzt:] „dann mögt ihr Freude haben an ihm und er an euch."

Fabel vom Löwen (statt Wolf, wie bei Aesop) und Kranich. In dieselbe Zeit fällt die hier gleichfalls wiedergegebene Fabel des R. Akiba vom Fuchs und den Fischen. Dem R. Bar Kappara werden 300 Fuchsfabeln zugeschrieben, und so noch mehreren bedeutenden Lehrern, wobei meistens der Fuchs die Zentralfigur war. Sehr zahlreich sind auch als Sprüche gebrachte Fabeln sowie Sprüche, die anscheinend Fabeln entnommen sind. Fabeldichtung – zu homiletischen Zwecken – wurde bis in die neuere Zeit fortgesetzt.

Hesiod

HABICHT UND NACHTIGALL

Jetzt will ein Gleichnis ich sagen den Herren, die selbst ja
                                                    verständig.
Dies sprach einst zum buntgefiederten Sänger der Habicht,
der mit den Klauen ihn packt' und hoch in die Wolken empor-
                                                    trug;
jener schrie um Erbarmen, von krummen Fängen verwundet,
aber es sprach der Habicht zu ihm hochfahrenden Wortes:

bietet Schwierigkeiten, zumal manche Herausgeber 210 f. athetiert haben. Der Sänger (Nachtigall) ist der Dichter selber, der der Willkür der adligen Herren ausgeliefert ist; die „Moral" aber tadelt nicht den *basileus*, sondern die Nachtigall, obwohl aus dem Gleichnis nicht ersichtlich ist, daß sie dem Habicht ent-

δεῖπνον δ᾽, αἴ κ᾽ ἐθέλω, ποιήσομαι ἠὲ μεθήσω.
[ἄφρων δ᾽, ὅς κ᾽ ἐθέλῃ πρὸς κρείσσονας ἀντιφερίζειν·
νίκης τε στέρεται πρός τ᾽ αἴσχεσιν ἄλγεα πάσχει.]
ὣς ἔφατ᾽ ὠκυπέτης ἴρηξ, τανυσίπτερος ὄρνις.

gegengetreten sei. Der um Schonung flehende Sänger ist ein Motiv der
Odyssee (22. 344 ff.). Vielleicht soll den „verständigen" Herren bedeutet wer
den, daß auch sie in die Macht eines Stärkeren geraten können.

Ἀρχίλοχος.

Ἀετὸς καὶ Ἀλώπηξ.

Πάτερ Λυκάμβα, ποῖον ἐφράσω τόδε;
τίς σὰς παρήειρε φρένας,
ᾗς τὸ πρὶν ἠρήρεισθα; νῦν δὲ δὴ πολύς
ἀστοῖσι φαίνεαι γέλως.

αἶνός τις ἀνθρώπων ὅδε,
ὡς ἄρ᾽ ἀλώπηξ καἰετὸς ξυνωνίην
ἔμειξαν …

πλησίον ἑαυτῶν οἰκεῖν διέγνωσαν, βεβαίωσιν φιλίας τὴν
συνήθειαν ποιούμενοι. Καὶ δὴ ὁ μὲν ἀναβὰς ἐπί τι περίμηκες
δένδρον ἐνεοττοποιήσατο· ἡ δὲ εἰσελθοῦσα εἰς τὸν ὑποκείμε-
νον θάμνον ἔτεκεν. Ἐξελθούσης δέ ποτε αὐτῆς ἐπὶ νομὴν
ὁ ἀετὸς ἀπορῶν τροφῆς, καταπτὰς εἰς τὸν θάμνον καὶ τὰ
γεννήματα ἁρπάσας

προὔθηκε παισὶ δεῖπνον αἰηνὲς φέρων

Ἡ δ᾽ἀλώπηξ ἐπανελθοῦσα ὡς ἔγνω τὸ πραχθέν, οὐ μᾶλλον
ἐπὶ τῷ τῶν νεοττῶν θανάτῳ ἐλυπήθη, ὅσον ἐπὶ τῷ τῆς ἀμύνης

‚Tor, warum hast du geschrien? Weit stärker ist, der dich
                                            gefangen.
Dorthin gehst du, wohin ich dich schleppe, obwohl du ein Sänger.
Will ichs, so fresse ich dich, behagt mirs, so laß ich dich fahren.'
[Unverständig, wer wagt, sich Stärkrem entgegenzustellen:
so entgeht ihm der Sieg, und zur Schande muß Schmerz er noch
                                            leiden.]
So der reißende Habicht, der schwingenbreitende Vogel.

Archilochos

ADLER UND FUCHS

Eine Fabel des Archilochos, rekonstruiert aus seinen Fragmenten
(89–93 D) und Aesop (H 5)
   Vater Lykambes, was hast du dir ausgedacht,
   und wer hat dich um den Verstand gebracht,
   den du zuvor besessen? Von den Bürgern wirst
   du jetzt gewaltig ausgelacht.
   Den Menschen ist die Fabel wohlbekannt, wonach
   einst Fuchs und Adler einen Freundschaftsbund geschlossen.

Darum beschlossen sie, zusammen zu wohnen. Der Adler baute
also auf einem sehr hohen Baum sein Nest und brütete seine
Jungen aus, der Fuchs aber brachte im Gebüsch am Fuß des
Baumes seine Jungen zur Welt. Als aber der Fuchs eines Tages
auf Nahrungssuche ausgegangen war, stieß der Adler, dem es an
Futter fehlte, herab ins Gebüsch, packte die jungen Füchse
   und setzte seinen Jungen böse Mahlzeit vor.
Als der Fuchs zurückkam und sah, was vorgefallen war, war er über
den Tod seiner Jungen genau so verbittert wie darüber, daß er sich
nicht rächen konnte; denn da er ein am Erdboden lebendes Tier

ἀπόρῳ· χερσαία γὰρ οὖσα πτηνὸν διώκειν ἠδυνάτει. Διὸ
πόρρωθεν στᾶσα, ὃ μόνον τοῖς ἀσθενέσι καὶ ἀδυνάτοις
ὑπολείπεται, τῷ ἐχθρῷ κατηρᾶτο.

ὁρᾷς ἵν᾿ ἔστ᾿ ἐκεῖνος ὑψηλὸς πάγος
τρηχύς τε καὶ παλίγκοτος;
  ἐν τῶι κάθηται σὴν ἐλαφρίζων μάχην

Συνέβη δ᾿ αὐτῷ τῆς εἰς τὴν φιλίαν ἀσεβείας οὐκ εἰς μακρὰν
δίκην ὑπελθεῖν. θυόντων γάρ τινων αἶγα ἐπ᾿ ἀγροῦ, καταπτὰς
ἀπὸ τοῦ βωμοῦ σπλάγχνον ἔμπυρον ἀνήνεγκεν. οὗ κομισθέν-
τος εἰς τὴν καλιάν, σφοδρὸς ἐμπεσὼν ἄνεμος ἐκ λεπτοῦ καὶ
παλαιοῦ κάρφους λαμπρὰν φλόγα ἀνῆψε. καὶ διὰ τοῦτο
καταφλεχθέντες οἱ νεοττοὶ (καὶ γὰρ ἦσαν ἔτι ἀπτῆνες
οἱ ἀετιδεῖς) ἐπὶ τὴν γῆν κατέπεσον. Καὶ ἡ ἀλώπηξ
προσδραμοῦσα ἐν ὄψει τοῦ ἀετοῦ πάντας αὐτοὺς κατέφαγεν.
Ὁ λόγος δηλοῖ, ὅτι οἱ φιλίαν παρασπονδοῦντες, κἂν τὴν τῶν
ἠδικημένων ἐκφύγωσι κόλασιν δι᾿ ἀσθένειαν, ἀλλ᾿ οὖν γε
τὴν ἐκ θεοῦ τιμωρίαν διακρούονται οὐδ᾿ ὅλως.

Aus spärlichen Bruchstücken ist diese Fabel des Archilochos rekonstruiert.
Er lebte im 7. Jh., also vor der für Aesop angenommenen Zeit. Bekanntlich
hatte ihm der Vater eines geliebten Mädchens, Lykambes, die Hand seiner
Tochter Neobule zugesagt, dies Versprechen aber gebrochen: Archilochos
verfolgte sie mit jambischen Schmähgedichten (*iamboi* bedeutete noch lange
Invektive *par excellence*), bis sich beide erhängten.
Die vorliegende Fabel war von dem (erhaltenen) Vorspruch und höchstwahr-
scheinlich auch einem Nachspruch umrahmt, in dem der allgemeine Gegen-
stand der Fabel, Bestrafung des Treubruches, auf Lykambes bezogen wurde.
Möglicherweise wurde der Adler auch für seinen Opferraub bestraft (vgl.
Romulus 23). Papyrusfunde haben noch einige kleine Bruchstücke aufgeliefert.

Aulus Gellius, Noctes Atticae II 29

APOLOGUS AESOPI PHRYGIS MEMORATU NON
INUTILIS

Aesopus ille e Phrygia fabulator haut inmerito sapiens existima-
tus est, cum, quae utilia monitu suasuque erant, non seuere
neque imperiose praecepit et censuit, ut philosophis mos est, sed

war, konnte er einen Vogel nicht verfolgen. So stand er weitab
und tat das Einzige, was Schwachen und Hilflosen übrig bleibt:
er verfluchte seinen Feind. ⟨Der aber verhöhnte ihn noch und
sprach:⟩
    Siehst du, wo dieser hohe Felsen steht,
    bösartig schroff und steil? Und oben drauf
    sitzt er, der deiner Fehde wenig achtet nur.
Doch war es ihm beschieden, auf Bestrafung des frevelhaften
Freundschaftsbruches nicht lange warten zu müssen. Als nämlich
Bauern eine Ziege opferten, stieß der Adler herab und trug vom
Altar ein Stück Eingeweide fort, das noch brannte. Das brachte
er in sein Nest: da erhob sich plötzlich ein Wind und fachte in
dem aus leichten, dürren Zweigen gebauten Nest eine helle Lohe
an. Die Adlerjungen, noch unflügge, verbrannten und fielen zu
Boden: der Fuchs eilte herbei und fraß sie alle vor den Augen
des Adlers auf.
Diese Erzählung beweist, daß wer die Freundschaft verrät, mag
er auch der Strafe des Verletzten entrinnen, doch der Rache der
Götter nicht entgehen kann.

Die Fabel lehnt sich an eine ägyptische (Geier und Katze) an. Ausführliche
Untersuchung bei Max Treu, Archilochos, Heimeran, München [2]1979, S. 230 ff.
Eine andere Fabel des Archilochos – vom dummen Hirsch, der zweimal in des
Löwen Höhle geht und der „kein Herz hatte" – ist durch die gesamte Fabelliteratur gewandert (Aes. H. 243; Babr. 95; Av. 30; Nic. Bozon VI, Hervieux
IV, 258 f. u. a. m.).
Die Fabel vom Fuchs und Adler hat Archilochos nicht erfunden: er setzt sie
als bekannt voraus, wendet sie aber gezielt an. Dies – wie vieles andere –
widerlegt die abwegigen Formulierungen Dithmars, der für *alle* Fabeln einen
bestimmten, am liebsten klassenkämpferisch-aufrührerischen, Entstehungs-
anlaß postuliert, ohne den man die Fabel nicht voll ergründen könne.

festiuos delectabilesque apologos commentus res salubriter ac
prospicienter animaduersas in mentes animosque hominum cum
audiendi quadam inlecebra induit. Velut haec eius fabula *de
auiculae nidulo* lepide atque iucunde promonet spem fiduciamque
rerum, quas efficere quis possit, haut umquam in alio, set in
semetipso habendam. 'Auicula' inquit 'est parua, nomen est

cassita. Habitat nidulaturque in segetibus id ferme temporis, ut appetat messis pullis iam iam plumantibus. Ea cassita in sementes forte congesserat tempestiuiores; propterea frumentis flauescentibus pulli etiam tunc inuolucres erant. Dum igitur ipsa iret cibum pullis quaesitum, monet eos, ut, si quid ibi rei nouae fieret diceretureue, animaduerterent idque uti sibi, ubi redisset, nuntiarent. Dominus postea segetum illarum filium adulescentem uocat et "uidesne" inquit "haec ematuruisse et manus iam postulare? idcirco die crastini, ubi primum diluculabit, fac amicos eas et roges, ueniant operamque mutuam dent et messim hanc nobis adiuuent." Haec ubi ille dixit, et discessit. Atque ubi redit cassita, pulli tremibundi, trepiduli circumstrepere orareque matrem, ut iam statim properet inque alium locum sese asportet: "nam dominus" inquiunt "misit, qui amicos roget, uti luce oriente ueniant et metant". Mater iubet eos otioso animo esse: "si enim dominus" inquit "messim ad amicos reicit, crastino seges non metetur neque necessum est, hodie uti uos auferam." Die, inquit, postero mater in pabulum uolat. Dominus, quos rogauerat, opperitur. Sol feruit, et fit nihil; it dies, et amici nulli eunt. Tum ille rursum ad filium: "amici isti magnam partem" inquit "cessatores sunt. Quin potius imus et cognatos adfinesque nostros oramus, ut assint cras temperi ad metendum?" Itidem hoc pulli pauefacti matri nuntiant. Mater hortatur, ut tum quoque sine

Q. Ennius

Rekonstruktion von Otto Ribbeck

Est avicula parva, nomen cassita est, quae ségetibus
Habitat atque ibi nidiculatur ita uti ferme id témporis
Appropinquet méssis pullis iamiam plumascéntibus.
Ea forte in seméntes tempestivas magis congésserat,
Itaque erant fruméntis pulli involucres flavescéntibus,
Sollicita igitur, dum ipsa exiret pullis quaesitum cibum,
Monet eos probe animadvertant, si ibi novi quid accidat,
Idque uti sibi, ubi redierit, gnaviter renuntient.
Ita ubi illa abiit, dominus segetum illarum adulescentém vocat

metu ac sine cura sint; cognatos adfinesque nullos ferme tam
esse obsequibiles ait, ut ad laborem capessendum nihil cunctentur
et statim dicto oboediant: "vos modo" inquit "aduertite, si modo
quid denuo dicetur". Alia luce orta auis in pastum profecta est.
Cognati et adfines operam, quam dare rogati sunt, supersederunt.
Ad postremum igitur dominus filio: "ualeant" inquit "amici
cum propinquis. Afferes primo luci falces duas; unam egomet
mihi et tu tibi capies alteram, et frumentum nosmetipsi manibus
nostris cras metemus". Id ubi ex pullis dixisse dominum mater
audiuit: "tempus" inquit "est cedendi et abeundi; fiet nunc dubio
procul, quod futurum dixit. In ipso enim iam uertitur, cuia res
est, non in alio, unde petitur". Atque ita cassita nidum migrauit,
seges a domino demessa est.'
Haec quidem est Aesopi fabula de amicorum et propinquorum
leui plerumque et inani fiducia. Sed quid aliud sanctiores libri
philosophorum monent, quam ut in nobis tantum ipsis nitamur,
alia autem omnia, quae extra nos extraque nostrum animum sunt,
neque pro nostris neque pro nobis ducamus? Hunc Aesopi
apologum Q. Ennius in *satiris* scite admodum et uenuste uersibus
quadratis composuit. Quorum duo postremi isti sunt, quos
habere cordi et memoriae operae pretium esse hercle puto:

> hoc erit tibi argumentum semper in promptu situm:
> ne quid expectes amicos, quod tute agere possies.

Q. Ennius

DIE HAUBENLERCHE

Haubenlerche heißt ein Vöglein, das im Ährenfelde wohnt.
Dort erbaut es sich sein Nestlein, so daß fast zur selben Zeit
wenn das Ernten soll beginnen, auch die Jungen flügge sind.
Einst bewohnte sie ein Feld, das eher erntereif schon war: [erst.
goldgelb war bereits das Korn – den Jungen wuchsen Federn
Sorglich sprach sie zu den Jungen, als sie Futter suchen ging,
daß genau sie sollten achten, ob es etwas Neues gäb,
um es ihr nach ihrer Rückkehr zu erzählen voll und ganz.
Als sie fort war, rief der Gutsherr seinen jungen Sohn herbei.

Filium. 'En', ait, 'viden maturuisse fruges [optime]
'Et manus iam postulare? Age igitur, die crastini,
Ubi primum diluculabit, fac eas et amicos roges,
Véniant, mutuam ut dent operam et méssim hanc nobis adiuvent'.
Haéc ille dixit, ét discessit. Atque ubi rediit avicula,
Pulli tremibundi, trepiduli circumstrepere [vocibus]
Matrem, orare [atque obsecrare précibus inpensissimis,]
Ut iam statim properet inque alium locum sese auferat.
'Adulescentem enim dominus', aiunt, 'misit qui amicos roget
'Ut oriente luce veniant ét metant'. Matér iubet
Otioso esse animo, [nil pericli esse in praeséntibus.]
'Nam ad amicos si reiecit méssem dominus, crastino
Non metetur, neque necessum est hodie uti vos auferam'.
[Sic ait mater.] Postero die iterum volat in pabulum.
[Pulli trepidant aspectantes.] Dominus quos rogaverat
Opperitur, [nulli veniunt,] férvit sol, nil fit tamen,
[Quod erat constitutum: sic] dies it, et amici nulli erant.
[Vésperascit, nox accedit.] Tum ille rursum ad filium:
'Isti amici magnam partem sunt cessatorés [manu,]
Quin cognatos potius atque adfines [devinctissimos
Arcessamus, [opera] ut [nobis prompta] adsint cras témpori
Ad metendum.' Itidem hoc pulli pavidi matri nuntiant.
At ea, 'sine cura', inquit, 'sitis, [nildum adest periculi.]
Nam cognati nulli ferme tantum sunt obséquibiles,
Ad laborem ut nil cunctentur, statim dicto oboédiant.
Vos animum advertatis modo, si quid dicetur denuo'.
Alia luce orta avis in pastum, [ut solita erat,] proficiscitur.
[Sed ei] cognati atque adfines operam suam súpersedent.
Igitur ad postrémum, 'valeant', dominus inquit filio,
'Et amici et propinqui, [nulli sunt preti, Iam tu] afferes
Primo luci [promptiores operas, has] falcés duas,
Unam egomet mi et tu tibi capies alteram [tuam in manum,]
Ita frumentum nosmet ipsi manibus nostris caédimus'.

„Schau doch," sprach er, „wie die Saat man schön gereift schon
                                                          sehen kann,
und wir Arbeitskräfte brauchen. Geh drum morgen in der Früh
wenn es eben hell geworden: unsere Freunde fordre auf,
daß sie kommen handanlegen und uns helfen bei der Mahd."
Sprach's und ging davon; die Jungen, als die Mutter wiederkam,
piepsten ängstlich, trippelnd furchtsam um die Mutterhenne her.
Baten und beschworen dringlichst sie mit Bitten, daß sie doch
unverzüglich eilen möchte, anderweitig umzuziehen.
„Denn den jungen Sohn," so sprachen sie „hat ausgeschickt der
                                                          Herr,
um beim Morgengraun die Freunde aufzufordern mitzumäh'n."
„Seid nur ruhig," sprach die Mutter, „nicht ist dringende Gefahr.
Wenn der Mann zu seinen Freunden seine Zuflucht nimmt, wird
                                                          nicht
morgend irgend jemand mähen: heute müssen wir nicht fort!"
Sprach's und flog am nächsten Tage wieder futtersuchend aus.
Zitternd warten ihre Kleinen – auch der Bauer wartet, doch
niemand kommt, es sengt die Sonne, doch die Freunde sind
                                                          nicht da.
Abend wird es und es nächtet. Wieder sprach zum Sohn der
                                                          Mann:
„Schöne Freunde, die zu träge sind, um Hilfe uns zu leih'n.
Laß uns lieber die Verwandten angehn, Nachbarn auch, denn die
sind uns ja verpflichtet, daß sie morgen helfen bei der Mahd."
Wieder fürchten sich die Jungen, teilen es der Mutter mit.
„Macht euch," sprach sie, „keine Sorgen: noch ja droht uns
                                                          nicht Gefahr.
Denn gar selten sind Verwandte so gefällig, daß sie gleich
sich in solche Arbeit schicken und ans Werk gehorsam gehn.
Achtet ihr nur brav, ob wieder etwas Neues wird gesagt."
In der Frühe fliegt das Vöglein, wie gewohnt, auf Nahrung aus,
doch die Nachbarn und Verwandten kommen zu der Arbeit nicht.
Also sprach zum Sohn der Vater: „Nachbarn und Verwandte soll
doch der Teufel holen – wertlos sind sie. Sieh zwei Sicheln hier:
morgen früh nehm ich die eine, du die andere, und das Korn
werden dann mit eigenen Händen ohne Hilfe selbst wir mähn."

46   Aesop

Id ubi pastu rédiens mater dominum dixisse audiit,
'Témpus', inquit, 'ést cedendi. Fiet nunc dubio procul,
Quod futurum dixit. Iam enim in ipso, cuia est, vértitur
Rés, non in álio, unde petitur'. Ita migrarunt ilico
Nidum [atque itidem] a domino [sine mora ulla] demessa est seges.
Hoc erit tibi argumentum sémper in promptu situm:
Né quid expectés amicos, quod tute agere possis.

In den *Noctes Atticae* des Aulus Gellius (2. Jhdt. n. Chr.) ist uns in Zitaten oder
Nacherzählungen wertvolles Material aus sonst verlorenen Autoren, besonders
der ältesten Zeit, erhalten. Darunter befindet sich die älteste uns bekannte
römische Fabel des großen Dichters Q. Ennius (239-161). Sein umfangreiches
Werk, enthaltend u. a. das erste röm. Nationalepos, *Annales*, ferner Nachbil-
dungen griech. Dramen, Satiren u. a. ist leider nur in spärlichen Fragmenten
erhalten. Vergil machte ihm das Kompliment, Redewendungen und ganze
Verse ihm nachzubilden.

Αἴσωπος
                    Ἀγαλματοπώλης.

Ξύλινόν τις Ἑρμῆν κατασκευάσας, προσενεγκὼν ἐπώλει.
Μηδενὸς δὲ ὠνητοῦ προσιόντος, ἐκκαλέσασθαί τινας βουλόμενος ἐβόα, ὡς ἀγαθοποιὸν δαίμονα καὶ κέρδους τηρη-
τικὸν πιπράσκει. Τῶν δὲ παρατυχόντων τινὸς εἰπόντος πρὸς
αὐτόν· „ὦ οὗτος, καὶ τί τοῦτον ὄντα τοιοῦτον πωλεῖς, δέον
τῶν παρ' αὐτοῦ ὠφελειῶν ἀπολαύειν;" ἀπεκρίνατο· „ὅτι ἐγὼ
μὲν ταχείας ὠφελείας τινὸς ἐπιδέομαι, αὐτὸς δὲ βραδέως
εἴωθε τὰ κέρδη περιποιεῖν."
Πρὸς ἄνδρα αἰσχροκερδῆ καὶ τὸ θεῖον περιφρονοῦντα.

                                                      (Halm 2)

Als die Mutter nach der Rückkehr dieses Wort vernahm, sprach
sie:
„Jetzt ist's an der Zeit, zu weichen, denn nun ist es zweifelsfrei,
was er angekündigt: jetzt nimmt selber er in eigene Hand
was ihn angeht, und verläßt sich auf die Hilfe Anderer nicht."
Also trugen sie ihr Nestlein flugs woanders hin; das Korn
mähte ab der Gutsherr selber ohne weiteren Verzug.
Die Geschichte halte immer dir vor Augen, daß du nicht
von den Freunden magst erwarten, was du selber schaffen kannst.

Seine Fabel von der Haubenlerche, die uns nur in der viel späteren Fassung des
Babrius (88) sowie bei Avian (21) erhalten ist, hat er dem Aesop entnommen
und in trochäische Septenare umgewandelt. In diesem Metrum bringt Gellius
die zwei Verse des Epimythiums. Vor etwa 130 Jahren hat der berühmte Gelehrte Otto Ribbeck aus der Prosa des Gellius, durch die der Vers ganz unver-
kennbar hindurchschimmert, die ganze Fabel in Versen rekonstruiert; mit der
ihm eigenen Bescheidenheit schickt er voraus: „Wir teilen sie [diese Verse]
mit ohne die Prätension, die *nobilis aerugo* [Edelpatina] der Ennianischen
Sprache zurückrufen zu wollen, und in der Hoffnung, daß vielleicht Ge-
schicktere sich durch unser schlechtes Beispiel verleiten lassen werden, es
besser zu machen."

Aesop

DER STATUENVERKÄUFER

Es hatte einer einen Hermes aus Holz gefertigt und suchte ihn
zum Verkauf zu bringen. Als aber keine Kauflustigen herankamen, wollte er sie anlocken, indem er laut ausrief: „Ich habe
eine wohltätige Gottheit zum Verkauf, die Gewinn bringt."
Ein Vorbeigehender sagte: „Du da, warum verkaufst du einen,
der solche Qualitäten besitzt, wenn du doch selbst aus ihm Vorteil ziehen solltest?" – Er antwortete: „Weil ich schnell einen
Gewinn brauche, er ihn aber nur langsam zu gewähren pflegt."
Dies zielt auf einen Menschen von schmutziger Habgier, der
selbst Göttliches mißachtet.

Ἀετός.

Ὑπεράνωθεν πέτρας ἀετὸς ἐκαθέζετο, λαγωὸν θηρεῦσαι
ζητῶν. Τοῦτον δέ τις ἔβαλε τοξεύσας· καὶ τὸ μὲν βέλος ἐντὸς
αὐτοῦ εἰσῆλθεν, ἡ δὲ γλυφὶς σὺν τοῖς πτεροῖς πρὸ τῶν ὀφ-
θαλμῶν εἰστήκει. Ὁ δὲ ἰδὼν ἔφη· „καὶ τοῦτό μοι ἑτέρα λύπη,
τὸ τοῖς ἰδίοις πτεροῖς ἐναποθνήσκειν.''
Ὁ μῦθος δηλοῖ, ὅτι δεινόν ἐστιν, ὅταν τις ἐκ τῶν ἰδίων
κινδυνεύσῃ.   (Halm 4)

Ἀετὸς καὶ Κολοιὸς καὶ Ποιμήν.

Ἀετὸς καταπτὰς ἀπό τινος ὑψηλῆς πέτρας ἄρνα ἥρπασε·
κολοιὸς δὲ τοῦτο θεασάμενος διὰ ζῆλον τοῦτον μιμήσασθαι
ἤθελε. Καὶ δὴ καθεὶς ἑαυτὸν μετὰ πολλοῦ τοῦ ῥοίζου ἐπὶ
κριὸν ἠνέχθη· ἐμπαρέντων δ᾿ αὐτοῦ τῶν ὀνύχων τοῖς μαλλοῖς,
ἐξαρθῆναι μὴ δυνάμενος ἐπτερύσσετο, ἕως ὁ ποιμήν, τὸ
γεγονὸς αἰσθόμενος, προσδραμὼν συνέλαβεν αὐτόν. Καὶ
περικόψας αὐτοῦ τὰ ὀξύπτερα, ὡς ἑσπέρα κατέλαβε, τοῖς
αὐτοῦ παισὶν ἐκόμισε. Τῶν δὲ πυνθανομένων, τί ἂν εἴη τὸ
ὄρνεον, ἔφη· „ὡς μὲν ἐγὼ σαφῶς οἶδα, κολοιός, ὡς δὲ αὐτὸς
βούλεται, ἀετός.''
Οὕτως ἡ πρὸς τοὺς ὑπερέχοντας ἅμιλλα πρὸς τῷ μηδὲν
ἀνύειν καὶ ἐπὶ συμφοραῖς προσκτᾶται γέλωτα.   (Halm 8)

Ἀθηναῖος χρεωφειλέτης.

Ἀθήνησιν ἀνὴρ χρεωφειλέτης ἀπαιτούμενος ὑπὸ τοῦ δα-
νειστοῦ τὸ χρέος, τὸ μὲν πρῶτον παρεκάλει ἀναβολήν αὐτῷ
παρασχέσθαι, ἀπορεῖν φάσκων· ὡς δ᾿ οὐκ ἔπειθε, προσαγαγὼν

DER ADLER

Oben auf einem Felsen saß ein Adler und spähte nach Hasen aus. Da schoß einer auf ihn: der Pfeil durchbohrte ihn, und der rückwärtige Teil des Pfeiles mit den Federn stand ihm vor den Augen. Da sprach er: „Das ist zusätzliches Leid, daß meine eigenen Federn mich töten."
Dies zeigt, wie schlimm es ist, wenn einen die Seinigen gefährden.

Das Motiv der Verletzung durch eigene Körperbestandteile kommt mehrfach vor, z. B. Aesop H 103; 123 und 123b und Babrius 38

ADLER, DOHLE UND HIRTE

Ein Adler stieß von hohem Fels herab und raubte ein Lamm. Die Dohle sah's und wollte es ihm nachtun. Mit lautem Flügelschlag ließ sie sich auf einem Widder nieder, doch ihre Klauen verwickelten sich in seinem Vließ, so daß sie nicht loskam und flatterte, bis der Hirte, der den Vorfall gesehen hatte, hinzulief und sie fing. Er stutzte ihr die Schwingen, und als es Abend war, brachte er sie seinen Kindern mit. Die fragten, was das wohl für ein Vogel sei; er sprach: „Soweit ich weiß, ist's eine Dohle, sie aber hält sich für einen Adler."
So bleibt Wettbewerb mit Überlegenen nicht nur fruchtlos, sondern zum Schaden hat man noch den Spott.

Diese Fabel gehört in den allgemeinen, sehr ausgedehnten Bereich des Motivs „sich mit fremden Federn schmücken," oder mehr scheinen zu wollen, als man ist; die Moral ist ausnahmslos, „Schuster bleib bei deinem Leisten", empfiehlt also Sichbescheiden. Siehe Bemerkungen zu H 336. Auch hier also, wie so oft, das gerade Gegenteil des angeblichen „Aufstands der Fabel."

DER SCHULDNER ZU ATHEN

In Athen wurde ein Schuldner vom Gläubiger zur Zahlung aufgefordert. Zuerst bat er um Stundung, da er unbemittelt sei. Der Gläubiger aber ließ sich nicht bereden, so daß er eine Sau - alles,

ὗν, ἣν μόνην εἶχε, παρόντος αὐτοῦ ἐπώλει. Ὠνητοῦ δὲ προσελθόντος καὶ διερωτῶντος, εἰ τοκὰς ἡ ὗς εἴη, ἐκεῖνος ἔφη, μὴ μόνον αὐτὴν τίκτειν, ἀλλὰ καὶ παραδόξως· τοῖς μὲν γὰρ μυστηρίοις θήλεα ἀποκύειν, τοῖς δὲ Παναθηναίοις ἄρσενα. Τοῦ δὲ ἐκπλαγέντος πρὸς τὸν λόγον, ὁ δανειστὴς εἶπεν· ,,ἀλλὰ μὴ θαύμαζε· αὕτη γάρ σοι καὶ Διονυσίοις ἐρίφους τέξεται."

Ὁ λόγος δηλοῖ, ὅτι πολλοὶ διὰ τὸ ἴδιον κέρδος οὐκ ὀκνοῦσιν οὐδὲ τοῖς ἀδυνάτοις ψευδομαρτυρεῖν.
(Halm 11)

Αἰγοβοσκὸς καὶ Αἶγες.

Ἐν σπηλαίῳ ἀοικήτῳ αἰγοβοσκὸς ἐν χειμῶνι αἶγας ἤγαγεν. Εὗρεν δὲ ἐκεῖ ἀγρίας αἶγας καὶ τράγους, πλείονας ὧν εἶχεν αὐτὸς καὶ μείζους. Τὰς ἰδίας δὲ ἀφεὶς ἐπὶ ταῖς ἀγρίαις, ταύτας ἔτρεφε τοῖς φύλλοις. Ὅτε δὲ εὐδία γέγονε, τὰς μὲν ἰδίας εὗρε τεθνεώσας ἐκ τοῦ λιμοῦ, αἱ δὲ ἄγριαι πρὸς τὸ ὄρος ἔφυγον. Ὁ δὲ αἰπόλος γελαστὸς εἰς τὸν οἶκον ἦλθε κενός.

Ὅτι οὐδαμῶς ἡμᾶς πρέπει ἀμελεῖν τῶν οἰκείων, ἐπ᾿ ἐλπίδι κέρδους ἐξ ἀλλοτρίων γενησομένου.
(Halm 12b)

Αἰθίοψ.

Αἰθίοπά τις ὠνήσατο, τοιοῦτον εἶναι τὸ χρῶμα δοκῶν ἀμελείᾳ τοῦ πρότερον ἔχοντος. Καὶ παραλαβὼν οἴκαδε, πάντα μὲν αὐτῷ προσῆγε τὰ ῥύμματα, πᾶσι δὲ λουτροῖς ἐπειρᾶτο φαιδρύνειν· καὶ τὸ μὲν χρῶμα μεταβαλεῖν οὐκ ἔσχε, νοσεῖν δὲ τῷ πονεῖν παρεσκεύασεν.

Μένουσιν αἱ φύσεις, ὡς προῆλθον τὸ πρότερον.
(Halm 13)

was er hatte - in Gegenwart des Gläubigers feilbot. Ein Kauflustiger fragte, ob die Sau auch fruchtbar sei; da sagte der Gläubiger: „Ja, sogar auf ganz ungewöhnliche Weise: zum Mysterienfest ferkelt sie Weibchen, zu den Panathenäen Männchen," und als der staunte, fuhr der Gläubiger fort: „Das ist noch gar nichts; zum Dionysosfest wirft die dir auch Zicklein."
Man sieht, daß viele zum eigenen Vorteil nicht zögern, selbst Unmögliches falsch zu bezeugen.

Die eleusischen Mysterien wurden am 15. Boedromion (= Oktober) gefeiert, die Panathenäen, athletische Wettbewerbe, im dritten Jahr jeder Olympiade ab 28. Hekatombaion (= Juli), die großen Dionysien Ende März.

ZIEGENHIRT UND ZIEGEN

Bei schlechtem Wetter trieb ein Hirt seine Ziegen in eine unbewohnte Höhle. Dort fand er wilde Ziegen und Böcke, mehr und größer als die seinen; da vernachläßigte er seine eigenen und fütterte statt ihrer die wilden Ziegen mit Laub. Als wieder gutes Wetter herrschte, fand er seine eigenen Ziegen verhungert auf, die wilden aber entliefen ins Gebirge. Mit leeren Händen kam der Hirt nach Haus und hatte sich lächerlich gemacht.
Wir dürfen eben keineswegs, nur aus Hoffnung auf Gewinn anderer Art, unsere eigenen Belange vernachlässigen.

Diese Fabel fällt in den ausgedehnten Bereich des Motivs, Gesichertes nicht aus Spekulation auf Ungesichertes zu riskieren, ein Motiv, das bereits auf mesopotamische Spruchweisheit zurückgeht.

DER NEGER

Es kaufte sich einer einen Neger und glaubte, dessen Farbe beruhe auf Vernachlässigung seines Vorbesitzers. Er nahm ihn also mit nach Hause, wusch ihn mit Seife aller Art und versuchte, ihn mit jeder Art von Bädern weiß zu waschen. Die Farbe ließ sich aber nicht verändern, ob er auch vor lauter Mühe schier krank wurde.
Natur bleibt halt, wie sie vorher war.

Ὄρνις καὶ Αἴλουρος.

Ὄρνις δήποτε κατακλιθεὶς ἠρρώστει· εἰς ὃν αἴλουρος προκύψας ἔφη ταῦτα· „πῶς ἔχεις, φίλε; τί δέ σοι; ἐάν τι χρήζῃς, ἀνάγγειλόν μοι, καὶ πάντα σοι παρέξω· ὅμως ἔγειρε, καὶ τεύξῃ τῆς ὑγιείας." Ἡ δὲ ἀπεκρίθη πρὸς τὸν αἴλουρον ταῦτα· „ἐὰν σὺ παρέλθῃς, ἐγὼ οὐκ ἀποθνήσκω· ζωὴν γὰρ ζήσω δορκάδος ὑπερτέραν."
Τοὺς δολίους ὑποκριτάς, τοὺς λέγοντας φιλεῖν, ὁ μῦθος ἐλέγχει.   (Halm 16b)

Αἲξ καὶ Ὄνος.

Αἶγα καὶ ὄνον ἔτρεφέ τις. Ἡ δὲ αἲξ φθονήσασα τῷ ὄνῳ διὰ τὸ περισσὸν τῆς τροφῆς, ἔλεγεν, ὡς ἄπειρα κολάζῃ, ποτὲ μὲν ἀλήθων, ποτὲ δὲ ἀχθοφορῶν· καὶ συνεβούλευεν ἐπίληπτον ἑαυτὸν ποιῆσαι καὶ καταπεσεῖν ἔν τινι βόθρῳ, καὶ ἀναπαύσεως τυχεῖν. Ὁ δὲ πιστεύσας καὶ πεσὼν συνετρίβη. Ὁ δὲ δεσπότης τὸν ἰατρὸν καλέσας ᾔτει βοηθεῖν. Ὁ δὲ αἰγὸς πνεύμονα ἐγχυματίσαι ἔλεγεν αὐτῷ, καὶ τῆς ὑγιείας τυχεῖν. Τὴν δὲ αἶγα θύσαντες τὸν ὄνον ἰάτρευον.
Ὅτι ὅστις καθ᾿ ἑτέρου δόλια μηχανᾶται, ἑαυτοῦ γίνεται τῶν κακῶν ἀρχηγός.   (Halm 18)

Ἁλιεύς.

Ἁλιεὺς ἔν τινι ποταμῷ ἡλίευε. Καὶ δὴ κατατείνας τὰ δίκτυα ὡς περιέλαβεν ἑκατέρωθεν τὸ ῥεῦμα, προσδήσας κάλῳ λίθον, ἔτυπτε τὸ ὕδωρ, ὅπως οἱ ἰχθύες φεύγοντες ἀπαραφυλάκτως τοῖς βρόχοις ἐμπέσωσι. Τῶν δὲ περὶ τὸν τόπον οἰκούντων τις θεασάμενος αὐτὸν τοῦτο ποιοῦντα, ἐμέμφετο, ὡς τὸν ποταμὸν θολοῦντα καὶ μὴ ἐῶντα αὐτοὺς διαυγὲς ὕδωρ πίνειν· ὁ δὲ ἀπεκρίνατο· „ἀλλ᾿ ἐὰν μὴ οὕτως ὁ ποταμὸς ταράσσηται, ἐμὲ δεήσει λιμώττοντα ἀποθανεῖν."

HUHN UND KATZE

Ein Huhn lag einmal krank. Die Katze beugte sich über es und sprach: „Wie geht es dir, Liebste? Was fehlt dir? Brauchst du irgend etwas, so laß mich's wissen, und ich schaffe dir alles heran: steh nur auf und werde wieder gesund!" Das Huhn aber sprach zur Katze: „Geh du nur fort, dann werde ich nicht sterben! Nein, leben werde länger als die Hirschkuh ich.
Auf listige Heuchler, die Liebe vortäuschen, zielt diese Fabel.

Im Original ist der letzte Satz der Fabel (Nein, leben ...) ein Vers.

ZIEGE UND ESEL

Es hielt sich einer eine Ziege und einen Esel. Die Ziege aber ward neidisch auf den Esel, weil er mehr Futter bekam, und sagte ihm, er ließe sich übermäßig ausnutzen: bald müsse er die Mühle drehen, bald Lasten schleppen. Er solle, riet sie ihm, einen Anfall vortäuschen, sich in einen Graben fallen lassen und so etwas Ruhe finden. Er ließ sich überreden und brach zusammen. Der Herr holte einen Arzt zu Hilfe: der sagte ihm, er solle dem Esel einen Umschlag von Ziegenlunge machen, dann würde er gesund. Man schlachtete die Ziege und behandelte den Esel.
Wer anderen mit Tücke nachstellt, ist der Hauptschuldige an seinem eigenen Leid.

DER FISCHER IM TRÜBEN WASSER

Ein Fischer fischte in einem Fluß. Er spannte seine Netze von beiden Flußufern durch den Fluß, band einen Stein an ein Tau und schlug damit ins Wasser, damit die Fische auf der Flucht ins Netz gerieten, ohne es zu merken. Ein Anlieger beobachtete ihn bei dieser Tätigkeit und schalt ihn, weil er den Fluß trübe und ihn kein klares Wasser mehr trinken ließe. Der aber sprach: „Wird der Fluß nicht so aufgewirbelt, so müßte ich Hungers sterben."

Οὕτω καὶ τῶν πόλεων οἱ δημαγωγοὶ τότε μάλιστα ἐργάζονται, ὅταν τὰς πατρίδας εἰς στάσεις περιάγωσιν.   (Halm 25)

Ἁλιεύς.

Ἁλιεύς, τὸ πρὸς ἄγραν δίκτυον ἐκ τῆς θαλάσσης ἐκβαλών, τῶν μὲν μεγάλων ἰχθύων ἐγκρατὴς γέγονε, καὶ τούτους ἐν τῇ γῇ ἥπλωσεν· οἱ δὲ βραχύτεροι τῶν ἰχθύων διὰ τῶν τρυμαλιῶν διέδρασαν ἐν τῇ θαλάσσῃ.
Ὅτι εὔκολος ἡ σωτηρία τοῖς μὴ μεγάλως εὐτυχοῦσιν, τοὺς δὲ μεγάλους ὄντας τῇ δόξῃ σπανίως ἴδοις ἂν ἐκφεύγειν τὴν δίκην.   (Halm 26)

Ἁλκυών.

Ἁλκυών ὄρνεόν ἐστι φιλέρημον διὰ παντὸς ἐν θαλάττῃ διαιτώμενον. Ταύτην λέγεται τὰς τῶν ἀνθρώπων θήρας φυλαττομένην ἐν σκοπέλοις παραθαλαττίοις νεοττοποιεῖσθαι. Καὶ δή ποτε τίκτειν μέλλουσα παρεγένετο εἴς τι ἀκρωτήριον, καὶ θεασαμένη πέτραν ἐπὶ θαλάσσῃ ἐνεοττοποιεῖτο ἐνταῦθα. Ἐξελθούσης δ' αὐτῆς ποτε ἐπὶ νομήν, συνέβη τὴν θάλασσαν ὑπὸ λάβρων πνευμάτων κυματωθεῖσαν ἐξαρθῆναι μέχρι τῆς καλιᾶς, καὶ ταύτην ἐπικλύσασαν τοὺς νεοττοὺς διαφθεῖραι. Καὶ ἡ ἁλκυὼν ἐπανελθοῦσα ὡς ἔγνω τὸ γεγονός, εἶπεν· ,,ἀλλ' ἔγωγε δειλαία, ἥτις τὴν γῆν ὡς ἐπίβουλον φυλαττομένη ἐπὶ ταύτην κατέφυγον, ἣ πολλῷ μοι γέγονεν ἀπιστοτέρα.''
Οὕτω καὶ τῶν ἀνθρώπων ἔνιοι τοὺς ἐχθροὺς φυλαττόμενοι λανθάνουσι πολλῷ χαλεπωτέροις τῶν ἐχθρῶν φίλοις ἐμπίπτοντες.   (Halm 29)

Ἀλώπεκες.

Ποτὲ ἀλώπεκες ἐπὶ τὸν Μαίανδρον ποταμὸν συνηθροίσθησαν, πιεῖν ἐξ αὐτοῦ θέλουσαι· διὰ δὲ τὸ ῥοιζηδὸν φέρεσθαι τὸ ὕδωρ, ἀλλήλας προτρεπόμεναι οὐκ ἐτόλμων εἰσελθεῖν.

So strengen sich auch im Staate die Demagogen dann am meisten
an, wenn sie ihr Land in Bürgerzwist stürzen.

DER FISCHER

Ein Fischer, der sein Netz zum Fang im Meer auswarf, bemäch-
tigte sich der großen Fische und brachte sie an Land; die kleinen
aber schlüpften durch die Maschen und entkamen ins Meer.
Leicht retten sich die, die nicht zu prominent sind; die hohen
Würdenträger aber sieht man nur selten dem Strafgericht entgehen.

DER EISVOGEL

Der Eisvogel liebt die Einsamkeit und lebt gänzlich auf dem
Meer. Er soll, um sich vor der Jagd durch Menschen zu schützen,
auf Klippen am Strande nisten. Als also seine Zeit zum Eier-
legen kam, flog er auf ein Vorgebirge, sah einen Felsen am Meer
und baute dort sein Nest. Als er dies einmal auf Nahrungsuche
verließ, begab es sich, daß das von heftigen Stürmen aufgewühlte
Meer bis an den Felsen schwoll, ihn überspülte und die Jungen
tötete. Als der Eisvogel zurückkam und dies sah, sprach er:
„Wehe mir, der ich mich vor den Gefahren des Festlandes sichern
wollte und an diesen Ort floh, der sich als viel unzuverlässiger
erwiesen hat!"
So verbergen sich auch manche Menschen, die sich vor Feinden
sichern wollen, und fallen Freunden in die Hände, die schlimmer
sind als Feinde.

DIE FÜCHSE

Einst versammelten sich die Füchse am Mäanderfluß, um aus ihm
zu trinken. Da aber das Wasser brausend dahinschoß, wagten sie
sich nicht hinein, obgleich sie einander ermutigten. Einer aber,

Μιᾶς δὲ αὐτῶν διεξιούσης, ἐπὶ τῷ εὐτελίζειν τὰς λοιπὰς, καὶ δειλίαν καταγελώσης, ἑαυτὴν ὡς γενναιοτέραν προκρίνασα θαρσαλέως εἰς τὸ ὕδωρ ἐπήδησεν. Τοῦ δὲ ῥεύματος ταύτην εἰς μέσον κατασύραντος, καὶ τῶν λοιπῶν, παρὰ τὴν ὄχθην τοῦ ποταμοῦ ἑστηκυιῶν, πρὸς αὐτὴν εἰπουσῶν ,,μὴ ἐάσῃς ἡμᾶς, ἀλλὰ στραφεῖσα ὑπόδειξον τὴν εἴσοδον, δι' ἧς ἀκινδύνως δυνησόμεθα πιεῖν," ἐκείνη ἀπαγομένη ἔλεγεν ,,ἀπόκρισιν ἔχω εἰς Μίλητον, καὶ ταύτην ἐκεῖσε ἀποκομίσαι βούλομαι ἐν δὲ τῷ ἐπανιέναι με, ὑποδείξω ὑμῖν."
Πρὸς τοὺς κατὰ ἀλαζονείαν ἑαυτοῖς κίνδυνον ἐπιφέροντας.

(Halm 30)

Der Mäander, durch Sumpfgelände so langsam fließend, daß er sich selbst zu begegnen scheint (daher das bekannte Mäandermuster) war eigentlich als das Gegenteil eines reißenden Stromes bekannt. ,,Ein Fluß" hatte genügt: vielleicht

Ἀλώπηξ καὶ Δρυτόμος.

Ἀλώπηξ κυνηγοὺς φεύγουσα ὡς ἐθεάσατό τινα δρυτόμον, τοῦτον ἱκέτευε κατακρύψαι αὐτήν ὁ δ' αὐτῇ παρήνεσεν, εἰς τὴν ἑαυτοῦ καλύβην εἰσελθοῦσαν κρυβῆναι. Μετ' οὐ πολὺ δὲ παραγενομένων τῶν κυνηγῶν καὶ τοῦ δρυτόμου πυνθανομένων, εἰ τεθέαται ἀλώπεκα τῇδε παριοῦσαν, ἐκεῖνος τῇ μὲν φωνῇ ἠρνεῖτο ἑωρακέναι, τῇ δὲ χειρὶ νεύων ἐσήμαινεν ὅπου κατεκέκρυπτο. Τῶν δὲ οὐχ οἷς ἔνευε προσσχόντων, ἀλλ' οἷς ἔλεγε πιστευσάντων, ἡ ἀλώπηξ ἰδοῦσα αὐτοὺς ἀπαλλαγέντας, ἐξελθοῦσα ἀπροσφωνητὶ ἐπορεύετο μεμφομένου δ' αὐτὴν τοῦ δρυτόμου, εἴγε διασωθεῖσα ὑπ' αὐτοῦ οὐδὲ φωνῆς αὐτὸν ἠξίωσεν, ἔφη ,,ἀλλ' ἔγωγε ηὐχαρίστησα ἄν σοι, εἰ τοῖς λόγοις ὅμοια τὰ ἔργα τῶν χειρῶν καὶ τοὺς τρόπους εἶχες."
Τούτῳ τῷ λόγῳ χρήσαιτ' ἄν τις πρὸς ἐκείνους τῶν ἀνθρώπων, οἵτινες τὰ μὲν χρηστὰ σαφῶς ἐπαγγέλλονταί, ἔργα δὲ φαῦλα δρῶσιν.

(Halm 35)

Ἀλώπηξ καὶ Κύων.

Ἀλώπηξ εἰς ἀγέλην προβάτων εἰσελθοῦσα θηλαζόντων, τῶν ἀρνίων ἓν ἀναλαβομένη προσεποιεῖτο καταφιλεῖν ἐρωτη-

der sich über die anderen und ihre Feigheit lustig machte, sich
selber aber als mutiger hinstellte, sprang kühn ins Wasser. Die
Strömung zog ihn in die Mitte des Flusses; die anderen aber
standen am Ufer und riefen ihm zu: „Laß uns nicht im Stich,
sondern komm zurück und zeige uns den Zugang, wo wir unge-
fährdet trinken können." Doch der, von der Strömung fort-
gerissen, rief zurück: „Ich hab eine Bestellung in Milet, die will
ich jetzt dorthin bringen; wenn ich wieder zurückkomme, will
ich's euch zeigen."
Auf diejenigen, die sich aus Großmannssucht selbst gefährden.

liegt hier schon die (von späteren Fabeldichtern oft gebrauchte) Lokalisierung
vor, die der Geschichte Wahrscheinlichkeit verleihen soll. Ähnliches gilt, wenn
eine witzige Antwort als Anekdote verschiedenen historischen Persönlichkeiten in den Mund gelegt wird.

FUCHS UND HOLZFÄLLER

Auf der Flucht vor den Jägern erblickte ein Fuchs einen Holzfäller und bat ihn, ihn zu verstecken. Der forderte ihn auf, sich
in seiner Hütte zu verbergen. Bald darauf kamen die Jäger heran
und erkundigten sich bei dem Holzfäller, ob er einen Fuchs habe
vorbeilaufen sehen. Der sagte zwar nein, zeigte aber mit der Hand
auf das Versteck. Da sie aber nicht auf seinen Wink achteten,
sondern seinen Worten glaubten, entfernten sie sich. Der Fuchs
sah es, kam heraus und machte sich auf den Weg, ohne ein Wort
zu sagen. Als ihm der Holzfäller vorwarf, er habe seinen Retter
auch nicht eines Wortes gewürdigt, sprach der: „Wohl hätte ich
dir gedankt, wenn das, was deine Hände tun, und dein Charakter,
deinen Worten entspräche."
Dieser Fabel möchte sich einer gegen solche Menschen bedienen,
die zwar das Rechte laut verkünden, aber Unrecht tun.

FUCHS UND HUND

Ein Fuchs mischte sich unter eine Schafherde, wo die Lämmer
gerade am Säugen waren, nahm ein kleines und tat, als liebkose

θεῖσα δὲ ὑπὸ κυνός „τί τοῦτο ποιεῖς;" „τιθηνοῦμαι αὐτὸ, ἔφη, καὶ προσπαίζω." Καὶ ὁ κύων ἔφη „καὶ νῦν, ἂν μὴ ἀφῇς τὸ ἀρνίον, τὰ κυνῶν σοι προσοίσω."
Πρὸς ἄνδρα ῥᾳδιουργὸν καὶ μωροκλέπτην ὁ λόγος εὔκαιρος.

(Halm 38)

Ἀλώπηξ καὶ Πάρδαλις.

Ἀλώπηξ καὶ πάρδαλις περὶ κάλλους ἥριζον. Τῆς δὲ παρδά-λεως παρ' ἕκαστα τὴν τοῦ σώματος ποικιλίαν προβαλλομένης, ἡ ἀλώπηξ ὑποτυχοῦσα ἔφη „καὶ πόσον ἐγώ σου καλλίων ὑπάρχω, ἥτις οὐ τὸ σῶμα, τὴν δὲ ψυχὴν πεποίκιλμαι;"
Ὁ λόγος δηλοῖ, ὅτι τοῦ σωματικοῦ κάλλους ἀμείνων ἐστὶν ὁ τῆς διανοίας κόσμος.

(Halm 42)

Vgl. Avian 40. Das entsprechende Gedicht des Babrius ist nur in einer Prosa-paraphrase erhalten (Bodl. Paraphr. 132 Kn), wurde aber von Robinson Ellis in Babrianischen Scazon-Versen rekonstruiert.

Ἀλώπηξ καὶ Πίθηκος.

Ἀλώπηξ καὶ πίθηκος ἐν ταὐτῷ ὁδοιποροῦντες περὶ εὐγενείας ἥριζον. Πολλὰ δὲ ἑκατέρων διεξιόντων, ἐπειδὴ ἐγένοντο κατά τινα τόπον, ἐνταῦθα ἀποβλέψας ἀνεστέναξεν ὁ πίθηκος· τῆς δ' ἀλώπεκος ἐρομένης τὴν αἰτίαν, ὁ πίθηκος ἐπιδείξας αὐτῇ τὰ μνήματα, ἔφη „ἀλλ' οὐ μέλλω κλαίειν, ὁρῶν τὰς στήλας τῶν πατρικῶν μου ἀπελευθέρων καὶ δούλων;" Κἀ-κείνη πρὸς αὐτὸν ἔφη „ἀλλὰ ψεύδου ὅσα βούλει· οὐδεὶς γὰρ τούτων ἀναστάς σε ἐλέγξει."
Οὕτω καὶ τῶν ἀνθρώπων οἱ ψευδολόγοι τότε μάλιστα κατα-λαζονεύονται, ὅταν τοὺς ἐλέγχοντας μὴ ἔχωσι.

(Halm 43)

er es. Der Hund fragte: „Was machst du da?" – Er antwortete:
„Ich bemuttere es und spiele mit ihm." Da rief der Hund: „Laß
das Lamm sofort los, sonst schicke ich dir die Meute auf den
Hals!"
Die Fabel paßt gut auf einen recht törichten Missetäter.

FUCHS UND LEOPARD

Der Fuchs und der Leopard stritten darüber, wer schöner sei.
Als der Leopard im einzelnen die bunte Vielfalt seines Körpers
anführte, entgegnete der Fuchs: „Aber wieviel schöner bin ich
doch als du, da ich nicht körperlich, wohl aber geistig von bunter
Vielfalt bin!"
Die Fabel zeigt, daß der Schmuck der Intelligenz mehr wert ist
als körperliche Schönheit.

Geistige statt körperlicher Vorzüge: ein häufiger *topos*. Vgl. u. a. Sidon. *epist.* 5, 10, 2
erubescebat ... formae dote placuisse quippe cui merito ingenii suffecisset adamari,
et vere optimus quisque morum praestantius pulchritudine placet.

FUCHS UND AFFE

Fuchs und Affe zogen miteinander des Weges und stritten, wer
von edlerer Abstammung sei. Beide brachten vieles vor; als sie
aber an einen Ort kamen ⟨wo Grabmäler waren⟩, starrte der
Affe sie an und schluchzte. Der Fuchs fragte, warum; da zeigte
der Affe auf die Grabsteine und sagte: „Wie soll ich nicht weinen,
wenn ich die Grabmäler von Freigelassenen und Knechten
meiner Ahnen sehe!" Darauf der Fuchs: „Lüge soviel du willst:
von jenen wird keiner aufstehen, um dir zu widersprechen."
So prahlen auch bei den Menschen die Lügner am meisten dann,
wenn sie keiner widerlegen kann.
Vgl. Archilochos Fr. 81 D., Babrius 81, Syntipas 14

Ἀλώπηξ καὶ Πίθηκος.

Ἐν συνόδῳ τῶν ἀλόγων ζῴων πίθηκος ὀρχησάμενος καὶ εὐδοκιμήσας βασιλεὺς ὑπ' αὐτῶν ἐχειροτονήθη· ἀλώπηξ δὲ αὐτῷ φθονήσασα ὡς ἐθεάσατο ἔν τινι παγίδι κρέας κείμενον, ἀγαγοῦσα αὐτὸν ἐνταῦθα ἔλεγεν, ὡς εὑροῦσα θησαυρὸν αὐτὴ μὲν οὐκ ἐχρήσατο, γέρας δὲ αὐτῷ τῆς βασιλείας τετήρηκε, καὶ παρῄνει αὐτῷ λαβεῖν. Τοῦ δὲ ἀτημελήτως ἐπελθόντος, καὶ ὑπὸ τῆς παγίδος συλληφθέντος, αἰτιωμένου τε τὴν ἀλώπεκα ὡς ἐνεδρεύσασαν αὐτῷ, ἐκείνη ἔφη ,,ὦ πίθηκε, σὺ δὲ τοιαύτην ψυχὴν ἔχων τῶν ἀλόγων ζῴων βασιλεύσεις;"
Οὕτως οἱ τοῖς πράγμασιν ἀπερισκέπτως ἐπιχειροῦντες σὺν τῷ δυστυχεῖς εἶναι καὶ γέλωτα ὀφλισκάνουσι.

(Halm 44)

Ἀλώπηξ κόλουρος.

Ἀλώπηξ ὑπό τινος παγίδος τὴν οὐρὰν ἀποκοπεῖσα, ἐπειδὴ δι' αἰσχύνην ἀβίωτον ἡγεῖτο τὸν βίον ἔχειν, ἔγνω δεῖν καὶ τὰς ἄλλας ἀλώπεκας εἰς τὸ αὐτὸ προσαγαγεῖν, ἵνα τῷ κοινῷ πάθει τὸ ἴδιον ἐλάττωμα συγκρύψῃ. Καὶ δὴ ἁπάσας ἀθροίσασα παρῄνει αὐταῖς τὰς οὐρὰς ἀποκόπτειν, λέγουσα, ὡς οὐκ ἀπρεπὲς μόνον τοῦτο, ἀλλὰ καὶ περισσόν τι αὐταῖς βάρος προσήρτηται. Τούτων δέ τις ὑποτυχοῦσα ἔφη ,,ὦ αὕτη, ἀλλ' εἰ μή σοι τοῦτο συνέφερεν, οὐκ ἂν ἡμῖν αὐτὸ συνεβούλευσας."
Ὁ λόγος πρὸς ἐκείνους, οἳ τὰς συμβουλίας ποιοῦνται τοῖς πέλας οὐ δι' εὔνοιαν, ἀλλὰ διὰ τὸ ἑαυτοῖς συμφέρον.

(Halm 46)

DER AFFE ALS KÖNIG?

Auf der Versammlung der Tiere tanzte der Affe und war so
populär, daß er durch Abstimmung zum König gewählt wurde.
Dies neidete ihm der Fuchs, und da er in einer Falle ein Stück
Fleisch liegen sah, führte er den Affen dorthin und sprach: „Ich
habe etwas Wertvolles gefunden, doch hab' ich mir's nicht an-
geeignet, sondern als Gabe für den König aufbewahrt: geh nur
hin und nimm dir's!" Nichts Böses ahnend ging der Affe hin und
saß sogleich in der Falle. Er beschuldigte den Fuchs, er habe ihn
in einen Hinterhalt gelockt, doch dieser sagte: „Herr Affe, mit
so wenig Verstand willst du König über die Tiere sein?"
So erntet, wer Geschäfte ohne Vorbedacht in Angriff nimmt,
zum Schaden noch den Spott.

Das Wort ἄλογον, das sich hier und noch an anderen Stellen als Epitheton für
„Tier" findet, bedeutet: 1. nicht mit Vernunft begabt, 2. nicht mit Sprache
begabt. Da keine dieser Bedeutungen in der Fabel am Platze ist, wurde das
Wort unübersetzt gelassen. Es ist übrigens im Neugriechischen, statt „hippos",
das Wort für „Pferd" geworden.

DER FUCHS MIT DEM SCHWANZSTUMMEL

Einem Fuchs hatte eine Falle den Schwanz abgeschnitten. Der
Schande wegen erschien ihm das Leben nicht lebenswert, doch
beschloß er, es müßten auch die anderen Füchse in denselben
Zustand versetzt werden, damit, was alle träfe, seinen eigenen
Verlust verbärge. So versammelte er sie alle und redete ihnen zu,
sich die Schwänze abzuschneiden. Ein Schwanz sei nicht nur
unschön, stelle auch ein unnützes Gewicht dar. Doch einer der
Anwesenden entgegnete ihm: „He du, wäre dir das nicht zuge-
stoßen, du rietest es uns nicht."
Das geht auf die, die Nahestehenden Rat geben, nicht aus echter
Geneigtheit, sondern zum eigenen Vorteil.

Ἀνδροφόνος.

Ἄνθρωπόν τις ἀποκτείνας ὑπὸ τῶν αὐτοῦ συγγενῶν ἐδιώκετο. Γενόμενος δὲ κατὰ τὸν Νεῖλον ποταμόν, λύκου αὐτῷ ἀπαντήσαντος, φοβηθεὶς ἀνέβη ἐπί τι δένδρον τῷ ποταμῷ παρακείμενον, κἀκεῖ ἐκρύπτετο. Θεασάμενος δὲ ἐνταῦθα ἔχιν κατ᾽ αὐτοῦ ἐρχόμενον, ἑαυτὸν εἰς τὸν ποταμὸν καθῆκεν ἐν δὲ τούτῳ ὑποδεξάμενος αὐτὸν κροκόδειλος κατεθοινήσατο.
Ὁ λόγος δηλοῖ, ὅτι τοῖς ἐναγέσι τῶν ἀνθρώπων οὔτε γῆς οὔτε ἀέρος οὔτε ὕδατος στοιχεῖον ἀσφαλές ἐστιν.   (Halm 48)

Ἀνὴρ καὶ Γυνή.

Ἔχων τις γυναῖκα πρὸς πάντας τοὺς κατ᾽ οἶκον λίαν τὸ ἦθος ἀργαλέαν ἠβουλήθη γνῶναι, εἰ καὶ πρὸς τοὺς πατρῴους οἰκέτας ὁμοίως διάκειται· ὅθεν μετὰ προφάσεως εὐλόγου πρὸς τὸν πατέρα αὐτὴν ἔπεμψε. Μετὰ δὲ ὀλίγας ἡμέρας ἀνελθούσης αὐτῆς ἐπυνθάνετο, πῶς αὐτὴν οἱ οἰκεῖοι προσεδέξαντο; Τῆς δὲ εἰπούσης· ,,οἱ βουκόλοι καὶ οἱ ποιμένες με ὑπεβλέποντο,'' ἔφη πρὸς αὐτήν· ,,ἀλλ᾽ ὦ γύναι, εἰ τούτοις ἀπήχθου, οἳ ὄρθρου μὲν τὰς ποίμνας ἐξελαύνουσιν, ὀψὲ δὲ εἰσίασι, τί χρὴ προσδοκᾶν περὶ τούτων, οἷς πᾶσαν τὴν ἡμέραν συνδιέτριβες;''
Οὕτω πολλάκις ἐκ τῶν μικρῶν τὰ μεγάλα καὶ ἐκ τῶν προδήλων τὰ ἄδηλα γνωρίζονται.   (Halm 52)

Ἀνὴρ καὶ Κύκλωψ.

Ἀνήρ τις τῶν εὐλαβῶν τυγχάνων [τάχα], καὶ τοῖς πρακτέοις σεμνός, ἐπὶ χρόνον ἱκανὸν εὐμαρῶς τοῖς ἰδίοις παισὶ συμβιοτεύων, μετὰ ταῦτα ἐνδείᾳ περιπίπτει ἐσχάτῃ, καὶ τὴν ψυχὴν

DER MÖRDER

Ein Mörder wurde von den Angehörigen seines Opfers verfolgt.
Als er den Nil erreichte, kam ihm ein Wolf entgegen. Voller
Furcht kletterte er auf einen Baum am Fluß und versteckte sich.
Als er aber sah, wie dort eine Schlange auf ihn zukroch, ließ er
sich in den Fluß fallen. Dort aber nahm ihn ein Krokodil in
Empfang und verschlang ihn.
Diese Geschichte zeigt, daß denen, die Blutschuld auf sich ge-
laden haben, keine Stelle zulande, in der Luft oder im Wasser
Sicherheit bietet.

Ein Bruchstück dieser Fabel in poetischer Form, von einem Schüler mit vielen Fehlern nacherzählt, fand man in Ägypten: Grenfell-Hunt, II, 84; Babrius, ed. Crusius,
S. 437; Hausrath-Hunger, I 2, S. 119.

MANN UND FRAU

Es hatte einer eine Frau, die allen im Haus schrecklich auf die
Nerven ging; da wollte er sehen, ob sie sich zu dem Gesinde in
ihrem Elternhaus ebenso benehmen würde. Daher schickte er sie
unter einem plausiblen Vorwand zu ihrem Vater. Als sie nach
einigen Tagen zurückkam, fragte er sie, wie die Hausgenossen
sie empfangen hätten. „Die Rinder- und die Schafhirten," sagte
sie, „haben mich so merkwürdig angeschaut." Da sagte er:
„Liebe Frau, wenn du schon denen auf die Nerven gingst, die
doch schon ganz früh auf die Weide ziehen und erst spät heim-
kommen, was muß man dann von denen glauben, mit denen du
den ganzen Tag zusammen bist?"
So erkennt man oft Wichtiges an kleinen Indizien, und Verbor-
genes an dem, was offen zu sehen ist.

MENSCH UND RIESE

Ein frommer Mann, der alles, was sich ziemte, auch gehörig aus-
führte, lebte ziemlich lange Zeit einträchtig bei seinen Kindern.
Dann aber geriet er in äußerste Bedürftigkeit; mit tödlichem

καιρίως ἀλγῶν, ἐβλασφήμει τὸ θεῖον, καὶ ἑαυτὸν ἀνελεῖν
ἀπηναγκάζετο. Λαβὼν οὖν σπάθην, ἐπί τινα τῶν ἐρημικῶν
τόπων ἐξῄει, θανεῖν μᾶλλον αἱρετισάμενος, ἤπερ κακῶς ζῆν.
Πορευόμενος δὲ λάκκον τινὰ βαθύτατον ἔτυχεν εὑρηκώς,
ἐν ᾧ χρυσίον οὐκ ὀλίγον παρά τινος τῶν γιγανταίων ἀπετέ-
θειτο, ᾧ Κύκλωψ τὸ ὄνομα. Ἰδὼν δὲ ὁ [δῆθεν] εὐλαβὴς ἀνὴρ
τὸ χρυσίον, φόβου εὐθὺς καὶ χαρᾶς ἀνάπλεως γίνεται, καὶ
ῥίπτει μὲν τῆς χειρὸς τὸ ξίφος, αἴρει δὲ τὸ χρυσίον ἐκεῖθεν,
καὶ ἄσμενος ἐπὶ τὴν οἰκίαν καὶ τοὺς παῖδας αὑτοῦ ἐπανέρχε-
ται. Εἶτα ὁ Κύκλωψ ἐπὶ τὸν λάκκον ἐλθών, καὶ τὸ μὲν χρυσίον
μὴ εὑρηκώς, ἀντ᾽ αὐτοῦ δὲ κείμενον ἐκεῖσε τὸ ξίφος ἑωρα-
κώς, αὐτίκα τοῦτο σπασάμενος ἑαυτὸν διεχειρίσατο.
Ὁ μῦθος οὗτος δηλοῖ, ὡς τοῖς σκαιοῖς ἀνδράσιν ἀκολούθως
ἐπισυμβαίνει τὰ φαῦλα, τοῖς δὲ ἀγαθοῖς καὶ εὐλαβέσι τὰ
ἀγαθὰ ταμιεύεται.

(Halm 53)

In diesem Märchen — denn das ist es — mischen sich die verschiedensten, aus
anderen Märchenliteraturen bekannten Elemente. Diese offenbare Kontami-
nierung hat zu völliger Weglassung von Motivierung geführt. Der Leser erkennt unschwer Elemente aus dem Buch Hiob („fluche Gott und stirb," rät

Ἀνὴρ πηρός.

Ἀνὴρ πηρὸς εἰώθει πᾶν τὸ ἐπιτιθέμενον εἰς τὰς χεῖρας αὐτῷ
ζῷον ἐφαπτόμενος λέγειν, ὁποῖόν τι ἐστι. Καὶ δή ποτε
λυκιδίου αὐτῷ ἐπιδοθέντος, ψηλαφήσας καὶ ἀμφιγνοῶν
εἶπεν· „οὐκ οἶδα, πότερον λύκου εἴη ἢ ἀλώπεκος ἢ τοιούτου
τινὸς ζῴου γέννημα· τοῦτο μέντοι σαφῶς ἐπίσταμαι, ὅτι οὐκ
ἐπιτήδειον τοῦτο τὸ ζῷον προβάτων ποίμνῃ συνιέναι."
Οὕτω τῶν πονηρῶν ἡ διάθεσις πολλάκις καὶ ἀπὸ τοῦ σώματος
καταφαίνεται.

(Halm 57)

Schmerz in der Seele fluchte er der Gottheit und sah sich gezwungen, sich selber umzubringen. Er nahm also ein Schwert mit
sich und ging hinaus in die Wildnis, denn er wollte lieber sterben
als elend leben. Als er so ging, fand er zufällig eine sehr tiefe
Grube; darin lag ein großer Haufen Goldes, das hatte ein Riese,
der Kyklops hieß, dort eingelagert. Als der fromme Mann das
Gold sah, erfüllten ihn alsbald Furcht und Freude über die
Maßen. Er warf sein Schwert weg, nahm das Gold fort und ging
wohlgemut heim zu seinen Kindern. Als nun Kyklops zu der
Grube kam und sein Gold nicht mehr fand, sondern nur das
Schwert dort liegen sah, ergriff er es sogleich und brachte sich
um.
Dies Märchen zeigt, daß den Bösen, wie es ihnen gemäß ist,
Übles zustößt; den Guten und Frommen aber ist Gutes beschieden.

ihm sein Weib), das universale Motiv vom schätzebewachenden Riesen (der
Kyklops *beißt*, nicht ist), und noch andere. Die Moral – das Märchen hat im
allgemeinen keine – paßt recht schlecht. Eine ausführliche Analyse dieser
„Fabel" wäre wünschenswert. Vgl. O. Weinreich, Kl. Schriften, III, 1979, 287 ff.

DER BLINDE

Ein Blinder pflegte jedes Tier, das man ihm gab, abzutasten und
dann zu sagen, welcher Art es sei. Einmal reichte man ihm ein
junges Wölfchen; er betastete es, war seiner Sache nicht sicher
und sprach: „Ich weiß nicht, ob du ein Junges vom Wolf, vom
Fuchs oder einem anderen Tiere dieser Art bist, aber dies weiß
ich genau: daß es sich nicht empfiehlt, dies Tier in die Schafherde
einzureihen."
So kann man den Charakter der Bösen oft auch an ihrer Gestalt
erkennen.

Die Physiognomik, beginnend mit Pythagoras und Plato, in neuerer Zeit
besonders von Lavater und Gall (Schädelform) vertreten, lebt, von der
Wissenschaft abgelehnt, noch heute im Volksglauben fort.

Ἀνὴρ φέναξ.

Ἀνὴρ πένης νοσῶν καὶ κακῶς διακείμενος ηὔξατο τοῖς θεοῖς ἑκατόμβην τελέσαι, εἰ περισώσειαν αὐτόν· οἱ δὲ ἀπόπειραν αὐτοῦ ποιήσασθαι βουλόμενοι, ῥαῖσαι τάχιστα αὐτὸν παρεσκεύασαν. Κἀκεῖνος ἐξαναστὰς ἐπειδὴ ἀληθινῶν βοῶν ἠπόροι, στεατίνους ἑκατὸν πλάσας ἐπί τινος βωμοῦ κατέκαυσεν εἰπών· „ἀπέχετε τὴν εὐχήν, ὦ δαίμονες." Οἱ δὲ θεοὶ βουλόμενοι αὐτὸν ἐν μέρει ἀντιβουκολῆσαι, ὄναρ αὐτῷ ἔπεμψαν, παραινοῦντες ἐλθεῖν εἰς τὸν αἰγιαλόν· ἐκεῖ γὰρ εὑρήσειν ἀττικὰς χιλίας. Καὶ ὃς περιχαρὴς γενόμενος, δρομαῖος ἧκεν ἐπὶ τὴν ἠόνα, ἔνθα δὴ λησταῖς περιτυχὼν ἀπήχθη, καὶ ὑπ' αὐτῶν πωλούμενος εὗρε δραχμὰς χιλίας.
Ὁ λόγος εὔκαιρος πρὸς ἄνδρα ψευδολόγον.

(Halm 58)

Ἀνθρακεὺς καὶ Γναφεύς.

Ἀνθρακεὺς ἐπί τινος οἰκίας ἐργαζόμενος καὶ θεασάμενος γναφέα αὐτῷ παροικισθέντα, προσελθὼν παρεκάλει αὐτόν, ὅπως σύνοικος αὐτῷ γένηται, διεξιὼν ὡς οἰκειότεροι ἀλλήλοις ἔσονται καὶ λυσιτελέστεροι [διὰ] μίαν ἔπαυλιν οἰκοῦντες. Καὶ ὁ γναφεὺς ὑποτυχὼν ἔφη πρὸς αὐτόν· „ἀλλ' ἔμοιγε παντελῶς τοῦτό ἐστιν ἀδύνατον· ὃ γὰρ ἐγὼ λευκανῶ, σὺ ἀσβολήσεις."
Ὁ λόγος δηλοῖ, ὅτι πᾶν τὸ ἀνόμοιον ἀκοινώνητόν ἐστι.

(Halm 59)

Ἄνθρωπος καὶ Σάτυρος.

Ἄνθρωπόν ποτε λέγεται πρὸς Σάτυρον φιλίαν σπείσασθαι. Καὶ δὴ χειμῶνος καταλαβόντος καὶ ψύχους γενομένου ὁ ἄνθρωπος τὰς χεῖρας τῷ στόματι ἐπέπνει. Τοῦ δὲ Σατύρου τὴν αἰτίαν ἐρομένου, δι' ἣν τοῦτο πράττει, ἔλεγεν, ὅτι θερμαίνει τὰς χεῖρας διὰ τὸ κρύος. Ὕστερον δὲ παρατεθείσης αὐτοῖς

DER SCHLAUBERGER

Ein armer Mann war krank, und es ging ihm sehr schlecht. Da gelobte er den Göttern, wenn sie ihn retteten, eine Hekatombe zu opfern. Die wollten ihn nun auf die Probe stellen und machten ihn alsbald wieder völlig gesund. Jener stand auf, und da er ja nun keine wirklichen Rinder besaß, so bildete er hundert Rinder aus Wachs, verbrannte sie auf einem Altar und sprach dabei: „Hiermit, ihr Gottheiten, statte ich mein Gelübde völlig ab." Die Götter beschlossen, ihn nun ihrerseits zu übertölpeln und sandten ihm einen Traum, worin sie ihn aufforderten, an den Strand zu gehen: dort würde er tausend attische Drachmen finden. Hocherfreut lief er eilends ans Gestade; dort traf er Räuber, die ihn fortschleppten und verkauften: so „fand" er tausend Drachmen.
Die Geschichte paßt gut auf einen Lügner.

KÖHLER UND WALKER

Ein Kohlenbrenner, der in einem Haus arbeitete, sah im Nebenhaus einen Walker, ging zu ihm und lud ihn ein, gemeinsam mit ihm zu wohnen, indem er auseinandersetzte, daß sie auf diese Weise in noch engerer Nachbarschaft leben und durch Teilung desselben Quartiers Geld sparen würden. Doch der Walker erwiderte: „Das ist mir leider ganz unmöglich, denn was ich weiß mache, wirst du verrußen."
Dies zeigt, daß Ungleichartiges unvereinbar ist.

MENSCH UND SATYR

Es soll einmal ein Mensch mit einem Satyr Freundschaft geschlossen haben. Als es im Winter kalt war, behauchte der Mann seine Hände. Als der Satyr ihn fragte, warum er dies täte, erwiderte er, er erwärme seine Hände wegen der Kälte. Später wurde ihnen der Tisch vorgesetzt, mit einem sehr warmen Gericht

τραπέζης καὶ προσφαγήματος θερμοῦ σφόδρα ὄντος, ὁ ἄνθρωπος ἀναιρούμενος κατὰ μικρὸν τῷ στόματι προσέφερε καὶ ἐφύσα· πυνθανομένου δὲ πάλιν τοῦ Σατύρου, τί τοῦτο ποιεῖ; ἔφασκε καταψύχειν τὸ ἔδεσμα, ἐπεὶ λίαν θερμόν ἐστι. Κἀκεῖνος ἔφη πρὸς αὐτόν·,,ἀλλ᾽ ἀποτάσσομαί σου τῇ φιλίᾳ, ὦ οὗτος, ὅτι ἐκ τοῦ αὐτοῦ στόματος τὸ θερμὸν καὶ τὸ ψυχρὸν ἐξιεῖς.''

Ἀτὰρ οὖν καὶ ἡμᾶς περιφεύγειν δεῖ τὴν φιλίαν ὧν ἀμφίβολός ἐστιν ἡ διάθεσις. (Halm 64)

Ἄνθρωπος λέοντα χρυσοῦν εὑρών.

Δειλὸς φιλάργυρος λέοντα χρυσοῦν εὑρὼν ἔλεγεν· Οὐκ οἶδα τίς γένωμαι ἐν τοῖς παροῦσιν· ἐγὼ ἐκβέβλημαι τῶν φρενῶν, καὶ τί πράττειν οὐκ ἔχω· μερίζει με φιλοχρηματία καὶ τῆς φύσεως ἡ δειλία. Ποία γὰρ τύχη ἢ ποῖος δαίμων εἰργάσατο χρυσοῦν λέοντα; Ἡ μὲν γὰρ ἐμὴ ψυχὴ πρὸς τὰ παρόντα ἑαυτῇ πολεμεῖ· ἀγαπᾷ μὲν τὸν χρυσόν, δέδοικε δὲ τοῦ χρυσοῦ τὴν ἐργασίαν· ἅπτεσθαι μὲν ἐλαύνει ὁ πόθος, ἀπέχεσθαι δὲ ὁ τρόπος. Ὦ τύχης διδούσης καὶ μὴ λαμβάνεσθαι συγχωρούσης! ὦ θησαυρὸς ἡδονὴν μὴ ἔχων! ὦ χάρις δαίμονος ἄχαρις γενομένη! Τί οὖν; ποίῳ τρόπῳ χρήσωμαι; ἐπὶ ποίαν ἔλθω μηχανήν; ἄπειμι τοὺς οἰκέτας δεῦρο κομίσων, λαβεῖν ὀφείλοντας τῇ πολυπληθεῖ συμμαχίᾳ· κἀγὼ πόρρω ἔσομαι θεατής.

Ὁ λόγος ἁρμόζει πρός τινα πλούσιον, μὴ τολμῶντα προσ-ψαῦσαι καὶ χρήσασθαι τῷ πλούτῳ. (Halm 67)

darauf; das führte der Mensch in kleinen Bissen zum Mund und bliess darauf. Als der Satyr wiederum fragte, warum er dies täte, sagte er, „Um die Speise zu kühlen." Da sagte der: „Ich kündige dir die Freundschaft, du Kerl, weil du mit demselben Mund warm und kalt bläst."

So sollen auch wir Freundschaft ablehnen mit denen, deren Haltung zwiespältig ist.

Freundschaft wurde in aller Form geschlossen und aufgekündigt. – Auf obige Fabel geht wohl die englische Wendung „blowing hot and cold" im Sinne „zweideutige Stellungnahme" zurück.

DER MANN MIT DEM GOLDENEN LÖWEN

Ein habgieriger und feiger Mensch fand einmal einen goldenen Löwen und sprach: „Ich weiß nicht, wie mir geschieht, von Sinnen bin ich vor Schreck, und weiß nicht, was ich tun soll; es spaltet mich die Geldgier und meine feige Natur. Welcher Zufall oder welcher Dämon verfertigte wohl einen Löwen aus Gold? Demgegenüber liegt mein Herz im Kampfe mit sich selbst, denn einerseits liebt es das Gold, doch andererseits fürchtet es den dargestellten Gegenstand: ihn zu ergreifen, treibt mich mein Verlangen, mich fernzuhalten aber mein gewohntes Bangen. O Glückszufall, der mir die Gabe bietet, doch sie zu nehmen mir verbietet! O Schatz, der doch mir keine Freude gibt, O Göttergunst, die doch ungünstig ist! Was nun? Wie kann ich's nutzen? Welchen Kunstgriff wend' ich an? Ich geh und hole meine Leute her, sie mir zum Reichtumsbündnis zu verpflichten; ich aber will zuschauend abseits stehn."

Es paßt diese Geschichte auf einen Reichen, der es nicht wagt, seinen Reichtum anzugreifen und zu nutzen.

In ihrer Künstlichkeit, mit gewaltsamen, oft gereimten, Antithesen, mit gespreizter Ausdrucksweise und z. T. poetischen Worten zeigt diese Fabel ganz deutlich rhetorisches Gepräge: sie könnte eine Schulübung sein.

Ἀρότης καὶ Λύκος.

Ἀρότης λύσας τὸ ζεῦγος ἐπὶ πότον ἀπήγαγε· λύκος δὲ λιμώττων καὶ τροφὴν ζητῶν ὡς περιέτυχε τῷ ἀρότρῳ, τὸ μὲν
πρῶτον τὰς τῶν ταύρων ζεύγλας περιέλειχε, λαθὼν δὲ κατὰ
μικρόν, ἐπεὶ καθῆκε τὸν αὐχένα, ἀνασπᾶν μὴ δυνάμενος, ἐπὶ
τὴν ἄρουραν τὸ ἄροτρον ἔσυρεν. Ὁ δὲ ἀρότης ἐπανελθὼν καὶ
θεασάμενος αὐτὸν ἔλεγεν· „εἴθε γὰρ, ὦ κακὴ κεφαλή,
καταλιπὼν τὰς ἁρπαγὰς καὶ τὸ ἀδικεῖν ἐπὶ τὸ γεωπονεῖν
τραπείης."
Οὕτως οἱ πονηροὶ τῶν ἀνθρώπων κἂν χρηστότητα ἐπαγγέλλωνται, ψεύδονται.
                                                    (Halm 70)

Ἀστρολόγος.

Ἀστρολόγος ἐξιὼν ἑκάστοτε ἑσπέρας ἔθος εἶχε τοὺς ἀστέρας
ἐπισκοπῆσαι· καὶ δή ποτε περιιὼν εἰς τὸ προάστειον, καὶ τὸν
νοῦν ὅλον ἔχων ἐν τῷ οὐρανῷ, ἔλαθε καταπεσὼν εἰς φρέαρ.
Ὀδυρομένου δὲ αὐτοῦ καὶ βοῶντος, παριών τις ὡς ἤκουσε
τῶν στεναγμῶν, προσελθὼν καὶ μαθὼν τὰ συμβεβηκότα, ἔφη
πρὸς αὐτόν· „ὦ οὗτος, σὺ τὰ ἐν οὐρανῷ βλέπειν πειρώμενος
τὰ ἐπὶ τῆς γῆς οὐχ ὁρᾷς;"
Τῷ λόγῳ τούτῳ χρήσαιτο ἄν τις πρὸς ἐκείνους τῶν ἀνθρώπων, οἳ παραδόξως ἀλαζονεύοντες οὐδὲ τὰ κοινὰ τοῖς ἀνθρώποις ἐπιτελεῖν δύνανται.
                                                    (Halm 72)

Βάτραχοι.

Βάτραχοι δύο ἐν λίμνῃ ἐνέμοντο· θέρους δὲ ξηρανθείσης
τῆς λίμνης, ἐκείνην καταλιπόντες ἐπεζήτουν ἑτέραν. Καὶ δὴ
βαθεῖ περιέτυχον φρέατι, ὅπερ ἰδὼν ἄτερος θατέρῳ φησί·
„συγκατέλθωμεν, ὦ οὗτος, εἰς τόδε τὸ φρέαρ." Ὁ δὲ ὑπολαβὼν εἶπεν· „ἂν οὖν καὶ τὸ ἐνθάθε ὕδωρ ξηρανθῇ, πῶς ἀναβη-
σόμεθα;"
Ὁ μῦθος δηλοῖ, ὅτι οὐ δεῖ ἀπερισκέπτως προσιέναι τοῖς
πράγμασιν.
                                                    (Halm 74)

PFLÜGER UND WOLF

Ein Pflüger hatte seine Ochsen ausgespannt und trieb sie zur Tränke. Ein hungriger Wolf auf der Suche nach Fraß fand den Pflug und beleckte zunächst die Riemen, mit denen die Ochsen am Joch befestigt waren und blieb eine Weile unbemerkt; als er aber mit dem Hals sich darin verfing und nicht mehr herauskonnte, schleppte er den Pflug übers Feld. Der Pflüger kam zurück, sah ihn und sprach: „Du Bösewicht, könntest du doch dein verbrecherisches Rauben aufgeben und dich der Landarbeit zuwenden!"
So lügen die Bösen, selbst wenn sie Bravheit vortäuschen.

DER STERNGUCKER

Ein Sterngucker pflegte jeden Abend auszugehen, um die Sterne zu beobachten. Als er nun so vor der Stadt umherging, ganz mit dem Himmel beschäftigt, fiel er unversehens in eine Zisterne. Als er nun jämmerlich um Hilfe rief, hörte ein Vorbeigehender sein Geschrei, fragte, was geschehen sei, und sagte zu ihm: „Du da, du versuchst, in den Himmel zu schauen und siehst nicht, was auf Erden ist?"
Dies möchte man auf jene beziehen, die hochnäsig sind, aber bei den allen Menschen gemeinsamen Geschäften versagen.

DIE FRÖSCHE

Zwei Frösche wohnten in einem sumpfigen See. Als die Hitze ihn austrocknete, machten sie sich auf die Suche nach einem anderen. Sie fanden einen tiefen Brunnen; da sprach der eine zum anderen: „Freund, laß uns zusammen in diesen Brunnen steigen." Der sprach: „Wenn aber auch hier das Wasser austrocknet, wie kommen wir wieder hinaus?"
Diese Fabel lehrt, daß man nicht unüberlegt etwas unternehmen soll.

Βάτραχοι καὶ Ἥλιος.

Γάμοι τοῦ Ἡλίου θέρους ἐγίνοντο· πάντα δὲ τὰ ζῷα ἔχαιρον ἐπὶ τούτῳ, ἠγάλλοντο δὲ καὶ βάτραχοι. Εἷς δὲ τούτων εἶπεν· „ὦ μῶροι, εἰς τί ἀγάλλεσθε; εἰ γὰρ μόνος ὢν ὁ Ἥλιος πᾶσαν ὕλην ἀποξηραίνει, ἐὰν γήμας ὅμοιον αὑτῷ γεννήσῃ, τί οὐ πάθωμεν κακῶν;‟

(Halm 77 b)

Βουκόλος.

Βουκόλος βόσκων ἀγέλην ταύρων ἀπώλεσε μόσχον· περιελθὼν δὲ καὶ μὴ εὑρὼν ηὔξατο τῷ Διί, ἐὰν τὸν κλέπτην εὕρῃ, ἔριφον αὐτῷ θῦσαι. Ἐλθὼν δὲ εἴς τινα δρυμῶνα, καὶ θεασάμενος λέοντα κατεσθίοντα τὸν μόσχον, περίφοβος γενόμενος, ἐπάρας εἰς τὸν οὐρανὸν τὰς χεῖρας εἶπε· „δέσποτα Ζεῦ, πάλαι μέν σοι ηὐξάμην ἔριφον θῦσαι, ἐὰν τὸν κλέπτην εὕρω· νῦν δὲ ταῦρον θύσω, ἐὰν τὰς τοῦ κλέπτου χεῖρας ἐκφύγω.‟
Οὗτος ὁ λόγος λεχθείη ἂν κατ' ἀνδρῶν δυστυχούντων, οἵτινες ἀπορούμενοι εὔχονται εὑρεῖν, εὑρόντες δὲ ζητοῦσιν ἀποφυγεῖν.

(Halm 83)

Vgl. den Vierzeiler des byzantinischen Mönches Ignatius Diaconus (oder Magister) No. 26, aus dem 9. Jhdt.

Γαλῆ.

Γαλῆ εἰσελθοῦσα εἰς χαλκέως ἐργαστήριον, τὴν ἐκεῖ κειμένην ῥίνην περιέλειχε. Συνέβη δὲ ἐκτριβομένης τῆς γλώσσης πολὺ αἷμα φέρεσθαι. Ἡ δὲ ἐτέρπετο, ὑπονοοῦσά τι τοῦ σιδήρου ἀφαιρεῖσθαι, μέχρι παντελῶς ἀπέβαλε τὴν γλῶσσαν.
Ὁ λόγος εἴρηται πρὸς τοὺς ἐν φιλονεικίαις ἑαυτοὺς καταβλάπτοντας.

(Halm 86)

DIE FRÖSCHE UND DIE SONNE

Im Sommer verheiratete sich Helios, und alle Tiere freuten sich dessen; auch die Frösche feierten ihn. Einer von ihnen aber sprach: „Ihr Narren, was feiert ihr? Wenn Helios schon allein den ganzen Wald austrocknet, wie übel wird's uns erst ergehen, wenn er nach der Heirat noch seinesgleichen erzeugt?"

Ähnlich Babr. 24 und Phaed. 1,6. Man sieht leicht, wie zu jeder Zeit ein Herrscher diese Fabel auf sich beziehen konnte.

DER RINDERHIRT

Ein Rinderhirt vermißte beim Weiden seiner Herde ein Kalb. Da er es suchte, aber nicht fand, betete er zu Zeus und gelobte ihm ein Zicklein, falls er den Dieb fände. Er ging in einen Eichenwald und sah, wie ein Löwe das Kalb fraß; da packte ihn große Angst, und er hob die Hände zum Himmel und sprach: „Herr Zeus, vorher gelobte ich dir ein Zicklein, wenn ich den Dieb fände; jetzt aber will ich dir einen Stier opfern, wenn ich nur nicht dem Dieb in die Hände falle."
Dies könnte man auf Leute anwenden, die in der Not darum beten, etwas zu finden, dem sie, wenn es gefunden ist, entrinnen möchten.

Die Moral dieser Fabel entspringt der Verlegenheit, denn zu Allgemeingültigem ist hier der Einzelfall kaum ausgedehnt.

DAS WIESEL

Das Wiesel ging in eine Schmiede und leckte an einer dort liegenden Feile. Da dabei seine Zunge abgeschürft wurde, floß viel Blut. Es freute sich darüber, denn es glaubte, es nähme es der Feile fort, und machte weiter, bis seine ganze Zunge weg war.
Dies geht auf die Streitsüchtigen, die sich selbst schädigen.

Γέρων καὶ Θάνατος.

Γέρων ποτὲ ξύλα κόψας[καὶ] ταῦτα φέρων πολλὴν ὁδὸν ἐβάδιζε. Διὰ δὲ τὸν κόπον τῆς ὁδοῦ ἀποθέμενος τὸ φορτίον τὸν Θάνατον ἐπεκαλεῖτο. Τοῦ δὲ Θανάτου φανέντος καὶ πυθομένου, δι' ἣν αἰτίαν αὐτὸν παρακαλεῖται, ὁ γέρων ἔφη "ἵνα τὸ φορτίον ἄρῃς." [θανεῖν δὲ οὐ θέλω.]
Ὁ λόγος δηλοῖ, ὅτι πᾶς ἄνθρωπος φιλόζωος ἐν τῷ βίῳ, κἂν δυστυχῇ.
(Halm 90)

Γεωργὸς καὶ Ἀετός.

Γεωργὸς ἀετὸν εὑρὼν ἀγρευόμενον, τὸ κάλλος αὐτοῦ θαυμάσας, ἀπέλυσεν αὐτὸν ἐλεύθερον. Ὁ δὲ οὐκ ἄμοιρος αὐτῷ χάριτος κατεφάνη, ἀλλ' ὑπὸ τεῖχος σαθρὸν καθήμενον ἰδών, προσπετάσας τοῖς ποσὶν ᾖρε τὸν ἐπὶ τῆς κεφαλῆς αὐτοῦ φάκελον. Ὁ δὲ ἐξαναστὰς ἐδίωκε· τοῦτον δὲ ὁ ἀετὸς ἔρριψε. Καὶ ἀναλαβόμενος αὐτὸν καὶ ὑποστρέψας, εὗρε τὸ τεῖχος συμπεπτωκός, ἔνθα ἐκάθητο, καὶ τὴν ἀμοιβὴν ἐθαυμάσατο.
Ὅτι τοὺς ἀγαθόν τι πεπονθότας ἀντευεργετεῖν χρή.
(Halm 92)

Dankbarkeit der Tiere ist ein häufiges Motiv wie z. B. in der bekannten Geschichte von Androkles und dem Löwen (Apion bei Gellius, *Noctes Att.* 5, 14; vgl. Fr. Marx, Griechische Märchen von dankbaren Tieren ..., 1889). Oft zeigt älteres

Ναυαγὸς καὶ Θάλασσα.

Ναυαγὸς ἐκβρασθεὶς εἴς τινα αἰγιαλὸν διὰ τὸν κόπον ἐκοιμᾶτο· μετὰ δὲ μικρὸν ἐξαναστάς, ὡς ἐθεάσατο πρὸς τὴν θάλασσαν, ἐμέμφετο αὐτήν, ὅτι δελεάζουσα τοὺς ἀνθρώπους τῇ τῆς ὄψεως λαμπρότητι, ἡνίκα ἂν αὐτοὺς προσδέξηται, ἐξαγριουμένη διαφθείρει. Ἡ δὲ γυναικὶ ὁμοιωθεῖσα πρὸς αὐτὸν ἔφη "ἀλλ' ὦ οὗτος, μὴ μέμφου ἐμέ, ἀλλὰ τοὺς ἀνέμους· ἐγὼ γὰρ

GREIS UND TOD

Ein Greis fällte einst Holz, lud sich's auf und ging eine lange Strecke. Der lange Weg ermüdete ihn; er lud seine Last ab und rief nach dem Tod. Der erschien alsbald und fragte, weshalb er ihn gerufen habe. Der Greis antwortete: „Um mir die Last wieder aufzuladen."
Jeder Mensch hängt am Leben, selbst wenn es ihm schlecht geht.

BAUER UND ADLER

Ein Bauer fand einen Adler, im Netz gefangen: er bewunderte dessen Schönheit und ließ ihn frei. Der Adler erwies sich nicht undankbar: als er den Mann auf einer schon dem Einsturz nahen Mauer sitzen sah, flog er hin und riß ihm mit den Fängen ein Bündel vom Kopf. Der Mann erhob sich und setzte ihm nach, und der Adler ließ das Bündel fallen. Als der Mann sein Bündel wieder aufgehoben hatte und zurückkam, fand er die Mauer eingestürzt, dort, wo er gesessen hatte, und staunte über den ihm erzeigten Gegendienst.
Hat einer etwas Gutes erfahren, so soll er's vergelten.

Fabelgut die Verbundenheit des Menschen mit seinen Haustieren und anderen Geschöpfen; wo wir hingegen die Wendung ‚aloga zoa', vernunftlose Tiere, finden, befinden wir uns mit Sicherheit in später und wohl christlicher Zeit. Vgl. auch H 20.

SCHIFFER UND MEER

Ein Schiffer, irgendwo auf den Strand geworfen, schlief vor Ermüdung ein. Nach einer Weile stand er auf, schaute auf die See und machte ihr Vorwürfe: sie locke die Menschen durch ihr schönes Antlitz, aber sobald sie sie in Empfang genommen, werde sie wild und bringe sie um. Die See aber, in Gestalt eines Weibes, sprach zu ihm: „Mensch, schilt nicht mich, sondern die

φύσει τοιαύτη εἰμί, ὁποία ἡ γῆ· οἱ δὲ αἰφνίδιοι ἐμπίπτοντες κυματοῦσι καὶ ἐξαγριαίνουσιν."
Ἀτὰρ οὖν καὶ ἡμᾶς ἐπὶ τῶν ἀδικημάτων οὐ δεῖ τοὺς δρῶντας αἰτιᾶσθαι, ὅταν ἑτέροις ὑποτεταγμένοι ὦσι, τοὺς δὲ τούτοις ἐπιστατοῦντας.   (Halm 94 b)

Γεωργὸς καὶ Κύνες.

Γεωργὸς ὑπὸ χειμῶνος ἐναποληφθεὶς ἐν τῇ ἐπαύλει, ἐπειδὴ οὐκ ἠδύνατο προελθὼν τροφὴν ἑαυτῷ πορίσασθαι, τὸ μὲν πρῶτον τὰ πρόβατα κατέφαγεν· ἐπειδὴ δὲ ὁ χειμὼν ἐπέμενε, καὶ τὰς αἶγας κατεθοινήσατο· ἐκ τρίτου δέ, ὡς οὐδεμία ἄνεσις ἐγίνετο, καὶ ἐπὶ τοὺς ἀροτῆρας βοῦς ἐχώρησεν. Οἱ δὲ κύνες θεασάμενοι τὰ πραττόμενα, ἔφασαν πρὸς ἀλλήλους· ,,ἀπιτέον ἡμῖν ἐντεῦθεν· ὁ δεσπότης γὰρ εἰ οὐδὲ τῶν συνεργαζομένων βοῶν ἀπέσχετο, ἡμῶν πῶς φείσεται;"
Ὁ λόγος δηλοῖ, ὅτι δεῖ τούτους φυλάττεσθαι μάλιστα, οἳ οὐδὲ τῆς τῶν οἰκείων ἀδικίας ἀπέχονται.   (Halm 95)

Γεωργὸς καὶ Ὄφις.

Γέρων τις γεωργὸς χειμῶνος ὥρᾳ ὄφιν εὑρὼν ὑπὸ κρύους πεπηγότα, τοῦτον ἐλεήσας καὶ λαβὼν ὑπὸ κόλπον ἔθετο. Θερμανθεὶς δὲ ἐκεῖνος καὶ ἀναλαβὼν τὴν ἰδίαν φύσιν, ἔπληξε τὸν εὐεργέτην καὶ ἀνεῖλε· θνήσκων δὲ ἔλεγε· ,,δίκαια πάσχω, τὸν πονηρὸν οἰκτείρας."
Ὁ λόγος δηλοῖ, ὅτι ἀμετάθετοί εἰσιν αἱ πονηρίαι, κἂν τὰ μέγιστα φιλανθρωπεύωνται.   (Halm 97)

Winde; denn von Natur bin ich ebenso wie das Land, die Winde aber stürzen sich auf mich und wühlen mich in wilden Wogen auf."

So sollen wir, geschieht Unrecht, nicht die Täter anklagen, wenn diese anderen untertänig sind, sondern ihre Oberen.

DER BAUER UND SEINE HUNDE

Ein Bauer wurde von Winterstürmen in seinem Gehöft eingeschlossen. Da er nicht herauskonnte, um sich Nahrung zu beschaffen, verzehrte er erst seine Schafe, dann, als das Unwetter andauerte, auch seine Ziegen, und schließlich, als es gar nicht nachließ, auch seine Zugochsen. Als seine Hunde das sahen, sprachen sie zueinander: „Jetzt müssen wir uns fortmachen, denn wenn der Herr selbst seine Mitarbeiter, die Ochsen, nicht verschonte, wird er uns ungeschoren lassen?"

Die Fabel zeigt, daß man sich am meisten vor denen hüten muß, die sich kein Gewissen daraus machen, selbst ihren Nächsten Unrecht zu tun.

BAUER UND SCHLANGE

Ein alter Bauer fand im Winter eine vor Kälte ganz erstarrte Schlange. Er hatte Mitleid, hob sie auf und steckte sie unter sein Hemd. Als die Schlange warm geworden war und ihre natürliche Anlage wiedererlangt hatte, biß sie ihren Wohltäter und brachte ihn dadurch um. Sterbend sprach er: „Recht geschieht mir, da ich mit dem Bösewicht Mitleid hatte."

Die Fabel macht klar, daß Bosheit sich nicht ändert, auch wenn man sie aufs wohltätigste behandelt.

Die „Lehre" der Fabel, zum geflügelten Wort geworden, (k)eine Natter am Busen nähren, wird sehr oft in der antiken Literatur zitiert: Sophokles, *Antigone*, V. 531; Cicero, *harusp. resp.*, 24, 50; Petron 77; Plutarch bei Apostolios 13, 790. Mehr bei Otto, *Sprichw.* 1903 (vipera) s. Phaedrus 4,20, unten S. 216 f.

Γεωργὸς καὶ Παῖδες αὐτοῦ.

Ἀνὴρ γεωργὸς μέλλων τελευτᾶν καὶ βουλόμενος τοὺς αὐτοῦ παῖδας ἐμπείρους ποιῆσαι τῆς γεωργίας, μετακαλεσάμενος αὐτοὺς ἔφη ,,τεκνία μου, ἐν ἑνί μου τῶν ἀμπελώνων θησαυρὸς ἀπόκειται." Οἱ δὲ μετὰ τὴν αὐτοῦ τελευτὴν ὕννας τε καὶ δικέλλας λαβόντες πᾶσαν αὐτῶν τὴν γεωργίαν ὤρυξαν, καὶ τὸν μὲν θησαυρὸν οὐχ εὗρον, ἡ δ᾽ ἄμπελος πολλαπλασίονα τὴν φορὰν αὐτοῖς ἀντεδίδου.
Ὁ λόγος δηλοῖ, ὅτι ὁ κάματος θησαυρός ἐστι τοῖς ἀνθρώποις.

(Halm 98b)

Γλαὺξ καὶ Ὄρνεα.

Γλαύξ, σοφὴ οὖσα, ξυνεβούλευε τοῖς ὀρνέοις, τῆς δρυὸς ἐν ἀρχῇ φυομένης, μὴ ἐᾶσαι, ἀλλ᾽ ἀνελεῖν πάντα τρόπον· ἔσεσθαι γὰρ φάρμακον ἀπ᾽ αὐτῆς ἄφυκτον, ὑφ᾽ οὗ ἁλώσονται, τὸν ἰξόν. Πάλιν δὲ τὸ λίνον τῶν ἀνθρώπων σπειρόντων, ἐκέλευε καὶ τοῦτο ἐκλέγειν τὸ σπέρμα· μὴ γὰρ ἐπ᾽ ἀγαθῷ φυήσεσθαι. Τρίτον δέ, ἰδοῦσα τοξευτήν τινα ἄνδρα, προέλεγεν, ὅτι οὗτος ὁ ἀνὴρ φθάσει ὑμᾶς τοῖς ὑμετέροις πτεροῖς, πεζὸς ὢν αὐτὸς πτηνὰ ἐπιπέμπων βέλη. Τὰ δὲ ἠπίστει τοῖς λόγοις καὶ ἀνόητον αὐτὴν ἡγοῦντο καὶ μαίνεσθαι ἔφασκον· ὕστερον δὲ πειρώμενα ἐθαύμαζε καὶ τῷ ὄντι σοφωτάτην ἐνόμιζεν. Καὶ διὰ τοῦτο, ἐπὰν φανῇ, πρόσεισιν ὡς πρὸς ἅπαντα ἐπισταμένην· ἡ δὲ ξυμβουλεύει μὲν οὐδὲν ἔτι αὐτοῖς, ὀδύρεται δὲ μόνον.

(Halm 105)

Γραῦς καὶ Ἰατρός.

Γυνὴ πρεσβῦτις τοὺς ὀφθαλμοὺς νοσοῦσα ἰατρὸν ἐπὶ μισθῷ παρεκάλεσεν· ὁ δὲ εἰσιών, ὁπότε αὐτὴν ἔχριε, διετέλει

DER BAUER UND SEINE SÖHNE

Kurz vor seinem Tode wollte ein Bauer seine Söhne zum Land-
bau geschickt machen; so rief er sie zusammen und sprach:
„Kinder, in einem meiner Weinberge liegt ein Schatz." Nach
seinem Tode ergriffen sie Hacken und Spaten und gruben ihr
ganzes Gut um; zwar fanden sie keinen Schatz, aber der Weinberg schenkte ihnen ein Vielfaches seines früheren Ertrages.
Die Fabel zeigt, daß harte Arbeit den Menschen ein Schatz ist.

DIE EULE UND DIE VÖGEL

Die Eule, weise wie sie ist, riet den Vögeln, die Aussaat von
Eicheln von Anfang an nicht zuzulassen, sondern sie unbedingt
zu vernichten; denn von der Eiche käme ein schädlicher Stoff, mit
dem man sie fangen würde. Wiederum, als die Menschen Leinsaat
säten, gebot sie ihnen, auch diesen Samen aufpicken, denn nicht
zum Guten werde er ihnen angebaut. Zum dritten: als sie einen
Bogenschützen sah, prophezeite sie: „Dieser Mensch wird euch
mit euren eigenen Schwingen erjagen, denn ob er gleich zu Fuß
geht, wird er geflügelte Geschoße auf euch loslassen." Die Vögel
aber glaubten ihr nicht, sondern sagten, sie sei unvernünftig, ja
verrückt. Später aber, durch Erfahrung belehrt, staunten sie und
hielten sie in der Tat für den weisesten aller Vögel. Wenn sie sich
daher zeigt, fliegen alle auf sie zu, weil sie ja alles wisse; sie aber
pflegt nicht mehr Rat mit ihnen, sondern ächzt nur.

Diese Fabel erzählt Dio Chrysostomus, der vom J. 30–112 lebte (12, 7 f. und
72, 14 ff.). Der „schädliche Stoff" ist der aus der Mistel gewonnene Vogelleim;
aus der Leinsaat kommt die Schlinge. Die anderen Vögel fliegen die Eule an, um
sie zu belästigen und zu verfolgen.

DIE ALTE UND IHR ARZT

Eine Alte, die ein Augenleiden hatte, zog einen Arzt hinzu und
vereinbarte ein Honorar mit ihm. Er kam ins Haus, und jedesmal

ἐκείνης συμμυούσης καθ᾽ ἓν ἕκαστον τῶν σκευῶν ὑφαιρούμενος Ἐπεὶ δὲ πάντα ἐκφορήσας κἀκείνην ἐθεράπευσεν,
ἀπῄτει τὸν συνταχθέντα μισθόν. Μὴ βουλομένης δ᾽ αὐτῆς
ἐπιδοῦναι, ἤγαγεν αὐτὴν ἐπὶ τοὺς ἄρχοντας. Ἡ δ᾽ ἔλεγε, τὸν
μὲν μισθὸν ὑπισχνεῖσθαι, ἐὰν θεραπεύσῃ αὐτῆς τὰς ὁράσεις·
νῦν δὲ χεῖρον διατεθῆναι· „τότε μὲν γὰρ ἔβλεπον" ἔφη
„πάντα τὰ ἐπὶ τῆς οἰκίας μου σκεύη, νῦν δὲ οὐδὲν ἰδεῖν
δύναμαι."
Οὕτως οἱ πονηροὶ τῶν ἀνθρώπων διὰ πλεονεξίαν λανθάνουσι καθ᾽ ἑαυτῶν τὸν ἔλεγχον ἐπισπώμενοι.   (Halm 107)

Γυνὴ μάγος.

Γυνὴ μάγος, θείων μηνιμάτων ἀποτροπιασμοὺς ἐπαγγελ-
λομένη, πολλὰ διετέλει ποιοῦσα, καὶ κέρδος ἐντεῦθεν
ἔχουσα. Γραψάμενοι δέ τινες αὐτὴν ἀσεβείας εἷλον, καὶ
καταδικασθεῖσαν ἀπῆγον εἰς θάνατον. Ἰδὼν δέ τις ἀπαγομέ-
νην αὐτὴν, ἔφη· „ἡ τὰς τῶν θεῶν ὀργὰς ἀποτρέπειν ἐπαγγελ-
λομένη, πῶς οὐδὲ ἀνθρώπων βουλὴν μεταπεῖσαι ἠδυνήθης;"
Ὁ μῦθος δηλοῖ, ὅτι πολλοὶ μεγάλα ἐπαγγέλλονται, μηδὲ
μικρὰ ποιῆσαι δυνάμενοι.   (Halm 112b)

Δέλφαξ καὶ Πρόβατα.

Ἔν τινι ποίμνῃ δέλφαξ εἰσελθὼν ἐνέμετο. Καὶ δή ποτε τοῦ
ποιμένος συλλαμβάνοντος αὐτὸν, ἐκεκράγει τε καὶ ἀντέτεινε·
τῶν δὲ προβάτων αὐτὸν αἰτιωμένων ἐπὶ τῷ βοᾶν, καὶ λεγόντων,
„ἡμᾶς μὲν συνεχῶς συλλαμβάνει, καὶ οὐ κράζομεν," ἔφη
πρὸς ταῦτα· „ἀλλ᾽ οὐχ ὁμοία τῇ ὑμετέρᾳ ἡ ἐμὴ σύλληψις·
ὑμᾶς γὰρ ἢ διὰ τὰ ἔρια ἀγρεύει ἢ διὰ τὸ γάλα· ἐμὲ δὲ διὰ τὸ
κρέας."
Ὁ λόγος δηλοῖ, ὅτι εἰκότως ἐκεῖνοι ἀνοιμώζουσιν, οἷς ὁ
κίνδυνος οὐ περὶ χρημάτων ἐστίν, ἀλλὰ περὶ αὐτῆς τῆς
σωτηρίας.   (Halm 115)

wenn er ihr Salbe auflegte und sie die Augen zumachte, trug er, eines nach dem anderen, Einrichtungsstücke fort. Als er alles weggeschleppt hatte und sie kuriert war, verlangte er den abgemachten Lohn; und da sie sich weigerte, zu zahlen, brachte er sie vors Gericht. Sie aber wendete ein, zwar habe sie ihm für den Fall, daß er ihre Sehkraft wiederherstelle, Bezahlung versprochen, jetzt aber sei sie noch schlimmer dran. „Früher," sagte sie, „konnte ich noch alle Möbel in meinem Haus sehen, jetzt aber kann ich nichts mehr sehen."
So bringen schlechte Menschen vor geheimer Habgier Schande über sich selbst.

DIE HEXE

Eine Hexe, die Zaubersprüche gegen Götterzorn feilhielt, hatte großen Absatz und verdiente daran. Man zeigte sie aber wegen Gottlosigkeit an, sie wurde verurteilt, und man führte sie zur Hinrichtung. Als einer sah, wie sie abgeführt wurde, sagte er: „Wenn du behauptest, du könntest der Götter Zorn abwenden, wie kommt es, daß du noch nicht einmal den Beschluß von Menschen umstimmen konntest?"
Dies zeigt, daß viele große Versprechungen machen, aber selbst Geringes nicht vermögen.

JUNGSCHWEIN UND SCHAFE

Ein Jungschwein schloß sich einer Schafherde an und weidete mit. Der Schäfer sah es und packte es, da schrie es und strampelte. Die Schafe mißbilligten sein Geschrei und sagten: „Uns ergreift er oft, aber wir schreien nicht. „Ja," rief das Schwein, „aber wenn er mich packt, ist's was anderes als bei euch: euch greift er wegen Wolle oder Milch, mich aber wegen meines Fleisches."
Dies zeigt, daß natürlich die am lautesten schreien, denen es nicht ans Geld, sondern ans Leben geht.

Δημάδης ὁ ῥήτωρ.

Δημάδης ὁ ῥήτωρ δημηγορῶν ποτε ἐν Ἀθήναις, ἐκείνων οὐ πάνυ αὐτῷ προσεχόντων, ἐδεήθη αὐτῶν, ὅπως ἐπιτρέψωσιν αὐτῷ Αἰσώπειον μῦθον εἰπεῖν. Τῶν δὲ προτρεψαμένων, αὐτὸς ἀρξάμενος ἔλεγε· „Δήμητρα καὶ χελιδὼν καὶ ἔγχελυς τὴν αὐτὴν ἐβάδιζον ὁδόν· γενομένων δὲ αὐτῶν κατά τινα ποταμόν, ἡ μὲν χελιδὼν ἀνέπτη, ἡ δὲ ἔγχελυς κατέδυ" καὶ ταῦτα εἰπὼν ἐσιώπησεν. Ἐρομένων δ' αὐτῶν „τί οὖν ἡ Δήμητρα ἔπαθεν;" ἔφη· „κεχόλωται ὑμῖν, οἵτινες τὰ τῆς πόλεως πράγματα ἐάσαντες Αἰσωπείων μύθων ἀντέχεσθε."

Οὕτω καὶ τῶν ἀνθρώπων ἀλόγιστοί εἰσιν, ὅσοι τῶν μὲν ἀναγκαίων ὀλιγωροῦσι, τὰ δὲ πρὸς ἡδονὴν μᾶλλον αἱροῦνται.

(Halm 117)

Ὄνου σκιά.

Δημοσθένης ὁ ῥήτωρ, λέγειν ποτὲ κωλυόμενος ὑπὸ Ἀθηναίων ἐν ἐκκλησίᾳ, βραχὺ ἔφη βούλεσθαι πρὸς αὐτοὺς εἰπεῖν. Τῶν δὲ σιωπησάντων "Νεανίας" εἶπε „θέρους ὥρᾳ ἐμισθώσατο ἐξ ἄστεος ὄνον Μέγαραδε. Μεσούσης δὲ τῆς ἡμέρας καὶ σφοδρῶς φλέγοντος τοῦ ἡλίου, ἑκάτερος αὐτῶν ἐβούλετο ὑποδύεσθαι ὑπὸ τὴν σκιάν· εἶργον δὲ ἀλλήλους, ὁ μὲν μεμισθωκέναι τὸν ὄνον, οὐ τὴν σκιὰν λέγων, ὁ δὲ μεμισθωμένος τὴν πᾶσαν ἔχειν ἐξουσίαν." Καὶ ταῦτα εἰπὼν ἀπῄει. Τῶν δὲ Ἀθηναίων ἐπισχόντων καὶ δεομένων πέρας ἐπιθεῖναι τῷ λόγῳ, „εἶθ' ὑπὲρ μὲν ὄνου σκιᾶς" ἔφη „βούλεσθε ἀκούειν, λέγοντος δὲ ὑπὲρ σπουδαίων πραγμάτων οὐ βούλεσθε;"

(Halm 339)

DER VOLKSREDNER DEMADES

Demades sprach einst vor der athenischen Volksversammlung,
aber man hörte ihm nicht zu; da bat er, eine Fabel Aesops erzählen zu dürfen. Da man's ihm gestattete, begann er: „Einmal
zogen Demeter, eine Schwalbe und ein Aal desselben Wegs. Als
sie nun an einen Fluß kamen, flog die Schwalbe hinüber, und der
Aal schwamm hindurch." Hiermit hörte er auf. Sie fragten: „Und
was war mit Demeter?" Er antwortete: „Sie ist euch böse, weil
ihr die Staatsbelange vernachlässigt, aber eine Fabel Aesops
eure Aufmerksamkeit schenkt."
So sind auch die unverständig, die notwendige Angelegenheiten
zurückstellen und sich statt dessen dem Vergnügen hingeben.

DES ESELS SCHATTEN

Der Politiker Demosthenes versuchte einmal, zur athenischen
Volksversammlung zu sprechen, man wollte ihn aber nicht zu
Wort kommen lassen; da sagte er, er wolle ihnen nur kurz etwas
sagen. Man schwieg still, da sprach er: „Ein junger Mann mietete
einmal im Sommer einen Esel für die Strecke Athen–Megara,
⟨wobei der Eseltreiber mitging⟩. Als nun am Mittag die Sonne
sehr heiß war, wollten sich beide in den Schatten ⟨des Esels⟩
setzen. Aber jeder verwehrte es dem anderen: der Vermieter
sagte, er habe den Esel, aber nicht dessen Schatten, vermietet,
der Mieter aber behauptete, ihm stehe alles zu." Nach diesen
Worten trat Demosthenes ab. Die Athener waren gespannt und
baten ihn, doch zu sagen, wie die Geschichte ausgegangen sei;
da sprach er: „Von eines Esels Schatten wollt ihr hören, aber
nicht von ernsten Angelegenheiten?"

In der orientalischen Fabel setzt sich der Mieter in des Esels Schatten, der Vermieter klagt, und der Kadi entscheidet, daß er mit dem Klang einer auf den
Tisch geworfenen Münze zu bezahlen sei.

Διογένης όδοιπορῶν.

Διογένης ὁ κυνικὸς ὁδοιπορῶν, · ὡς ἐγένετο κατά τινα ποταμὸν πλημμυροῦντα, εἱστήκει ἀμηχανῶν. Εἰς δέ τις τῶν διαβιβάζειν εἰθισμένων θεασάμενος αὐτὸν διαπορούντα, προσελθών, καὶ ἀράμενος αὐτὸν σὺν φιλοφροσύνῃ, διεπέρασεν αὐτόν. Ὁ δὲ εἱστήκει τὴν αὐτοῦ πενίαν μεμφόμενος, δι' ἣν ἀμείψασθαι τὸν εὐεργέτην οὐ δύναται. Ἔτι δὲ αὐτοῦ ταῦτα διανοουμένου, ἐκεῖνος θεασάμενος ἕτερον ὁδοιπόρον διελθεῖν μὴ δυνάμενον, προσδραμὼν καὶ αὐτὸν διεπέρασε.Καὶ ὁ Διογένης προσελθὼν αὐτῷ εἶπεν· ,,ἀλλ᾽ ἔγωγε οὐκέτι σοι χάριν ἔχω ἐπὶ τῷ γεγονότι· ὁρῶ γὰρ, ὅτι οὐ κρίσει, ἀλλὰ νόσῳ αὐτὸ ποιεῖς."
Ὁ λόγος δηλοῖ, ὅτι οἱ μετὰ τῶν σπουδαίων καὶ τοὺς ἀνεπιτηδείους εὐεργετοῦντες οὐκ εὐεργεσίας δόξαν, ἀλογιστίαν δὲ μᾶλλον ὀφλισκάνουσι.   (Halm 119)

Δράκων καὶ Ἀετός.

Δράκων καὶ ἀετὸς συμπλακέντες ἀλλήλοις ἐμάχοντο· καὶ ὁ μὲν δράκων εἶχε τὸν ἀετὸν συλλαβών. Γεωργὸς δὲ ἰδών, λύσας τὴν πλοκὴν τοῦ δράκοντος, αὐτόνομον ἀφῆκε τὸν ἀετόν. Χαλεπήνας δὲ ἐπὶ τούτοις ὁ δράκων, ἰὸν ἀφῆκε τῷ τοῦ σώσαντος πόματι. Πιεῖν δὲ τοῦ γεωργοῦ πρὸς ἄγνοιαν μέλλοντος, ὁ ἀετὸς καταπτὰς τῶν τοῦ γεωργοῦ χειρῶν ἐξαιρεῖται τὴν κύλικα.
Τοὺς εὖ ποιοῦντας μένουσι χάριτες.   (Halm 120)

Ἔλαφος καὶ Ἄμπελος.

Ἔλαφος, κυνηγοὺς φεύγουσα, ὑπ᾽ ἀμπέλῳ ἐκρύβη. Παρελθόντων δ᾽ ὀλίγον ἐκείνων, ἡ ἔλαφος τελέως ἤδη λαθεῖν δόξασα, τῶν τῆς ἀμπέλου φύλλων ἐσθίειν ἤρξατο. Τούτων

DIOGENES UNTERWEGS

Diogenes, der Kyniker, war unterwegs. Er kam an einen stark
angeschwollenen Fluß und blieb hilflos stehen. Da sah ein Mann,
der sich mit dem Übergang auskannte, wie Diogenes sich nicht
zu helfen wußte, kam hinzu, nahm ihn freundlich auf den Rücken
und trug ihn hinüber. Der aber stand da und verfluchte seine
Armut, weil er's seinem Wohltäter nicht vergelten konnte. Nun
nahm er aber wahr, wie jener Mann zu einem anderen Wandersmann eilte, der auch nicht hinüber konnte, und auch diesen
herübertrug. Da ging Diogenes zu ihm und sprach: „Jetzt bin
ich dir nicht mehr dankbar für das, was du getan hast, denn ich
sehe, daß du nicht freiwillig, sondern krankhaft handelst."
Diese Anekdote zeigt, daß derjenige, der außer anständigen
Menschen auch einem ekelhaften Kerl einen Liebesdienst er-
weist, nicht als Menschenfreund, sondern eher als töricht anzusehen ist.

Die ganze Rohheit des – heute ja wieder aufgekommenen – Zynismus wird
hier gut illustriert.

SCHLANGE UND ADLER

Eine Schlange und ein Adler kämpften ineinander verschlungen,
und die Schlange hatte den Adler schon fest. Dies sah ein Bauer,
löste die Windungen der Schlange und befreite den Adler. Vor
Wut ließ die Schlange Gift in das Getränk des Mannes tropfen.
Als der Bauer, der dies nicht bemerkt hatte, trinken wollte, stieß
der Adler herab und riß ihm den Becher aus der Hand.
Wer Gutes tut, darf Gunst erwarten.

HIRSCH UND WEINSTOCK

Auf der Flucht vor den Jägern verbarg sich ein Hirsch unter
einem Weinstock. Als die Jäger schon ein Stück vorbei waren
und der Hirsch sich in seinem Versteck sicher glaubte, begann

δὲ σειομένων, οἱ κυνηγοὶ ἐπιστραφέντες καὶ, ὅπερ ἦν ἀληθὲς, νομίσαντες, τῶν ζῴων ὑπὸ τοῖς φύλλοις τι κρύπτεσθαι, βέλεσιν ἀνεῖλον τὴν ἔλαφον. Ἡ δὲ θνήσκουσα τοιαῦτ' ἔλεγε· „δίκαια πέπονθα· οὐ γὰρ ἔδει τὴν σώσασάν με λυμαίνεσθαι."
Ὁ μῦθος δηλοῖ, ὅτι οἱ ἀδικοῦντες τοὺς εὐεργέτας ὑπὸ θεοῦ κολάζονται.

(Halm 127)

Ἐχθροί.

Δύο ἐχθροὶ ἐν μιᾷ νηὶ ἔπλεον· βουλόμενοι δ' ἀλλήλων πολὺ διεζεῦχθαι, ὥρμησαν ὁ μὲν ἐπὶ τὴν πρῶραν, ὁ δὲ ἐπὶ τὴν πρύμναν, καὶ ἐνταῦθα ἔμενον. Χειμῶνος δὲ σφοδροῦ καταλαβόντος, καὶ τῆς νεὼς περιτρεπομένης, ὁ ἐν τῇ πρύμνῃ ἐπυνθάνετό τινος, περὶ ποῖον μέρος καταδύεται τὸ σκάφος πρῶτον κινδυνεῦον· τοῦ δὲ εἰπόντος ,,κατὰ τὴν πρῶραν," ἔφη· ,,ἀλλ' ἔμοιγε οὐκέτι λυπηρὸς ὁ θάνατός ἐστιν, εἴγε ὁρᾶν μέλλω τὸν ἐχθρόν μου προαποπνιγόμενον."
Οὕτως ἔνιοι τῶν ἀνθρώπων διὰ τὴν πρὸς ἐχθροὺς δυσμένειαν αἱροῦνται καὶ αὐτοὶ τὸ δεινὸν πάσχειν, χάριν τοῦ κἀκείνους ὁρᾶν δυστυχήσαντας.

(Halm 144)

Ἔχις καὶ Ῥίνη.

Ἔχις εἰσελθὼν εἰς χαλκουργοῦ ἐργαστήριον παρὰ τῶν σκευῶν ἔρανον ᾔτει· λαβὼν δὲ παρ' αὐτῶν ἧκε πρὸς τὴν ῥίνην, καὶ ταύτην παρεκάλει δοῦναί τι αὐτῷ. Ἡ δὲ ὑποτυχοῦσα εἶπεν· ,,ἀλλ' εὐήθης εἶ παρ' ἐμοῦ ἀποίσεσθαί τι οἰόμενος, ἥτις οὐ διδόναι ἀλλὰ λαμβάνειν παρὰ πάντων εἴωθα."
Ὁ λόγος δηλοῖ, ὅτι μάταιοί εἰσιν οἱ παρὰ φιλαργύρων τι κερδαίνειν προσδοκῶντες.

(Halm 146)

er, an dem Weinlaub zu fressen. Die Jäger nahmen wahr, daß sich da etwas bewegte und glaubten (was ja zutraf), daß sich unter den Blättern ein Wild verstecke: so erschossen sie den Hirsch. Sterbend sprach er: „Recht geschieht mir, denn meinen Retter hätte ich nicht mißhandeln dürfen."
Die Fabel zeigt, daß die Götter den züchtigen, der seinen Wohltätern Unrecht tut.

ZWEI FEINDE

Zwei Feinde fuhren mit demselben Schiff, und da sie soweit wie möglich Abstand halten wollten, verfügte sich der Eine zum Bug, der Andere zum Heck, und dort blieben sie. Nun erfaßte ein plötzlicher Sturm das Schiff und brachte es zum Kentern. Der am Heck fragte jemanden, mit welchem Teil ein Schiff in Seenot zuerst unterginge. Auf die Antwort, „mit dem Bug", sprach er: „Jetzt schmerzt mich mein Tod nicht so sehr, weil ich im Begriff bin, meinen Feind vor mir ertrinken zu sehen."
So nehmen manche Menschen aus Haß gegen ihre Feinde selbst schweres Leid auf sich, nur weil sie auch jene im Unglück sehen wollen.

VIPER UND FEILE

Eine Viper kroch in eine Schmiede und bat die Werkzeuge um einen Beitrag, und jedes gab ihr auch etwas. Als sie aber zur Feile kam und auch von ihr etwas verlangte, sagte diese: „Du bist recht einfältig, wenn du glaubst, von mir etwas mitnehmen zu können, wo es doch meine Art ist, nicht zu geben, sondern von allen etwas wegzunehmen."
Dies zeigt, daß seine Zeit vergeudet, wer sich von Geizigen einen Vorteil verspricht.

Die Viper bettelt nicht um Almosen, sondern verlangt einen ἔϱανος, was gewöhnlich „Beitrag zu einem gemeinsamen Mahl" bedeutet.

Ἔχις καὶ Ὕδρα.

Ἔχις φοιτῶν ἐπί τινα κρήνην, ἔπινεν· ἡ δὲ ἐνταῦθα οἰκοῦσα ὕδρα ἐκώλυεν αὐτὸν, ἀγανακτοῦσα εἴγε μὴ ἀρκεῖται τῇ ἰδίᾳ νομῇ, ἀλλὰ καὶ ἐπὶ τὴν ἑαυτῆς δίαιταν ἀφικνεῖται. Ἀεὶ δὲ τῆς φιλονεικίας αὐξανομένης, συνέθεντο ὅπως εἰς μάχην ἀλλήλοις καταστῶσι, καὶ τοῦ νικῶντος ἥ τε τῆς γῆς καὶ τοῦ ὕδατος νομὴ γένηται. Ταξαμένων δ᾽ αὐτῶν τὴν προθεσμίαν, οἱ βάτραχοι διὰ μῖσος τῆς ὕδρας παραγενόμενοι πρὸς τὸν ἔχιν παραθαρρύνουσιν αὐτὸν, ἐπαγγελλόμενοι καὶ αὐτοὶ συμμαχήσειν αὐτῷ. Ἐνσταθείσης δὲ τῆς μάχης ὁ μὲν ἔχις πρὸς τὴν ὕδραν ἐπολέμει, οἱ δὲ βάτραχοι, μηδὲν περαιτέρω δυνάμενοι δρᾶν, μεγάλα ἐκεκράγεισαν. Καὶ ὁ ἔχις νικήσας ᾐτιάσατο αὐτοὺς, ὅτι συμμαχήσειν αὐτῷ ὑποσχόμενοι παρὰ τὴν μάχην οὐ μόνον οὐκ ἐβοήθουν, ἀλλὰ καὶ ᾖδον. Οἱ δὲ ἔφασαν πρὸς αὐτόν· ,,ἀλλ᾽ εὖ ἴσθι, ὦ οὗτος, ὅτι ἡ ἡμετέρα συμμαχία οὐ διὰ χειρῶν, ἀλλὰ διὰ μόνης φωνῆς καθέστηκεν.‟
Ὁ λόγος δηλοῖ, ὅτι, ἔνθα χειρῶν χρεία ἐστὶν, ἡ διὰ λόγων βοήθεια οὐδὲν λυσιτελεῖ.   (Halm 147)

Ζεὺς καὶ Αἰσχύνη.

Ζεὺς πλάσας ἀνθρώπους τὰς μὲν ἄλλας διαθέσεις εὐθὺς αὐτοῖς ἐνέθηκε, μόνης δὲ αἰσχύνης ἐπελάθετο. Διόπερ ἀμηχανῶν, πόθεν αὐτὴν εἰσαγάγῃ, ἐκέλευσεν αὐτὴν διὰ τοῦ ἀρχοῦ εἰσελθεῖν. Ἡ δὲ τὸ μὲν πρῶτον ἀντέλεγε καὶ ἠναξιοπάθει· ἐπεὶ δὲ σφόδρα αὐτῇ ἐνέκειτο, ἔφη· ,,ἀλλ᾽ ἔγωγε ἐπὶ τοιαύταις ὁμολογίαις εἴσειμι, ὡς, ἂν ἕτερόν μοι ἐπεισέλθῃ, εὐθέως ἐξελεύσομαι.‟ Ἀπὸ τούτου συνέβη πάντας τοὺς πόρνους ἀναισχύντους εἶναι.
Τούτῳ τῷ λόγῳ χρήσαιτο ἄν τις πρὸς ἄνδρα πόρνον.
                          (Halm 148)

VIPER UND WASSERSCHLANGE

Eine Viper ging regelmässig zu einer Quelle und trank dort. Es
wohnte dort aber eine Wasserschlange; die wollte es ihr ver-
wehren, denn sie war böse, weil die Viper, nicht zufrieden mit
ihrem eigenen Bezirk, auch in ihren Bereich eindrang. Die
Feindschaft nahm stets zu, so daß sie schließlich vereinbarten,
miteinander zu kämpfen: dem Sieger solle das Land mit der
Quelle als sein Bezirk zufallen. Als sie einen Tag vereinbart
hatten, ermutigten die Frösche aus Haß gegen die Wasserschlange
die Viper und erklärten, sie würden auf ihrer Seite kämpfen.
Die Schlacht begann, die Viper kämpfte mit der Wasserschlange,
die Frösche aber – sie konnten ja weiter nichts tun – erhoben ein
lautes Geschrei. Die Viper siegte; sie beschuldigte die Frösche,
sie hätten ihr zwar Beistand im Kampf versprochen, ihr aber
nicht nur nicht geholfen, sondern nur gequakt. Da erwiderten
diese: „Du weißt doch, daß unser Bündnis nicht in Taten besteht,
sondern nur im Stimmaufwand."
Dies zeigt, daß Worte nichts nutzen, wo man zupacken muß.

ZEUS UND DAS SCHAMGEFÜHL

Als Zeus die Menschen erschaffen hatte, pflanzte er ihnen zwar
bald alle anderen Eigenschaften ein, vergaß aber das Schamgefühl. Da er nun nicht wußte, wo er es hineinsetzen sollte, gebot
er ihm, durch den After seinen Einzug zu nehmen. Zuerst
weigerte es sich, denn das sei unwürdig; als er es ihm aber streng
befahl, sagte das Schamgefühl: „Ich ziehe halt ein, aber nur
unter der Bedingung, daß ich sofort ausziehe, wenn etwas
anderes dort eindringt." So kam es, daß alle Mannshuren
schamlos sind.
Dieser Fabel könnte man sich gegen eine Mannshure bedienen.

Hausrath-Hunger bemerkt unnötigerweise, daß mit „etwas anderes" das
membrum virile gemeint sei.

Ζεὺς καὶ Ἄνθρωποι.

Ζεὺς πλάσας ἀνθρώπους ἐκέλευσεν Ἑρμῇ νοῦν αὐτοῖς ἐγχέαι κἀκεῖνος μέτρον ἴσον ποιήσας ἑκάστῳ ἐνέχεε. Συνέβη οὖν τοὺς μὲν μικροφυεῖς πληρωθέντας τοῦ μέτρου φρονίμους γενέσθαι, τοὺς δὲ μακρούς, ἅτε μὴ ἐφικομένου τοῦ ποτοῦ μηδὲ εἰς πᾶν τὸ σῶμα, ἀλλὰ μέχρι γονάτων, ἀφρονεστέρους γενέσθαι.

Πρὸς ἄνδρα εὐμεγέθη τῷ σώματι, κατὰ ψυχὴν δὲ ἀλόγιστον ὁ λόγος εὔκαιρος.   (Halm 150)

Ἡρακλῆς καὶ Ἀθηνᾶ.

Διὰ στενῆς ὁδοῦ ὥδευεν Ἡρακλῆς. Ἰδὼν δ' ἐπὶ γῆς μήλῳ ὅμοιόν τι, ἐπειρᾶτο συντρῖψαι. Ὡς δὲ εἶδε διπλοῦν γενόμενον, ἔτι μᾶλλον ἐπέθετο, καὶ τῷ ῥοπάλῳ ἔπαιεν. Τὸ δὲ φυσηθὲν εἰς μέγεθος τὴν ὁδὸν ἐπέφραξεν. Ὁ δὲ ῥίψας τὸ ῥόπαλον ἵστατο θαυμάζων. Ἀθηνᾶ δέ, αὐτῷ ἐπιφανεῖσα, εἶπε ,,πέπαυσο, ἀδελφέ· τοῦτ' ἔστι φιλονεικία καὶ ἔρις· ἄν τις αὐτὸ καταλείπῃ ἀμάχητον, μένει οἷον ἦν πρῶτον, ἐν δὲ ταῖς μάχαις οὕτως οἰδεῖται."

Ὅτι αἱ μάχαι καὶ ἔριδες αἴτιαι μεγάλης βλάβης ὑπάρχουσιν.   (Halm 159)

Ἥρως.

Ἥρωά τις ἐπὶ τῆς οἰκίας ἔχων τούτῳ πολυτελῶς ἔθυεν· ἀεὶ δ' αὐτοῦ ἐξαναλισκομένου καὶ πολλὰ εἰς θυσίας δαπανῶντος

ZEUS UND DIE MENSCHEN

Als Zeus die Menschen erschaffen hatte, gebot er Hermes, ihnen
den Verstand einzuflößen. Der schüttete in jeden ein gleiches
Maß hinein. Es geschah nun aber, daß die Menschen, die klein
an Wuchs waren, von ihrer Portion ganz ausgefüllt und daher
gescheit wurden, während bei den Großen und Langen das
Tränklein nicht in den ganzen Körper, sondern nur bis an die
Kniee ging, so daß sie minder gescheit wurden.
Dies trifft gar trefflich zu auf Einen, der zwar schön groß ge-
wachsen, aber geistig minderbemittelt ist.

Man darf annehmen, daß der Verfasser dieser Fabel klein war. Gegen die im
allgemeinen hochwüchsigen Aristokraten (Odysseus war allerdings eine Ausnahme) richtet sich auch die bekannte Selbstbeschreibung des Archilochos,
dessen Ideal-Krieger der kleine, stämmige, ja krummbeinige Kriegsmann ist.

HERAKLES UND ATHENE

Auf engem Pfad zog Herakles des Wegs. Da sah er etwas auf dem
Boden liegen, das wie ein Apfel aussah, und versuchte es zu
zerdrücken. Da sah er, wie das Ding doppelt so groß wurde:
so bearbeitete er es noch stärker und schlug mit seiner Keule
darauf: es wurde aber daraufhin so groß, daß es den ganzen Weg
versperrte. Er warf seine Keule fort und stand ratlos da. Da
erschien ihm Athene und sprach: „Hör' auf, Bruder: das ist der
Zank und Streit. Läßt man ihn ungeschoren, so bleibt er, wie er
war, bekämpft man ihn aber, so schwillt er an, wie du siehst."
Kampf und Streit verursachen großen Schaden.

Der erste Satz des griechischen Textes ist ein jambischer Senar. – Athene redet
Herakles schon vor seiner Apotheosis als „Bruder" an; eigentlich waren sie
Halbgeschwister, da sie die Tochter von Zeus und Leto, er der Sohn von Zeus
und Alkmene war. Die Moral paßt nicht recht und ist sehr banal.

DER HALBGOTT

Jemand hatte das Standbild eines Halbgottes im Hause und
brachte ihm reichliche Opfer dar, ja er erschöpfte seine Mittel,

ὁ ἥρως ἐπιστὰς αὐτῷ νύκτωρ ἔφη· „ἀλλ' ὦ οὗτος, πέπαυσο διατρίβων τὴν οὐσίαν· ἐὰν γὰρ πάντα ἀναλώσῃς καὶ πένης γένῃ, ἐμὲ αἰτιάσῃ."
Οὕτως πολλοὶ διὰ τὴν ἑαυτῶν ἀβουλίαν δυστυχοῦντες τὴν αἰτίαν ἐπὶ τοὺς θεοὺς ἀναφέρουσιν.   (Halm 161)

Θηρευτὴς καὶ Ἱππεύς.

Ἀνήρ τις θηρευτής, λαγωὸν κατασχὼν καὶ τοῦτον ἐπιφερόμενος, τῆς ὁδοιπορίας εἴχετο, καί τινι προσυπαντηθεὶς ἐφίππῳ ἀνδρί, ἐζητεῖτο παρ' αὐτοῦ τὸν λαγωόν, προσχήματι ἀπεμπολήσεως. Λαβὼν τοίνυν ὁ ἱππεὺς τὸν λαγωὸν ἀπὸ τοῦ θηρευτοῦ, εὐθὺς δρομαῖος ᾤχετο· ὁ δὲ θηρευτὴς κατόπιν αὐτοῦ τρέχων, φθάσαι αὐτὸν δῆθεν ἐδόκει. Τοῦ δὲ ἱππέως ἐκ πολλοῦ τοῦ διαστήματος μακρὰν ἐκείνου ἀπέχοντος, ὁ θηρευτὴς καὶ ἄκων φωνεῖ πρὸς αὐτὸν καί φησιν· „ἄπιθι λοιπόν· ἐγὼ γὰρ ἤδη τὸν λαγωὸν ἐδωρησάμην σοι."
Ὁ μῦθος δηλοῖ, ὡς πολλοὶ ἀκουσίως τὰ ἴδια ἀφαιρούμενοι, προσποιοῦνται δῆθεν ἑκοντὶ ταῦτα δεδωκέναι.   (Halm 163)

Πατὴρ καὶ Θυγατέρες.

Ἔχων τις δύο θυγατέρας τὴν μὲν κηπωρῷ ἐξέδωκε πρὸς γάμον, τὴν δὲ ἑτέραν κεραμεῖ. Χρόνου δὲ προελθόντος ἧκε πρὸς τὴν τοῦ κηπωροῦ, καὶ ταύτην ἠρώτα, πῶς ἔχοι καὶ ἐν τίνι αὐτοῖς εἴη τὰ πράγματα. Τῆς δὲ εἰπούσης, πάντα μὲν αὐτοῖς παρεῖναι, ἐν δὲ τοῦτο εὔχεσθαι τοῖς θεοῖς, ὅπως χειμὼν γένηται καὶ ὄμβρος, ἵνα τὰ λάχανα ἀρδευθῇ· μετ' οὐ

da er sehr aufwendige Opfer brachte. Da erschien ihm der Halbgott des Nachts und sprach: „He du, hör' auf und verschwende nicht dein Vermögen, denn wenn du alles verbraucht hast und verarmt bist, wirst du mir die Schuld daran geben."
So beschuldigen viele die Götter, wenn sie aus Mangel an Voraussicht ins Unglück geraten.

Die Moral findet sich ganz ähnlich in der Odyssee 1,32 ff., wo Zeus denselben Gedanken ausspricht.

JÄGER UND REITER

Ein Jäger hatte einen Hasen erlegt und zog mit ihm des Wegs. Da begegnete ihm ein Mann zu Pferde; der bat ihn, ihm den Hasen einmal zu geben, unter dem Vorwand, er wolle ihn kaufen. Sobald der Reiter aber den Hasen in der Hand hatte, sprengte er in vollem Galopp davon. Der Jäger lief hinterher, im Glauben, er könnte ihn einholen. Als sich aber der Vorsprung des Reiters immer mehr vergrößerte, rief ihm der Jäger, ob er's auch ungern tat, nach: „Geh' nur, ich wollte dir den Hasen ohnehin schenken."
Der Vorfall zeigt, daß viele, denen man ihren Besitz gegen ihren Willen wegnimmt, so tun, als hätten sie's freiwillig hergegeben.

Die Moral ist gequält. Der Vorfall erinnert merkwürdigerweise an eine von einem chassidischen Rabbi erzählte Geschichte; als er nachts aus dem Fenster in den Hof schaute, sah er, wie ein Dieb mit seinem Brennholz entfloh. Da rief er laut: „Hefker!" (herrenloses Gut), damit sich nicht eine Seele mit der Sünde des Diebstahls belade.

VATER UND TÖCHTER

Ein Vater hatte zwei Töchter; eine verheiratete er mit einem Gemüsebauern, die andere mit einem Töpfer. Nach einiger Zeit besuchte er die Bauersfrau und erkundigte sich, wie es ihr ginge und wie es um das Geschäft stünde. „Alles ist in Ordnung," sagte sie, „nur um eines bitten wir die Götter: es möge starken Winterregen geben, damit das Gemüse bewässert würde."

πολὺ παρεγένετο καὶ πρὸς τὴν τοῦ κεραμέως, καὶ ὡσαύτως
ἐπυνθάνετο, πῶς ἔχοι. Τῆς δὲ τὰ μὲν ἄλλα μὴ ἐνδεῖσθαι
εἰπούσης, τοῦτο δὲ μόνον εὔχεσθαι, ὅπως αἰθρία τε λαμπρὰ
ἐπιμείνῃ καὶ λαμπρὸς ἥλιος, ἵνα ξηρανθῇ ὁ κέραμος, εἶπε
πρὸς αὐτήν· „ἐὰν σὺ μὲν εὐδίαν ἐπιζητῇς, ἡ δὲ ἀδελφή σου
χειμῶνα, ποτέρᾳ ὑμῶν συνεύξωμαι;"
Οὕτως οἱ ἐν ταὐτῷ τοῖς ἀνομοίοις πράγμασιν ἐπιχειροῦντες
εἰκότως περὶ τὰ ἑκάτερα πταίουσιν.   (Halm 166)

Ἰατρὸς ἄτεχνος.

Ἰατρὸς ἦν ἄτεχνος. Οὗτος ἀρρώστῳ παρακολουθῶν, πάντων
ἰατρῶν λεγόντων αὐτῷ μὴ κινδυνεύειν, ἀλλὰ χρονίσειν ἐν τῇ
νόσῳ, οὗτος μόνος ἔφη αὐτῷ, πάντα τὰ αὐτοῦ ἑτοιμάσαι· „τὴν
αὔριον γὰρ οὐχ ὑπερβήσῃ." Ταῦτα εἰπὼν ὑπεχώρησε. Μετὰ
χρόνον δέ τινα ἀναστὰς ὁ νοσῶν προῆλθεν, ὠχρὸς καὶ
μόλις βαδίζων. Ὁ δὲ ἰατρὸς ἐκεῖνος συναντήσας αὐτῷ
„χαῖρε," ἔφη· „πῶς ἔχουσιν οἱ κάτω;" Κἀκεῖνος εἶπεν· „ἠρε-
μοῦσι, πιόντες τὸ τῆς λήθης ὕδωρ. Πρὸ ὀλίγου δὲ ὁ Θάνατος
καὶ ὁ Ἅιδης δεινὸν ἠπείλουν τοὺς ἰατροὺς πάντας, ὅτι τοὺς
νοσοῦντας οὐκ ἐῶσιν ἀποθνήσκειν, καὶ κατεγράφοντο πάντας. Ἔμελλον δὲ καὶ σὲ γράψαι, ἀλλ᾽ ἐγὼ προσπεσὼν αὐτοῖς
καὶ δυσωπήσας, ἐξωμοσάμην αὐτοῖς μὴ ἀληθῆ ἰατρὸν εἶναί
σε, ἀλλὰ μάτην διαβληθῆναι."
Ὅτι τοὺς ἀπαιδεύτους καὶ ἀμαθεῖς καὶ κομψολόγους ἰατροὺς
ὁ παρὼν μῦθος ἐλέγχει καὶ στηλιτεύει.   (Halm 168)

Hades war ursprünglich eine Person – Gott der Unterwelt – und nicht eine
Lokalität.
In der Moral erscheint noch ein drittes Epitheton, κομψολόγος = spitzfindig,
schönrednerisch, das hier gar nicht paßt. Ob vielleicht κομπόλογος, groß-

Bald darauf besuchte er die Töpfersfrau und fragte gleichfalls, wie es gehe. „Sonst fehlt's ja an nichts" antwortete sie, „und wir beten nur um eines: daß das Wetter recht warm und sonnig bleibe, damit der Ton trocknen kann." Da sagte der Vater: „Wenn du gutes Wetter haben möchtest, deine Schwester aber Regen – mit welcher soll ich dann mitbeten?"
Wenn also zwei Leute einander widersprechende Dinge betreiben, ist es logisch, daß einer davon Schaden nimmt.

Dieselbe Fabel (166 b) wird, in rhetorisch ausgeschmückter Form und mit etwas anderer Pointe, von einer Mutter und ihren zwei Töchtern erzählt.

DER SCHLECHTE ARZT

War da ein ganz miserabler Arzt. Als alle anderen Ärzte einem Kranken versicherten, er sei nicht in Gefahr, sondern könne mit seinem Leiden alt werden, sagte er als einziger: „Bestelle dein Haus, denn den morgigen Tag wirst du nicht überleben," und damit ging er weg.
Nach einiger Zeit aber stand der Kranke auf und ging vors Haus, noch ganz bleich und nur mühsam laufend. Da traf ihn jener Arzt und sagte: „Grüß Gott! Wie sieht's denn da drunten aus?" Der antwortete: „Die Leute da sind ganz ruhig, denn sie haben ja Lethe-Wasser getrunken. Unlängst aber stießen der Tod und Hades schreckliche Drohungen gegen die Ärzte aus, weil sie die Kranken nicht sterben lassen; und sie haben gegen alle Ärzte Strafanzeige erstattet. Sie wollten auch dich anzeigen, aber ich habe heftigen Einspruch erhoben und sie ins Unrecht gesetzt: ich legte nämlich einen Eid ab, daß du gar kein Arzt bist, sondern grundlos verleumdet worden bist."
Diese Fabel überführt grobschlächtige und ungeschickte Ärzte und prangert sie an.

mäulig, gemeint war, wagen wir nicht zu entscheiden, zumal nur κομπολογία belegt ist. – Mit gleichem Lemma, aber in veränderter Form, findet sich die Fabel bei Pseudo-Dositheos 7 (Hth.-Hgr. 310). – Auch in mehreren anderen Fabeln (wie auch in Martials Epigrammen und der griechischen Anthologie) kommen die Ärzte schlecht weg.

Ἰατρὸς καὶ Νοσῶν.

Ἰατρὸς ἐκκομιζομένου τινὸς τῶν οἰκείων ἔλεγε πρὸς τοὺς συμπροπέμποντας, ὡς οὗτος ὁ ἄνθρωπος, εἰ οἴνου ἀπείχετο καὶ κλυστῆρσιν ἐχρήσατο, οὐκ ἂν ἀπέθανε. Τούτῳ δέ τις ὑποτυχὼν ἔφη· „ὦ οὗτος, ἀλλ' οὔ σε ἔδει ταῦτα νῦν λέγειν, ὅτε οὐδὲν ὄφελός ἐστι, τότε δὲ παραινεῖν, ὅτε καὶ χρῆσθαι ἠδύνατο."
Ὁ λόγος δηλοῖ, ὅτι χρὴ τοῖς φίλοις παρὰ τὰς χρείας τὰς βοηθείας παρέχεσθαι, ἀλλὰ μὴ μετὰ τὴν τῶν πραγμάτων ἀπόγνωσιν κατειρωνεύεσθαι.   (Halm 169)

Ἵππος καὶ Ἔλαφος.

Στησίχορος, ἑλομένων στρατηγὸν αὐτοκράτορα τῶν Ἱμεραίων Φάλαριν, καὶ μελλόντων φυλακὴν διδόναι τοῦ σώματος, τἆλλα διαλεχθεὶς εἶπεν αὐτοῖς λόγον· ὡς ἵππος κατεῖχε λειμῶνα μόνος· ἐλθόντος δ' ἐλάφου καὶ διαφθείροντος τὴν νομήν, βουλόμενος τιμωρήσασθαι τὸν ἔλαφον, ἠρώτα ἄνθρωπον, εἰ δύναιτ' ἂν μετ' αὐτοῦ κολάσαι τὸν ἔλαφον. Ὁ δ' ἔφησεν· „ἐὰν λάβῃ χαλινόν, καὶ αὐτὸς ἀναβῇ ἐπ' αὐτὸν ἔχων ἀκόντια." Συνομολογήσαντος δὲ καὶ ἀναβάντος, ἀντὶ τοῦ τιμωρήσασθαι αὐτὸς ἐδούλευσεν τῷ ἀνθρώπῳ. „Οὕτω δὲ καὶ ὑμεῖς" ἔφη „ὁρᾶτε, μὴ βουλόμενοι τοὺς πολεμίους τιμωρήσασθαι, ταὐτὸ πάθητε τῷ ἵππῳ· τὸν μὲν γὰρ χαλινὸν ἔχετε ἤδη, ἑλόμενοι στρατηγὸν αὐτοκράτορα· ἐὰν δὲ φυλακὴν δῶτε, καὶ ἀναβῆναι ἐάσητε, δουλεύσετε [ἤδη] Φαλάριδι."
                                                            (Halm 175)

Bei Aristoteles, *Rhet.* II, c. 20. Der lyrische Dichter Stesichoros lebte im 7./6. Jahrhundert. Himera, auf Sizilien; Phalaris wegen seiner Grausamkeit berüchtigter Tyrann. – Dieselbe Geschichte erzählt Konon (1. Jahrhundert v. Chr./1. n. Chr. FGrHist 26 F 1, 42) von Gelon, gleichfalls einem Tyrannen von Himera; auch hier wird dem Stesichoros die Fabel in den Mund gelegt. Ein „Tyrann" – ursprünglich ein neutraler Begriff – kam gewöhnlich zur Macht, indem er auf

ARZT UND PATIENT

Als man einen Verwandten von ihm zur Bestattung trug, sagte ein Arzt zu denen, die ihm das letzte Geleit gaben: „Hätte er sich des Weines enthalten und Klystiere gebraucht, so wäre er nicht gestorben." Da antwortete ihm einer: „Du da, jetzt hättest du das nicht sagen sollen, wo es nicht mehr hilft, sondern den Rat hättest du ihm geben sollen, als er ihn noch gebrauchen konnte."
Dies zeigt, daß man seinen Freunden in der Not helfen soll und nicht erst klug schwätzen, nachdem es schon schief gegangen ist.

PFERD UND HIRSCH

Als die Bürger von Himera den Phalaris zum absoluten Führer erwählt hatten und im Begriff waren, ihm eine Leibgarde beizugeben, erzählte ihnen Stesichoros unter anderem die folgende Fabel: Ein Pferd hatte eine Wiese für sich allein; da kam ein Hirsch und fraß die Weide ab. Das Pferd wollte den Hirsch strafen und fragte den Menschen, ob er mit ihm zusammen den Hirsch züchtigen könnte. Der sprach: „Wenn du einen Zaum annimmst und mich mit meinen Geschossen aufsteigen läßt." Als das Pferd einwilligte und der Mensch es bestieg, mußte das Pferd, statt sich am Hirsch zu rächen, dem Menschen dienstbar sein.
„So sehet auch ihr drum zu", sprach Stesichoros, „daß es euch, während ihr euch an euren Feinden rächen wollt, nicht ebenso ergehe wie dem Pferde. Den Zaum habt ihr schon an, da ihr euch einen Generalissimus erwählt habt; wenn ihr ihm noch eine Leibgarde gebt und damit in den Sattel steigen laßt, werdet ihr zu Knechten des Phalaris."

Seiten des Volkes gegen die Herrschenden auftrat. Da es kein stehendes Heer gab, war die Leibgarde eine Festigung der absoluten Herrschaft, zumal solche „Prätorianer" meist unter Ausländern rekrutiert wurden (Germanen in Rom, „Krethi und Plethi" - Kreter und Philister - unter König David), so daß sie sich mit der Bevölkerung nicht verständigen, geschweige denn konspirieren konnten.

Ἵππος καὶ Στρατιώτης.

Ἵππον τὸν ἑαυτοῦ στρατιώτης, ἕως μὲν καιρὸς τοῦ πολέμου
ἦν, ἐκρίθιζεν, ἔχων συνεργὸν ἐν ταῖς ἀνάγκαις· ὅτε δὲ ὁ
πόλεμος κατεπαύσατο, εἰς δουλείας τινὰς καὶ φόρτους
βαρεῖς ὁ ἵππος ὑπούργει, ἀχύρῳ μόνῳ τρεφόμενος. Ὡς δὲ
πάλιν πόλεμος ἠκούσθη καὶ ἡ σάλπιγξ ἐφώνει, τὸν ἵππον
χαλινώσας ὁ δεσπότης, καὶ αὐτὸς καθοπλισθείς, ἐπέβη. Ὁ
δὲ συνεχῶς κατέπιπτε μηδὲν ἰσχύων· ἔφη δὲ τῷ δεσπότῃ
„ἄπελθε μετὰ τῶν πεζῶν ὁπλιτῶν ἄρτι· σὺ γὰρ ἀφ' ἵππου εἰς
ὄνον με μετεποίησας· καὶ πῶς πάλιν ἐξ ὄνου ἵππον θέλεις
ἔχειν;"   (Halm 178)

Κάστωρ.

Ὁ κάστωρ ζῷόν ἐστι τετράπουν, ἐν λίμναις τὰ πολλὰ διαιτώμενον, οὗ τὰ αἰδοῖά φασιν ἰατροῖς χρήσιμα εἶναι. Οὗτος οὖν,
ἐπειδὰν ὑπ' ἀνθρώπων διωκόμενος καταλαμβάνηται, γινώσ-
κων, οὗ χάριν διώκεται, ἀποτεμὼν τὰ ἑαυτοῦ αἰδοῖα ῥίπτει
πρὸς τοὺς διώκοντας, καὶ οὕτω σωτηρίας τυγχάνει.
Ὁ μῦθος δηλοῖ, ὅτι οὕτω καὶ τῶν ἀνθρώπων οἱ φρόνιμοι
ὑπὲρ τῆς ἑαυτῶν σωτηρίας οὐδένα λόγον τῶν χρημάτων
ποιοῦνται.   (Halm 189)

Das sog. Bibergeil, ein Sekret der Geschlechtsdrüsen sowohl des männlichen
wie des weiblichen Bibers, wurde vom Altertum bis in die Neuzeit als Spasmo-
lyticum benutzt. Natürlich ist die im Altertum weitverbreitete Geschichte von
der Selbstverstümmelung des Bibers unwahr; selbst der sonst leichtgläubige
Plinius schreibt (N. H. 32, 26): „Sextius, ein bedeutender Sachverständiger,

Κηπωρός.

Κηπωρῷ τις ἐπιστὰς ἀρδεύοντι λάχανα ἐπυνθάνετο αὐτοῦ,
δι' ἣν αἰτίαν τὰ μὲν ἄγρια τῶν λαχάνων εὐθαλῆ τέ ἐστι καὶ

PFERD UND SOLDAT

Ein Soldat, der ein eigenes Pferd besaß, fütterte es in Kriegszeiten mit Gerste, denn dann war es sein Kamerad in der Not;
war aber der Krieg vorbei, so mußte das Pferd arbeiten und zum
Tragen schwerer Lasten dienen und bekam nur Spreu zu fressen.
Als wieder Kriegsgeschrei und die Trompete erscholl, zäumte
der Soldat das Pferd auf und saß gewappnet auf. Sogleich aber
brach das entkräftete Roß zusammen und sagte zu seinem Herrn:
„Zieh du nunmehr mit der Infanterie ins Feld, denn du hast mich
von einem Pferd in einen Esel verwandelt, und wie kannst du aus
einem Esel ein Pferd machen?"

Keine Moral. – In Athen qualifizierte ursprünglich der Besitz eines Privat-
pferdes zum Ritterstand, weshalb in der Frühzeit mit -*hippos* zusammengesetzte
Namen auf adelige Abkunft hindeuteten.

DER BIBER

Der Biber ist ein Vierfüßler, der meistens in sumpfigen Seen lebt.
Seine Geschlechtsteile, heißt es, haben Medizinalwert. Wenn ihn
nun Menschen verfolgen und einfangen, weiß er, weshalb er
verfolgt wird: daher beißt er sich selbst die Teile ab und wirft
sie seinen Verfolgern hin: so rettet er sich.
Die Geschichte zeigt, daß Verständige, wenn es um Lebensrettung geht, nicht aufs Geld schauen.

bestreitet dies ⟨die Selbstverstümmelung⟩, weil die Teile sehr klein sind, unter
der Haut und nahe der Wirbelsäule liegen und ohne Tötung des Tieres nicht
entfernt werden können." Immerhin zitieren Servius (zu *Georg.* 1, 58), Cicero
(*Scaur.* 2, 7), Juvenal (12, 34) und Phaedrus (*App.* 30, 5) diesen Volksglauben;
ebenso Isidor (*Orig.* 12, 2, 21), der außerdem die höchst alberne Etymologie
„*castores a castrando*" bringt – nach dem berüchtigten Vorbild *lucus a non
lucendo*.

DER GÄRTNER

Es stand einer bei einem Gärtner, als der sein Gemüse bewässerte, und fragte ihn, warum die wilden Pflanzen so üppig

στερεά, τὰ δὲ ἥμερα λεπτὰ καὶ μεμαρασμένα· κάκεῖνος ἔφη·
„ἡ γῆ τῶν μὲν μήτηρ, τῶν δὲ μητρυιά ἐστι."
Οὕτω καὶ τῶν παίδων οὐχ ὁμοίως τρέφονται οἱ ὑπὸ μητρυιᾶς
τρεφόμενοι τοῖς μητέρας ἔχουσι.   (Halm 191)

Κιθαρῳδός.

Κιθαρῳδὸς ἄμουσος ἐν κεκονιαμένῳ οἴκῳ συνεχῶς ᾄδων,
ἀντηχούσης [δὲ] αὐτῷ τῆς φωνῆς, ὥστε αὐτὸν νομίσαι
εὔφωνον εἶναι σφόδρα, καὶ δὴ ἐπαρθεὶς ἐπὶ τούτῳ ἔγνω δεῖν
καὶ εἰς θέατρον εἰσελθεῖν· ἀφικόμενος δὲ ἐπὶ σκηνήν, καὶ
πάνυ κακῶς ᾄδων λίθοις βαλλόμενος ἐξηλάθη.
Οὕτω καὶ τῶν ῥητόρων ἔνιοι ἐν σχολαῖς εἶναί τινες δοκοῦντες, ὅταν ἐπὶ τὰς πολιτείας ἀφίκωνται, οὐδενὸς ἄξιοι εὑρίσ-
κονται.   (Halm 193)

Κύνες δύο.

Ἔχων τις δύο κύνας, τὸν μὲν θηρεύειν ἐδίδαξε, τὸν δὲ οἰκου-
ρὸν ἐποίησε. Καὶ δή, εἴ ποτε ὁ θηρευτικὸς ἐξιὼν πρὸς ἄγραν
συνελάμβανέ τι, ἐκ τούτου μέρος καὶ τῷ ἑτέρῳ παρέβαλλεν.
Ἀγανακτοῦντος δὲ τοῦ θηρευτικοῦ, καὶ τὸν ἕτερον ὀνειδίζον-
τος, εἴγε αὐτὸς μὲν ἐξιὼν διόλου μοχθεῖ, ὁ δὲ οὐδὲν ποιῶν
τοῖς ἑαυτοῦ πόνοις ἐντρυφᾷ, ἐκεῖνος ἔφη πρὸς αὐτόν· „ἀλλὰ
μὴ ἐμὲ μέμφου, τὸν δεσπότην δέ, ὃς οὐ πονεῖν με ἐδίδαξεν,
ἀλλ᾽ ἀλλοτρίους πόνους ἐσθίειν."

blühten, während die angepflanzten schwach und welk seien.
Der sagte: „Weil die Erde die Mutter der wilden, aber die Stiefmutter der gezüchteten Pflanzen ist."
So werden auch Kinder anders von einer Stiefmutter als von der
eigenen Mutter aufgezogen.

DER LEIERSPIELER

Ein unbegabter Musikant sang in einem Hause, dessen Wände
mit Stuck bedeckt waren. Seine Stimme hallte wider, so daß er
sich für einen hervorragenden Sänger hielt, und im Vertrauen
darauf beschloß er, er müsse im Theater auftreten. Als er aber auf
der Bühne stand und ganz miserabel sang, vertrieb man ihn mit
Steinwürfen.
So meinen auch manche Redner in den Schulen, daß sie etwas
seien, aber wenn sie sich in die Politik wagen, findet man heraus,
daß sie nichts taugen.

Vgl. Petron 1, 2: „Wenn sie (die Studenten der Rhetorik) wirklich endlich vor
Gericht auftreten, dann fühlen sie sich in eine andere Welt versetzt."
Ebenso Seneca: *non vitae sed scholae discimus*, was aber immer in umgekehrter
Form zitiert wird (Epistulae mor. 106, 12).

ZWEI HUNDE

Es hatte einer zwei Hunde: den einen bildete er zur Jagd aus, den
anderen zum Haushund. Wenn nun der Jagdhund auf die Pirsch
ging und etwas fing, warf der Herr auch dem anderen Hund ein
Stück von dem Wild vor. Der Jagdhund erboste sich und beschimpfte den anderen, weil er immer hinaus müsse und die
ganze Mühe habe, der andere aber, ohne sich anzustrengen, sich
von seiner Arbeit füttern lasse. Der sagte: „Nicht mir mache
Vorwürfe, sondern unserem Herrn, der mich gelehrt hat, nicht
selber zu arbeiten, sondern mich von der Mühe anderer ernähren
zu lassen."

Οὕτω καὶ τῶν παίδων οἱ ῥᾴθυμοι οὐ μεμπτέοι εἰσίν, ὅταν
αὐτοὺς οἱ γονεῖς οὕτως ἀγάγωσιν.   (Halm 217)

Κύνες λιμώττουσαι.

Κύνες λιμώττουσαι, ὡς ἐθεάσαντο ἔν τινι ποταμῷ βύρσας
βρεχομένας, μὴ δυνάμεναι αὐτῶν ἐφικέσθαι, συνέθεντο
ἀλλήλαις, ὅπως τὸ ὕδωρ ἐκπίωσιν, εἶθ᾿ οὕτως ἐπὶ τὰς βύρσας
παραγένωνται. Συνέβη δ᾿ αὐτὰς πινούσας διαρραγῆναι πρὶν
ἢ τῶν βυρσῶν ἐφικέσθαι.
Οὕτως ἔνιοι τῶν ἀνθρώπων δι᾿ ἐλπίδα κέρδους ἐπισφαλεῖς
μόχθους ὑφιστάμενοι φθάνουσι πρότερον καταναλισκόμενοι
ἢ ὧν βούλονται περιγενόμενοι.   (Halm 218)

Κύων καὶ Ἀλώπηξ.

Κύων θηρευτικός, λέοντα ἰδών, τοῦτον ἐδίωκεν· ὡς δὲ ἐπι-
στραφεὶς ἐκεῖνος ἐβρυχήσατο, φοβηθεὶς εἰς τοὐπίσω ἔφυγεν.
Ἀλώπηξ δὲ θεασαμένη αὐτὸν ἔφη· „ὦ κακὴ κεφαλή, σὺ
λέοντα ἐδίωκες, οὗ οὐδὲ τὸν βρυχηθμὸν ὑπέμεινας;"
Ὁ λόγος λεχθείη ἂν ἐπ᾿ ἀνδρῶν αὐθαδείᾳ συνόντων, οἳ
κατὰ πολὺ δυνατωτέρων συκοφαντεῖν ἐπιχειροῦντες, ὅταν
ἐκεῖνοι ἀντιστῶσιν, εὐθέως ἀναχαιτίζονται.   (Halm 226)

Κύων καὶ Ἵππος [ἢ Κύων ἐν φάτνῃ].

Κύων τις, ἐν φάτνῃ κατακειμένη, οὔτε αὐτὴ τῶν κριθῶν
ἤσθιεν, οὔτε τῷ ἵππῳ δυναμένῳ φαγεῖν ἐπέτρεπεν.
                                                    (Halm 228)

Bei Lukian, *adv. indoctum* 30. Noch heute englische Redewendung „dog-in-the
manger attitude"; vgl. Phaedrus 1,27, unten S. 187 f.

So verdienen auch träge Kinder keinen Tadel, wenn ihre Eltern sie so erzogen haben.

Vgl. hierzu H 351, Der Dieb und seine Mutter: der Erzieher trägt die Verantwortung.

DIE HUNGRIGEN HUNDE

Hungrige Hunde sahen Häute, die in einem Fluß eingeweicht wurden. Da sie nicht heran konnten, verabredeten sie, sie würden den Fluß aussaufen, um so an die Häute zu kommen.
Sie tranken und tranken, bis es geschah, daß sie zerplatzten, ehe sie an die Häute herankamen.
So kommt es auch vor, daß Menschen, durch Hoffnung auf Gewinn verführt, sich derartigen Mühen unterziehen, daß sie zugrunde gehen, ehe sie ihr Vorhaben erreichen können.

HUND UND FUCHS

Ein Jagdhund sah einen Löwen und setzte ihm nach; als der sich aber umwandte und brüllte, bekam es der Hund mit der Angst zu tun und flüchtete.
Ein Fuchs, der ihn sah, sprach: „Du Dummkopf, du willst einem Löwen nachsetzen, wo du nicht einmal sein Gebrüll aushalten kannst?"
Dies könnte man auch auf Menschen anwenden, die hartnäckig versuchen, viel Mächtigere zu erpressen, aber alsbald umfallen, sobald diese sich ihnen stellen.

Erpressen, nämlich mit Androhung von Klage. Der erfolglose Kläger verwirkte in Athen ein Gelddeposit.

DER HUND IN DER KRIPPE

Ein Hund lag in der Krippe: zwar konnte er selber die Gerste nicht fressen, aber er ließ auch das Pferd nicht heran, obwohl dieses es konnte.

Aelian, Natura aninalium 5,4. Erst im 15. Jh. unter die Aesopischen Fabeln aufgenommen.

Κώνωψ καὶ Λέων.

Κώνωψ πρὸς λέοντα ἐλθὼν εἶπεν· ,,οὔτε φοβοῦμαί σε, οὔτε δυνατώτερός μου εἶ· εἰ δὲ μή, τίς σοί ἐστιν ἡ δύναμις; ὅτι ξύεις τοῖς ὄνυξι, καὶ δάκνεις τοῖς ὀδοῦσι; τοῦτο καὶ γυνὴ τῷ ἀνδρὶ μαχομένη ποιεῖ. Ἐγὼ δὲ λίαν ὑπάρχω σου ἰσχυρότερος· εἰ δὲ θέλεις, ἔλθωμεν καὶ εἰς πόλεμον." Καὶ σαλπίσας ὁ κώνωψ ἐνεπήγετο, δάκνων τὰ περὶ τὰς ῥῖνας αὐτοῦ ἄτριχα πρόσωπα. Ὁ δὲ λέων τοῖς ἰδίοις ὄνυξι κατέλυεν ἑαυτόν, ἕως οὗ ἠγανάκτησεν. Ὁ κώνωψ δὲ, νικήσας τὸν λέοντα καὶ σαλπίσας καὶ ἐπινίκιον ᾄσας, ἀπέπτατο. Ἀράχνης δὲ δεσμῷ ἐμπλακείς, ἐσθιόμενος ἀπωδύρετο, ὅτι μεγίστοις πολεμῶν ὑπὸ εὐτελοῦς ζῴου, τῆς ἀράχνης, ἀπώλετο.
Ὁ μῦθος πρὸς τοὺς καταβάλλοντας μεγάλους καὶ ὑπὸ μικρῶν καταβαλλομένους.   (Halm 234)

Λέαινα καὶ Ἀλώπηξ.

Λέαινα, ὀνειδιζομένη ὑπὸ ἀλώπεκος ἐπὶ τῷ διὰ παντὸς τοῦ χρόνου ἕνα τίκτειν, ,,ἕνα," ἔφη ,,ἀλλὰ λέοντα."
Ὁ μῦθος δηλοῖ, ὅτι τὸ καλὸν οὐκ ἐν πλήθει, ἀλλ' ἐν ἀρετῇ.   (Halm 240)

Λέοντες καὶ Λαγωοί.

Δημηγορούντων τῶν δασυπόδων καὶ τὸ ἴσον ἀξιούντων πάντας ἔχειν, οἱ λέοντες ἔφασαν· ,,οἱ λόγοι ὑμῶν, ὦ δασύποδες, ὀνύχων τε καὶ ὀδόντων, οἵων ἡμεῖς ἔχομεν, δέονται."

                                (Halm 241)

MÜCKE UND LÖWE

Eine Mücke kam zum Löwen und sprach: „Ich habe keine Angst vor dir, und du bist nicht stärker als ich. Worin besteht denn eigentlich deine Stärke? Du kratzest mit den Nägeln und beißest mit den Zähnen: das tut auch ein Weib, wenn es mit seinem Manne rauft. Nein, ich bin viel stärker als du, und wenn du willst, lassen wir's auf einen Kampf ankommen."
Und die Mücke blies die Schlachttrompete und stach ihn um die Nase und ins Gesicht, wo der Löwe nicht behaart war. Der Löwe wurde so wütend, daß er sich mit seinen eigenen Krallen verletzte. Die Mücke aber, da sie den Löwen besiegt hatte, blies, wieder ihre Trompete, sang einen Siegpaean und flog davon.
Alsbald aber verfing sie sich in einem Spinnennetz und wurde aufgefressen, wobei sie noch schmerzlich jammerte, daß sie nach siegreichem Kampf mit dem Stärksten einem so unbedeutendem Geschöpf wie einer Spinne zum Opfer fiel.
Das zielt auf Leute, die Hochstehende zu Fall bringen, aber selber von Niedrigen gestürzt werden.

Diese Fabel, zuerst von Aldo ediert, stammt von Achilles Tatius 2, 22.

LÖWIN UND FÜCHSIN

Die Löwin wurde von der Füchsin verhöhnt, weil sie immer nur *ein* Junges zur Welt brachte. Sie sprach: „Eines, aber einen Löwen."
Dies zeigt, daß die Güte nicht in der Menge, sondern in der Qualität besteht.

Vgl. auch Babrius Paraphr. 189.
Dieser unübertreffliche Lakonismus bedarf der Moral nicht.

LÖWEN UND HASEN

Als die Hasen Volksreden schwangen und unbedingte Gleichheit für alle verlangten, sagten die Löwen: „Euren Argumenten, ihr Hasenfüße, fehlen Klauen und Zähne, wie wir sie haben."

Antisthenes bei Aristoteles *Polit.* 3, 13, 1284 a 15.

Λέων καὶ Ἄρκτος.

Λέων καὶ ἄρκτος, ὁμοῦ νεβρῷ περιτυχόντες, περὶ τούτου ἐμάχοντο. Δεινῶς οὖν ὑπ᾿ ἀλλήλων διατεθέντες, ὡς ἐκ τῆς πολλῆς μάχης καὶ σκοτοδινιᾶσαι, ἀπαυδήσαντες ἔκειντο. Ἀλώπηξ δὲ κύκλῳ περιιοῦσα, πεπτωκότας αὐτοὺς ἰδοῦσα καὶ τὸν νεβρὸν ἐν τῷ μέσῳ κείμενον, τοῦτον, διὰ μέσου ἀμφοῖν διαδραμοῦσα [καὶ] ἁρπάσασα, φεύγουσα ᾤχετο. Οἱ δὲ βλέποντες μὲν αὐτήν, μὴ δυνάμενοι δὲ ἀναστῆναι, ,,δείλαιοι ἡμεῖς,'' εἶπον ,,ὅτι δι᾿ ἀλώπεκα ἐμοχθοῦμεν.''
Ὁ μῦθος δηλοῖ, ὅτι ἄλλων κοπιώντων ἄλλοι κερδαίνουσιν.

(Halm 247)

Λέων καὶ Βάτραχος.

Λέων ἀκούσας βατράχου κεκραγότος, ἐπεστράφη πρὸς τὴν φωνήν, οἰόμενος μέγα τι ζῷον εἶναι· προσμείνας δὲ μικρὸν χρόνον, ὡς ἐθεάσατο αὐτὸν ἀπὸ τῆς λίμνης ἐξελθόντα, προσελθὼν κατεπάτησεν, εἰπών· ,,μηδένα ἀκοῇ ταραττέτω πρὸ τῆς θέας.''
Ὁ λόγος εὔκαιρος πρὸς ἄνδρα γλωσσώδη, οὐδὲν πλέον τοῦ λαλεῖν δυνάμενον.

(Halm 248b)

Die Fabel erscheint in drei ähnlichen Fassungen; das Wort „laut" ist der Fassung II und III Hth.-Hr. entnommen. Die Rede des Löwen wäre, wie man anscheinend bisher nicht bemerkt hat, ein jambischer Senar, wenn die einfache

Λέων καὶ Γεωργός.

Ἐρασθέντα φασὶ λέοντα παρθένου διαλεχθῆναι τῷ πατρὶ τῆς κόρης ὑπὲρ τοῦ γάμου· τὸν δὲ πατέρα λέγειν, ὡς ἕτοιμος μέν ἐστιν αὐτῷ δοῦναι, δεδοικέναι δὲ τοὺς ὄνυχας καὶ τοὺς ὀδόντας, μή ποτε γήμας καὶ παροξυνθεὶς διά τινα αἰτίαν

LÖWE UND BÄR

Ein Löwe und ein Bär fanden einmal ein Rehkitz und kämpften darum. Schrecklich fielen sie einander an, bis ihnen nach langem Kampf ganz schwindlig wurde und sie ohnmächtig liegen blieben. Ein Fuchs, der um sie herumgestrichen war, sah sie so daliegen, das Rehkitz in der Mitte; so lief er zwischen beiden hindurch, schnappte es auf und machte sich eiligst davon. Sie sahen es zwar, konnten sich aber nicht erheben und seufzten nur: „Wir Tröpfe, die wir uns für den Fuchs ruiniert haben!"
Dies zeigt, daß der ˉeine sich abrackert, während ein anderer daran profitiert.

Vgl. ähnlich H 253, Löwe und Eber.

LÖWE UND FROSCH

Ein Löwe hörte einen Frosch ⟨laut⟩ quaken und ging der Stimme nach in der Meinung, dies müsse ein großes Tier sein. Er wartete eine Weile, bis er den Frosch aus dem Sumpf kommen sah; da ging er heran, zertrat ihn und sprach: „Gehörtes fürchte niemand, eh' er's nicht gesehn."
Dies paßt auf einen zungenfertigen Menschen, der außer Reden nichts kann.

Änderung μηδέν' ἀκοῇ statt des (möglicherweise auf Dittographie beruhenden) Textes μηδένα ἀκοῇ vorgenommen würde. Übrigens ist der Spruch des Löwen ein hinreichendes Epimythion, während das vorliegende wenig passend und überflüssig ist.

DER VERLIEBTE LÖWE

Ein Löwe soll sich in ein Mädchen verliebt und bei ihrem Vater um ihre Hand angehalten haben. Der Vater sagte, er wolle sie ihm wohl zur Frau geben, habe aber Angst vor seinen Klauen und Zähnen. Es könne ja geschehen, daß der Löwe, wenn es

108 Aesop

προσενέγκηται τῇ παρθένῳ θηριωδῶς. Τοῦ δὲ λέοντος
ἐξελόντος τούς τε ὄνυχας καὶ τοὺς ὀδόντας, τὸν πατέρα
θεωρήσαντα πάντα δι' ὧν ἦν φοβερὸς ἀποβεβληκότα, τύπ-
τοντα τῷ ξύλῳ ῥᾳδίως ἀποκτεῖναι.   (Halm 249 b)

Diese Fabel liegt in vier z. T. stark voneinander abweichenden Fassungen vor;
in zweien davon wird der Löwe lediglich mit dem Knüppel vertrieben. Die
vorliegende Fassung stammt aus Diodor 19, 25 und hat keine Moral; die

Λέων καὶ Κάπρος.

Θέρους ἐν ὥρᾳ, ὅτε τὸ καῦμα δίψει λυπεῖ, εἰς μικρὰν πηγὴν
λέων καὶ κάπρος ἦλθον πιεῖν. Ἥριζον δέ, τίς πρῶτος αὐτῶν
πίῃ ἐκ τούτου δὲ πρὸς φόνον ἀλλήλων διηγέρθησαν. Ἄφνω
δὲ ἐπιστραφέντες πρὸς τὸ ἀναπνεῦσαι, εἶδον γῦπας ἐκδεχομέ-
νους, ὃς αὐτῶν πέσῃ, τοῦτον καταφαγεῖν. Διὰ τοῦτο λύσαντες
τὴν ἔχθραν εἶπον· „κρεῖσσόν ἐστι ἡμᾶς φίλους γενέσθαι,
ἢ βρῶμα γυψὶ καὶ κόραξιν."

Ὅτι τὰς πονηρὰς ἔριδας καὶ τὰς φιλονεικίας καλόν ἐστι
διαλύειν, ἐπειδὴ πᾶσιν ἐπικίνδυνον τέλος ἄγουσιν.
          (Halm 253)

Λέοντος βασιλεία.

Λέων τις ἐβασίλευεν οὐχὶ θυμώδης οὐδὲ ὠμὸς οὐδὲ βίαιος,
ἀλλὰ πρᾶος καὶ δίκαιος, ὥσπερ ἄνθρωπος. Ἐπὶ δὲ τῆς αὐτοῦ
βασιλείας συναθροισμὸς ἐγένετο πάντων τῶν ζῴων, δοῦναι
δίκας καὶ λαβεῖν πρὸς ἄλληλα, λύκος μὲν προβάτῳ, πάρδαλις
δὲ αἰγάγρῳ, ἐλάφῳ δὲ τίγρις, κύων δὲ λαγωῷ. Ὁ πτὼξ δὲ
ἔφη· „ηὐχόμην ἰδεῖν τὴν ἡμέραν ταύτην, ἵνα τοῖς βιαίοις
φοβερὰ τὰ εὐτελῆ φανῶσιν."   (Halm 242)

Diese Utopie mit einem ironischen Beigeschmack („so rechtschaffen, wie es
der Mensch ist") ist eine der wenigen Fabeln, die die Theorie vom „Aufstand
des kleinen Mannes" stützen könnten. Dagegen spricht jedoch ihr zweifellos
orientalischer Ursprung (der Tiger erscheint nur hier, der Leopard nur noch

nach der Eheschließung aus irgendeinem Anlaß zum Streit
komme, mit dem Mädchen nach Raubtierart verfahren möchte.
Der Löwe ließ sich Klauen und Zähne ziehen. Als der Vater sah,
daß der Löwe sich all der Dinge entäußert hatte, die ihn einst
furchtbar gemacht, schlug er ihn mühelos mit einem Knüppel
tot.

anderen haben die recht hausbackene Moral, daß der schlecht fährt, der seinen
Feinden traut. Kann Diodoros (1. Jahrhundert v. Chr.) das Simson-und-
Delilah-Motiv gekannt haben?

LÖWE UND EBER

Zur Sommerzeit, da die Hitze einen Durst leiden läßt, kamen ein
Löwe und ein Eber ⟨gleichzeitig⟩ zu einem kleinen Quell, um
daraus zu trinken. Sie stritten darum, wer zuerst trinken sollte,
und darüber kam es zwischen ihnen zum Kampf auf Leben und
Tod. Als sie voneinander abließen, um sich zu verschnaufen,
sahen sie plötzlich, wie Aasgeier dasaßen und warteten, welcher
von ihnen wohl fiele, um ihn dann zu fressen. Da gaben sie ihren
Zwist auf und sprachen: ,,Besser, daß wir Freunde werden als
Futter für Geier und Raben.''
So ist es schön, Streit und Zwist beizulegen, wenn sie schließlich
Gefahr für alle mit sich bringen.

DES LÖWEN REGIERUNG

Es regierte einmal ein Löwe, der war weder jähzornig noch roh
oder brutal, sondern mild und gerecht, so wie es der Mensch ist.
Unter seiner Regierung fand auch ein Landtag aller Tiere statt,
wo ihre Prozesse entschieden und Wiedergutmachung beschlossen wurde – Wolf gegenüber dem Schaf, Leopard und Gemse,
Hirsch und Tiger, Hund und Hase.
Da sprach ein Häslein: ,,Ich habe gebetet, diesen Tag erleben zu
dürfen, da die Schwachen den Mächtigen Furcht einflößen!''

einmal im aesopischen Corpus); die Vorstellung vom Löwen als gerechtem
König paßt zum ,,Fürstenspiegel'' des Bidpai und hat dann im mittelalterlichen
Tierepos fortgewirkt. Ob die bekannte ,,messianische'' Stelle aus Jesajah 65,25
(friedliches Zusammenleben der Tiere) hier eingewirkt hat, sei dahingestellt.

Λέων, Λύκος καὶ Ἀλώπηξ.

Λέων γηράσας ἐνόσει κατακεκλιμένος ἐν ἄντρῳ· παρῆσαν δ᾽ ἐπισκεψόμενα τὸν βασιλέα πλὴν ἀλώπεκος τἆλλα τῶν ζῴων. Ὁ τοίνυν λύκος λαβόμενος εὐκαιρίας, κατηγόρει παρὰ τῷ λέοντι τῆς ἀλώπεκος, ἅτε δὴ παρ᾽ οὐδὲν τιθεμένης τὸν πάντων αὐτῶν κρατοῦντα, καὶ διὰ ταῦτα μηδ᾽ εἰς ἐπίσκεψιν ἀφιγμένης. Ἐν τοσούτῳ δὲ παρῆν καὶ ἡ ἀλώπηξ, καὶ τῶν τελευταίων ἠκροάσατο τοῦ λύκου ῥημάτων. Ὁ μὲν οὖν λέων κατ᾽ αὐτῆς ἐβρυχᾶτο· ἡ δ᾽ ἀπολογίας καιρὸν αἰτήσασα ,,καὶ τίς σε" ἔφη ,,τῶν συνελθόντων τοσοῦτον ὠφέλησεν, ὅσον ἐγώ, πανταχόσε περινοστήσασα καὶ θεραπείαν ὑπὲρ σοῦ παρ᾽ ἰατροῦ ζητήσασα καὶ μαθοῦσα;" Τοῦ δὲ λέοντος εὐθὺς τὴν θεραπείαν εἰπεῖν κελεύσαντος, ἐκείνη φησίν·,,εἰ λύκον ζῶντα ἐκδείρας τὴν αὐτοῦ δορὰν θερμὴν ἀμφιέσῃ." Καὶ τοῦ λύκου [αὐτίκα νεκροῦ] κειμένου, ἡ ἀλώπηξ γελῶσα εἶπεν οὕτως· ,,οὐ χρὴ τὸν δεσπότην πρὸς δυσμένειαν παρακινεῖν, ἀλλὰ πρὸς εὐμένειαν."
Ὁ μῦθος δηλοῖ, ὅτι ὁ καθ᾽ ἑτέρου μηχανώμενος καθ᾽ ἑαυτοῦ τὴν πάγην περιτρέπει.   (Halm 255)

Λέων καὶ Ὄναγρος.

Θήρας ἐθήρευον λέων καὶ ὄναγρος, ὁ μὲν λέων διὰ τῆς δυνάμεως, ὁ δὲ ὄναγρος διὰ τῆς ἐν ποσὶ ταχύτητος. Ἐπεὶ δὲ ζῷά τινα ἐθήρευσαν, ὁ λέων μερίζει καὶ τίθησι τὰς μοίρας. ,,Τὴν μὲν μίαν" εἶπεν ,,λήψομαι ὡς πρῶτος, βασιλεὺς γάρ εἰμι· τὴν δὲ δευτέραν, ὡς ἐξ ἴσου κοινωνῶν· ἡ δὲ τρίτη μοῖρα, αὕτη κακὸν μέγα σοι ποιήσει, ἢν μὴ ἐθέλῃς φυγεῖν."

LÖWE, WOLF UND FUCHS

Der Löwe war alt geworden und lag krank in seiner Höhle. Alle
Tiere besuchten ihren König, nur der Fuchs kam nicht. Da ergriff
der Wolf die Gelegenheit, den Fuchs beim Löwen anzuschwär-
zen: er verachte den Gebieter aller Tiere und sei deshalb nicht
einmal zum Besuch gekommen. In diesem Augenblick erschien
der Fuchs: er hatte gerade noch die letzten Worte des Wolfes
gehört. Der Löwe brüllte den Fuchs an, der aber erbat sich Zeit
zur Verteidigung und sprach: ,,Wer von allen deinen Besuchern
hat dir so viel Gutes getan wie ich? In der ganzen Welt bin ich
umhergeirrt, um eine Medizin für dich zu finden – und nun weiß
ich sie."
Der Löwe gebot ihm, sofort das Heilmittel zu nennen; da sagte
der Fuchs: ,,Du mußt einem lebendigen Wolf die Haut abziehen
lassen und sie dir noch warm umlegen." Und als der Wolf nun so
dalag, lachte der Fuchs und sprach: ,,Man soll den Herrn nicht
zum Zorn sondern zur Güte bewegen."
Die Fabel zeigt, daß, wer anderen eine Falle stellt, selber hinein-
fällt.

Diese Fabel, die in das mittelalterliche Tierepos (Reineke) aufgenommen
wurde, zeigt bereits einen gewissen Übergang von der einfachen Situation der
Fabel (in der selten mehr als zwei Tiere handelnd auftreten) zu der komplexen
Handlung des Tierepos mit seiner Satire gegen Hofintrigen.

LÖWE UND WILDESEL

Löwe und Wildesel gingen gemeinsam auf die Jagd: der Löwe
steuerte seine Kraft bei, der Wildesel die Schnelligkeit seiner
Beine. Als sie einiges Wild erlegt hatten, machte der Löwe drei
Teile und übernahm die Verteilung. ,,Den ersten Teil," sprach
er, ,,nehme ich mir vorweg, denn ich bin der König der Tiere;
den zweiten Teil bekomme ich aufgrund der vereinbarten
Gleichheit; der dritte Teil aber – es soll dir gar übel ergehen,
wenn du dich nicht sogleich aus dem Staube machst!"

Ὅτι καλὸν ἑαυτὸν μετρεῖν ἐν πᾶσι κατὰ τὴν ἑαυτοῦ ἰσχύν, καὶ δυνατωτέροις ἑαυτὸν μὴ συνάπτειν μηδὲ κοινωνεῖν.

(Halm 258)

Λέων, Προμηθεὺς καὶ Ἐλέφας.

Λέων κατεμέμφετο Προμηθέα πολλάκις, ὅτι μέγαν αὐτὸν ἔπλασε καὶ καλόν, καὶ τὴν μὲν γένυν ὤπλισε τοῖς ὀδοῦσι, τοὺς δὲ πόδας ἐκράτυνε τοῖς ὄνυξιν, ἐποίησέ τε τῶν ἄλλων θηρίων δυνατώτερον· „ὁ δὲ τοιοῦτος‟ ἔφασκε „τὸν ἀλεκτρυόνα φοβοῦμαι.‟ Καὶ ὁ Προμηθεὺς ἔφη· „τί με μάτην αἰτιᾷ; τὰ γὰρ ἐμὰ πάντα ἔχεις, ὅσα πλάττειν ἐδυνάμην· ἡ δέ σου ψυχὴ πρὸς τοῦτο μόνον μαλακίζεται.‟ Ἔκλαιεν οὖν ἑαυτὸν ὁ λέων, καὶ τῆς δειλίας κατεμέμφετο, καὶ τέλος ἀποθανεῖν ἤθελεν. Οὕτω δὲ γνώμης ἔχων ἐλέφαντι περιτυγχάνει, καὶ προσαγορεύσας εἱστήκει διαλεγόμενος. Καὶ ὁρῶν διαπαντὸς τὰ ὦτα κινοῦντα, „τί πάσχεις‟ ἔφη „καὶ τί δήποτε οὐδὲ μικρὸν ἀτρεμεῖ σου τὸ οὖς;‟ Καὶ ὁ ἐλέφας, κατὰ τύχην περιπτάντος αὐτῷ κώνωπος, „ὁρᾷς‟ ἔφη „τοῦτο τὸ βραχύ, τὸ βομβοῦν; ἢν εἰσδύνῃ μου τῇ τῆς ἀκοῆς ὁδῷ, τέθνηκα.‟ Καὶ ὁ λέων· „τί οὖν ἔτι ἀποθνήσκειν‟ ἔφη „με δεῖ, τοσοῦτον ὄντα καὶ ἐλέφαντος εὐτυχέστερον, ὅσον κρείττων κώνωπος ὁ ἀλεκτρυών;‟

Ὁρᾷς, ὅσον ἰσχύος ὁ κώνωψ ἔχει, ὡς καὶ ἐλέφαντα φοβεῖν.

(Halm 261; Hausrath 292)

Man soll in allen Dingen der eigenen Macht gemäß handeln und nicht mit Mächtigeren eine Gemeinschaft oder Gesellschaft eingehen.

Die Fabel vom „Löwenanteil" gibt es in sehr zahlreichen Varianten; sie ist Gegenstand einer umfangreichen Literatur in der Motivforschung geworden. – Warum der Löwe hier, mit nur *einem* Partner, drei Teile macht, ist nicht klar; man nimmt an, daß hier Kontamination mit ähnlichen Fabeln vorliegt.

DER LÖWE, PROMETHEUS UND DER ELEPHANT

Oft beschwerte sich der Löwe bei Prometheus: er habe ihn zwar groß und schön erschaffen, auch seine Kiefern mit Zähnen, seine Füße mit Klauen bewehrt und ihn zum stärksten aller Tiere gemacht; „aber doch," sprach er, „so gewaltig ich auch bin, habe ich doch Furcht vor dem Hahn."
Prometheus sprach: „Zu Unrecht machst du mir diesen Vorwurf, denn alles, was *ich* bilden konnte, hast du von mir: diese Schwäche aber liegt in deiner Seele."
Da weinte der Löwe, beschuldigte sich selbst der Feigheit und wollte schließlich sterben. Da sah er, wie der Elephant beständig mit den Ohren wedelte. „Was hast du denn," fragte er, „daß du niemals auch für noch so kurze Zeit deine Ohren still hältst?"
Der Elephant den, wie es sich eben traf eine Mücke umschwirrte, sagte: „Siehst du das winzige Summeding da? Wenn es mir in den Gehörgang dringt, bin ich hin."
Da sprach der Löwe: „Was brauch ich jetzt noch den Tod zu suchen, der ich so stark bin; bin ich doch um so viel besser daran als der Elephant, wie der Hahn die Mücke an Stärke übertrifft."
Man sieht, wie stark die Mücke sein muß, wenn selbst der Elephant vor ihr Angst hat.

Die Moral ist, wie so oft, außerordentlich albern. – Die Fabel selbst stammt von Achilles Tatius (2,21) aus dem Ende des 2. Jhdts. n. Chr.

Λέων καὶ Ταῦρος.

Λέων ταύρῳ παμμεγέθει ἐπιβουλεύων ἠβουλήθη αὐτοῦ περιγενέσθαι· διόπερ πρόβατον τεθυκέναι φήσας πρὸς ἑστίασιν αὐτὸν ἐκάλεσε, βουλόμενος κατακλιθέντα αὐτὸν καταγωνίσασθαι. Ὁ δὲ ἐλθὼν καὶ θεασάμενος λέβητας πολλοὺς καὶ ὀβελίσκους μεγάλους, τὸ δὲ πρόβατον οὐδαμοῦ, μηδὲν εἰπὼν ἀπηλλάττετο. Τοῦ δὲ λέοντος αἰτιωμένου αὐτὸν καὶ τὴν αἰτίαν πυνθανομένου, δι᾿ ἣν οὐδὲν δεινὸν παθὼν ἀλόγως ἄπεισιν, ἔφη ,,ἀλλ᾿ ἔγωγε οὐ μάτην ποιῶ· ὁρῶ γὰρ κατασκευὴν οὐχ ὡς εἰς πρόβατον, ἀλλ᾿ εἰς ταῦρον ἡτοιμασμένην.‘‘
Ὁ λόγος δηλοῖ, ὅτι τοὺς φρονίμους τῶν ἀνθρώπων αἱ τῶν πονηρῶν τέχναι οὐ λανθάνουσι.   (Halm 262)

Λῃστὴς καὶ Συκάμινος.

Λῃστὴς ἐν ὁδῷ τινα ἀποκτείνας, ἐπειδὴ παρὰ τῶν ἐπιτυχόντων ἐδιώκετο, καταλιπὼν αὐτὸν ᾑμαγμένος ἔφυγε. Τῶν δὲ ἄντικρυς ὁδευόντων πυνθανομένων αὐτοῦ, τίνι μεμολυσμένας ἔχοι τὰς χεῖρας, ἔλεγεν ἀπὸ συκαμίνου καταβεβηκέναι· καὶ ὡς ταῦτα ἔλεγεν, οἱ διώκοντες αὐτὸν ἐπελθόντες καὶ συλλαβόμενοι εἴς τινα συκάμινον αὐτὸν ἐσταύρωσαν. Ἡ δὲ συκάμινος ἔφη· ,,ἀλλ᾿ ἔγωγε οὐκ ἄχθομαι πρὸς τὸν σὸν θάνατον ὑπηρετοῦσα· καὶ γὰρ ὃν αὐτὸς φόνον κατειργάσω, τοῦτον εἰς ἐμὲ ἀπεμάττου.‘‘
Οὕτως πολλάκις καὶ οἱ φύσει χρηστοί, ὅταν ὑπό τινων ὡς φαῦλοι διαβάλλωνται, κατ᾿ αὐτῶν πονηρεύεσθαι οὐκ ὀκνοῦσι.   (Halm 264)

LÖWE UND STIER

Der Löwe hatte es auf einen riesengroßen Stier abgesehen und
wollte ihn überlisten. Er habe ein Schaf geschlachtet, sagte er,
und lud den Stier zum Gastmahl; hätte der sich erst zu Tische
gelegt, so wollte er ihn wohl überwältigen.

Als der Stier kam, sah er viele Schüsseln und sehr große Brat-
spieße, nirgends aber ein Schaf. So schwieg er fein still und ging
von dannen. Der Löwe tat beleidigt und fragte nach dem Grunde,
warum er so sinnlos wegginge, ob ihm gleich nichts geschehen
sei. Der sprach: „Aus gutem Grunde tu ichs, denn nicht auf ein
Schaf sondern auf einen Stier deuten deine Vorbereitungen."

Die Fabel zeigt, daß Klugen die Tücke der Bösen nicht verborgen bleibt.

Auch diese Fabel findet sich in mehreren Fassungen, darunter in den Assen-
delfter Wachstäfelchen (tabulae ceratae Ass. 4) und bei Babrius (97).

DER STRASSENRÄUBER UND DER MAULBEERBAUM

Ein Straßenräuber hatte jemanden erschlagen, und als Vorbei-
kommende ihn verfolgten, flüchtete er, ⟨noch ganz mit Blut be-
sudelt⟩. Reisende, die ihm entgegenkamen, fragten ihn, womit er
seine Hände so befleckt habe: er erwiederte, er sei von einem
Maulbeerbaum herabgeklettert.

Wie er das sagte, holten ihn seine Verfolger ein, ergriffen ihn und
hängten ihn an einem Maulbeerbaum auf. Der Baum aber sprach:
„Mir mißfällt es nicht, an deinem Tode mitzuwirken, denn das
Blut, das du vergossen hattest, wolltest du an mir abwischen."

So zögern auch die, die von Natur gutartig sind, nicht, die Verleumdung Bösartiger mit Üblem zu vergelten.

Text an vielen Stellen unsicher. „Noch ... besudelt" aus Hsrth.-Hr. ergänzt.
„Hängten ihn" - eigentlich „kreuzigten ihn", was aber doch wohl einige
Vorbereitungen erfordert hätte. - Maulbeeren: es gibt schwarze und weiße,
vgl. Ovids ätiologische Legende (Pyramus und Thisbe, *Met.* 4, 125–127).

Λύκος καὶ Αἴξ.

Λύκος θεασάμενος αἶγα ἐπί τινος κρημνοῦ νεμομένην, ἐπειδὴ
οὐκ ἠδύνατο αὐτῆς ἐφικέσθαι, παρῄνει αὐτῇ κατωτέρω
καταβῆναι, μὴ καὶ πέσῃ λαθοῦσα, λέγων, ὡς καὶ λειμῶνές
(εἰσι) παρ' αὐτῷ, καὶ ἡ πόα φαιδροτέρα. Ἡ δὲ πρὸς αὐτὸν
ἔφη· ,,ἀλλ' οὐκ ἐμὲ ἐπὶ νομὴν καλεῖς, αὐτὸς δὲ τροφῆς
ἀπορεῖς.''
Οὕτω καὶ τῶν ἀνθρώπων οἱ πονηροί, ὅταν παρὰ τοῖς εἰδόσι
πονηρεύωνται, ἀνόνητοι τῶν τεχνασμάτων γίνονται.

(Halm 270)

Λύκος καὶ Ἀρνίον.

Λύκος ἀρνίον ἐδίωκε· τὸ δὲ εἴς τι ἱερὸν κατέφυγε. Προσκα-
λουμένου δὲ αὐτὸ τοῦ λύκου, καὶ λέγοντος, ὅτι θυσιάσει αὐτὸ
ὁ ἱερεύς, εἰ καταλάβῃ, τῷ θεῷ, ἐκεῖνο ἔφη· ,,ἀλλ' αἱρετώτε-
ρόν μοί ἐστι θεοῦ θυσία γενέσθαι, ἢ ὑπὸ σοῦ διαφθαρῆναι.''
Ὁ λόγος δηλοῖ, ὅτι οἷς ἐπίκειται τὸ ἀποθανεῖν, κρείττων
ἐστὶν ὁ μετὰ δόξης θάνατος.

(Halm 273)

Λύκος καὶ Ἵππος.

Λύκος, κατά τινα ἄρουραν ὁδεύων, εὗρε κριθάς. Μὴ δυνάμενος δὲ αὐταῖς τροφῇ χρήσασθαι, καταλιπὼν ἀπῄει. Ἵππῳ
δὲ συντυχών, [τοῦτον ἐπὶ τὴν ἄρουραν] ἐκεῖ αὐτὸν ἐκάλει,
λέγων, ὡς εὑρὼν κριθὰς αὐτὸς μὲν οὐκ ἔφαγεν, αὐτῷ δὲ
ἐφύλαξεν, ἐπειδὴ καὶ ἡδέως αὐτοῦ τὸν ψόφον τῶν ὀδόντων
ἀκούει. Καὶ ἵππος ὑποτυχὼν ἔφη· ,,ἀλλ' ὦ οὗτος, εἰ λύκοι
κριθῶν τροφῇ χρῆσθαι ἠδύναντο, οὐκ ἄν ποτε τὰ ὦτα τῆς
γαστρὸς προέκρινας.''
Ὁ λόγος δηλοῖ, ὅτι οἱ φύσει πονηροί, κᾶν χρηστότητα
ἐπαγγέλλωνται, οὐ πιστεύονται.

(Halm 277)

WOLF UND ZIEGE

Ein Wolf sah eine Ziege hoch auf einem Felsen grasen, und da
er nicht zu ihr hinauf konnte, redete er ihr zu, doch herunter zu
kommen: sie könne ja versehentlich stürzen, und dort, wo er sei,
gebe es Wiesen und viel bessere Tränke. Sie aber antwortete:
„Du rufst mich nicht zum Grase, dir mangelt's nur am Fraße."
So nützen auch den Bösen ihre Tricks nicht, wenn die Einsich-
tigen sie widerlegen.

Auch im Text reimt sich die Antwort der Ziege. Im Text zahlreiche Varianten.

WOLF UND LÄMMCHEN

Ein Wolf setzte einem Lämmchen nach: das flüchtete sich in
einen Tempel. Der Wolf rief ihm zu, der Priester werde es dem
Gotte opfern, wenn er es finge. Da sprach es: „Lieber will ich
eines Gottes Opfer werden als von dir zerrissen zu werden."
Die Fabel zeigt, daß, wenn man schon sterben muß, ein Tod in
Ehren besser ist.

WOLF UND PFERD

Als der Wolf einmal über die Äcker wanderte, fand er ein Ger-
stenfeld. Da er Gerste nicht fressen konnte, ließ er sie stehen und
zog weiter. Er traf das Pferd und rief ihm zu, er habe Gerste gefunden, sie aber nicht gefressen, sondern sie für das Pferd aufbewahrt, weil er so gerne das Knirschen seiner Zähne höre. Das
Pferd antwortete: „Mein Guter, wenn Wölfe sich von Gerste
ernähren könnten, hättest du wohl kaum deinen Ohren den
Vorzug vor deinem Magen gegeben."
Die Fabel zeigt, daß man den Bösen nicht traut, auch wenn sie
Bravheit vorgeben.

Λύκος καὶ Λέων.

Λύκος πλανώμενός ποτ᾽ ἐν ἐρήμοις τόποις,
κλίνοντος ἤδη πρὸς δύσιν Ὑπερίονος,
δολιχὴν ἑαυτοῦ τὴν σκιὰν ἰδὼν ἔφη·
,,λέοντ᾽ ἐγὼ δέδοικα, τηλικοῦτος ὤν,
πλέθρου τ᾽ ἔχων τὸ μῆκος; οὐ θηρῶν ἁπλῶς
πάντων δυνάστης ἀθρόων γενήσομαι;"
λύκον δὲ γαυρωθέντα καρτερὸς λέων
ἑλὼν κατήσθι᾽· ὁ δ᾽ ἐβόησε μετανοῶν·
,,οἴησις ἡμῖν πημάτων παραιτία."			(Halm 280)

Diese Fabel ließ in ihrer Prosafassung ein ursprünglich jambisches Versmaß
so deutlich erkennen, daß Halm (1852) im Anschluß an Lachmanns Bemerkungen zur Corais-Schneider-Ausgabe aeropischer Fabeln (1810) das Metrum

Λύκος καὶ Ὄνος.

Λύκος, τῶν λοιπῶν λύκων στρατηγήσας, πᾶσιν ἔταξε νόμον
αὐτοῖς προτείνας, ἵν᾽, ὅ,τι τις αὐτῶν δηποτοῦν κυνηγήσῃ,
εἰς μέσον ἀγάγῃ, καὶ μοιράσῃ τοῖς πᾶσι. Ταῦτ᾽ οὖν ὄνος
ἀκηκοώς, τὴν χαίτην ἔσεισε καὶ γελῶν ἔφη τάδε· ,,καλῶς
εἴρηκας, ὦ πρώταρχε τῶν λύκων· ἀλλὰ πῶς σὺ χθὲς ἣν ἐκ-
ράτησας ἄγραν, κοίτῃ παρέθου τῇ ἰδίᾳ λαθραίως εἰς τροφήν
σοι; κόμισον ταύτην μερισθῆναι τοῖς πᾶσιν." Ὁ δὲ θαμβη-
θεὶς κατέλυσε τοὺς νόμους.
Ὁ μῦθος δηλοῖ, ὅτι οἱ τοὺς νόμους ὁρίζειν δοκοῦντες, ἐν
οἷς ἂν ὁρίζωσι καὶ δικάζωσιν, οὐκ ἐμμένουσιν.		(Halm 281)

Λύκος καὶ Ποιμένες.

Λύκος ἰδὼν ποιμένας ἐσθίοντας ἐν σκηνῇ πρόβατον, ἐγγὺς
προσελθὼν ,,ἡλίκος" ἔφη ,,ἂν ἦν ὑμῖν θόρυβος, εἰ ἐγὼ
τοῦτο ἐποίουν;"						(Halm 282)

WOLF UND LÖWE

Es schweifte einst der Wolf dahin durch wüstes Land,
als sich die Sonne neigte schon zum Untergang.
Da sah er seinen langen Schatten, und er sprach:
„Ich soll den Löwen fürchten, da so groß ich bin,
wohl hundert Fuß an Länge? Käme mir's nicht zu,
daß füglich ich der Herrscher aller Tiere sei?"
Den Wolf, den Prahler, packte gleich der starke Leu
und fraß ihn auf. Der schrie – jetzt wußt' er's besser ja:
„Ins Unglück stürzt sich einer, der sich überschätzt."

wiederherstellte. Auch in zahlreichen anderen Fabeln schimmert ursprünglich
Metrisches durch, worauf in der vorliegenden Auswahl gelegentlich ver-
wiesen ist.

WOLF UND ESEL

Ein Wolf, als oberster Kommandant der anderen Wölfe, erließ
ein Gesetz, wonach hinfort jeder die Beute, die er erjagte, mit-
bringen müsse, um sie unter alle zu verteilen. Das hörte ein Esel,
schüttelte vor Lachen seine Mähne und sprach: „Wohl ge-
sprochen, Herr Obergeneral der Wölfe! Aber warum hast du das
Wild, das du gestern erlegtest, heimlich in dein Lager geschafft,
um es selbst zu fressen?" Der verblüffte Wolf hob das Gesetz
auf.
Die Fabel zeigt, daß diejenigen, die sich anmaßen, Gesetze zu
erlassen, sich an die eigene Satzung und Recht nicht halten.

WOLF UND HIRTEN

Ein Wolf sah, wie Hirten in ihrer Hütte ein Schaf verzehrten.
Er ging hinzu und sprach: „Ein schönes Geschrei hättet ihr
erhoben, wenn ich dasselbe getan hätte."

Aus Plutarch *VII sap. conv.* 13.
Vgl. das römische Sprichwort: *duo quum faciunt idem, saepe non est idem* (Walther
prov. Nr. 6790); cf. Ter. *Ad.* 823.

Μάντις.

Μάντις, ἐπ᾽ ἀγορᾶς καθήμενος, διελέγετο. Ἐπιστάντος δέ τινος αἴφνης καὶ ἀπαγγείλαντος, ὡς αἱ τῆς οἰκίας αὐτοῦ θυρίδες ἀναπεπταμέναι τε πᾶσαι εἶεν καὶ πάντα τὰ ἔνδον ἀφῃρημένα, ἀνεπήδησέ τε στενάξας καὶ δρομαῖος ᾔει. Τρέχοντα δέ τις αὐτὸν θεασάμενος „ὦ οὗτος,‟ εἶπεν „ὁ τάλ-λότρια πράγματα προειδέναι ἐπαγγελλόμενος, τὰ σαυτοῦ οὐ προεμαντεύου;‟
Ὁ μῦθος πρὸς τοὺς τὸν μὲν ἑαυτῶν βίον φαύλως διοικοῦντας, τῶν δὲ μηδὲν αὐτοῖς προσηκόντων προνοεῖσθαι πειρωμέ-νους. 						(Halm 286)

Μέλισσαι καὶ Ποιμήν.

Ἐν κοίλῃ δρυὶ μέλι κατειργάζοντο μέλισσαι. Ποιμὴν δέ τις αὐταῖς ἐργαζομέναις περιτυχών, ἀφελέσθαι προῃρεῖτο τοῦ μέλιτος· αἱ δὲ ἄλλοθεν ἄλλαι περιιπτάμεναι αὐτὸν ὦθουν τοῖς κέντροις. Καὶ τελευταῖον ὁ ποιμὴν „ἄπειμι‟ ἔφη „μηδὲν δεόμενος μέλιτος, εἰ δεῖ μελίσσαις περιτυχεῖν.‟
Τὰ κακὰ κέρδη τοῖς διώκουσι κίνδυνος. 			(Halm 288)

Bei Aphthonios (27) zugrunde liegt das Sprichwort μηδὲ μέλι, μηδὲ μελίσσας
Vgl. auch *Diogeniani centuria* 6, 58 (in: Leutsch-Schneidewin, Paroemiographi
Graeci I [1839, Nachdruck 1965]:

Μύρμηξ.

Μύρμηξ ὁ νῦν τὸ παλαιὸν ἄνθρωπος ἦν· καὶ τῇ γεωργίᾳ προσέχων τοῖς ἰδίοις πόνοις οὐκ ἠρκεῖτο, ἀλλὰ καὶ τοῖς ἀλλοτρίοις ἐποφθαλμιῶν διετέλει, τοὺς τῶν γειτόνων καρ-ποὺς ὑφαιρούμενος. Ὁ δὲ Ζεὺς ἀγανακτήσας κατὰ τῆς πλεονεξίας αὐτοῦ μετεμόρφωσεν αὐτὸν εἰς τοῦτο τὸ ζῷον, ὃ καλεῖται μύρμηξ. Ὁ δὲ καὶ τὴν μορφὴν ἀλλάξας τὴν διά-

DER HELLSEHER

Ein Hellseher saß am Markt und trug vor. Plötzlich kam einer gelaufen und meldete ihm, alle Tore seines Hauses seien aufgebrochen und drinnen sei alles ausgeraubt. Wehklagend sprang er auf und rannte aus Leibeskräften nach Haus. Als einer ihn so rennen sah, sprach er: „Mein guter Mann, du gibst vor, das, was andere angeht, vorherzusehen; warum sahest du nicht voraus, was dich selbst betraf?"

Das geht auf diejenigen, die ihr Leben unnütz vertrödeln, ohne zu versuchen, für ihre eigenen Belange Vorsorge zu treffen.

Liegt in drei unwesentlich abweichenden Fassungen vor.

BIENEN UND HIRTE

In einer hohlen Eiche stellten Bienen Honig her. Ein Hirte überraschte sie bei ihrer Arbeit und schickte sich an, ihnen den Honig wegzunehmen. Sie aber flogen von allen Seiten herbei und stachen ihn mit ihren Stacheln. Schließlich rief er aus: „Ich geh' ja schon: ich brauche keinen Honig, wenn ich es deshalb mit den Bienen zu tun kriege!"

Unrecht Gut bringt den, der ihm nachjagt, in Gefahr.

Μηδὲ μέλι, μηδὲ μελίσσας ἐπὶ τῶν μὴ βουλομένων παθεῖν τι ἀγαθὸν μετὰ ἀπευκτοῦ.

DIE AMEISE

Was heute eine Ameise ist, war ursprünglich ein Mensch. Er trieb Ackerbau, aber hatte nicht genug an dem Ergebnis seiner eigenen Arbeit, sondern warf stets seine Augen auf die Felder anderer und nahm seinem Nachbarn die Feldfrüchte weg. Aus Unwillen über seine Habgier verwandelte ihn Zeus in das Tierchen, das man Ameise nennt. Seine Gestalt war verändert, aber nicht sein Charakter, denn noch heutigen Tags geht er durch die

θεσιν οὐ μετέβαλε· μέχρι γὰρ νῦν κατὰ τὰς ἀρούρας περιιὼν τοὺς πόνους τῶν ἄλλων συλλέγει καὶ ἑαυτῷ ἀποθησαυρίζει. Ὁ λόγος δηλοῖ, ὅτι οἱ φύσει πονηροί, κἂν τὰ μάλιστα κολάζωνται, τὸν τρόπον οὐκ ἀποτίθενται. (Halm 294)

Μύρμηξ καὶ Περιστερά.

Μύρμηξ διψήσας, κατελθὼν εἰς πηγήν, παρασυρεὶς ὑπὸ τοῦ ῥεύματος, ἀπεπνίγετο. Περιστερὰ δὲ τοῦτο θεασαμένη, κλῶνα δένδρου περιελοῦσα, εἰς τὴν πηγὴν ἔῤῥιψεν, ἐφ᾽ οὗ καὶ καθίσας ὁ μύρμηξ διεσώθη. Ἰξευτὴς δέ τις μετὰ τοῦτο τοὺς καλάμους συνθεὶς, ἐπὶ τὸ τὴν περιστερὰν συλλαβεῖν ᾔει. Τοῦτο δ᾽ ὁ μύρμηξ ἑωρακὼς, τὸν τοῦ ἰξευτοῦ πόδα ἔδακεν. Ὁ δὲ ἀλγήσας τούς τε καλάμους ἔῤῥιψε, καὶ τὴν περιστερὰν αὐτίκα φυγεῖν ἐποίησεν.
Ὁ μῦθος δηλοῖ, ὅτι δεῖ τοῖς εὐεργέταις χάριν ἀποδιδόναι. (Halm 296)

In drei Fassungen mit verschiedenen Epimythia: 1. Selbst Schwache können zur rechten Zeit helfen. 2. Selbst die vernunftlosen Tiere haben Gefühl, drum müssen auch wir unseren Wohltätern es vergelten. Diese Moral (dem aus dem

Νεανίσκος καὶ Ἵππος.

Νεανίσκος τις ἐφ᾽ ἵππον ἀνέβη μαινόμενον. Ἁρπάσας δὲ αὐτὸν ἔφερεν ὁ ἵππος· ὁ δ᾽ οὐκ ἔτι καταβῆναι τοῦ ἵππου θέοντος ἐδύνατο. Καί τις ἀπαντήσας ἠρώτησεν αὐτὸν ,,ποίαν ἄπεισιν;" Ὁ δ᾽ εἶπεν· ,,ὅποι ἂν τούτῳ δοκῇ," δεικνὺς τὸν ἵππον.
Οὕτω πολλοί, ἄν τις ἐρωτᾷ ,,ποῖ φέρεσθε;" τἀληθῆ ἐθέλοντες λέγειν, ἐροῦσιν, ἁπλῶς μὲν ,,ὅποιπερ ἂν ταῖς ἐπιθυμίαις δοκῇ," κατὰ μέρος δὲ ὅποιπερ ἂν τῇ ἡδονῇ δοκῇ, ποτὲ δὲ

Felder, sammelt ein, was andere erarbeitet haben, und speichert
es für sich auf.
Die Fabel zeigt, daß, wer von Natur böse ist, trotz strengster
Strafen seine Art nicht wandelt.

Zwei fast identische Fassungen. Dies ist das einzige Mal, daß die sonst als
Vorbild hingestellte Ameise schlecht wegkommt.

AMEISE UND TAUBE

Eine durstige Ameise war zum Quell gekommen, wurde von der
Strömung fortgeschwemmt und drohte zu ertrinken. Eine Taube
sah's, brach einen Zweig von einem Baum und warf ihn ins
Wasser: die Ameise kletterte darauf und rettete sich so.
Da stellte ein Vogler der Taube nach, sie mit der Leimrute ein-
zufangen. Dies sah die Ameise und biß den Vogelsteller in den
Fuß: vor Schmerz ließ der die Rute fallen, und sogleich konnte
die Taube wegfliegen.
Die Fabel zeigt, daß man seinen Wohltätern dankbar sein soll.

13. Jahrhundert stammenden *cod. Mon.* entnommen) ist typisch byzantinisch:
die Tiere als „vernunftlos" zu bezeichnen – in einer Variante heißt es auch
„wir, die wir mit Vernunft begabt sind" – sprengt den Rahmen der Fabel und
macht sie zum Gleichnis.

JÜNGLING UND PFERD

Ein Jüngling bestieg ein wildes Pferd, das mit ihm durchging:
er konnte von dem rasendem Roß nicht mehr absteigen. Es traf
ihn einer und fragte ihn: „Wohin reitest du?" – er deutete auf das
Pferd und rief: „Wohin es ihm beliebt."
So werden auch viele auf die Frage, „wohin treibt ihr?" wahrheitsgemäß einfach antworten müssen, „wohin es meinen Trieben beliebt", je nachdem einer der Sinnenfreude nachstrebt, oder
dem Ruhm, oder vielleicht der Gewinnsucht; manchmal ist es

ὅποι τῇ δόξῃ, ποτὲ δὲ αὖ τῇ φιλοκερδείᾳ˙ ποτὲ δὲ ὁ θυμός, ποτὲ δὲ ὁ φόβος, ποτὲ δὲ ἄλλο τι τοιοῦτον αὐτοὺς ἐκφέρει.

(Halm 302)

Νοσῶν καὶ Ἰατρός.

Νοσῶν τις καὶ ὑπὸ τοῦ ἰατροῦ ἐρωτώμενος, ὅπως διετέθη, πλέον εἶπε τοῦ δέοντος ἱδρωκέναι˙ ὁ δὲ ἀγαθὸν ἔφη τοῦτ᾽ εἶναι. Ἐκ δευτέρου δὲ παρ᾽ αὐτοῦ πάλιν ἐρωτηθείς, ὅπως ἔσχε, φρίκῃ συσχεθεὶς εἶπε σφοδρῶς διατετινάχθαι˙ ὁ δὲ καὶ τοῦτ᾽ ἀγαθὸν ἔφησεν εἶναι. Ἐκ δὲ τρίτου αὖθις ἐρωτηθείς, ὅπως διεγένετο, εἶπεν ὑδέρῳ περιπεπτωκέναι˙ ὁ δὲ καὶ τοῦτο πάλιν ἀγαθὸν εἶπεν εἶναι. Εἶτα τῶν οἰκείων τινὸς αὐτὸν ἐρωτήσαντος, ὅπως ἔχει˙ ,,ἐγώ" εἶπεν, ,,ὦ οὗτος, ὑπὸ τῶν ἀγαθῶν ἀπόλλυμαι."

Ὁ μῦθος δηλοῖ, ὅτι μάλιστα τῶν ἀνθρώπων δυσχεραίνομεν τοὺς πρὸς χάριν ἀεὶ βουλομένους λέγειν.   (Halm 305)

Zorn, manchmal Furcht, manchmal etwas Anderes, das sie fortreißt.

Aus Lukian (2. Jahrhundert n. Chr.) *Cyn.* 18. Auch hier wird die Fabel schon zum Text einer Predigt: die Moral ist länger als die Fabel. Das Gleichnis von den zwei Pferden, dem guten und dem bösen Trieb, findet sich schon bei Platon, *Phaidros* 246-248.

DER KRANKE UND SEIN ARZT

Ein Arzt fragte seinen Patienten, wie es ihm ginge. Der erwiderte: „Ich leide an übermäßigem Schweiß." – „Das ist ein gutes Zeichen," sagte der Arzt. Wiederum fragte er den Kranken nach seinem Ergehen. „Ich habe heftigen Schüttelfrost," sagte der. „Auch dies ist ein gutes Zeichen," sprach der Arzt. Als er den Kranken zum dritten Mal befragte, sagte er, jetzt habe ihn die Wassersucht befallen. Auch dies bezeichnete der Arzt wiederum als ein gutes Zeichen.
Als nun ein Freund den Kranken fragte, wie es ihm ginge, sagte der: „Mein Lieber, an lauter guten Symptomen verrecke ich."
Die Fabel lehrt, daß uns *die* Leute am meisten zuwider sind, die uns immer etwas Angenhmes sagen wollen.

MEDICUS ET AEGROTUS

Medicus rogavit aegrotum quid sentiat.
‚Nimio mano sudore.' – ‚Est indicium bonum!'
Iterum rogatus, ‚Artus, heu, quassat febris,
comburor, ei, modo, postea sed algeo.'
Medicus refert: ‚Est hoc quoque indicium bonum.'
Amicus aegrum visit ac rogat: ‚Quid est,
dic quomodo tecum?' – ‚Prae tot dispereo bonis.'   H. C. S.

Νυκτερὶς καὶ Γαλῆ.

Νυκτερὶς, ἐπὶ γῆς πεσοῦσα, ὑπὸ γαλῆς συνελήφθη· καὶ μέλλουσα ἀναιρεῖσθαι περὶ σωτηρίας ἐδεῖτο. Τῆς δὲ φαμένης, μὴ δύνασθαι αὐτὴν ἀπολῦσαι, φύσει γὰρ πᾶσι τοῖς πτηνοῖς πολεμεῖν, αὐτὴ ἔλεγεν οὐκ ὄρνις, ἀλλὰ μῦς εἶναι, καὶ οὕτως ἀφείθη. Ὕστερον δὲ πάλιν πεσοῦσα, καὶ ὑφ' ἑτέρας συλληφθεῖσα γαλῆς, μὴ βρωθῆναι ἐδεῖτο. Τῆς δὲ εἰπούσης ἅπασιν ἐχθραίνειν μυσὶν, αὐτὴ μὴ μῦς, ἀλλὰ νυκτερὶς ἔλεγεν εἶναι, καὶ πάλιν ἀπελύθη. Καὶ οὕτω συνέβη, δὶς αὐτὴν ἀλλαξαμένην τὸ ὄνομα, σωτηρίας τυχεῖν.
Ὁ μῦθος δηλοῖ, ὅτι δεῖ καὶ ἡμᾶς μὴ τοῖς αὐτοῖς ἀεὶ ἐπιμένειν, λογιζομένους, ὡς οἱ τοῖς καιροῖς συμμετασχηματιζόμενοι πολλάκις τοὺς κινδύνους ἐκφεύγουσιν.   (Halm 307)

Ξυλευόμενος καὶ Ἑρμῆς.

Ξυλευόμενός τις παρά τινα ποταμὸν τὸν οἰκεῖον ἀπέβαλε πέλεκυν. Ἀμηχανῶν τοίνυν παρὰ τὴν ὄχθην καθίσας ὠδύρετο. Ἑρμῆς δὲ, μαθὼν τὴν αἰτίαν καὶ οἰκτείρας τὸν ἄνθρωπον, καταδὺς εἰς τὸν ποταμὸν, χρυσοῦν ἀνήνεγκε πέλεκυν, καὶ, εἰ οὗτός ἐστιν, ὃν ἀπώλεσεν, ἤρετο. Τοῦ δὲ μὴ τοῦτον εἶναι φαμένου, αὖθις καταβὰς, ἀργυροῦν ἀνεκόμισε. Τοῦ δὲ μηδὲ τοῦτον εἶναι τὸν οἰκεῖον εἰπόντος, ἐκ τρίτου καταβὰς, ἐκεῖνον τὸν οἰκεῖον ἀνήνεγκε. Τοῦ δὲ τοῦτον ἀληθῶς εἶναι τὸν ἀπολωλότα φαμένου, Ἑρμῆς, ἀποδεξάμενος αὐτοῦ τὴν δικαιοσύνην, ἅπαντας αὐτῷ ἐδωρήσατο. Ὁ δὲ παραγενόμενος πρὸς τοὺς ἑταίρους τὰ συμβάντα αὐτοῖς διεξελήλυθεν ὧν εἷς τις τὰ ἴσα διαπράξασθαι ἐβουλεύσατο, καὶ παρὰ τὸν ποταμὸν ἐλθὼν, καὶ τὴν οἰκείαν ἀξίνην ἐξεπίτηδες ἀφεὶς εἰς τὸ ῥεῦμα, κλαίων ἐκάθητο. Ἐπιφανεὶς οὖν ὁ Ἑρμῆς κἀκείνῳ καὶ τὴν

FLEDERMAUS UND WIESEL

Einst fiel die Fledermaus zu Boden und wurde von einem Wiesel gepackt. In Todesnot flehte sie um ihr Leben; das Wiesel aber sprach: „Ich kann dich nicht freilassen, denn von Natur bin ich allen Vögeln feind." „Ich bin aber gar kein Vogel, sondern eine Maus," sagte die Fledermaus, und wurde daraufhin freigelassen. Bei einer späteren Gelegenheit fiel sie wiederum und wurde von einem anderen Wiesel gefangen, und wiederum bat sie um ihr Leben. „Ich hasse alle Mäuse," sprach das Wiesel; sie aber sagte: „Ich bin keine Maus, sondern eine Fledermaus," und wurde wieder freigelassen. So geschah es, daß ihr Rettung wurde, da sie zweimal ihren Namen verändert hatte.

Die Fabel zeigt, daß auch wir nicht starrsinnig auf demselben Standpunkt beharren, sondern überlegen sollen, daß man, wenn man sich in die Läufte schickt, gar oftmals der Gefahr entrinnt.

Vgl. das arabische Sprichwort: Man sagte zum Kamelvogel (Strauß) „Flieg!", sprach er, „Ich bin ein Tier." Man sagte, „Trage!", sprach er, „Ich bin ein Vogel."

DIE HOLZFÄLLER UND HERMES

Einem Holzfäller fiel seine Axt in einen Fluß. Er saß am Ufer, wußte sich nicht zu helfen und jammerte laut. Hermes erfuhr, was geschehen war, und der Mann tat ihm leid; so tauchte er in den Fluß, holte eine goldene Axt herauf und fragte, ob er diese verloren habe. Als der Mann „Nein" sagte, tauchte Hermes wieder und holte eine Axt aus Silber heraus. Als der Mann wiederum sagte, es sei die seine nicht, tauchte er zum dritten Mal und brachte ihm seine eigene Axt wieder. Als der Mann wahrheitsgemäß sagte, die sei es, schenkte ihm Hermes alle drei als Anerkennung für seine Rechtschaffenheit.

Der Mann ging zu seinen Genossen und erzählte ihnen ganz genau, was ihm geschehen war. Das wollte ihm nun ein anderer nachtun: er ging zum Fluß, ließ seine Axt absichtlich ins Wasser fallen, setzte sich hin und weinte. Wieder erschien Hermes,

αἰτίαν μαθὼν τοῦ θρήνου, καταβὰς χρυσῆν ἀξίνην ἐξήνεγκε, καὶ ἤρετο, εἰ ταύτην ἀπέβαλε. Τοῦ δὲ σὺν ἡδονῇ „ναὶ ἀληθῶς ἥδ' ἐστὶ" φήσαντος, μισήσας ὁ θεὸς τὴν τοσαύτην ἀναίδειαν, οὐ μόνον ἐκείνην κατέσχεν, ἀλλ' οὐδὲ τὴν οἰκείαν ἀπέδωκεν.

Ὁ μῦθος δηλοῖ, ὅτι, ὅσον τοῖς δικαίοις τὸ θεῖον συναίρεται, τοσοῦτον τοῖς ἀδίκοις ἐναντιοῦται.   (Halm 308)

Ὁδοιπόροι καὶ Ἄρκτος.

Δύο φίλοι τὴν αὐτὴν ὁδὸν ἐβάδιζον. Ἄρκτου δὲ αὐτοῖς ἐπιφανείσης, ὁ μὲν εἷς φθάσας ἀνέβη ἐπί τι δένδρον καὶ ἐνταῦθα ἐκρύπτετο· ὁ δὲ ἕτερος, μέλλων περικατάληπτος γίνεσθαι, πεσὼν ἐπὶ τοῦ ἐδάφους ἑαυτὸν νεκρὸν προσεποιεῖτο. Τῆς δὲ ἄρκτου προσενεγκούσης αὐτῷ τὸ ῥύγχος καὶ περιοσφραινομένης, τὰς ἀναπνοὰς συνεῖχε· φασὶ γὰρ νεκροῦ μὴ ἅπτεσθαι τὸ ζῷον. Ἀπαλλαγείσης δὲ, ὁ ἀπὸ τοῦ δένδρου καταβὰς ἐπυνθάνετο τοῦ ἑτέρου, τί ἡ ἄρκτος πρὸς τὸ οὖς εἰρήκει. Ὁ δὲ εἶπε, τοῦ λοιποῦ τοιούτοις μὴ συνοδοιπορεῖν φίλοις, οἳ ἐν κινδύνοις οὐ παραμένουσιν.

Ὁ λόγος δηλοῖ, ὅτι τοὺς γνησίους τῶν φίλων αἱ συμφοραὶ δοκιμάζουσιν.   (Halm 311)

Ὁδοιπόρος καὶ Ἑρμῆς.

Ὁδοιπόρος, πολλὴν ὁδὸν ἀνύων, ηὔξατο, ὧν ἂν εὕρῃ, τούτου τὸ ἥμισυ τῷ Ἑρμῇ ἀναθεῖναι. Περιτυχὼν δὲ πήρᾳ, ἐν ᾗ ἀμύγδαλά τε ἦσαν καὶ φοίνικες, ταύτην ἀνείλετο, οἰόμε-

erfuhr, was geschehen, tauchte hinein und brachte eine Axt aus Gold herauf. „Hast du diese verloren?" fragte er den Mann. Freudig rief der aus: „Ja freilich, die ist's wirklich!" Da ärgerte sich der Gott über solche Unverschämtheit und warf nicht nur die goldene Axt fort, sondern gab ihm auch seine eigene nicht wieder.
Die Fabel zeigt, daß die Götter, so wie sie den Rechtschaffenen beistehen, auch die Ungerechten strafen.

Dieselbe Fabel (308b) in anderer Form: hier handelt der personifizierte Fluß. der erst eine silberne, dann eine goldene Axt herauswirft, alle drei dem braven Manne schenkt, aber dem Schwindler, ohne anderes Angebot, die eigene verweigert: Moral: „Nicht immer spült ein Fluß Äxte an," sagt der Erste zum Zweiten; ein Epimythion fehlt.

DIE WANDERER UND DER BÄR

Zwei Freunde zogen desselben Wegs, da kam plötzlich ein Bär auf sie zu. Der eine kletterte flugs auf einen Baum und versteckte sich; der andere, da er keinen Ausweg wußte, ließ sich zu Boden fallen und stellte sich tot. Der Bär beschüffelte ihn mit seiner Schnauze: der Mann hielt den Atem an, denn es heißt, der Bär rühre Tote nicht an. Als der Bär endlich abgezogen war, kletterte der Mann vom Baum herunter und erkundigte sich, was ihm der Bär ins Ohr geflüstert habe. Der antwortete: „Ich sollte hinfort nicht mit Freunden wandern, die in der Gefahr nicht zu mir stehen."
Die Fabel zeigt, daß man in der Not seine wahren Freunde kennenlernt.

Mehrfach behandeltes Thema.

DER WANDERSMANN UND HERMES

Ein Wandersmann auf langer Reise gelobte, wenn er etwas fände, die Hälfte davon dem Hermes zu stiften. Er fand einen Ranzen und hob ihn auf in der Meinung, es sei Geld darin: es waren aber

νος ἀργύριον εἶναι. Ἐκτινάξας δὲ ὡς εὗρε τὰ ἐνόντα, κατα-
φαγὼν ταῦτα, καὶ λαβὼν τῶν τε ἀμυγδάλων τὰ κελύφη καὶ
τῶν φοινίκων τὰ ὀστᾶ, ταῦτα ἐπί τινος βωμοῦ ἔθηκεν, εἰπών·
„ἀπέχεις, ὦ Ἑρμῆ, τὴν εὐχήν· καὶ γὰρ τὰ ἐκτὸς ὧν εὗρον,
καὶ τὰ ἐντὸς πρὸς σὲ διανενέμηκα."
Πρὸς ἄνδρα φιλάργυρον, διὰ πλεονεξίαν καὶ θεοὺς κατα-
σοφιζόμενον, ὁ λόγος εὔκαιρος.   (Halm 315)

Οἶς καὶ Κύων.

Φασὶν, ὅτε φωνήεντα ἦν τὰ ζῷα, τὴν οἶν πρὸς τὸν δεσπότην
εἰπεῖν· „θαυμαστὸν ποιεῖς, ὃς ἡμῖν μὲν ταῖς καὶ ἔριά σοι καὶ
ἄρνας καὶ τυρὸν παρεχούσαις οὐδὲν δίδως, ὅ,τι ἂν μὴ ἐκ τῆς
γῆς λάβωμεν, τῷ δὲ κυνὶ, ὃς οὐδὲν τοιοῦτόν σοι παρέχει,
μεταδίδως οὗπερ αὐτὸς ἔχεις σίτου." Τὸν κύνα οὖν ἀκού-
σαντα εἰπεῖν· „ναὶ μὰ Δί'· ἐγὼ γάρ εἰμι ὁ καὶ ὑμᾶς αὐτὰς
σώζων, ὥστε μήτε ὑπ' ἀνθρώπων κλέπτεσθαι μήτε ὑπὸ λύκων
ἁρπάζεσθαι· ἐπεὶ ὑμεῖς γε, εἰ μὴ ἐγὼ προφυλάττοιμι ὑμᾶς,
οὐδ' ἂν νέμεσθαι δύναισθε, φοβούμεναι μὴ ἀπόλησθε."
Οὕτω δὴ λέγεται καὶ τὰ πρόβατα συγχωρῆσαι τὸν κύνα
προτιμᾶσθαι.   (Halm 317)

Ὄνος καὶ Ἵππος.

Ὄνος ἵππον ἐμακάριζεν, ὡς ἀφθόνως τρεφόμενον καὶ ἐπι-
μελῶς, αὐτὸς μηδ' ἀχύρων ἅλις ἔχων, καὶ ταῦτα πλεῖστα
ταλαιπωρῶν. Ἐπεὶ δὲ καιρὸς ἐπέστη πολέμου, καὶ ὁ στρατιώτης ἔνοπλος ἀνέβη τὸν ἵππον, πανταχόσε τοῦτον ἐλαύνων,
καὶ δὴ καὶ μέσον τῶν πολεμίων εἰσήλασε, καὶ ὁ ἵππος

nur Mandeln und Datteln. Er holte den Inhalt heraus und aß ihn; dann nahm er die Mandelschalen und die Dattelkerne, legte sie auf den Altar und sprach: „Hiermit, Hermes, löse ich mein Gelübde ein, denn sowohl das, was an meinem Funde außen wie das, was darinnen war, habe ich jetzt mit dir geteilt."
Dies paßt gut auf einen Mann, der aus Habsucht selbst die Götter hintergeht.

Drei wenig verschiedene Fassungen. Es überrascht etwas, daß der überlistete Gott den Täter nicht straft.

SCHAF UND HUND

Als die Tiere noch sprechen konnten, soll einmal das Schaf zu seinem Herrn gesagt haben: „Recht eigenartig handelst du: uns, die wir dir Wolle, Lämmer und Käse liefern, gibst du garnichts außer dem, was wir uns selbst aus der Erde rupfen müssen; dem Hunde aber, der dir nichts dergleichen bietet, gibst du von deiner Nahrung ab."
Der Hund hörte dies und sagte: „Himmelherrgott, ich bin es doch, der euch beschützt, daß weder Menschen euch stehlen noch Wölfe euch reißen können. Wachte ich nicht über euch, so könntet ihr vor Todesangst nicht einmal auf die Weide gehen."
Da sollen auch die Schafe zugegeben haben, daß der Hund Respekt verdiene.

Aus Xenophons *Memorabilia* 2, 7, 13, vgl. Xenophon, *Erinnerungen an Sokrates*, griech. u. dt. hrsg. von P. Jaerisch. München (Heimeran) 1962, S. 147.

ESEL UND PFERD

Ein Esel pries das Pferd glücklich, weil es so reichlich und sorglich verpflegt würde, während er noch nicht einmal genügend Spreu bekäme und dabei noch schwer schuften müsse.
Als jedoch Kriegszeiten kamen, bestieg der Ritter gewappnet das Roß, ritt mit ihm hierhin und dorthin und mitten in die Feinde hinein: da ward das Roß getroffen und blieb tot liegen.

πληγεὶς ἔκειτο· ταῦτα πάντα ἑωρακὼς ὁ ὄνος, τὸν ἵππον μετα-
βαλλόμενος ἐταλάνιζεν.

Ὁ μῦθος δηλοῖ, ὅτι οὐ δεῖ τοὺς ἄρχοντας καὶ πλουσίους
ζηλοῦν, ἀλλὰ τὸν κατ᾽ ἐκείνων φθόνον καὶ τὸν κίνδυνον
ἀναλογιζομένους, τὴν πενίαν ἀγαπᾶν.   (Halm 328)

Ὄνος καὶ Κύων.

Ὄνος καὶ κύων ἐν ταὐτῷ ὡδοιπόρουν. Εὑρόντες δὲ ἐπὶ γῆς
ἐσφραγισμένον γραμμάτιον, ὁ ὄνος λαβὼν καὶ ἀναρρήξας
τὴν σφραγῖδα καὶ ἀναπτύξας, διεξῄει εἰς ἐπήκοον τοῦ κυνός.
Περὶ βοσκημάτων δὲ ἐτύγχανε τὰ γράμματα, χόρτου τε, φημὶ,
καὶ κριθῆς καὶ ἀχύρου. Ἀηδῶς οὖν ὁ κύων, τοῦ ὄνου ταῦτα
διεξιόντος, διέκειτο· ἔνθεν δὴ καὶ ἔφησε τῷ ὄνῳ· „ὑπόβαθι,
φίλτατε, μικρὸν, μή τι καὶ περὶ κρεῶν καὶ ὀστέων εὕρῃς δια-
λαμβάνον.‟ Ὁ δὲ ὄνος ἅπαν τὸ γραμμάτιον διεξελθὼν, καὶ
μηδὲν εὑρηκὼς ὧν ὁ κύων ἐζήτει, ἀντέφησεν αὖθις ὁ κύων·
„βάλε κατὰ γῆς, ὡς ἀδόκιμον πάντη, φίλε, τυγχάνον.‟
                                                        (Halm 332)

Ὄνος λεοντῆν φέρων.

Ὄνος, ἐνδυσάμενος λέοντος δέρμα, περιῄει ἐκφοβῶν τὰ
ἄλογα ζῷα. Καὶ δὴ θεασάμενος ἀλώπεκα ἐπειρᾶτο καὶ
ταύτην δεδίττεσθαι. Ἡ δὲ, ἐτύγχανε γὰρ αὐτοῦ φθεγξαμένου
προακηκουῖα, ἔφη πρὸς αὐτόν· „ἀλλ᾽ εὖ ἴσθι, ὡς καὶ ἐγὼ ἄν
σε ἐφοβήθην, εἰ μὴ ὀγκωμένου ἤκουσα.‟

Als das der Esel sah, änderte er seine Meinung und hielt das Roß
für unglücklich.

Die Fabel zeigt, daß man die Herrscher und die Reichen nicht
beneiden soll, sondern daß man das, worum man sie beneidet,
gegen ihre Gefahren aufrechnen und die Armut heben soll.

Auch hier wird Sichbescheiden und nicht etwa „der Aufstand des kleinen
Mannes" empfohlen.

ESEL UND HUND

Ein Esel und ein Hund zogen gemeinsamen Weg. Am Boden
fanden sie einen versiegelten Brief. Der Esel hob ihn auf, brach
das Siegel und entfaltete das Blatt, und vor dem Hunde las er laut
den Brief. Der handelte von Weide und von Heu, jawohl, und
auch von Spreu. Mißmutig hörte ihm der Hund, als er dies vor-
las, zu; dann sprach er zu dem Esel also: „Lies, Liebster, doch
ein wenig weiter noch: vielleicht daß über Fleisch und Knochen
du noch etwas findest." Doch als den ganzen Brief der Esel
durchgelesen und nicht gefunden hatte, was der Hund verlangte,
sprach der: „So wirf das Ding denn weg, mein Freund, da nichts
als baren Unsinn es enthält."

Die Fabel stammt aus byzantinischer Zeit, und Verse schimmern durch die
Prosa, was die Übersetzung wiederzugeben versucht hat. - Anklänge an diese
Fabel finden sich im europäischen Mittelalter (Ysopet).

DER ESEL IN DER LÖWENHAUT

Ein Esel legte sich ein Löwenfell um und setzte ringsum die unvernünftigen Tiere in Schrecken. Als er einen Fuchs erblickte,
versuchte er auch diesen zu erschrecken. Der Fuchs hatte ihn
aber schon vorher brüllen hören und sprach zu ihm: „Wisse, daß
auch ich Angst vor dir gehabt hätte, hätte ich nicht dein Ih-Ah
Geschrei gehört."

Οὕτως ἔνιοι τῶν ἀπαιδεύτων, τοῖς ἔξωθεν τύφοις δοκοῦντές τινες εἶναι, ὑπὸ τῆς ἰδίας γλωσσαλγίας ἐλέγχονται.

(Halm 336)

Diese Fabel gibt es in sehr zahlreichen Varianten; in manchen davon fällt die Löwenhaut herunter, oder seine langen Ohren verraten ihn, und er wird verprügelt. Die Fabel findet sich u. a. bei Aphthonios (10), Themistios, mehrere Male bei Lukian, wo sich in Kyme zugetragen haben soll; daher das Sprich-

Ὄφις, Γαλῆ καὶ Μύες.

Ὄφις καὶ γαλῆ ἔν τινι οἰκίᾳ ἐμάχοντο· οἱ δὲ ἐνταῦθα μύες ἀεὶ καταναλισκόμενοι ὑπ' ἀμφοτέρων, ὡς ἐθεάσαντο αὐτοὺς μαχομένους, ἐξῆλθον βαδίζοντες. Ἰδόντες δὲ τοὺς μύας, τότε ἀφέντες τὴν πρὸς ἀλλήλους μάχην, ἐπ' ἐκείνους ἐτράπησαν.
Οὕτω καὶ οἱ ἐν ταῖς τῶν δημαγωγῶν στάσεσιν αὐτοὺς παρεισβάλλοντες λανθάνουσιν αὐτοὶ ἑκατέρων παρανάλωμα γινόμενοι.

(Halm 345)

Ὄφις πατούμενος.

Ὄφις, ὑπὸ πολλῶν ἀνθρώπων πατούμενος, τῷ Διὶ ἐνετύγχανεν. Ὁ δὲ Ζεὺς πρὸς αὐτὸν εἶπεν· „ἀλλ' εἰ τὸν πρότερον πατήσαντα ἔπληξας, οὐκ ἂν ὁ δεύτερος ἐπεχείρησε τοῦτο ποιῆσαι.“
Ὁ μῦθος δηλοῖ, ὅτι οἱ τοῖς πρότερον ἐπιβαίνουσιν ἀνθιστάμενοι τοῖς ἄλλοις φοβεροὶ γίνονται.

(Halm 347)

So verraten sich manche Ungebildete, die Außenstehenden, die
es nicht sehen, etwas vorstellen wollen, durch ihr eigenes Ge-
schwätz.

wort: ὄνος εἰς Κυμαίαν. Der Esel im Löwenfell, der Wolf im Schafspelz,
Math. 7,15, die Krähe, die sich mit fremden Federn schmückt – dies alles sind
Variationen über ein Thema, das in den Fabeln vieler Völker erscheint. Auf
die magische Bedeutung des Tragens von Tiermasken und -fellen kann hier
nicht näher eingegangen werden.

SCHLANGE, WIESEL UND MÄUSE

In einem Hause kämpfte eine Schlange mit einem Wiesel. Die
Mäuse, die dort wohnten, wurden immer von einem der beiden
gefangen; als sie sie aber miteinander kämpfen sahen, kamen die
Mäuse hervor und hüpften durchs Haus. Als die beiden es sahen,
ließen sie von ihrem Kampf ab und kehrten sich gegen die
Mäuse.
So kann, wer sich in den Streit der Politiker einmischt, leicht
beiden Parteien zum Opfer fallen.

Text stellenweise unsicher.

DIE ZERTRETENE SCHLANGE

Da sie von vielen Menschen zertreten wurde, beklagte sich die
Schlange bei Zeus. Der aber sagte: „Hättest du den ersten, der
dich treten wollte, gebissen, so hätte kein zweiter versucht, dasselbe zu tun."
Die Fabel zeigt, daß, wer dem ersten Gegner widersteht, auch
den anderen Furcht einjagt.

136 Aesop

Παῖς καὶ Πατήρ.

Υἱόν τις γέρων δειλὸς μονογενῆ ἔχων γενναῖον, κυνηγεῖν ἐφιέμενον, εἶδε τοῦτον καθ᾽ ὕπνους ὑπὸ λέοντος ἀναλωθέντα. Φοβηθεὶς δέ, μή πως ὁ ὄνειρος ἀληθεύσῃ, οἴκημα κάλλιστον καὶ μετέωρον κατεσκεύασε· κἀκεῖσε τὸν υἱὸν εἰσαγαγὼν ἐφύλαττεν. Ἐζωγράφησε δὲ ἐν τῷ οἰκήματι πρὸς τέρψιν τοῦ υἱοῦ παντοῖα ζῷα, ἐν οἷς ἦν καὶ λέων. Ὁ δὲ ταῦτα ὁρῶν πλείονα λύπην εἶχε. Καὶ δή ποτε πλησίον τοῦ λέοντος στὰς εἶπεν· ,,ὦ κάκιστον θηρίον, διὰ σὲ καὶ τὸν ψευδῆ ὄνειρον τοῦ ἐμοῦ πατρὸς τῇδε τῇ οἰκίᾳ κατεκλείσθην, ὡς ἐν φρουρᾷ· τί σοι ποιήσω;" Καὶ εἰπὼν ἐπέβαλε τῷ τοίχῳ τὴν χεῖρα, ἐκτυφλῶσαι τὸν λέοντα. Σκόλοψ δὲ τῷ δακτύλῳ αὐτοῦ ἐμπαρείς, ὄγκωμα καὶ φλεγμονὴν μέχρι βουβῶνος εἰργάσατο· πυρετὸς δὲ ἐπιγενόμενος αὐτῷ, θᾶττον τοῦ βίου μετέστησεν. Ὁ δὲ λέων καὶ οὕτως ἀνῄρηκε τὸν παῖδα, μηδὲν τῷ τοῦ πατρὸς ὠφεληθέντα σοφίσματι.

Ὁ μῦθος δηλοῖ, ὅτι οὐδεὶς δύναται τὸ μέλλον ἐκφυγεῖν.

(Halm 349)

Vgl. Babr. 135, wo der Text vielfach zweifelhaft ist. Bei Babr. ist der junge Mann nicht in einem Zimmer, οἴκημα, sondern einem Hause, οἶκος, eingeschlossen und beklagt sich, er sei bewacht wie im Gynaikeion (Harem) Diese Fabel ist ein Beispiel der in vielen Literaturen zu findenden Schicksalsfabel; vgl. die bekannte Anekdote über den Tod des Aischylos.

Παῖς κλέπτης καὶ Μήτηρ.

Παῖς ἐκ διδασκαλείου τὴν τοῦ συμφοιτητοῦ δέλτον ἀνελόμενος τῇ μητρὶ ἐκόμισε· τῆς δὲ οὐ μόνον αὐτὸν οὐκ ἐπιπληξάσης ἀλλὰ καὶ ἐπαινεσάσης αὐτόν, ἐκ δευτέρου ἱμάτιον κλέψας ἤνεγκεν αὐτῇ, καὶ ἔτι μᾶλλον ἐκείνη ἀπεδέξατο. Προϊὼν δὲ τοῖς χρόνοις ὁ νεανίας ἐπὶ τὰ μείζονα ἐχώρει· ληφθεὶς δέ ποτε καὶ περιαγκωνισθεὶς ἐπὶ τὸν δήμιον ἀπήγετο. Τῆς δὲ μητρὸς ἐπακολουθούσης αὐτῷ καὶ στερνοκοπουμένης, ὁ νεανίας εἶπεν· ,,θέλω τι εἰπεῖν τῇ μητρί μου εἰς τὸ οὖς" τῆς

SOHN UND VATER, ODER: DER GEMALTE LÖWE

Ein alter furchtsamer Mann hatte einen einzigen Sohn von edler Art, den es zur Jagd zog; da sah er im Traum, wie sein Sohn von einem Löwen getötet wurde. Aus Furcht, der Traum könne sich verwirklichen, ließ er ein sehr schönes, hochgelegenes Zimmer erbauen, und darin hielt er seinen Sohn eingeschlossen. In dem Zimmer ließ er zum Ergötzen seines Sohnes allerlei Tiere, darunter auch einen Löwen, an die Wände malen.
Als der Sohn die Bilder sah, betrübten sie ihn noch mehr; er stellte sich vor den Löwen und rief: „Du elendes Vieh, um deinetwillen und wegen eines Lügentraumes bin ich hier in meines Vaters Haus eingeschlossen wie in einem Gefängnis. Dir will ich's geben!" Mit diesen Worten hieb er seine Faust gegen die Wand, um dem Löwen die Augen auszuschlagen. Dabei aber trieb er sich einen Splitter in den Finger; es kam zur Schwellung, zur Entzündung, Blutvergiftung durch die Drüsen, bis hohes Fieber bald zum Tode führte. So hatte denn ein Löwe den Sohn getötet, ohne daß seines Vaters Kunstgriff ihm genutzt hätte.
Die Fabel zeigt, daß niemand seinem Schicksal entgehen kann.

Noch in einer rhetorisch stärker ausgeschmückten Form (H 349 b) mit längerem Epimythion.

DER JUNGE DIEB UND SEINE MUTTER

Ein Knabe nahm in der Schule die Schreibtafel eines Mitschülers weg und brachte sie seiner Mutter. Nicht nur, daß sie ihn nicht bestrafte: sie lobte ihn sogar. Danach stahl er einen Mantel und brachte ihn ihr, und sie billigte dies noch mehr. Im Lauf der Jahre beging der junge Mann noch größere Diebstähle: schließlich aber wurde er gefangen und in Fesseln zum Henker geführt. Die Mutter ging mit und schlug sich an die Brust; da sagte der junge Mann: „Ich möchte meiner Mutter etwas ins Ohr sagen."

δὲ προσελθούσης, ταχέως ἐπελάβετο τοῦ ὠτίου αὐτῆς, καὶ ἀπέκοψε. Τῆς δὲ κατηγορούσης αὐτὸν ὡς δυσσεβῆ, ἐκεῖνος ἔφη ‚,ἀλλὰ τότε, ὅτε σοὶ πρῶτον τὴν δέλτον κλέψας ἤνεγκα, εἰ ἔπληξάς με, οὐκ ἂν μέχρι τούτου ἐχώρησα, καὶ ἐπὶ θάνατον ἠγόμην."
Ὁ λόγος δηλοῖ, ὅτι τὸ κατ᾽ ἀρχὰς μὴ κωλυόμενον ἐπὶ μεῖζον αὔξει.   (Halm 351)

Παῖς ψεύστης.

Παιδίον πρόβατα νέμον, ὡς λύκον ἐρχόμενον πρὸς διαφθορὰν ὁρῶν, ἐπικαλούμενον τοὺς ἀγρότας ἔλεγε ,,βοηθεῖτε ὧδε· ἔρχεται λύκος." Οἱ δὲ ἀγρόται τρέχοντες τοῦτον εὕρισκον μὴ ἀληθεύειν. Τοῦτο δὲ ποιήσαντος πολλάκις, εὕρισκον ψευδόμενον. Μετὰ δὲ ταῦτα τοῦ λύκου προσελθόντος, καὶ τοῦ παιδὸς βοῶντος ,,δεῦτε, λύκος," οὐκέτι τις ἐπίστευε προσδραμεῖν αὐτῷ καὶ βοηθῆσαι. Ὁ δὲ λύκος εὑρηκὼς ἄδειαν τὴν ποίμνην πᾶσαν διέφθειρεν εὐκόλως.
Ὅτι τοσοῦτον ὄφελος τῷ ψεύστῃ, ὅτι καὶ ἀληθῆ λέγων πολλάκις οὐ πιστεύεται.   (Halm 353)

Vgl. Babr. Paraphr. 120 sowie Promythium zu Phaedr. 1, 10. Schon im Altertum sprichwörtlich: Cic. div. 2,71,146 cum mendaci homini ne verum quidem dicenti credere soleamus. Hieron. epist. 6,1 antiquus sermo est: mendaces faciunt, ut nec sibi vera dicentibus credatur; siehe auch Aristoteles bei Diog.

Πῆραι δύο.

Ἀνθρώπων ἕκαστος δύο πήρας φέρει, τὴν μὲν ἔμπροσθεν, τὴν δὲ ὄπισθεν, γέμει δὲ κακῶν ἑκατέρα· ἀλλ᾽ ἡ μὲν ἔμπροσθεν ἀλλοτρίων, ἡ δὲ ὄπισθεν τῶν αὐτοῦ τοῦ φέροντος. Καὶ διὰ τοῦτο οἱ ἄνθρωποι τὰ μὲν ἐξ αὐτῶν κακὰ οὐχ ὁρῶσι, τὰ δὲ ἀλλότρια πάνυ ἀκριβῶς θεῶνται.

                                                              (Halm 359)

Die trat an ihn heran, und er biß ihr das Ohr ab. Sie beschuldigte ihn der Pietätlosigkeit, da sprach er: „Damals, als ich zuerst die Schreibtafel stahl und sie dir brachte – hättest du mich damals gezüchtigt, so wär's so weit nicht mit mir gekommen und ich würde jetzt nicht zur Hinrichtung geführt."

Die Fabel zeigt, daß, was man im Beginn nicht verhindert, zunimmt.

Die Fabel liegt noch in zwei längeren Fassungen vor. Vgl. das lateinische Sprichwort *principiis obsta* (Ovid, *Remedia am.* 91).

DER LÜGNERISCHE HIRTENKNABE

Ein Hirtenknabe rief Bauern zu Hilfe, vorgebend, ein reißender Wolf sei nahe: „Hilfe, ein Wolf!" Sie rannten herbei, fanden aber, daß es nicht wahr war. Als der Junge dies noch mehrmals tat, galt er als Lügner. Dann aber kam wirklich der Wolf; aber als er wiederum rief „Hilfe, ein Wolf!", wollte ihm keiner mehr glauben und zu Hilfe kommen, so daß der Wolf ungehindert die ganze Herde ohne Schwierigkeit zerreißen konnte.

Wer einmal lügt, dem glaubt man nicht, und wenn er auch die Wahrheit spricht.

Laertius 5, 17: Als man ihn fragte, welchen Vorteil die Lügner hätten, sagte er, ‚Daß man ihnen nicht glaubt, auch wenn sie die Wahrheit sprechen.'
Insgesamt vier Fassungen in Prosa, eine in Versen. Vgl. das englische Sprichwort „crying wolf".

ZWEI RANZEN

Jeder Mensch trägt zwei Ranzen, einen vorne, den anderen hinten, beide voller Fehler. Der vordere enthält die Fehler anderer, der rückwärtige die eigenen des Trägers. Daher sehen die Menschen ihre eigenen Fehler nicht, die der anderen aber ganz genau.

In abweichender Form bei Hausrath (229). Ähnlich bei Themistios (4. Jahrhundert n. Chr.) no. 2; vgl. auch Catull 22, 21; Horat. *sat.* 2, 3, 299; Phaedrus 4, 10; Pers. 4, 24; Hieron. *epist.* 102, 2, 1; cf. Otto *s. v.* mantica.

140   Aesop

Πίθηκοι πόλιν οἰκίζοντες.

Οἱ πίθηκοι συνελθόντες ἐβουλεύοντο περὶ τοῦ χρῆναι πόλιν οἰκίζειν· καὶ ἐπειδὴ ἔδοξεν αὐτοῖς, ἤμελλον ἅπτεσθαι τοῦ ἔργου. Γέρων οὖν τις πίθηκος ἐπέσχεν αὐτοὺς εἰπών, ὅτι ῥᾷον ἀλώσονται περιβόλων ἐντὸς ἀποληφθέντες.   (Halm 361)

Πίθηκος καὶ Δελφίς.

Ἔθους ὄντος τοῖς πλέουσι μελιταῖα κυνίδια καὶ πιθήκους ἐπάγεσθαι πρὸς παραμυθίαν τοῦ πλοῦ, πλέων τις εἶχε σὺν ἑαυτῷ καὶ πίθηκον. Γενομένων δ' αὐτῶν κατὰ τὸ Σούνιον, τὸ τῆς Ἀττικῆς ἀκρωτήριον, χειμῶνα σφοδρὸν συνέβη γενέσθαι. Τῆς δὲ νεὼς περιτραπείσης καὶ πάντων διακολυμβώντων, ἐνήχετο καὶ ὁ πίθηκος. Δελφὶς δέ τις αὐτὸν θεασάμενος καὶ ἄνθρωπον εἶναι ὑπολαβών, ὑπελθὼν ἀνεῖχε διακομίζων ἐπὶ τὴν χέρσον. Ὡς δὲ κατὰ τὸν Πειραιᾶ ἐγένετο, τὸ τῶν Ἀθηναίων ἐπίνειον, ἐπυνθάνετο τοῦ πιθήκου, εἰ τὸ γένος ἐστὶν Ἀθηναῖος. Τοῦ δὲ εἰπόντος, καὶ λαμπρῶν ἐνταῦθα τετυχηκέναι γονέων, ἐπανήρετο, εἰ καὶ τὸν Πειραιᾶ ἐπίσταται. Ὑπολαβὼν δὲ ὁ πίθηκος περὶ ἀνθρώπου αὐτὸν λέγειν, ἔφη, καὶ μάλα φίλον εἶναι αὐτῷ καὶ συνήθη. Καὶ ὁ δελφὶς ἐπὶ τοσούτῳ ψεύδει ἀγανακτήσας, βαπτίζων αὐτὸν ἀπέκτεινεν. Ὁ μῦθος πρὸς ἄνδρας, οἳ τὴν ἀλήθειαν οὐκ εἰδότες ἀπατᾶν νομίζουσιν.   (Halm 363)

Zwei Fassungen; vgl. auch Tzetzes, 12. Jahrhundert (*chil.* 4,945) – Die hohe Intelligenz der Delphine war schon im Altertum bekannt und ist heute Gegenstand eingehender Studien.

Πλούσιος καὶ Βυρσοδέψης.

Πλούσιος βυρσοδέψῃ παρακείμενος, μὴ δυνάμενος τὴν δυσωδίαν φέρειν, ἐπέκειτο αὐτῷ, ἵνα μεταβῇ. Ὁ δὲ ἀνεβάλ-

DIE AFFEN ALS STÄDTEBAUER

Die Affen versammelten sich und berieten sich über die Notwendigkeit, eine Stadt zu gründen. Sie beschlossen es und waren im Begriff, das Werk zu beginnen, da hielt sie ein alter Affe zurück, indem er darauf hinwies, daß sie leichter gefangen werden könnten, wenn man sie innerhalb eines Walles fände.

Aus den *Progymnasmata* des Rhetors Hermogenes (2. Jahrhundert n. Chr.).

AFFE UND DELPHIN

Seeleute pflegten, um sich auf der Seereise zu amüsieren, Malteserhündchen und Affen an Bord zu haben; so hatte auch ein Seemann einen Affen bei sich.

Auf der Höhe von Sunion, dem Vorgebirge Attikas, erhob sich plötzlich ein schwerer Sturm. Das Schiff kenterte, und alle schwammen herum, darunter auch der Affe. Ein Delphin sah ihn, hielt ihn für einen Menschen, nahm ihn auf seinen Rücken und schwamm nach dem Festland. Als er in die Nähe des Piraeus, des Hafens von Athen, kam, fragte er den Affen, ob er Athener sei. Der bejahte dies und rühmte sich, er habe dort hochberühmte Vorfahren. Der Delphin fragte ihn, ob er auch den Piraeus kenne. Im Glauben, dies sei ein Mensch, antwortete der Affe: „Jawohl, sogar sehr gut: ich bin eng mit ihm befreundet."

Da ärgerte sich der Delphin über eine derartige Lüge, tauchte, und ließ ihn ertrinken.

Das geht auf Menschen, die in Unkenntnis der Wahrheit andere zu täuschen glauben.

Es wurde m. W. bisher nicht festgestellt, daß die Erklärungen, was Sunion und der Piraeus sind, spätere Glossen sein müssen, die ein Kopist vom Rande seiner Vorlage in den Text eingesetzt hat, denn diese Lokalitäten waren doch in der ganzen griechischen Welt wohlbekannt.

DER REICHE UND DER GERBER

Ein reicher Mann hatte einen Gerber zum Nachbarn, und da er den Gestank nicht aushalten konnte, setzte er ihm zu, er solle

142   Aesop

λετο, λέγων μετ' ὀλίγον χρονὸν μεταβήσεσθαι. Τούτου δὲ
συνεχῶς γενομένου, συνέβη τὸν πλούσιον ἐν συνηθείᾳ τῆς
ὀσμῆς τούτου γενόμενον, μηκέτι αὐτῷ διενοχλεῖν.
Ὁ λόγος δηλοῖ, ὅτι ἡ συνήθεια καὶ τὰ δυσχερῆ τῶν πραγμάτων καταπραΰνει.   (Halm 368)

Auch bei Babr. Paraphr. 35: Hier sagt der Gerber dem Reichen, er werde
sich schon gewöhnen, der aber sagt, er wolle dem Gewerbe seines Nachbarn
zuliebe nicht seinen Geruchssinn verlieren.

                    Ποιμὴν καὶ Θάλασσα.

Ποιμὴν ἔν τινι τόπῳ παραθαλασσίῳ ποίμνια νέμων, ὡς
ἐθεάσατο τὴν θάλασσαν γαληνόν τε καὶ πραεῖαν, ἐπεθύμησε
πλεῦσαι· διόπερ πωλήσας αὐτοῦ τὰ πρόβατα καὶ φοίνικας
ἀγοράσας, ναῦν ἐμφορτωσάμενος ἀνήχθη. Χειμῶνος δὲ
σφοδροῦ γενομένου καὶ τῆς νεὼς περιτραπείσης, πάντα
ἀπολέσας αὐτὸς μόλις ἐπὶ τῆς γῆς διεσώθη. Μετ' οὐ πολλὰς
οὖν ἡμέρας τῆς θαλάσσης γαληνιώσης, ὡς ἐθεάσατό τινα
παριόντα καὶ ἐπαινοῦντα τῆς θαλάσσης τὴν ἠρεμίαν, ἔφη·
„ὦ οὗτος, αὕτη γάρ σοι φοινίκων ἐπιθυμεῖ."
Οὕτω πολλάκις τὰ παθήματα τοῖς φρονίμοις γίνεται μαθήματα.   (Halm 370b)

Die Übersetzung versucht den Reim des Originals παθήματα – μαθήματα
wiederzugeben.
In der Form „Das Meer verlangt Feigen" findet sich diese Pointe dreimal bei
Goethe, wo die Anspielung für viele Leser unverständlich blieb. In seinem
Brief an Sophie v. La Roche (Frankfurt, 20. 11. 1774) schreibt Goethe (Hamburger
Ausgabe, Briefe Bd. I, 1962, S. 172, Z. 5 ff.): „. . . Es mag eine Zeit kommen, da
ich wieder ins Haus gehe. Das Meer verlangt Feigen! sag ich noch iezzo, und lasse
mich davon . . ." In seinem Brief an Zelter vom 3. 12. 1812 (ebenda Bd. II, 1965,
S. 213, Z. 6 f.) zitiert Goethe, unter Anspielung auf den Selbstmord von Zelters Stief-
sohn und die Todessehnsucht, das *taedium vitae*, des jungen Menschen: „Hat das
Meer schon wieder Appetit auf Feigen?"
Auch in einem erst 1938 veröffentlichten Gedichtentwurf (M. Hecker, Ein un-
bekanntes Goethisches Gedicht. Goethe 3, 1938, S. 229 f.) vom 4. 2. 1781 schrieb
Goethe: Im Abendroth liegt See und Himmel still
           Dich lockt der West mit seinen leichten Flügeln
           Von deinen kaum erreichten Hügeln
           Zurück ins Meer, das wieder Feigen will.

wegziehen. Der aber schob es auf die lange Bank und ver-
sicherte immer wieder, er werde demnächst umziehen. Als sich
dies längere Zeit verzögerte, geschah es, daß der Reiche sich
inzwischen an den Geruch gewöhnt hatte und den Gerber nicht
mehr belästigte.
Dies zeigt, daß Gewöhnung auch Unangenehmes mildert.

Gerber benutzen – man erinnert sich an die bekannte Anekdote von Vespasian –
Urin zum Gerben (Sueton, *Div. Vespas.* 23).

HIRTE UND MEER

Ein Hirte, der nahe dem Meeresstrand seine Herde weidete, sah
die See in ruhiger Stille; da überkam ihn die Lust, Seehandel zu
betreiben. Er verkaufte daher seine Schafe und kaufte von dem
Erlös Datteln ein; damit belud er ein Schiff und ging auf die
Reise. Es kam aber ein heftiger Sturm, das Schiff kenterte: mit
Mühe und Not konnte er sich ans Land retten, hatte aber alles
verloren. Als nach einigen Tagen wieder Meeresstille herrschte
und einer, der vorbeikam, sagte: „Wie schön ruht doch die See!"
sprach der Hirte: „Mein Guter, sie hat wieder Appetit auf
Datteln."
Geht dem Klugen es verkehrt, wird er dadurch oft belehrt.

In der Hamburger Ausgabe von Goethes Werken (Briefe Bd. I, S. 611) lesen
wir:
„Der Ausspruch geht auf eine altgriechische Anekdote zurück, die Zenobios,
ein Sophist um das Jahr 200, überliefert und die Andreas Schott in seiner grie-
chisch-lateinischen Ausgabe ΠΑΡΟΙΜΙΑΙ ΕΛΛΗΝΙΚΑΙ, Adagia sive Pro-
verbia Graecorum ex Zenobio seu Zenodoto Diogeniano et Svidae collectaneis
(Antwerpen 1612) folgendermaßen lateinisch wiedergibt (S. 134):
‚Ferunt Siculum mercatorem ficus vehentem navem fregisse; dein rupi insi-
dentem spectantemque malaciam dixisse: Scio quid velit: ficus vult.' Ver-
deutscht: ‚Man erzählt, ein Kaufmann aus Sizilien habe mit seinem mit Feigen
beladenen Schiffe Schiffbruch erlitten; darauf habe er, auf einem Felsen sitzend
und die Meeresstille schauend, gesagt: Ich weiß, was es will, Feigen will es.'
Goethe hat die ‚Adagia' des Zenobios gekannt …"
Der Vorfall wurde also lokalisiert, die Datteln in Feigen verwandelt, und die
ganze Vorgeschichte (Opferung des Gesicherten zuliebe einer Spekulation,
noch dazu außerhalb des eigenen Gewerbes) weggelassen, so daß die Fabel zu
einem bloßen bon mot wurde.

Ποταμοὶ καὶ Θάλασσα.

Ποταμοὶ συνῆλθον ἐπὶ τὸ αὐτό, καὶ τὴν θάλασσαν κατῃτιῶντο, λέγοντες αὐτῇ · „διὰ τί ἡμᾶς, εἰσερχομένους ἐν τοῖς σοῖς ὕδασι, καὶ ὑπάρχοντας ποτίμους καὶ γλυκεῖς, ἀπεργάζῃ ἁλμυροὺς καὶ ἀπότους;" Ἡ δὲ θάλασσα ἰδοῦσα, ὅτι αὐτῆς καταμέμφονται, λέγει πρὸς αὐτούς · „μὴ ἔρχεσθε καὶ μὴ γίνεσθε ἁλμυροί."
Οὗτος ὁ μῦθος παριστᾷ τοὺς ἀκαίρως αἰτιωμένους τινάς, καὶ παρ' αὐτῶν μᾶλλον ὠφελουμένους.   (Halm 380)

Die Moral dieser von „Syntipas" stammenden Fabel paßt nicht recht. Die Fabel erinnert in etwa an einen Schwank aus der Aesop-Biographie: sein Herr hatte in Weinlaune mit Freunden gewettet, er werde das Meer austrinken. Am nächsten Morgen war guter Rat teuer, doch Aesop wußte einen Ausweg. „Sag' deinen Freunden, sie sollen erst alle ins Meer mündenden Flüsse anhalten, sonst wird es ja immer mehr."

Προμηθεὺς καὶ Ἄνθρωποι.

Προμηθεὺς κατὰ πρόσταξιν τοῦ Διὸς ἀνθρώπους ἔπλασε καὶ θηρία. Ὁ δὲ Ζεὺς θεασάμενος πολλῷ πλείονα τὰ ἄλογα ζῶα, ἐκέλευσεν αὐτὸν τῶν θηρίων τινὰ διαφθείραντα ἀνθρώπους μετατυπῶσαι. Τοῦ δὲ τὸ προσταχθὲν ποιήσαντος, συνέβη τοὺς ἐκ τούτων πλασθέντας τὴν μὲν μορφὴν ἀνθρώπων ἔχειν, τὰς δὲ ψυχὰς θηριώδεις.
Ἔλεγχον ὁ μῦθος ἔχει πρὸς ἄνδρας θηριώδεις καὶ ὀργίλους.
(Halm 383)

Ταῦρος, Λέαινα καὶ Σύαγρος.

Ταῦρος εὑρηκὼς κοιμώμενον λέοντα, τοῦτον κερατίσας ἀπέκτεινεν · ἐπιστᾶσα δὲ ἡ ἐκείνου μήτηρ, πικρῶς αὐτὸν ἀπεκλαίετο. Ἰδὼν δὲ αὐτὴν σύαγρος ὀλοφυρομένην, μακρό-

DIE FLÜSSE UND DAS MEER

Die Flüsse kamen zusammen und machten dem Meer Vorwürfe:
„Wenn wir in dich münden, führen wir Süßwasser, das trinkbar
ist, du aber machst es salzig und ungenießbar." Als das Meer
diese Vorwürfe hörte, sprach es: „So kommt halt nicht, dann
werdet ihr nicht salzig!"
Diese Geschichte legt Zeugnis ab gegen solche, die zu Unrecht
andere beschuldigen, während sie von ihnen eher Vorteil haben.

Vgl. übrigens den 78. Streich des Till Eulenspiegel: als er an der Prager Universität mit den Gelehrten disputierte, fragte ihn der Rektor, wieviel Ohm
Wasser das Meer enthalte, worauf er sprach: ‚Heißet doch die anderen Wasser
stillstehen, die an allen Enden in das Meer laufen, so will ich es Euch messen
und dartun.'

PROMETHEUS UND DIE MENSCHEN

Gemäß dem Gebot des Zeus erschuf Prometheus Menschen und
Tiere. Als Zeus aber sah, daß der unvernünftigen Tiere viel mehr
waren, befahl er ihm, einige Tiere abzuschaffen und sie zu Menschen umzugestalten. Der folgte dem Gebot, und so kam es, daß
die solchermaßen Umgeformten zwar Menschengestalt aber
tierische Natur haben.
Dies ist ein Zeugnis gegen tierische und jähzornige Menschen.

Bei Hrth. (228) etwas andere Moral: „Die Geschichte paßt gut auf einen
dummen und tierischen Menschen." – Vgl. auch Horaz *carm.* 1, 16, 13–16.

STIER, LÖWIN UND WILDSCHWEIN

Ein Stier fand einen Löwen schlafend und tötete ihn mit seinen
Hörnern. Des Löwen Mutter stand bei ihm und weinte bitterlich. Von weitem sah sie ein Wildschwein, wie sie jammerte, und

θεν ἑστὼς ἔφη πρὸς αὐτήν· „ὦ πόσοι ἄρα τυγχάνουσιν
ἄνθρωποι θρηνοῦντες, ὧν τὰ τέκνα ὑμεῖς ἀπεκτείνατε."
Ὁ λόγος δηλοῖ, ὅτι ἐν ᾧ μέτρῳ μετρεῖ τις, μετρηθήσεται
αὐτῷ.

(Halm 395)

Ταῦρος καὶ Τράγος.

Λέοντα φεύγων ταῦρος εἰσῆλθεν εἰς σπήλαιον· τράγος δὲ
τοῦτον τοῖς κέρασιν ἐξώθει. Ὁ δ᾿ εἶπεν· „οὐ σέ, ἀλλὰ τὸν
λέοντα φοβοῦμαι· ἐπεὶ παρελθέτω τὸ θηρίον, καὶ τότε γνώσῃ,
τίς ἡ δύναμις ταύρου καὶ τράγου."
Ὅτι πολλάκις καὶ δυνατοὺς ἄνδρας αἱ συμφοραὶ ταπεινοῦ-
σιν, ὥστε τὰς ἐξ εὐτελῶν καὶ δειλῶν ὑπομένειν αἰκίας.

(Halm 396)

Τέττιξ καὶ Ἀλώπηξ.

Τέττιξ ἐπί τινος ὑψηλοῦ δένδρου ᾖδεν. Ἀλώπηξ δὲ βουλομένη
αὐτὸν καταφαγεῖν, τοιοῦτον ἐπενόησεν. Ἀντικρὺς στᾶσα
ἐθαύμαζεν αὐτοῦ τὴν εὐφωνίαν, καὶ παρεκάλει καταβῆναι
λέγουσα, ὅτι ἐπεθύμει θεάσασθαι, πηλίκον ζῷον τηλικαῦτα
φθέγγεται. Κἀκεῖνος ὑπονοήσας ἀπάτην πρὸς τὴν ἀλώπεκα
ἔφη· „ἀλλὰ πεπλάνησαι, ὦ αὕτη, εἰ ὑπέλαβές με καταβήσεσ-
θαι· ἐγὼ γὰρ ἀπ᾿ ἐκείνου ἀλώπεκας φυλάττομαι, ἀφ᾿ οὗ ἐν
ἀφοδεύματι ἀλώπεκος πτερὰ τέττιγος ἐθεασάμην."
Ὅτι τοὺς φρονίμους τῶν ἀνθρώπων τῶν πέλας αἱ συμφοραὶ
σωφρονίζουσι.

(Halm 400)

Ὕαιναι.

Τὰς ὑαίνας φασὶ παρ᾿ ἐνιαυτὸν ἀλλάττειν τὴν φύσιν, καὶ ποτὲ
μὲν ἄρρενας γίνεσθαι, ποτὲ δὲ θηλείας. Καὶ δή ποτε ἄρσην
ὕαινα θηλείᾳ παρὰ φύσιν διελέχθη· ἡ δὲ ὑποτυχοῦσα ἔφη·

sprach zu ihr: „Wieviele Menschen weinen jetzt nicht, deren Kinder ihr umgebracht habt!"

Mit welchem Maße einer mißt, soll er auch gemessen werden.

Von „Syntipas" 11 – Zur Moral vgl. Luk. 6, 38; Math. 7, 2; Mark. 4, 24.

STIER UND BOCK

Ein Stier flüchtete vor einem Löwen in eine Höhle; darinnen war ein Bock, der ihn mit seinen Hörnern herausstieß. Der Stier sprach: „Nicht dich, sondern den Löwen fürchte ich. Wenn die Bestie fort ist, sollst du erfahren, wie sich die Kraft eines Stieres zu der eines Bockes verhält!"

So werden auch oftmals Mächtige durch widrige Umstände derart erniedrigt, daß sie von feigem Gesindel Beleidigungen einstecken müssen.

Etwas anders H 396b; ähnlich Pseudo-Dositheos 14, Syntipas 40.

ZIKADE UND FUCHS

Eine Zikade sang auf einem hohen Baum. Ein Fuchs, der sie fressen wollte, dachte sich folgendes aus. Er stellte sich vor den Baum, bewunderte ihre melodische Stimme und lud sie ein, herunterzukommen; er wolle, sagte er, gerne einmal sehen, was für ein Tier so schön singen könne. Sie aber durchschaute den Trug und sprach zum Fuchs: „Du irrst dich, du da, wenn du mich hinunterlocken willst. Ich hüte mich vor Füchsen, seitdem ich einmal in der Fuchslosung Zikadenflügel gesehen habe."

So macht Verständige des Nachbarn Unheil klug.

HYÄNEN

Die Hyänen, heißt es, wechseln alljährlich ihr Geschlecht: bald werden sie zu Männchen, bald Weibchen.

Als einmal eine männliche Hyäne mit einer weiblichen intim

148   Aesop

„ἀλλ᾽, ὦ οὗτος, μὴ ταῦτα πρᾶττε, ὡς ἐγγὺς τὰ αὐτὰ πεισόμε-
νος."
Πρὸς ἄρχοντας λογοθετοῦντας τοὺς ὑπ᾽ αὐτοὺς, καὶ πάλιν ἐκ
τοῦ συμβεβηκότος αὐτοὺς ὑπ᾽ ἐκείνων λογοθετουμένους.

                                                        (Halm 406)

Für μὴ hat ein Teil der Handschriften οὕτω Perry (243) möchte πεισομένη lesen.
Möglicher Sinn: Bald (d. h. im nächsten Jahr) wird es dir so ergehen wie mir jetzt.

                        Φαλακρὸς ἱππεύς.

Φαλακρός τις, ξένας τρίχας τῇ ἑαυτοῦ περιθεὶς κεφαλῇ,
ἵππευεν. Ἄνεμος δὲ φυσήσας ἀφεῖλε ταύτας˙ γέλως δὲ πλατὺς
τοὺς παρεστῶτας εἶχε. Κἀκεῖνος εἶπε τοῦ δρόμου παύσας˙
„τὰς οὐκ ἐμὰς τρίχας τί ξένον φεύγειν με, αἳ καὶ τὸν ἔχοντα
ταύτας, μεθ᾽ οὗ καὶ ἐγεννήθησαν, κατέλιπον;"
Ὅτι μηδεὶς λυπείσθω ἐπὶ συμφοραῖς ἐπελθούσαις αὐτῷ˙
ὃ γὰρ γεννηθεὶς οὐκ ἔσχεν ἐκ φύσεως, τοῦτο οὐδὲ παραμένει˙
γυμνοὶ γὰρ ἤλθομεν οἱ πάντες, γυμνοὶ οὖν ἀπελευσόμεθα.

                                                        (Halm 410)

                        Φιλάργυρος.

Φιλάργυρός τις, ἅπασαν αὐτοῦ τὴν οὐσίαν ἐξαργυρισάμενος
καὶ χρυσοῦν βῶλον ποιήσας, ἔν τινι τόπῳ κατώρυξε, συγ-
κατορύξας ἐκεῖ καὶ τὴν ψυχὴν ἑαυτοῦ καὶ τὸν νοῦν˙ καὶ καθ᾽
ἡμέραν ἐρχόμενος αὐτὸν ἔβλεπε. Τῶν δὲ ἐργατῶν τις αὐτὸν
παρατηρήσας καὶ τὸ γεγονὸς συννοήσας, ἀνορύξας τὸν
βῶλον ἀνείλετο. Μετὰ δὲ ταῦτα κἀκεῖνος ἐλθὼν καὶ κενὸν τὸν
τόπον ἰδών, θρηνεῖν ἤρξατο καὶ τίλλειν τὰς τρίχας. Τοῦτον
δέ τις ὀλοφυρόμενον οὕτως ἰδὼν καὶ τὴν αἰτίαν πυθόμενος,
„μὴ οὕτως" εἶπεν „ὦ οὗτος, ἀθύμει˙ οὐδὲ γὰρ, ἔχων τὸν
χρυσὸν, εἶχες. Λίθον οὖν ἀντὶ χρυσοῦ λαβὼν θὲς, καὶ νόμιζε

werden wollte, sagte sie: „Tu's nicht, mein Guter, denn bald
wird man dich zu demselben bereden wollen."
Gegen Beamte, die ihre Untergebenen zur Rechenschaft ziehen
und infolge veränderter Umstände dann diesen Rechenschaft
ablegen müssen.

Das Epimythion paßt nicht recht. – Vgl. auch *bodie mibi, cras tibi*, in etwas anderer
Bedeutung (allerdings erst in der Neuzeit gebraucht, siehe Walther prov.
Nr. 11085a).

DER KAHLKÖPFIGE REITER

Ein Glatzkopf trug beim Reiten eine Perücke. Der Wind blies sie
ihm vom Schädel, und die Zuschauer brüllten vor Lachen. Er
hielt an und sagte: „Was Wunders, wenn mir fremdes Haar entflieht, wenn es auch den verlassen hat, mit dem's geboren
wurde?"
So soll sich niemand über Ungemach beklagen, denn was der
Sterbliche nicht von der Natur empfing, bleibt ihm nicht, und
nackt sind wir alle zur Welt gekommen, und nackt werden wir
sie verlassen.

Auch in der Prosaparaphrase des Babrius 141 (= Bab. 188). Ferner Avian 10, vgl. auch
Martial 2, 41, 10. Der letzte Satz des Epimythions stammt aus dem Buch Hiob 1, 21.

DER GEIZHALS

Ein Geizhals machte seinen gesamten Besitz zu Geld und kaufte
dafür einen Klumpen Gold; den vergrub er irgendwo, und mit
ihm begrub er auch seinen Sinn und Verstand. Jeden Tag ging
er hin und weidete sich an dem Anblick. Ein Arbeiter hatte ihn
aber beobachtet, grub das Gold aus und nahm es fort.
Als jener nun wiederkam und die Grube leer fand, begann er zu
weinen und sich das Haar zu raufen. Als ihn jemand so jammern
sah und von ihm den Grund dafür erfuhr, meinte er: „Mein
Freund, sei nicht so verzagt, denn dein Gold hattest du und hattest
es doch nicht. Nimm anstatt dessen einen Stein, vergrabe ihn und

σοι τὸν χρυσὸν εἶναι. Τὴν αὐτὴν γάρ σοι πληρώσει χρείαν·
ὡς ὁρῶ γάρ, οὐδ', ὅτε ὁ χρυσὸς ἦν, ἐν χρήσει ἦσθα τοῦ
κτήματος."
Ὁ μῦθος δηλοῖ, ὅτι οὐδὲν ἡ κτῆσις, ἐὰν μὴ ἡ χρῆσις προσῇ.
(Halm 412)

Χαλκεὺς καὶ Κυνάριον.

Ἦν τις χαλκεὺς κυνάριον ἔχων. Τούτου χαλκεύοντος, τὸ
κυνάριον ἐκοιμᾶτο· καὶ αὖ πάλιν ἐσθίοντος, ἐγρηγόρει. Οὗτος
ἐπέρριψεν ὀστοῦν ταῦτα λαλῶν· „ὦ ταλαίπωρον κυνάριον
ὑπνῶδες, τί σοι ποιήσω ὄκνῳ κατεχομένῳ; ὅτε μὲν γὰρ τὸ
ἀκμώνιόν μου προσκρούσω, ἐπανακλίνεις σεαυτὸν ἐπὶ κραβ-
βάτου· ὅτε δὲ πάλιν τοὺς ὀδόντας κινήσω, εὐθὺς ἐγείρῃ καὶ
κέρκον μοι σείεις."
Ὁ μῦθος οὗτος τοὺς ὑπνώδεις καὶ ἀργώδεις καὶ εἰς ἀλλοτρίων
πόνους ἀποβλέποντας ἐλέγχει.   (Halm 413)

Χελιδὼν καὶ Ὄφις.

Ξουθὴ χελιδών, ἡ τοῖς ἀνθρώποις συνοικοῦσα, ἐν δικαστη-
ρίῳ τὴν ἑαυτῆς ἔπηξε καλιὰν ἐν τοίχῳ, κἀκεῖ γίνεται ἑπτὰ
νεοττῶν μήτηρ. Ὄφις δὲ ἐκ τρώγλης συρεὶς τοὺς αὐτῆς
κατέφαγε νεοττούς. Ἡ δὲ χελιδὼν θρηνοῦσα ἐκεκράγει·
„οἴμοι τῇ ξένῃ, ὅτι ἔνθα πάντες δικαιοῦνται, μόνη ἔγωγε
ἠδίκημαι."   (Halm 418)

In drei Fassungen. Einige Edd. störten „die sieben Jungen", doch ist die
Lesart γίνεται τῶν ἑαυτῆς νεοττῶν μήτηρ sie ward Mutter ihrer eigenen
Jungen, recht sinnlos. Von zwei Epimythien paßt, wie so oft, das eine nicht
recht, während ein zweites athetiert wird; es ist auch keines nötig.

sieh ihn als dein Gold an; denn wie ich sehe, hast du auch, solange du es hattest, von deinem Gut keinen Gebrauch gemacht."
Dies zeigt: was nützet Geld und Gut,
wenn man es nicht gebrauchen tut?

Drei Fassungen mit z. T. stark abweichenden Lesarten. Die Moral enthält den
Reim κτῆσις – χρῆσις.

DER SCHMIED UND SEIN HÜNDCHEN

Ein Schmied hatte ein Hündchen, das schlief, solange er am
Amboß hämmerte, aber sobald er eine Frühstückspause machte,
wachte es auf. Der Schmied warf ihm einen Knochen zu und
sagte: „O du elendes verschlafenes Hündlein, was soll ich mit
dir machen, da du so träge bist? Wenn ich auf meinen Amboß
schlage, legst du dich zu Bett; wenn ich aber nur meine Zähne
bewege, wachst du sogleich auf und wedelst mit dem Schwanze."
Die Fabel richtet sich gegen Schläfrige und Träge, die zuschauen,
während andere schuften.

Noch eine (stark abweichende) Fassung (Syntipas 16). – Das Wort κράββατον
für „Bett" ist spätgriechisch.

SCHWALBE UND SCHLANGE

Eine zwitschernde Schwalbe ließ sich bei den Menschen nieder
und baute ihr Nest an der Wand des Gerichtssaales, und dort
wurde sie die Mutter von sieben Jungen. Es kam aber eine
Schlange aus einem Loch gekrochen und fraß die jungen
Schwalben auf. Weinend rief die Schwalbe aus: „Wehe mir
armen Fremden: hier, wo allen ihr Recht wird, muß ich allein
Unrecht leiden!"

Zwitschernd: wir folgen Halms Konjektur ζουθή (von edd. nicht berück-
sichtigt, die das wenig sinnvolle ξένη beibehalten). Halm stützt sich zu Recht
auf Babrius 118. An der zweiten Stelle οἴμοι τῇ ξένη ist allerdings der überlieferte Text vorzuziehen.

Χελώνη καὶ Λαγωός.

Χελώνη καὶ λαγωὸς περὶ ὀξύτητος ἤριζον ˙ καὶ δὴ προθεσμίαν στήσαντες καὶ τόπον ἀπηλλάγησαν. Ὁ μὲν οὖν λαγωὸς διὰ τὴν φυσικὴν ὠκύτητα ἀμελήσας τοῦ δρόμου, πεσὼν παρὰ τὴν ὁδὸν ἐκοιμᾶτο, ἡ δὲ χελώνη συνειδυῖα ἑαυτῇ τὴν βραδύτητα, οὐ διέλιπε τρέχουσα, καὶ οὕτω κοιμώμενον τὸν λαγωὸν παραδραμοῦσα εἰς τὸ βραβεῖον τῆς νίκης ἀφίκετο.
Ὁ λόγος δηλοῖ, ὅτι πολλάκις φύσιν ἀμελοῦσαν ὁ πόνος ἐνίκησε. (Halm 420)

Χύτραι.

Χύτραν ὀστρακίνην καὶ χαλκῆν ποταμὸς κατέφερεν. Ἡ δὲ ὀστρακίνη τῇ χαλκῇ ἔλεγεν ˙ „μακρόθεν μου κολύμβα, καὶ μὴ πλησίον ˙ ἐὰν γάρ μοι σὺ προσψαύσῃς, κατακλῶμαι κἂν [τε] ἐγὼ μὴ θέλω σοι προσψαῦσαι."
Ὅτι ἐπισφαλής ἐστι βίος πένητι, δυνα.. ..ῦ ἄρχοντος πλησίον παροικοῦντος. (Halm 422)

SCHILDKRÖTE UND HASE

Die Schildkröte und der Hase stritten, wer schneller sei. Sie bestimmten daher einen Termin ⟨zum Wettlauf⟩ und liefen los. Im Vertrauen auf die ihm eigene Geschwindigkeit kümmerte sich der Hase nicht viel um das Rennen, legte sich am Wege nieder und schlief.

Die Schildkröte aber war sich ihrer Langsamkeit bewußt und ließ vom Laufen nicht ab; sie lief an dem schlafenden Hasen vorbei und gewann den Siegespreis.

Die Fabel zeigt, daß oftmals harte Arbeit siegt, auch wenn die natürliche Veranlagung gering ist.

In mehreren Fassungen weit verbreitete Fabel, auch bei anderen Völkern. Vgl. dazu *labor omnia vincit*. Vgl. ferner Eccl. 9,11: Nicht die Schnellen gewinnen den Lauf noch die Helden den Kampf; in Umstellung als Sprichwort (A Dictionary of American Proverbs, Cambridge/Mass. 1958, p. 301 *s. v.* race): The battle is not always to the strong, neither is the race to the swift.

ZWEI KRÜGE

Zwei Krüge riß der Fluß dahin: einer war aus Ton, der andere aus Erz. Da sprach der irdene zum ehernen: „Schwimme weit entfernt von mir und nicht zu nah, denn wenn du an mir anprallst, zerberste ich, auch wenn ich bei dir nicht anstoßen will."

Riskant ist das Leben eines Armen, der nahe einem hohen Herren wohnt.

Diese Fabel ist wahrscheinlich alt-orientalischen Ursprungs. Nicht bei Hsrth.-Hr. Paraphr. Bodl. 147.

Ἀνὴρ τὰς ἰδίας φρένας χέσας.

Ὁ Ξάνθος αὐτῷ· „δύνασαί μοι εἰπεῖν διὰ ποίαν αἰτίαν, ἐὰν χέζωμεν, πυκνὰ εἰς τὸ ἀφόδευμα ἑαυτῶν βλέπομεν;" Αἴσωπος· „ὅτι κατὰ τοὺς πάλαι χρόνους βασιλέως υἱὸς ἐγένετο ὅστις διὰ τὴν σπατάλην καὶ τρυφὴν ἐπὶ πολὺν χρόνον ἐκαθέζετο χέζων, ἐπὶ τοσοῦτον δὲ χρόνον, ἄχρις οὗ ἐπιλαθόμενος τὰς ἰδίας φρένας ἔχεσεν. ἀπ' ἐκείνου δὲ τοῦ χρόνου οἱ ἄνθρωποι χέζοντες ὑποκύπτουσιν φοβούμενοι μὴ καὶ αὐτοὶ τὰς ἰδίας φρένας χέσωσιν· σὺ δὲ μηδὲν ἀγωνία περὶ τούτου· οὐ μὴ γὰρ χέσῃς σου τὰς φρένας, οὐκ ἔχεις γάρ."

Vita Aesopi G, S. 56 Nr. 380 Perry

Κυνόδηκτος.

Δηχθείς τις ὑπὸ κυνὸς περιῄει ζητῶν τὸν ἰασόμενον. εἰπόντος δέ τινος ὡς ἄρα δέοι αὐτὸν ἄρτῳ τὸ αἷμα ἐκμάξαντα οὕτως τῷ δάκοντι κυνὶ βαλεῖν, ὑποτυχὼν ἔφη „ἀλλ' ἐὰν τοῦτο πράξω, δεήσει με ὑπὸ πάντων τῶν ἐν τῇ πόλει κύνων δάκνεσθαι".

Οὕτως ἡ τῶν ἀνθρώπων πονηρία δελεαζομένη ἔτι μᾶλλον ἀδικεῖν παροξύνεται.

(vgl. Halm 221)

Θυγατὴρ μώρα καὶ μήτηρ.

Γυνή τις εἶχε θυγατέρα παρθένον μωρὰν· πάντοτε οὖν ηὔχετο τῇ θεᾷ νοῦν αὐτῇ χαρίσασθαι. εὐχομένης δὲ αὐτῆς παρρησίᾳ ἡ παρθένος ἤκουσε καὶ τὸν λόγον κατεῖχε. μεθ' ἡμέρας δέ τινας σὺν τῇ μητρὶ εἰς ἀγρὸν ἐξελθοῦσα καὶ τῆς προαυλίου προκύψασα θύρας εἶδεν ὄνον θήλειαν ὑπ' ἀνθρώπου βιαζομένην καὶ προσελθοῦσα τῷ ἀνθρώπῳ εἶπε· „τί ποιεῖς, ἄνθρωπε;" ὁ δέ φησι· „νοῦν αὐτῇ ἐντίθημι." ἀναμνησθεῖσα δὲ ἡ μωρά, ὅτι καθ' ἑκάστην ἡ μήτηρ νοῦν αὐτῇ ηὔχετο, παρεκάλει αὐτὸν

„KLUGSCHEISSER"

Xanthos fragte Aesop: „Kannst du mir sagen, warum wir uns, wenn wir scheissen, so oft den Stuhl beschauen?" – Aesop antwortete: „Vor langer Zeit gab es einmal einen Königssohn. Der saß infolge seines ausschweifenden und verweichlichten Lebenswandels sehr lange beim Scheissen – und einmal so lange, bis er unversehens seinen Verstand ausgeschissen hatte. Seitdem blicken die Menschen beim Scheissen unter sich, aus Angst, auch sie möchten ihren Verstand ausscheissen. Du aber kannst derhalbe unbesorgt sein: du wirst deinen Verstand nicht ausscheissen, weil du keinen hast."

VOM HUND GEBISSEN

Ein Mann, der von einem Hund gebissen worden war, ging herum und suchte einen, der ihn heilen würde. Jemand sagte ihm, er sollte das Blut mit Brot abwischen und dies dem Hund, der ihn gebissen hatte, vorwerfen. Er entgegnete: „Wenn ich das tue, muß ich mich von allen Hunden in der Stadt beissen lassen." Wenn die menschliche Schlechtigkeit so herausgefordert wird, wird sie noch mehr zur Übeltat angereizt.

DIE SCHWACHSINNIGE UND IHRE MUTTER

Eine Frau hatte eine noch jungfräuliche schwachsinnige Tochter. Stets flehte sie die Göttin (Athene) an, ihrer Tochter doch Verstand zu schenken. Da sie so freimütig betete, hörte das Mädchen zu und merkte es sich. Eines Tages ging sie mit ihrer Mutter aufs Land, und als sie sich aus der Pforte des Vorhofs hervorbeugte, sah sie, wie ein Mann mit einer Eselin geschlechtlich verkehrte. Da ging sie hin und fragte: „Mensch, was machst du da?" Er sprach: „Ich bringe ihr Verstand bei."

λέγουσα ΄ „ἔνθες, ἄνθρωπε, κἀμοὶ νοῦν. καὶ γὰρ ἡ μήτηρ μου
πρὸς τοῦτο πολλά σοι εὐχαριστήσει." ὁ δὲ ὑπακούσας κατέλιπεν τὴν ὄνον καὶ διεπαρθένευσε τὴν κόρην φθείρας αὐτήν.
ἡ δὲ διεφθαρμένη μετὰ περιχαρείας ἔρχεται πρὸς τὴν μητέρα
αὐτῆς λέγουσα ΄ „ἰδού, μῆτερ, κατὰ τὴν εὐχήν σου νοῦν
ἔλαβον." ἡ δὲ μήτηρ αὐτῆς φησιν ΄ „εἰσήκουσάν μου οἱ θεοὶ
τῆς εὐχῆς." ἡ δὲ μωρὰ ἔφη ΄ „ναί, μῆτερ." ἡ δέ φησιν ΄ „καὶ
ποίῳ τρόπῳ τοῦτο ἔγνως;" ἡ δὲ μωρὰ ἔφη ΄ „ἄνθρωπός τις
μακρὸν ποῖρον καὶ δύο στρογγύλα νευρώδη ἔθηκεν ἐν τῇ
κοιλίᾳ μου ἔσω βαλὼν καὶ ἔξω ἐντρέχων [ἐνέβαλέ μοι] κἀγὼ
ἡδέως εἶχον." ἡ δὲ μήτηρ ἀκούσασα καὶ ἰδοῦσα ἔφη ΄ „ὦ
τέκνον, ἀπώλεσας καὶ ὃν πρῶτον εἶχες νοῦν."

Vita Aesopi W. S. 56, 20 ff.

Es wurde die Vermutung geäußert, daß der Mann statt νοῦν ἐντίθημι gesagt
habe ὄνον ἐντίθημι, ich führe ihr einen Esel ein, was die Schwachsinnige als
νόον ἐντίθημι verstanden habe – eine nicht von der Hand zu weisende Ansicht, die allerdings die nichtkontrahierte jonische Aussprache νόος statt νοῦς
voraussetzt.

Γυνὴ καὶ Γεωργός.

Γυνή τις προσφάτως τὸν ἴδιον ἄνδρα ἀπολέσασα καθ᾽ ἡμέραν
πρὸς τὸ μνῆμα αὐτοῦ ἔκλαιεν. ἀροτριῶν δέ τις σύνεγγυς
ἐπεθύμησε μετ᾽ αὐτῆς συγγενέσθαι. καταλιπὼν οὖν τοὺς
βόας καὶ ἐλθὼν ἔκλαιεν μετ᾽ αὐτῆς. ἡ δὲ ἐπύθετο αὐτοῦ ΄ „διὰ
τί καὶ αὐτὸς κλαίεις;" ὁ δὲ εἶπε ΄ „καλὴν γυναῖκα κατώρυξα΄
ὅταν οὖν κλαύσω, τῆς λύπης κουφίζομαι." ἡ δὲ ἔφη ΄ „κἀγὼ
τὸ αὐτὸ πάσχω." κἀκεῖνος ἔφη ΄ „εἰ τοίνυν ταῖς αὐταῖς περιεπέ-
σαμεν λύπαις, τί οὐκ ἐπισυγγινόμεθα ἑαυτοῖς; ἐγὼ μὲν ἀγα-
πήσω σε ὡς ἐκείνην, σὺ δὲ κἀμὲ ὡς τὸν ἄνδρα σου." ταῦτα
λέγων ἔπεισε τὴν γυναῖκα καὶ συγγενόμενος ἐνέπαιζεν αὐτῇ.
ἐλθὼν δέ τις καὶ λύσας τοὺς βόας ἀπήλασεν. ὁ δὲ ἐλθὼν καὶ
μὴ εὑρὼν τοὺς βόας ἤρξατο θρηνεῖν καὶ κόπτεσθαι ὀδυρόμε-

Die Närrin erinnerte sich, wie ihre Mutter bei jeder Gelegenheit um Verstand für sie gebetet hatte und rief ihn mit diesen Worten zu sich: „Mensch, bringe auch mir Verstand bei! Meine Mutter wird dir dafür sehr dankbar sein". Er folgte ihr, ließ die Eselin stehen, entjungferte das Mädchen und schändete es. Die so Geschändete aber lief freudig zu ihrer Mutter und rief: „Schau, Mutter, jetzt hab' ich Verstand, so wie du immer gebetet hast!" Die Mutter sprach: „Die Götter haben mein Gebet erhört", – und die Närrin rief: „Ei freilich, Mutter!" Diese fragte: „Und woher weißt du das?" Die Blödsinnige antwortete: „Irgend ein Mensch hat mir ein langes Ding mit zwei runden Muskeln dran in den Leib gesteckt und hin und hergeschoben, und mir war wohl zumut dabei". Als die Mutter dies hörte und in Augenschein genommen hatte, rief sie aus: „Mein Kind, das bißchen Verstand, das du vorher hattest, bist du jetzt auch los!"

⟨Eine Moral ist an diese Geschichte nicht angehängt.⟩

Die Göttin ist Athene; da sie in Athen als „die Göttin" schlechthin bezeichnet wurde, stammt diese Geschichte sicherlich von dort.

DIE FRAU UND DER BAUER

Eine Frau, die kürzlich ihren Mann verloren hatte, saß jeden Tag an seinem Grab und weinte. Ein Bauer, der unweit davon beim Pflügen war, bekam Lust, mit ihr etwas anzufangen. Er ließ also seine Ochsen stehen, ging hin und weinte mit ihr. „Warum weinst auch du?" fragte sie. Er antwortete: „Ich habe meine schöne Frau begraben, und wenn ich weine, erleichtert es meinen Schmerz". Sie sprach: „Mir geht es ebenso". Da sagte er: „Wenn wir nun in die gleiche Trauer geraten sind, warum tun wir uns nicht zusammen? Ich werde dich lieben wie sie, und du mich wie deinen Mann". Solchermaßen überredete er die Frau, gesellte sich zu ihr und stillte seine Lust.
Inzwischen aber kam ein Dieb, spannte die Ochsen aus und trieb

158   Aesop

νος. ἡ δὲ γυνὴ εὑροῦσα αὐτὸν ὀλοφυρόμενόν φησι ΄ ,,πάλιν κλαίεις;'' ὁ δέ ,,ἄρτι ἐν ἀληθείᾳ κλαίω.''

(Hausrath-Hunger 299; ähnlich Halm 109)

Ἀνὴρ μοιχὸς καὶ Γυνή.

Ἄνθρωπος ἀπερχόμενος πρός τινα γυναῖκα κρυφίως ἐν νυκτὶ ἐμοίχευεν αὐτήν. δεδώκει δὲ αὐτῇ σημεῖον τοῦ νοεῖν αὐτόν, ὅταν ἐλθὼν ἔξωθεν τῆς θύρας ὑλακτήσῃ ὥσπερ μικρὸν κυνάριον, ἀνοίγειν αὐτῷ τὴν θύραν. ἐποίει δὲ τοῦτο καθ᾿ ἑκάστην. ἕτερος δέ τις θεασάμενος αὐτὸν βαδίζοντα καθ᾿ ἑσπέραν παρ᾿ ἐκείνην τὴν ὁδὸν καὶ τὴν πανουργίαν αὐτοῦ νοήσας μιᾷ τῶν νυκτῶν ἠκολούθει αὐτὸν μακρόθεν κρυφίως. ὁ δὲ μοιχὸς μηδὲν ὑποπτεύων ἐλθὼν παρὰ τὴν θύραν ἐποίει κατὰ τὸ σύνηθες. ὁ δὲ ἀκολουθῶν θεασάμενος πάντα ἀνεχώρησε πρὸς τὸν οἶκον αὐτοῦ. τῇ δὲ ἐρχομένῃ νυκτὶ ἀναστὰς αὐτὸς πρῶτος ἀπῆλθε πρὸς τὴν μοιχευσομένην γυναῖκα καὶ ὑλακτήσας ὥσπερ κυνάριον, ἐκείνη θαρροῦσα, ὅτι ὁ μοιχὸς αὐτῆς ἐστιν, ἔσβεσε τὴν λυχνίαν, ἵνα μή τις θεάσηται αὐτόν, καὶ ἤνοιξε τὴν θύραν ΄ ὁ δὲ εἰσελθὼν συνεγένετο αὐτῇ. μετ᾿ ὀλίγον δὲ ἦλθε καὶ ὁ πρῶτος μοιχὸς αὐτῆς καὶ ὑλάκτει ἔξωθεν κατὰ τὸ εἰωθὸς ὥσπερ κυνάριον. ὁ δὲ ἔνδοθεν ἱστάμενος νοήσας τὸν ἔξωθεν ὑλακτοῦντα ὥσπερ κυνάριον αὐτὸς σταθεὶς ἔσωθεν τῆς οἰκίας ὑλάκτει ἰσχυρᾷ τῇ φωνῇ ὡς μεγαλώτατος κύων. ὁ δὲ ἔξωθεν νοήσας, ὡς μείζων αὐτοῦ ὑπάρχει ὁ ἔνδοθεν, ἀνεχώρησεν.

(Hausrath-Hunger 300)

sie fort. Als der Bauer zurückkam und die Ochsen nicht mehr fand, begann er zu weinen und sich wehklagend an die Brust zu schlagen. Die Frau fand ihn, wie er heulte und fragte: „Du weinst wieder?" – „Ja", sprach er, „jetzt weine ich wirklich".

Die Geschichte zeigt Ähnlichkeit mit der bekannten Novelle von der ‚Tröstlichen Witwe von Ephesus' (Phaedrus, append. 15; Petron 111–112), die durch die Weltliteratur gewandert ist; nur ist die Schlußpointe eine andere. Die Geschichte reiht sich ein in die misogyne Erzählungstradition.

DER LIEBHABER UND DIE DAME

Ein Mann pflegte bei Nacht heimlich eine Dame zu besuchen und mit ihr zu huren. Sie verabredete als Erkennungszeichen mit ihm, daß er vor dem Tor wie ein kleines Hündlein bellen solle, worauf sie ihm die Tür öffnen würde: das tat er auch jedes Mal.

Ein Anderer sah ihn abends jenes Weges gehen, und da er ihn als Spitzbuben kannte, folgte er ihm eines Nachts heimlich in einigem Abstand. Der Hurer ging nichtsahnend an das Tor und tat wie gewöhnlich; der ihm folgte, nahm alles wahr und ging wieder nach Hause. In der folgenden Nacht erhob er sich zuerst, ging zu der zur Hurerei bereiten Dame und bellte wie ein Hündchen. In der festen Meinung, es sei ihr Liebhaber, löschte sie ihr Licht, damit sie niemand sähe, und öffnete die Tür. Er ging hinein und schlief mit ihr.

Nach kurzer Zeit erschien auch ihr voriger Buhler und bellte draußen wie gewöhnlich wie ein kleiner Hund. Der Mann aber, der schon drinnen war, hörte, wie der da draußen wie ein Hündchen bellte, und antwortete drinnen mit lautem Gebell wie ein riesengroßer Hund. Da begriff der draußen, daß schon einer drinnen war, der größer war als er, und zog wieder ab.

Diese Geschichte wurde zuerst von Aug. Eberhard (Glückwunschprogramm der königl. Gymnasiums zu Halberstadt i. J. 1865) veröffentlicht, danach von Erwin Rohde, in: Rhein. Mus. XXXI, 1876, S. 628–629 (= Kl. Schriften II, S. 193–195), der aufzeigte, daß diese von Indien nach dem Westen gewanderte Fabel auch in Frankreich (Cent nouvelles nouvelles 31) rezipiert worden ist.

Νεανίσκος καὶ Γραῦς.

Νεανίσκος τις ὁδοιπορῶν ἐν ἡμέρᾳ καύσωνος ἐντυγχάνει γυναικί τινι γραῖδι, ἥτις καὶ αὐτὴ τὴν αὐτὴν ὁδὸν τῷ νεανίσκῳ συνεπορεύετο. ὁρῶν δὲ αὐτὴν ἐκεῖνος τῷ τε καύσωνι καὶ τῷ τῆς ὁδοιπορίας καμάτῳ δεινῶς ἰλιγγιῶσαν κατῴκτειρε τῆς ἀσθενείας καὶ μηκέτι ἐξισχύουσαν ὅλως πορεύεσθαι ἄρας ταύτην τῆς γῆς ἐπὶ τῶν νώτων αὐτοῦ διεβάσταζεν. ταύτην δὲ ἐπιφερόμενος λογισμοῖς τισιν αἰσχρᾶς ἐπιθυμίας δεινῶς ἐταράττετο, ὑφ' ὧν καὶ πρὸς οἶστρον ἀκολασίας καὶ σφοδρὸν ἔρωτα ὁ αὐτοῦ ἤρθη φαλλός. εὐθὺς δὲ τῇ γῇ καταθεὶς τὴν γραῖδα ταύτῃ ἀκολάστως συνεγίνετο. ἡ δὲ πρὸς αὐτὸν ἁπλοικῶς ἔλεγε· „τί ἐστιν, ὃ ἐπ' ἐμοῦ ἐργάζῃ;" ὁ δὲ αὐτῇ ἔφη ὡς „βαρεία πέφυκας καὶ τούτου χάριν ἀπογλύψαι σου τῆς σαρκὸς διανενόημαι." καὶ ταῦτα εἰπὼν καὶ εἰς τέλος αὐτὴν συμφθαρεῖσαν πάλιν τῆς γῆς ἐξάρας αὐτὴν ἐπὶ τῶν ἑαυτοῦ νώτων ἐπέθετο. καὶ μήκος ὁδοῦ τινος διελάσαντος αὐτοῦ ἔφη πρὸς αὐτὸν ἡ γραῦς· „εἰ ἔτι σοι βαρεῖα καὶ ἐπαχθὴς πέφυκα, πάλιν με καταγαγὼν πλέον ἐξ ἐμοῦ ἀπόγλυψον."

Ὁ μῦθος δηλοῖ, ὡς τῶν ἀνθρώπων τινὲς τὴν ἰδίαν πληροῦντες ἐπιθυμίαν προφασίζονται, ὡς ἐξ ἀγνοίας τὸ γεγονὸς διεπράξαντο, δόξαντες δῆθεν μὴ ἐκεῖνο, ἀλλ' ἕτερόν τι τῶν δεόντων μᾶλλον πεποιηκέναι.

Syntipas 54, Hausrath-Hunger, I 2, S. 179 f.

Diese Fabel ist außer in der Editio princeps von Christian Friedrich Matthäi, Leipzig 1781 – Syntipae Philosophi Persae Fabulae LXII etc. – wohl wegen ihrer Obszönität nur noch bei Hausrath-Hunger zu finden. Zu Syntipas, dessen Fabeln in das Corpus Aesopicum eingereiht werden, sei noch folgendes bemerkt. Diese Ausgabe beruht auf zwei in Moskau entdeckten Handschriften des 14./15. Jhdts. Es scheint, daß „Syntipas" – sicher ein erfundener Name – auf griechische Fabeln zurückgeht, die ins Syrische übersetzt und dann wieder zurückübersetzt wurden; siehe Perrys eingehende Analyse (Aesopica p. 511 sqq.). Ein Stemma (S. 527 op. cit.) zeigt, daß griechische Fabeln, besonders aus

DER JÜNGLING UND DIE ALTE

An einem heißen Sommertage fand ein Jüngling unterwegs ein
alt Weiblein, das desselben Weges zog. Als er sah, daß ihr vor
Hitze und Ermüdung der Kopf schwindelte, erbarmte er sich
ihrer Schwäche und Kraftlosigkeit, die ihr das Wandern verwehrte; so hob er sie vom Boden auf, lud sie auf seine Schultern
und trug sie.

Wie er sie nun so trug, verleiteten ihn seine Gedanken zu bösem
Gelüste, und angestachelt von ungezügelter Begierde und plötzlicher Fleischeslust straffte sich sein Glied. Sogleich legte er die
Greisin auf den Grund und beschlief sie ganz hemmungslos. Sie
fragte ihn ganz einfältig: ,,Was machst du da an mir?" Er sagte:
,,Du bist schwer, drum ist mein Vorhaben, einiges Fleisch von
dir abzuhobeln". Als er nach diesen Worten sie tüchtig herge-
nommen hatte und fertig war, hob er sie wieder auf und lud sie
auf seinen Rücken.

Als sie ein weiteres Stück Wegs gewandert waren, sprach die
Alte zu ihm: ,,Bin ich dir noch immer zu schwere Last, so leg
mich wieder hin und hoble mir noch ein Stück ab!"

Diese Erzählung lehrt, daß Manche bei Befriedigung ihrer
eigenen Gelüste vorgeben, sie hätten in Unkenntnis gehandelt,
und glauben daher, nicht jenes getan zu haben, sondern etwas
Anderes und Geziemenderes.

der Augustana Rezension sowie aus Babrius, ins Syrische übersetzt und einem
,,Josippos" zugeschrieben wurden (sie wurden auch ins Arabische übertragen); aus der syrischen Fassung wurden sie Ende des 11. Jhdts. von M. An-
dreopoulos ins Griechische übersetzt, und aus der Version des Andropoulos
stammt unser ,,Syntipas". Man kann ihn also ohne weiteres zu ,,Aesop" stellen, was Halm auch tat (obwohl Perry dies mißbilligt). – Schwester Bruno
Lefevre, von den Dominikanerinnen von Saint-Jacques, veröffentlichte 1941
(Paris) eine ausgezeichnete auf acht Handschriften beruhende Ausgabe aesopischer Fabeln in syrischer und französischer Sprache, die sich in diese Hand-
schriftenüberlieferung einreiht.

PHAEDRUS

LIBER I

PROLOGVS

Aesopus auctor quam materiam repperit,
hanc ego polivi versibus senariis.
duplex libelli dos est: quod risum movet,
et quod prudenti vitam consilio monet.
5 calumniari si quis autem voluerit,
quod arbores loquantur, non tantum ferae,
fictis iocari nos meminerit fabulis.

Vgl. Anmerkung zu Axt und Bäume (unten S. 236 f.). Da wir eine ganze
Anzahl aesopischer Fabeln haben, in denen Bäume und Sträucher redend auftreten – eine Tradition übrigens, die bis auf den Bäume-Rangstreit in der

1.LVPVS ET AGNVS

Ad rivum eundem lupus et agnus venerant,
siti compulsi.   superior stabat lupus,
longeque inferior agnus.   tunc fauce improba
latro incitatus iurgii causam intulit:
5 "Cur" inquit "turbulentam fecisti mihi
aquam bibenti?"   laniger contra timens:
"Qui possum, quaeso, facere quod quereris, lupe?
a te decurrit ad meos haustus liquor."
repulsus ille veritatis viribus

BUCH I

PROLOG

Den Gegenstand – die Fabeln von Aesop erdacht –
hab ich in glatte Versform, den Senar, gebracht.
Zweifach die Mitgift, die euch dieses Büchlein bringt,
dieweil's zum Lächeln und auch nachzudenken zwingt.
Doch kreidet einer an mir's als Verbrechen,
ich ließ auch Bäume, nicht nur Tiere, sprechen,
so mag er dies bedenken: daß mein Scherzgedicht
von Dingen, die erfunden sind, nicht wirklich, spricht.

sumerischen Fabel zurückgeht – so darf man annehmen, daß Phaedrus und
seinem Publikum eine aesopische Fabelsammlung vorlag, in der Baumfabeln
nicht vertreten waren.

WOLF UND LAMM

Zum selben Bach gekommen waren Wolf und Lamm,
vom Durst getrieben, und stromaufwärts stand der Wolf,
weit unterhalb das Lamm. Da ließ sein böser Schlund
den Räuber einen Vorwand suchen sich zum Streit.
Er sprach: „Warum hast du das Wasser mir getrübt
beim Trinken?" Ängstlich sprach der Wolleträger drauf:
„Wie kann ich, bitte, tun, was du mir vorwirfst, Wolf,
das Wasser fließt von dir zu meiner Tränke ja."
Der sprach, da ihn die Macht der Wahrheit widerlegt:

10   "Ante hos sex menses male" ait "dixisti mihi."
respondit agnus "Equidem natus non eram."
"Pater hercle tuus" ille inquit "male dixit mihi."
atque ita correptum lacerat iniusta nece.
     Haec propter illos scripta est homines fabula
15   qui fictis causis innocentes opprimunt.

Vgl. Aesop H 274 sowie Babr. 89, wo in beiden der Wolf antwortet: „Wenn
du mich auch widerlegst, soll dem Wolf sein Mahl doch nicht entgehen."
Der neunjährige Goethe übersetzte diese Fabel wie folgt:

Der Wolf und das Lamm.
Es kam an einen Bach ein Wolf und Schaf, vom Durst getrieben: oben stund
der Wolf, weit unter ihm das Schaaf. Mit Lügen fing der gier'ge Räuber
Händel an. Was trübst du, sprach er, da ich Trincke, mir den Fluss. Das
Schaaf versetzt mit Zittern: Ich bitte Wolf, du klagst, wie kann ichs thun, das
Wasser fliesst von dir zu meinem Mund. Der Wahrheit macht schlug ihn zurück Doch sprach er du hast mir geflucht, sechs Monat sinds. Da war ich nicht
gebohren sagt das Schaaf. Eh nun so wars dein Vater der mir fluchte; und mit
dem Worte raubt er und zerreisst den Armen.
Die Fabel deutet auf die Menschen, die mit Erdichtungen die Unschuld unterdrücken.

2. RANAE REGEM PETIERVNT

     Athenae cum florerent aequis legibus,
procax libertas civitatem miscuit
frenumque solvit pristinum licentia.
hic conspiratis factionum partibus
5   arcem tyrannus occupat Pisistratus.
cum tristem servitutem flerent Attici,
non quia crudelis ille, sed quoniam grave
omne insuetis onus, et coepissent queri,
Aesopus talem tum fabellam rettulit.

„Du hast mich vor sechs Monaten verflucht." –
„Da war ich ja noch nicht geboren", sprach das Lamm. –
„Dann war's, bei Gott, dein Vater, der verflucht mich hat,"
und packte und zerriß es, ob's auch schuldlos war.

Die Fabel ist auf jene Menschen abgezielt,
die Unschuld unterdrücken mit gefälschtem Grund.

Man sieht, wie der Knabe sich bemüht, den jambischen Rhythmus wiederzugeben. Seine Vorlage war wahrscheinlich die im Besitz seines Vaters befind-
liche Phaedrus-Ausgabe von 1698. Auch Aesops Fabel übersetzte der Knabe –
wahrscheinlich aus einer (uns nicht bekannten) lateinischen Übersetzung, da
seine Kenntnis des Griechischen damals wohl nicht erheblich war – wie folgt:

Der Wolf und das Lamm.

Der Wolf sah ein Schaaf, aus einem Bache trincken, und dachte darauf es unter
dem Schein der Gerechtigkeit zu verzehren, und ob er gleich höher stund beschuldigte er doch daß Lam, als wenn es ihm das Wasser trübte, und ihn am
Trincken verhinderte. Aber da es sprach, es träncke ia nur mit den äussersten
Lippen, und es sey auch sonst unmöglich, da es unten stehe, das Wasser oben
zu trüben; da verliess der Wolf, diese Klage und sprach: aber vor einem Jahr
hast du meinen Vater gelästert. Da war ich noch nicht gebohren versetzte das
Schaaf, und der Wolf sagte bey sich selbst, du behältst zwar recht, aber ich
werde mich doch nichts darum bekümmern.
Die Fabel zeigt, dass gegen die Ungerechten, keine Gerechte Sache schützt.

(Aus: Gedenkausgabe, ed. E. Beutler, Zürich 1953, Bd. 15, S. 71 f.)

DIE FRÖSCHE WOLLTEN EINEN KÖNIG

Als noch Demokratie florierte in Athen,
entartete die Freiheit, und die alte Zucht
ward abgeschafft und wich der frechen Anarchie.
Parteiung und Verschwörung griff um sich, bis daß
Tyrann Pisistratus die Burg der Stadt besetzt'.
Ob trauriger Verknechtung weinte ganz Athen:
zwar grausam war der Herrscher nicht, doch fällt es schwer,
muß ungewohnte Last man tragen. Also murrten sie.
Aesop hat ihnen diese Fabel drauf erzählt.

10   "Ranae vagantes liberis paludibus
     clamore magno regem petiere ab Iove,
     qui dissolutos mores vi compesceret.
     Pater deorum risit atque illis dedit
     parvum tigillum, missum quod subito vadi
15   motu sonoque terruit pavidum genus.
     hoc mersum limo cum iaceret diutius,
     forte una tacite profert e stagno caput
     et explorato rege cunctas evocat.
     illae timore posito certatim adnatant
20   lignumque supra turba petulans insilit.
     quod cum inquinassent omni contumelia,
     alium rogantes regem misere ad Iovem,
     inutilis quoniam esset qui fuerat datus.
     tum misit illis hydrum, qui dente aspero
25   corripere coepit singulas.   frustra necem
     fugitant inertes, vocem praecludit metus.
     furtim igitur dant Mercurio mandata ad Iovem,
     adflictis ut succurrat.   tunc contra Tonans:
     'Quia noluistis vestrum ferre' inquit 'bonum,
30   malum perferte.'   vos quoque, o cives," ait,
     "hoc sustinete, maius ne veniat, malum."

3. GRACVLVS SVPERBVS ET PAVO

   Ne gloriari libeat alienis bonis,
  suoque potius habitu vitam degere,
  Aesopus nobis hoc exemplum prodidit.

   Tumens inani graculus superbia
5 pennas pavoni quae deciderant sustulit
  seque exornavit.   deinde contemnens suos
  immiscet se pavonum formoso gregi.
  illi impudenti pennas eripiunt avi
  fugantque rostris.   male mulcatus graculus

Die Frösche, als sie frei noch schweiften durch den Sumpf,
erbaten einen König sich vom hohen Zeus,
daß er mit Nachdruck wieder herstell' die Moral.
Es lächelte der Götter Vater und verlieh
ein kleines Holzscheit ihnen, das hinab er warf.
Das laute Klatschen füllt das feige Volk mit Furcht.
So lag's im Schlamm versunken lange Zeit,
bis heimlich aus dem Sumpf ein Frosch sein Haupt erhob.
durchschaute, wie es mit dem König stand, und rief
zu Hauf die anderen alle. Von der Angst befreit
schwamm alles um die Wette, hüpfte höhnisch auf
den Balken und beschimpfte ihn auf alle Art.
Drauf schickten wiederum Gesandte sie zu Zeus
um einen König, denn der erste taugte nichts.
Da schickt' er ihnen eine Wasserschlange, die
mit scharfem Zahn sie einen nach dem anderen fraß.
Zu langsam waren sie, den Tod zu fliehn, und Angst
verschlug die Stimme ihnen. Heimlich baten sie
Merkur, Zeus anzuflehn, zu steuern ihrer Not.
Der sprach: ,Da ihr das Gute, das ihr hattet, nicht
gewollt, ertragt dies Übel.' – „Ihr auch, Bürger, schloß
Aesop, das Übel duldet, daß nicht Schlimmres kommt!"

Vgl. Aesop 76

DIE ANMASSENDE DOHLE UND DER PFAU

Mit dem, was anderen gehört, tu man nicht groß:
ein jeder lebe lieber, wie es ihm gemäß.
Aesop gab hierfür dieses Beispiel uns.

Die Dohle, aufgebläht von Stolz und Eitelkeit,
nahm weg die Federn, die entfallen einem Pfau
und schmückte sich damit. Danach sah auf ihr Volk
herab sie und drängt' ein sich bei den schönen Pfau'n.
Die aber rissen diesem Frechling seine Federn aus
und hackten, bis er, übel zugerichtet, floh.

10   redire maerens coepit ad proprium genus,
     a quo repulsus tristem sustinuit notam.
     tum quidam ex illis quos prius despexerat:
     "Contentus nostris si fuisses sedibus
     et quod Natura dederat voluisses pati,
15   nec illam expertus esses contumeliam
     nec hanc repulsam tua sentiret calamitas."

Der ganze Motivkomplex des „Sich mit fremden Federn Schmückens", in
den unter vielen anderen auch diese Fabel einzureihen ist, behandelt S.
Luria in z. T. recht weit ausholender Weise in seiner Abhandlung, „L'Asino
nella pelle del Leone," *Riv. di Filol. e d'istr. class.* LXII (1934). – Zur vorliegenden Fabel vgl. Hieron. *praef. in Didym. de spir. sanct.* (col. 106 Vall.) malui
alieni operis interpres exsistere quam . . . informis cornnicula alienis me coloribus adornare; id. *epist.* 108,15 et cornicem Aesopi alienis coloribus adornare;

5. VACCA ET CAPELLA, OVIS ET LEO

     Numquam est fidelis cum potente societas.
     testatur haec fabella propositum meum.

     Vacca et capella et patiens ovis iniuriae
     socii fuere cum leone in saltibus.
5   hi cum cepissent cervum vasti corporis,
     sic est locutus partibus factis leo:
     "Ego primam tollo nomine hoc quia rex cluo;
     secundam, quia sum consors, tribuetis mihi;
     tum, quia plus valeo, me sequetur tertia;
10   malo adficietur si quis quartam tetigerit."
     sic totam praedam sola improbitas abstulit.

Die Dohle ging betrübt zum eignen Volk zurück,
doch hier auch trieb man fort sie: so erlitt sie Schmach,
und eine Dohle, die sie einst verachtet hatte, sprach:
„Hättst du mit unserm Rang und Platze dich begnügt
und willig das empfangen, was Natur dir gab,
so hättst du nicht erduldet jene erste Schmach
noch hättest die Verachtung du erlitten jetzt."

vgl. auch Horat. epist. 1, 3, 18 sqq. ne si forte suas repetitum venerit olim/grex
avium plumas moveat cornicula risum/furtivis nudata coloribus; ähnlich bei
Lukian *Pseudol.* 5; Euseb. *praep. ev.* 10, 4, 27. Tertullian *adv. Valent.* 12, 4 gebraucht Aesopi graculus von Christus als Besitzer aller Vorzüge, also im lobenden
Sinn. Ein röm. Sprichwort etwa wie *pennis pavonis se ornare* findet sich nicht, wohl
aber das Gegenteil, so bei Hieron. *epist. adv. Ruf.* 41 (col. 568 Vall.) meisque
me coloribus pingendum; ibid. 3, 42 possem et ego tuis te coloribus pingere, dich
darstellen, wie du bist.

KUH, ZIEGE, SCHAF UND LÖWE

Nie geht man sicher, wenn mit Mächtigen man teilt.
Die kleine Fabel diene hierfür als Beweis.

Die Kuh, die Ziege und das Leid gewohnte Schaf
verbanden mit dem Löwen sich auf Bergeshöhn.
Als einen Hirsch von Riesenmassen sie erlegt,
verteilte ihn der Löwe, und er sprach dazu:
„Ich nehm den ersten Teil mir, weil ich König heiß';
den zweiten weist ihr zu mir, weil ich Partner bin,
der dritte kommt mir zu, weil ich der Stärkste bin,
rührt einer an den Vierten, soll's ihm bös ergehn."
So schleppt' der Böse denn die ganze Beute fort.

Die bekannte *societas leonina;* vgl. Aesop 326, 258, Babrius 67. Die Fabel wurde
auch von Luther benutzt. Vgl. ferner Ennius bei Cicero *off.* 1, 8, 26 und *rep.* 1, 32, 49
nulla sancta societas/nec fides regni est. Liv. 1, 14, 3 ob infidam societatem regni.
Seneca *Agam.* 285 non intrat umquam regium limen fides. Lukan 1, 92 nulla fides
regni sociis. Columella 9, 9, 1.

6. RANAE AD SOLEM

Vicini furis celebres vidit nuptias
Aesopus, et continuo narrare incipit:
  Vxorem quondam Sol cum vellet ducere,
clamorem ranae sustulere ad sidera.
5 convicio permotus quaerit Iuppiter
causam querellae.   quaedam tum stagni incola
"Nunc" inquit "omnes unus exurit lacus,
cogitque miseras arida sede emori.
quidnam futurum est si crearit liberos?"

7. VVLPIS AD PERSONAM TRAGICAM

Personam tragicam forte vulpes viderat:
quam postquam huc illuc semel atque iterum verterat.
"O quanta species" inquit "cerebrum non habet!"
  Hoc illis dictum est quibus honorem et gloriam
5 Fortuna tribuit, sensum communem abstulit.

8. LVPVS ET GRVIS

Qui pretium meriti ab improbis desiderat,
bis peccat: primum quoniam indignos adiuvat,
impune abire deinde quia iam non potest.

  Os devoratum fauce cum haereret lupi,
5 magno dolore victus coepit singulos
inlicere pretio ut illud extraherent malum.

DIE FRÖSCHE GEGEN DIE SONNE

Zu eines diebischen Nachbarn Hochzeit kam viel Volk;
Aesop, der's sah, hat diese Fabel gleich erzählt:

Als einst der Sonnengott ein Weib sich nehmen wollt',
erhoben zu den Sternen Frösche ihr Geschrei.
Vom Lärm gestört erkundigte sich Jupiter
was Grund der Klage wäre. Sumpfbewohner drauf
beschwerten sich: ,,Schon jetzt, wo er allein noch ist,
vertrocknet er die Teiche alle, so daß wir,
oh weh, verrecken in dem wasserlosen Bett –
Was wird dann erst geschehn, wenn er sich fortgepflanzt?''

Ebenso Babrius 24

DER FUCHS ZUR TRAGISCHEN MASKE

Ein Fuchs, der einmal eine tragische Maske fand
⟨und hierhin sie und dorthin mehrmals umgedreht,⟩
sprach: ,,Ach, wie schön, doch leider hat's kein Hirn.''
Dies gilt für jene, denen Ehrenrang und Ruhm
Fortuna schenkte, aber den Verstand versagt'.

Vers 2 nach der Prosaparaphrase von Postgate ergänzt

WOLF UND KRANICH

Wer Schurken dient und dafür seinen Lohn verlangt,
irrt zwiefach: einmal, weil Unwürdigen er hilft,
und zweitens, weil er dann nicht ungestraft entkommt.

Im Schlund blieb stecken einem Wolf ein Bein, das er
verschlungen. Schmerzgequält bot Lohn er jedem an,
der ihm den bösen Knochen zöge aus dem Hals.

tandem persuasa est iure iurando gruis,
gulaeque credens colli longitudinem
periculosam fecit medicinam lupo.
10   pro quo cum pactum flagitaret praemium,
"Ingrata es" inquit "ore quae nostro caput
incolume abstuleris et mercedem postules."

9. PASSER AD LEPOREM CONSILIATOR

Sibi non cavere et aliis consilium dare
stultum esse paucis ostendamus versibus.

Oppressum ab aquila, fletus edentem graves,
leporem obiurgabat passer: "Vbi pernicitas
5   nota" inquit "illa est? quid ita cessarunt pedes?"
dum loquitur, ipsum accipiter necopinum rapit
questuque vano clamitantem interficit.
lepus semianimus: "Mortis en solacium!
qui modo securus nostra inridebas mala,
10   simili querela fata deploras tua."

10. LVPVS ET VVLPES IVDICE SIMIO

Quicumque turpi fraude semel innotuit,
etiam si verum dicit, amittit fidem.
hoc adtestatur brevis Aesopi fabula.

Lupus arguebat vulpem furti crimine;
5   negabat illa se esse culpae proximam.

Ein Kranich nahm's, durch Eid gesichert, schließlich an,
vertrauend seinen ganzen langen Hals dem Schlund
und operiert den Wolf, wiewohl's gefährlich war.
Als er den abgesprochenen Lohn vom Wolf verlangt',
sprach der: „Undankbar bist du, der aus meinem Maul
mit heilem Kopf herauskam und noch Lohn verlangt."

Vgl. Aphth. 25, Aes. 276 und 276b, Babr. 94

DER SPATZ BERÄT DEN HASEN

Wie dumm es ist, wenn andre man berät, und sich
nicht selber vorsieht, sei in Kürze hier gezeigt.

Ein Hase, den ein Adler schlug, schrie bitterlich.
Ein Spatz verhöhnt' ihn: „Ei wo blieb die Schnelligkeit,
die wohlbekannte? Warum war so lahm dein Bein?"
Er sprach's, da packt ein Falke unversehens ihn
und macht den Garaus ihm – nichts half ihm sein Geschrei.
Halbtot schon sprach der Hase: „Trost wird mir im Tod.
Du hast mein Unheil, sicher eben noch, verlacht,
jetzt schreist und weinst wie ich du über dein Geschick."

Statt ‚accipiter' liest L. Müller ‚acceptor', was die Zahl der Resolutionen in
diesem Vers vermindern würde.
Zum Promythium vgl. Ter. *Heaut.* 923 foris sapere, tibi non posse auxiliarier?
ferner Ennius bei Cicero *div.* 1, 58, 132 qui sibi semitam non sapiunt, alteri
monstrant viam.

DER AFFE ALS RICHTER ÜBER WOLF UND FUCHS

Wer einmal sich den Vorwurf bösen Trugs verdient,
dem glaubt man nicht mehr, selbst wenn er die Wahrheit spricht.
Die kurze Fabel von Aesop bestätigt dies.

Den Fuchs beschuldigte des Diebstahls einst der Wolf,
doch jener leugnet' es, bestreitend jede Schuld.

tunc iudex inter illos sedit simius.
uterque causam cum perorassent suam,
dixisse fertur simius sententiam:
"Tu non videris perdidisse quod petis;
10 te credo subripuisse quod pulchre negas."

11. ASINVS ET LEO VENANTES

Virtutis expers, verbis iactans gloriam,
ignotos fallit, notis est derisui.

Venari asello comite cum vellet leo,
contexit illum frutice et admonuit simul
5 ut insueta voce terreret feras,
fugientes ipse exciperet.   hic auritulus
clamorem subito totis tollit viribus
novoque turbat bestias miraculo.
quae dum paventes exitus notos petunt,
10 leonis adfliguntur horrendo impetu.
qui postquam caede fessus est, asinum evocat
iubetque vocem premere.   tunc ille insolens:
"Qualis videtur opera tibi vocis meae?"
"Insignis" inquit "sic ut, nisi nossem tuum
15 animum genusque, simili fugissem metu."

12. CERVVS AD FONTEM

Laudatis utiliora quae contempseris
saepe inveniri testis haec narratio est.

Ad fontem cervus, cum bibisset, restitit
et in liquore vidit effigiem suam.

Da setzt' als Richter sich der Affe zwischen sie;
als beide nun plädiert und peroriert,
gab dieses Urteil, wie man sagt, der Affe ab:
„Mir scheint, daß *du* das nicht verlorst, was du verlangst,
dagegen stahlst *du*, was du leugnest so gewandt."

Zum Promythium vgl. Aesop 353 sowie Anmerkung dazu.

ESEL UND LÖWE AUF DER JAGD

Wenn einer, dem's an Mut fehlt, nur mit Worten prahlt,
so täuscht er den, der es nicht weiß, jedoch
wer's weiß, der lacht ihn aus.

Einst ging der Löwe mit dem Esel auf die Jagd,
versteckt' ihn im Gebüsch und trug zugleich ihm auf,
mit seinem Brüllen aufzuschrecken das Getier,
dem dieses neu war; selber fing' er sie dann ab.
Herr Langohr brüllt aus Leibeskräften auch sogleich
und schreckt die Tiere auf mit gräßlich neuem Lärm.
Als die geängstigt flüchten auf gewohntem Pfad,
bringt sie mit grauenhaftem Sprung der Löwe um.
Des Metzelns müde ruft den Esel er zu sich
und heißt ihn schweigen. Da fragt dieser frech: „Was hältst
von meiner Stimme du? Die hat's geschafft!" –
„Großartig", sprach er, „so daß, hätt' ich nicht gewußt,
daß du an Mut und Art ein rechter Esel bist,
auch ich vor Schreck geflohen wäre wie die andern."

Vgl. Aes. 259

DER HIRSCH AM QUELL

Verachtetes ist oftmals nützlicher als das,
was man gepriesen: die Geschichte hier bezeugt's.

Als er vom Quell getrunken, blieb ein Hirsch dort stehn
und sah im Wasser an sein Spiegelbild. Dort preist

5   ibi dum ramosa mirans laudat cornua
    crurumque nimiam tenuitatem vituperat,
    venantum subito vocibus conterritus
    per campum fugere coepit, et cursu levi
    canes elusit.   silva tum excepit ferum,
10 in qua retentis inpeditus cornibus
    lacerari coepit morsibus saevis canum.
    Tunc moriens edidisse vocem hanc dicitur:
    "O me infelicem, qui nunc demum intelligo,
    utilia mihi quam fuerint quae despexeram,
15 et quae laudaram quantum luctus habuerint."

13. VVLPIS ET CORVVS

   Qui se laudari gaudet verbis subdolis
fere dat poenas turpi paenitentia.

    Cum de fenestra corvus raptum caseum
    comesse vellet celsa residens arbore,
5   vulpes invidit, deinde sic coepit loqui:
    "O qui tuarum, corve, pennarum est nitor!
    quantum decoris corpore et vultu geris!
    si vocem haberes, nulla prior ales foret."
    at ille stultus, dum vult vocem ostendere
10 lato ore emisit caseum; quem celeriter
    dolosa vulpes avidis rapuit dentibus.
    tum demum ingemuit corvi deceptus stupor.
       [Hac re probatur ingenium quantum valet;
    virtute semper praevalet sapientia.]

er sein vielendiges Geweih, doch tadelt er
die Beine, weil sie gar zu dünn. Da schreckt' ihn auf
miteins der Jägerruf: er floh feldein und leichten Laufs
entrann den Hunden er: jetzt nahm der Forst ihn auf.
Darin verfing sich sein Geweih und hielt ihn fest,
bis ihn grausamer Hundebiß zerfleischte.
Dies soll er sterbend noch gerufen haben:
„Ich Armer, der ich jetzt erst sehe, wie mir das,
was ich verachtet, frommte, während, was ich pries,
mir Unheil nur und Trauer eingebracht!"

L. Müller liest ‚lusit Molossos'. – Vgl. Aes. 128; Babr. 43.

FUCHS UND KRÄHE

Wer gerne hört, wenn man mit listigem Wort ihn lobt,
wird meist dafür bestraft mit Schande und bereut's.

Die Krähe, die vom Fenster einen Käse stahl,
saß hoch am Baume, wo sie ihn verzehren wollt.
Der Fuchs, der's auf den Käse abgesehen, sprach:
„Wie herrlich, Krähe, schimmert dein Gefieder doch!
Wie reizend ist dein Körper, wie dein Antlitz schön!
Könntst du auch singen, stünd' dir jeder Vogel nach!"
Die Dumme wollte zeigen, daß sie singen konnt',
tat auf den Schnabel und der Käse fiel herab.
Schnell schnappt' ihn gierigen Zahns der schlaue Fuchs,
da erst begriff die Krähe jammernd, daß es nur
die eigene Dummheit war, die sie betrogen hatt'.

Vgl. Aes. 204 und 204 b; Babr. 77. Häufiges Motiv, das von Luria (op. cit.)
gleichfalls in den Komplex „Mehr scheinen wollen als man ist" eingereiht
wird. – La Fontaines Version (1, 2) ist eine der bekanntesten; sie hatte einen m. franz.
Vorgänger: Sire Tiercelin le corbeau Qui cuide estre avenant et beau tenoit
en son bec un fromage (bei Aesop ist es ein Stück Fleisch). Auch im *Roman du
renart* findet sich diese Fabel.

15. ASINVS AD SENEM PASTOREM

In principatu commutando civium
nil praeter dominum, non res mutant pauperes.
id esse verum parva haec fabella indicat.

    Asellum in prato timidus pascebat senex.
5 is hostium clamore subito territus
suadebat asino fugere, ne possent capi.
At ille lentus: "Quaeso, num binas mihi
clitellas impositurum victorem putas?"
senex negavit.   "Ergo quid refert mea
10 cui serviam, clitellas dum portem unicas?"

16. OVIS CERVVS ET LVPVS

Fraudator homines cum vocat sponsum improbos
non rem expedire, sed malum ordiri expetit.

    Ovem rogabat cervus modium tritici,
lupo sponsore.   at illa praemetuens dolum:
5 "Rapere atque abire semper adsuevit lupus;
tu de conspectu fugere veloci impetu.
ubi vos requiram cum dies advenerit?"

17. OVIS CANIS ET LVPVS

Solent mendaces luere poenas malefici.

    Calumniator ab ove cum peteret canis
quem commendasse panem se contenderet,
lupus citatus testis non unum modo
5 deberi dixit, verum adfirmavit decem.
ovis damnata falso testimonio

DER ESEL ZUM ALTEN HIRTEN

Wenn Staatsbeherrscher wechseln, ändert sich
dem Armen nur der Herr, ansonsten bleibt's, wie's war.
Daß dieses wahr ist, zeigt die kleine Fabel an.

Es weidet' seinen Esel einst ein zager Greis.
Voll Schrecken, als sich feindlich Kriegsgeschrei erhob,
riet er dem Esel: „Laß uns fliehn, sonst fängt man uns."
Der aber sprach nur träge: „Glaubst du, daß man mir
zweifache Last aufpackt, sofern der Feind gewinnt?" –   Sklav'
„Nein", sprach der Greis. – „Was macht's mir aus dann, wem als
ich diene, wenn ich doch nur einen Packen trag?"

WOLF, HIRSCH UND SCHAF

Wenn ein Betrüger Schufte sich als Bürgen stellt,
betreibt er nicht Geschäfte, sondern bösen Trug.

Ein Hirsch verlangte einen Scheffel Weizen einst
vom Schaf: der Wolf sollt' bürgen. Doch voll Argwohn sprach's:
„Der Wolf, gewohnt zu rauben, macht sich schnell davon,
und du verschwindest eilig und man sieht dich nicht.
Wenn's zur Abrechnung kommt, wo find' ich euch wohl dann?"
Für *malum ordiri* (V. 2) liest Rank malam avide rem.

SCHAF, HUND UND WOLF

Gestraft wird oft der Lügner für die Übeltat.

Der Hund verlangte fälschlich von dem Schaf ein Brot,
das ihm geliehen zu haben er behauptete.
Der Wolf, als Zeuge vorgeladen, sagte aus,
daß nicht ein Brot geschuldet wäre, sondern zehn.
Auf falsches Zeugnis hin verurteilt, zahlt' das Schaf,

quod non debebat solvit.   post paucos dies
bidens iacentem in fovea conspexit lupum:
"Haec" inquit "merces fraudis a superis datur."

18. MVLIER PARTVRIENS

Nemo libenter recolit qui laesit locum.

Instante partu mulier actis mensibus
humi iacebat flebilis gemitus ciens.
vir est hortatus corpus lecto reciperet,
5   onus naturae melius quo deponeret.
"Minime" inquit "illo posse confido loco
malum finiri quo conceptum est initium."

19. CANIS PARTVRIENS

Habent insidias hominis blanditiae mali,
quas ut vitemus versus subiecti monent.

Canis parturiens cum rogasset alteram
ut fetum in eius tugurio deponeret,
5   facile impetravit.   dein reposcenti locum
preces admovit, tempus exorans breve,
dum firmiores catulos posset ducere.
hoc quoque consumpto flagitari validius
cubile coepit.   "Si mihi et turbae meae
10   par" inquit "esse potueris, cedam loco."

20. CANES FAMELICI

Stultum consilium non modo effectu caret,
sed ad perniciem quoque mortalis devocat.

was es nicht schuldete. Als einige Tage drauf
den Wolf in einer Grube tot es liegen sah,
sprach's: „So wird von den Göttern der Betrug belohnt."

DIE FRAU IN WEHEN

Zurück will keiner dorthin, wo ihn Schaden traf.

Nachdem vollendet war die Zeit der Schwangerschaft,
lag kreischend mit Geheul am Boden eine Frau.
Ins Bette sich zu legen riet ihr Mann, damit
bequemer dort sie ihrer Bürde ledig werd.
Sie sprach: „Ich glaube keineswegs, daß ich mein Leid
loswerde an dem Ort, wo's seinen Anfang nahm."

DIE HÜNDIN IN KINDESNÖTEN

Der bösen Menschen freundlich Wort birgt Hinterlist.
Ihr zu entgehen, mahnen diese Verse uns.

Eine Hündin, kurz vorm Werfen, bat eine andere,
ihr zu gestatten, daß in deren Hütte sie
gebäre. Gern erlaubte die's. Als sie zurück
ihr Haus verlangte, bat die andere flehentlich,
sie möge kurze Zeit ihr noch gewähren, bis
die Welpen kräftiger zum Abzug wären. Als
auch diese Zeit vorbei war, wollte dringender
ihr Haus zurück die zweite; jene aber sprach:
„Nimmst du's mit mir und meiner Brut auf, zieh ich aus."

DIE HUNGRIGEN HUNDE

Ein Plan, der töricht ist, bleibt nicht nur wirkungslos,
auch ins Verderben lockt er oft die Sterblichen.

Corium depressum in fluvio viderunt canes.
id ut comesse extractum possent facilius,
5 aquam coepere ebibere: sed rupti prius
periere quam quod petierant contingerent.

21. LEO SENEX, APER, TAVRVS ET ASINVS

Quicumque amisit dignitatem pristinam,
ignavis etiam iocus est in casu gravi.

Defectus annis et desertus viribus
leo cum iaceret spiritum extremum trahens,
5 aper fulmineis spumans venit dentibus
et vindicavit ictu veterem iniuriam.
infestis taurus mox confodit cornibus
hostile corpus.   asinus ut vidit ferum
inpune laedi, calcibus frontem extudit.
10 at ille exspirans: "Fortis indigne tuli
mihi insultare; te, Naturae dedecus,
quod ferre in morte cogor, bis videor mori."

23. CANIS FIDELIS

Repente liberalis stultis gratus est,
verum peritis inritos tendit dolos.

Nocturnus cum fur panem misisset cani,
obiecto temptans an cibo posset capi,
5 "Heus," inquit "linguam vis meam praecludere,
ne latrem pro re domini? multum falleris.

Eine Haut erblickten Hunde auf des Flusses Grund.
Um leichter sie herauszuziehen für ihren Fraß,
begannen sie, das Wasser auszusaufen, doch
sie platzten und verreckten, ehe sie's erreicht.

Vgl. Aes. 218

DER ALTE LÖWE, DER EBER, DER STIER
UND DER ESEL

Wer früher respektiert ward, doch dies eingebüßt,
wird selbst von Feiglingen verhöhnt in seiner Not.

Als altersschwach der Löwe lag, entkräftet ganz
und fast den letzten Atem ausgehaucht, da kam
der Eber, schäumend und mit mörderischem Fang,
und rächt' mit einem Stoß für frühere Wunde sich.
Mit wütendem Horn durchbohrte dann der Stier
des Feindes Leib. Als nun der Esel sah, wie man
straflos mißhandelte das wilde Tier, trat er
ihm ins Gesicht. Der Löwe, schon im Sterben, sprach:
„Daß Tapfere mich verhöhnt, ertrug entrüstet ich.
Daß aber dich, du Schandfleck der Natur, beim Tod
ich dulden muß, bedeutet zweiten Tod für mich."

Daher die sprichw. Wendung „der Eselstritt."

DER TREUE HUND

Wer plötzlich sich freigebig zeigt, gefällt allein
den Dummen, doch bei Klugen frommt ihm nicht die List.

Ein Dieb warf einem Hund ein Brot vor in der Nacht,
versuchend, ob mit solchem Köder er ihn fing'.
„He," rief der, „willst du so das Maul mir stopfen, daß
ich belle nicht, zu schützen meines Herren Gut?

namque ista subita me iubet benignitas
vigilare, facias ne mea culpa lucrum."

24. RANA RVPTA ET BOS

Inops potentem dum vult imitari perit.

In prato quondam rana conspexit bovem,
et tacta invidia tantae magnitudinis
rugosam inflavit pellem; tum natos suos
5 interrogavit an bove esset latior.
illi negarunt.   rursus intendit cutem
maiore nisu, et simili quaesivit modo,
quis maior esset.   illi dixerunt bovem.
novissime indignata, dum vult validius
10 inflare sese, rupto iacuit corpore.

25. CANES ET CORCODILLI

Consilia qui dant prava cautis hominibus
et perdunt operam et deridentur turpiter.

Canes currentes bibere in Nilo flumine,
a corcodillis ne rapiantur, traditum est.
5 igitur cum currens bibere coepisset canis,
sic corcodillus: "Quamlibet lambe otio,

Gar weit gefehlt! Daß plötzlich du so freundlich bist,
mahnt mich zur Wachsamkeit, damit du nicht,
wenn ich der Pflicht vergesse, daraus Vorteil ziehst."

Ähnlich Aes. 164; Romulus 29; Syntipas 21; im Mittelalter hübsche hebräische
Darstellung von Berachja ha-Nakdan.

DER FROSCH, DER PLATZTE, UND DAS RIND

Dem Armen, der's dem Großen gleichtun will, geht's schlecht.

Auf einer Wiese sah ein Frosch einmal ein Rind.
Auf dessen Größe neidisch, blies er seine Haut
mit ihren Runzeln auf; die Jungen fragt' er dann,
ob er jetzt größer wäre als das Rind. Als „nein"
sie sagten, strengt' er mehr sich an und blies sich auf
und fragte wieder, wer der Größere sei. „Das Rind",
hieß wieder es. Der Frosch, aufs äußerste erzürnt,
versucht's mit aller Macht und bläst sich nochmals auf –
da platzt' er, und geborstenen Leibes lag er da.

Vgl. Babr. 28. Oft behandelter und sprichwörtlich gewordener Vorwurf;
vgl. Petron. 74 inflat se tamquam rana; Horat. sat. 2, 3, 314 sqq. mit genauer
Entsprechung zum Aesoptext; Martial 10,79,9 grandis ut exiguam bos ranam
ruperat olim, was sich *nicht* auf Phaedr. 1, 30 bezieht.

HUNDE UND KROKODILE

Wer argen Ratschlag denen, die sich vorsehn, gibt,
verschwendet seine Mühe und wird ausgelacht.

In vollem Lauf nur, heißt es, säuft der Hund am Nil,
damit ihn nicht dabei erschnappt das Krokodil.
Als nun ein Hund im Lauf zu trinken so begann,
da sprach ein Krokodil: „Ei, lasse dir doch Zeit

noli vereri." at ille: "Facerem mehercule,
nisi esse scirem carnis te cupidum meae."

26. VVLPIS ET CICONIA

Nulli nocendum; si quis vero laeserit,
multandum simili iure fabella admonet.

Ad cenam vulpes dicitur ciconiam
prior invitasse, et liquidam in patulo marmore
5 posuisse sorbitionem, quam nullo modo
gustare esuriens potuerit ciconia.
quae vulpem cum revocasset, intrito cibo
plenam lagonam posuit; huic rostrum inserens
satiatur ipsa et torquet convivam fame.
10 quae cum lagonae collum frustra lamberet,
peregrinam sic locutam volucrem accepimus:
"Sua quisque exempla debet aequo animo pati."

27. CANIS ET THESAVRVS ET VVLTVRIVS

Haec res avaris esse conveniens potest
et qui humiles nati dici locupletes student.

Humana effodiens ossa thensaurum canis
invenit, et violarat quia Manes deos
5 iniecta est illi divitiarum cupiditas,
poenas ut sanctae religioni penderet.

zum Trinken: fürcht' dich nicht." – Der sprach: „Ich tät's, weiß
                                                        Gott,
wenn ich nicht wüßte, daß mein Fleisch du fressen willst."

Sehr beachtlich ist der Vorschlag von L. Müller, statt *mehercule* mit ganz gering-
fügiger Änderung *mehercules* zu schreiben, was dreisilbig – *mercules* – ausgesprochen das Metrum glätten würde. Vgl. Plinius *N. H.* 8, 149.

FUCHS UND STORCH

Niemandem schade! Denn wer dieses tut, so zeigt
die Fabel, wird auf gleiche Weise selbst bestraft.

Zum Mahle lud, so heißt's, zuerst der Fuchs den Storch.
Auf Marmorplatte setzt' er dünnen Brei ihm vor,
so daß der Storch, so hungrig er auch war,
auf keine Weise davon kosten konnte. Dann
lud ein der Storch den Fuchs, und eine Flasche voll
mit festen Speisen setzte er ihm vor. Darein
steckt' er den Schnabel, so sich sättigend, dieweil
der Hunger plagte seinen Gast. Den Hals
der Flasche leckte der vergeblich; und es sprach
der Wandervogel, wie wir hören, also: „Wer
ein Vorbild gibt, ertrag auch Gleiches mit Geduld."

Häufiges Thema, u. a. bei Plutarch *symp. disput.* 1, 5 = Aes. 34.

DER HUND, DER SCHATZ UND DER GEIER

Habgierigen diene diese Fabel als Moral
und kleinen Leuten, wollen gelten sie als reich.

Ein Hund, der Menschenknochen ausgrub, fand dabei
einen Schatz. Weil er geschändet der Verstorbenen Geist,
ward Gier nach Reichtum ihm verliehn, daß Strafe er
erlitte, weil er Heiliges verletzt.

itaque aurum dum custodit oblitus cibi,
fame est consumptus.   quem stans vulturius super
fertur locutus.   "O canis, merito iaces,
10 qui concupisti subito regales opes,
trivio conceptus, educatus stercore."

28. VVLPIS ET AQVILA

Quamvis sublimes debent humiles metuere,
vindicta docili quia patet sollertiae.

Vulpinos catulos aquila quondam sustulit,
nidoque posuit pullis escam ut carperent.
5 hanc persecuta mater orare incipit,
ne tantum miserae luctum importaret sibi.
contempsit illa, tuta quippe ipso loco.
vulpes ab ara rapuit ardentem facem,
totamque flammis arborem circumdedit,
10 hosti dolorem damno miscens sanguinis.
aquila, ut periclo mortis eriperet suos,
incolumes natos supplex vulpi tradidit.

30. RANAE METVENTES TAVRORVM PROELIA

Humiles laborant ubi potentes dissident.

Rana in palude pugnam taurorum intuens,
"Heu, quanta nobis instat pernicies" ait.
interrogata ab alia cur hoc diceret,
5 de principatu cum illi certarent gregis

So wacht' er überm Gold, vergaß ans Fressen ganz
und ging vor Hunger ein. Ein Geier saß auf ihm,
und sprach, so heißt's: „Zurecht liegst, Hund, du hier, dieweil
du königlichen Reichtum hast begehrt, der du
erzeugt wardst auf der Gasse und aufwuchst im Dreck."

Verwandt dem Motiv „Hund in der Krippe". Aes. 228.

FUCHS UND ADLER

Selbst Hochgestellte sollen fürchten Niedrige,
denn Schlauheit findet, sich zu rächen, einen Weg.

Ein Aar raubt' einer Füchsin ihre Welpen und
bracht' in sein Nest sie, daß sie seine Brut zerriß'.
Die Mutter folgt' ihm nach und bat ihn flehentlich:
„Erspare doch mir Armen solchen Trauerfall!"
Im hohen Horste sicher, schwieg verächtlich der.
Da raubte einen Feuerbrand sie vom Altar
und legte Feuer um den ganzen Baum herum,
den Aar zu strafen, wär' verloren ihre Brut.
Nun fleht' der Aar, da seinen Jungen drohte Tod,
und gab dem Fuchs die Welpen unversehrt zurück.

Vgl. Aes. 5 und besonders die (voraesopische) Fabel des Archilochos.

DIE FURCHT DER FRÖSCHE VOR DEM STIERKAMPF

Wenn Mächtige streiten, leidet auch der kleine Mann.

Zwei Bullen kämpften, und ein Frosch im Sumpf sah zu.
„Weh," rief er aus, „welch groß Verderben droht uns doch!"
„Warum?" fragt ihn ein anderer, „wo die Stiere doch
nur kämpfen um der Herde Souveränität

longeque ab ipsis degerent vitam boves,
"Sit statio separata ac diversum genus;
expulsus regno nemoris qui profugerit
paludis in secreta veniet latibula,
10   et proculcatas obteret duro pede.
ita caput ad nostrum furor illorum pertinet."

31. MILVVS ET COLVMBAE

Qui se committit homini tutandum improbo,
auxilium dum requirit, exitium invenit.

Columbae saepe cum fugissent miluum,
et celeritate pennae vitassent necem,
5   consilium raptor vertit ad fallaciam
et genus inerme tali decepit dolo:
"Quare sollicitum potius aevum ducitis
quam regem me creatis icto foedere,
qui vos ab omni tutas praestem iniuria?"
10   illae credentes tradunt sese miluo;
qui regnum adeptus coepit vesci singulas
et exercere imperium saevis unguibus.
tunc de relicuis una: "Merito plectimur,
⟨huic spiritum praedoni quae commisimus."⟩

und weit von uns entfernt ihr Leben führen?" – „Sei
entfernt von uns ihr Wohnort, anders ihre Art,
so wird doch der, der unterliegt im Kampf ums Feld,
zu uns sich flüchten in den abgelegenen Sumpf,
zertretend und zerquetschend uns mit hartem Huf:
daher bedroht auch unser Leben ihre Wut."

Hiernach der zum Sprichwort gewordene Horazvers (*ep.* 1,2,14) quidquid
delirant reges, plectuntur Achivi; vorher schon Hesiod *opp.* 26: damit das Volk
für der Herrscher Freveltaten büße. Deutsche Sprichw. ,Wenn sich die
Herren raufen, müssen die Bauern die Haare herleihen' und ,Was Großhans
sündigt, muß Kleinhans büßen.' Auch im Franz. und Ital.

DER HABICHT UND DIE TAUBEN

Wer bösen Menschen sich zum Schutze anvertraut,
der findet statt der Hilfe, die er sucht, den Tod.

Als oft die Tauben durch der Schwingen Schnelligkeit
dem Habicht, und damit dem Tod, entronnen, sann
der Räuber jetzt auf Arglist und betrog das Volk,
das wehrlose, mit diesem hinterlistigen Wort:
„Warum wollt ihr ein Leben führen voller Furcht,
statt daß vertraglich mich zum König ihr euch wählt?
Ich würde schützen euch vor jeglicher Gefahr."
Gutgläubig unterstellten sie dem Habicht sich:
als Herrscher fraß er eine nach der andern auf.
Mit wilden Fängen übt' er seine Herrschaft aus.
Da sprach von denen, die noch lebten, eine: „Recht
geschieht uns, weil dem Räuber wir uns anvertraut."

Das häufige Motiv der unheilvollen Königs- bzw. Tyrannenwahl.

LIBER II

PROLOGVS

Exemplis continetur Aesopi genus;
nec aliud quicquam per fabellas quaeritur
quam corrigatur error ut mortalium,
acuatque sese diligens industria.
5   quicumque fuerit ergo narrandi iocus,
dum capiat aurem et servet propositum suum,
re commendetur, non auctoris nomine.
equidem omni cura morem servabo senis;
sed si libuerit aliquid interponere,
10   dictorum sensus ut delectet varietas,
bonas in partes, lector, accipias velim,
ita, si rependet illi brevitas gratiam.
cuius verbosa ne sit commendatio,
attende cur negare cupidis debeas,
15   modestis etiam offerre quod non petierint.

Der Text ist vielfach unsicher: statt ‚Aesopi‘ wird auch die Lesart ‚humanum‘
überliefert; auch ‚apologi‘ (wobei allerdings ein jambisches Wort den 5. Fuß
schließen würde). *Aesopi* in V. 1 erscheint jedoch notwendig, damit der
in V. 8 genannte *senex* identifiziert wird. V. 5 hat nicht nur die fast in allen
Handschriften aller Autoren übliche Verwechslung von *iocus* und *locus* (be-
ruhend auf dem kurzen ‚l‘ der Minuskelschrift), sondern auch an sich belanglose
Varianten wie *narranti* oder *narrantis*. Havet athetierte *illi* (12) in der Überzeu-
gung, in dem ganzen Gedicht werde eine Person angeredet, so daß ein Vokativ
wie Illi, Cilli o. dgl. nötig sei; doch wird diese Meinung durch Anrede des
lector im vorhergehenden Vers entkräftet. Die zwei letzten Zeilen, die zum
Programmatischen des Prologs gar nicht passen, sind in der uns vorliegenden
Burmann-Ausgabe (Leiden 1745) – wie wir meinen, zu Recht – als Promythium

1. IVVENCVS, LEO ET PRAEDATOR

Super iuvencum stabat deiectum leo.
praedator intervenit partem postulans.
„Darem“ inquit „nisi soleres per te sumere;“

BUCH II

PROLOG

Das beispielhafte Vorbild ist die Art Aesops.
und Fabeln streben nichts als dieses Eine an:
daß sie der Menschen Irrungen berichtigen
und sich an ihnen schärfe Geistestätigkeit.
Wofern denn scherzhaft die Erzählung ist, soll sie –
wenn man sein Ohr ihr leiht und sie dem Zweck entspricht –
sich nicht empfehlen durch Verfassernamen; nein,
nur durch sich selbst. Bewahren will ich sorglich wohl
den Geist des Alten; schieb ich aber etwas ein,
damit des Ausdrucks Wechsel auch ergötzen mag,
so nimm es, lieber Leser, freundlich an,
vorausgesetzt, daß meine Kürze Würze ist.
Doch weil ich Kürze nicht weitschweifig loben will,
sag ich dir an, weshalb du Gierigen weigern sollst,
was du Bescheidenen gibst, auch wenn sie's nicht verlangt.

zur folgenden Fabel 2,1 gezogen. – Programmatisch hebt der Dichter den
didaktischen Zweck hervor; für Scherzhaftes entschuldigt er sich gewisser-
maßen. Ein Grieche brauchte dies nie zu tun, aber der altrömische Begriff der
gravitas verlangte dies wohl immer noch. Er will den Stil Aesops wahren
(denn so müssen wir *genus* und *mos* hier wohl auffassen), also im *genus dicendi
humile* und knapp schreiben, wie denn auch die wenigen Fabeln dieses Buches
ausnahmslos kurz sind. – Zu *varietas* vgl. Val. Max. 2,10 *extr.* 1 dandum est
aliquid loci etiam aliegenis exemplis, ut domesticis aspersa varietate ipsa
delectent; Justin *praef.* 1 sive varietate et novitate operis delectatus; aber
„delectat variatio' steht *nicht* schon im Horatio.“ Vgl. griech. μεταβολὴ πάντων
γλυκύ.(Eurip. *Or.* 234). Aristot. *rhet.* 1, 11 und *eth. Nic.* 7, 15.

RIND, LÖWE UND RÄUBER

Ein Löwe riß ein Rind und stand auf ihm: da kam
hinzu ein Jäger und verlangte seinen Teil.
„Ich gäb's dir,“ sprach der, „nähmst du dir's nicht immer selbst,“

    et improbum reiecit.   forte innoxius
5   viator est deductus in eundem locum,
    feroque viso rettulit retro pedem.
    cui placidus ille ,,Non est quod timeas" ait;
    ,,en, quae debetur pars tuae modestiae
    audacter tolle."   tunc diviso tergore
10 silvas petivit, homini ut accessum daret.

    Exemplum egregium prorsus et laudabile;
    verum est aviditas dives et pauper pudor.

Ob *praedator* hier ‚Räuber' oder ‚Raubtier', vielleicht den Wolf (cf. Verg.
Georg. 1,130) bedeutet, ist umstritten. Mit Burmann übersetzen wir ‚Jäger':

3. AESOPVS AD QVENDAM DE SVCCESSV INPROBORVM

    Laceratus quidam morsu vehementis canis,
    tinctum cruore panem inmisit malefico,
    audierat esse quod remedium vulneris.
    tunc sic Aesopus: ,,Noli coram pluribus
5   hoc facere canibus, ne nos vivos devorent,
    cum scierint esse tale culpae praemium."
    Successus inproborum plures allicit.

4. AQVILA, FELES ET APER

    Aquila in sublimi quercu nidum fecerat;
    feles cavernam nancta in media pepererat;
    Sus nemoris cultrix fetum ad imam posuerat.
    tum fortuitum feles contubernium
5   fraude et scelesta sic evertit malitia.
    ad nidum scandit volucris: ,,Pernicies" ait
    ,,tibi paratur, forsan et miserae mihi.

und wies den Frechen ab. Da kam ein Wandersmann,
der schuldlos war, desselben Wegs; doch als er dort
das Raubtier sah, wich er zurück. Doch freundlich sprach
der Löwe: „Du hast keinen Grund zur Furcht, drum nimm
getrost den Anteil, welcher dir gebührt, weil du
bescheiden bist." Er teilte drauf das Fleisch und gab,
zum Wald sich wendend, so dem Menschen freien Weg.

Ein prächtig Vorbild wohl und löblich gar: jedoch
in Wirklichkeit wird Gier bereichert, Anstand arm.

vgl. Ovid *met.* 12,306 Abas praedator aprorum, wie denn auch *praeda* oft für
Jagdbeute, Fang, steht.

AESOP ÜBER DEN ERFOLG DES BÖSEN

Ein Mann, verwundet einst durch bösen Hundes Biß
warf Brot, mit seinem Blut getränkt, dem Unhold vor,
dies würde seine Wunde heilen, hörte er.
Da sprach Aesop: „Laß andre Hunde dies nicht sehn,
sonst fressen sie uns alle lebend auf, wenn sie
erfahren, daß man so die Übeltat belohnt."
Die Bösen, wenn erfolgreich, locken andre an.

Vgl. Aesop „Der vom Hund Gebissene" (Halm 221).

ADLER, KATZE UND WILDSAU

Ein Adler baut' auf hoher Eiche sich sein Nest;
auf halber Höhe fand ein Loch die Katze, wo
sie ihre Jungen warf; ganz unten an dem Baum
bracht' eine Wildsau ihre Ferkel auch zur Welt.
Die Wohngemeinschaft, die der Zufall so geschafft,
vernichtete der Katze ruchlos-böse List.
Sie kletterte hinauf zum Adlernest und sprach:
„Verderben droht dir und vielleicht mir Armen auch.

　　　nam fodere terram quod vides cotidie
　　　aprum insidiosum, quercum vult evertere,
10　　ut nostram in plano facile progeniem opprimat.“
　　　terrore offuso et perturbatis sensibus,
　　　derepit ad cubile saetosae suis;
　　　„Magno“ inquit „in periclo sunt nati tui.
　　　nam simul exieris pastum cum tenero grege,
15　　aquila est parata rapere porcellos tibi.“
　　　hunc quoque timore postquam complevit locum,
　　　dolosa tuto condidit sese cavo.
　　　inde evagata noctu suspenso pede,
　　　ubi esca se replevit et prolem suam,
20　　pavorem simulans prospicit toto die.
　　　ruinam metuens aquila ramis desidet;
　　　aper rapinam vitans non prodit foras.
　　　quid multa? inedia sunt consumpti cum suis,
　　　felisque catulis largam praebuerunt dapem.
25　　　Quantum homo bilinguis saepe concinnet mali,
　　　documentum habere hinc stulta credulitas potest.

7. MVLI DVO ET LATRONES

　　　Muli gravati sarcinis ibant duo;
　　　unus ferebat fiscos cum pecunia,
　　　alter tumentes multo saccos hordeo.
　　　ille onere dives celsa cervice eminet
5　　clarumque collo iactat tintinnabulum;
　　　comes quieto sequitur et placido gradu.
　　　subito latrones ex insidiis advolant
　　　interque caedem ferro ditem sauciant,
　　　diripiunt nummos, neglegunt vile hordeum.
10　　spoliatus igitur casus cum fleret suos,
　　　„Equidem“ inquit alter „me contemptum gaudeo;
　　　nam nil amisi, nec sum laesus vulnere.“

　　　Hoc argumento tuta est hominum tenuitas,
　　　magnae periclo sunt opes obnoxiae.

denn wenn du täglich wühlen siehst die Sau, so will
mit Arglist stürzen sie den Baum, um dann
am Boden leicht zu fressen unsere Brut." Nachdem
sie ihn in Schrecken so versetzt und ganz verwirrt,
kroch sie zur borstigen Sau hinab: „Gefährdet sind
die Jungen dir: sobald du deine zarte Schar
zur Weide führst, raubt deine Ferkelchen der Aar."
Auch hier verbreitete sie Angst, und listenreich
verbarg sie sich in sicherer Höhlung. Nachts nur schlich
heraus sie, fütternd sich und ihre Brut; am Tag
saß, Furcht vortäuschend, auf der Ausschau sie. Der Aar,
den Sturz des Baumes fürchtend, sitzt am Ast; die Sau,
vor Raubzug bangend, wagt sich aus der Suhle nicht.
Kurz – jedes mit den Jungen starb den Hungertod,
und Katz' und Kätzchen boten so ein Festmahl sie.
Welch Unheil oftmals stiftet Doppelzüngigkeit
erlern' an diesem Beispiel Torengläubigkeit.

DIE ZWEI MAULTIERE UND DIE RÄUBER

Zwei Maultier', schwer beladen, zogen ihres Wegs;
davon trug eines Körbe voller Geld,
das andre Säcke, die mit Gerste prall gefüllt.
Stolz hebt den Nacken jenes, reich durch seine Last,
und hell ertönen läßt sein Glöckchen es am Hals;
mit ruhigem Schritte folgt ihm sein Gefährte nach.
Da stürmen plötzlich Räuber aus dem Hinterhalt,
man kämpft: das reiche wird verwundet mit dem Schwert,
man raubt sein Geld; die billige Gerste schiert sie nicht.
Da das beraubte nun sein Mißgeschick beweint,
sprach's andere: ,,Daß man mich mißachtet, freut mich nur,
denn ich verlor nichts und ich ward auch nicht verletzt."

Dies zeigt, daß sicher ist der dürftige kleine Mann,
doch großer Reichtum ist Gefahren ausgesetzt.

Epimythium: häufiger Gedanke, vgl. auch Juvenal: cantabit vacuus coram
latrone viator (10, 22).

8. CERVVS AD BOVES

Cervus nemorosis excitatus latibulis,
ut venatorum effugeret instantem necem,
caeco timore proximam villam petit
et opportuno se bovili condidit.
5 hic bos latenti: ,,Quidnam voluisti tibi,
infelix, ultro qui ad necem cucurreris,
hominumque tecto spiritum commiseris?''
at ille supplex ,,Vos modo'' inquit ,,parcite;
occasione rursus erumpam data.''
10 spatium diei noctis excipiunt vices.
frondem bubulcus adfert, nil adeo videt.
eunt subinde et redeunt omnes rustici,
nemo animadvertit; transit etiam vilicus,
nec ille quicquam sentit. tum gaudens ferus
15 bubus quietis agere coepit gratias,
hospitium adverso quod praestiterint tempore.
respondit unus ,,Salvum te volumus quidem,
sed ille qui oculos centum habet, si venerit,
magno in periclo vita vertetur tua.''
20 haec inter ipse dominus a cena redit,
et, quia corruptos viderat nuper boves,
accedit ad praesepe: ,,Cur frondis parum est?
stramenta desunt. tollere haec aranea
quantum est laboris?'' dum scrutatur singula,
25 cervi quoque alta conspicatur cornua;
quem convocata iubet occidi familia,
praedamque tollit. Haec significat fabula
dominum videre plurimum in rebus suis.

DER HIRSCH BEI DEN RINDERN

Ein Hirsch, aus seinem Waldeslager aufgescheucht,
den plötzlich Tod von Jägerhand bedrohte, floh
in wilder Panik zu dem nächsten Bauernhof
und barg sich in dem Rinderstall, der sich ihm bot.
Eine Ochse sprach zu dem Versteckten: „Was bezweckst du doch,
Unseliger, der du von selbst rennst in den Tod
und eines Menschen Haus dein Leben anvertraust?"
Doch jener flehte: „Schone meiner nur; sobald
Gelegenheit sich bietet, brech' ich aus von hier."
Der Tag vergeht, es löst die Nacht ihn ab. Es bringt
der Kuhhirt grünes Laub herein, doch sieht er nichts.
Es kommt, es geht ein jeder Bauernknecht,
doch keinem fällt was auf. Der Vorarbeiter kommt:
auch er merkt nichts. Des freute sich der Hirsch
und dankt den Ochsen, daß sie still geblieben
und gastlich aufgenommen ihn in seiner Not.
Ein Rind gab Antwort: „Heil zwar wünschen wir dir, doch
kommt jener Hundertäugige herein,
so kann es bald um dich geschehen sein."
Vom Mahle kam der Herr jetzt selbst, und weil das Vieh
in schlechtem Zustand kürzlich er gesehen, trat
er an die Krippe: „Warum liegt zuwenig Laub?
Es fehlt an Streu. Die Spinneweben weg-
zumachen, war euch wohl zu schwer?" Und als er so
eins um das andere prüft, sieht er das Hirschgeweih.
Da ruft die Knechte er, und man erschlägt den Hirsch,
Er trägt die Beute fort.
                              Es zeigt die Fabel an,
daß man am meisten sieht, wenn es um Eigenes geht.

Epim. „Des Herren Auge sieht am besten" – sprichwörtlich, vgl. Plin. 18, 6, 43:
maiores nostri fertilissimum in agris oculum domini esse dixerunt.

9. AVCTOR

Aesopi ingenio statuam posuere Attici,
servumque collocarunt aeterna in basi,
patere honoris scirent ut cuncti viam
nec generi tribui sed virtuti gloriam.
5 quoniam occuparat alter ut primus foret,
ne solus esset, studui, quod superfuit.
nec haec invidia, verum est aemulatio.
quodsi labori faverit Latium meo,
plures habebit quos opponat Graeciae.
10 si Livor obtrectare curam voluerit,
non tamen eripiet laudis conscientiam.
si nostrum studium ad aures cultas pervenit,
et arte fictas animus sentit fabulas,
omnem querelam submovet felicitas.
15 sin autem rabulis doctus occurrit labor,
sinistra quos in lucem natura extulit,
 nec quidquam possunt nisi meliores carpere,
fatale exilium corde durato feram,
donec Fortunam criminis pudeat sui.

Attici: Phaedrus gebraucht niemals das für den kurzen Vers wohl auch zu
schwerfällige *Athenienses;* die ursprünglich diskreten Begriffe wurden schon
früh synonym. – Nach V. 11 nimmt Havet eine Lücke an und fügt dem

NACHSPRUCH ZU BUCH 2

Ein Standbild schuf Athen dem Genius Aesops,
dem Sklaven ward zuteil ein ewig Pedestal,
daß alle wüßten, frei zur Ehrung läg' der Pfad,
nicht zollt' man sie dem Adel, sondern dem Verdienst.
Da nun ein anderer mir zuvorgekommen ist,
mußt', daß er nicht der Einzige bleib', mein Vorsatz sein.
Dies ist nicht Neid, Nacheifern ist es nur,
und ist nun Latium meinem Werk geneigt,
hat's gegenüber Hellas einen Autor mehr.
Wenn aber Neid mein Werk herunterreissen will,
so weiß ich doch, daß was ich schuf, mir Preis verdient.
Wenn an Gebildeter Ohren mein Bemühen dringt
und jener Urteil Kunst in meinen Fabeln sieht,
dann übersteigt mein Glücksgefühl Beschwerden mir.
Gerät an Kritikaster mein gelehrtes Werk,
wie die Natur in böser Stunde sie erzeugt,
die sonst nichts können als zerzausen Bessere,
so trag Verbannungsschicksal ich mit festem Mut,
bis sich Fortuna schämt ob ihrer Missetat.

Schluß des Epilogs Vers 33–63 des Prologs von Buch 3 hinzu; auch sonst
ist der Text vielfach umstritten. – Das stolze Selbstgefühl des *exegi monumentum* bzw. *iamque opus exegi* klingt hier an, denn Phaedrus zielt natürlich auch
auf sein eigenes Verdienst.

LIBER III

PHAEDRVS AD EVTYCHVM

· ·

Nunc, fabularum cur sit inventum genus,
brevi docebo. servitus obnoxia,
35 quia quae volebat non audebat dicere,
affectus proprios in fabellas transtulit,
calumniamque fictis elusit iocis.
ego illius pro semita feci viam,
et cogitavi plura quam reliquerat,
40 in calamitatem deligens quaedam meam.
quodsi accusator alius Seiano foret,
si testis alius, iudex alius denique,
dignum faterer esse me tantis malis,
nec his dolorem delenirem remediis.
45 suspicione si quis errabit sua,
et, rapiens ad se quod erit commune omnium,
stulte nudabit animi conscientiam,
huic excusatum me velim nihilo minus.
neque enim notare singulos mens est mihi,
50 verum ipsam vitam et mores hominum ostendere.

· ·

Sejan, der mächtige Minister des Tiberius, der eine eheliche Verbindung mit
dem Herrscherhause – und vielleicht noch mehr – anstrebte, wurde i. J. 31 gestürzt und mit seiner Familie umgebracht. Sein Sturz (dargestellt von Dio
Cassius 58, 10 und erwähnt bei Juvenal (10, 66 ff.) brachte es mit sich, daß nach-
träglich auch zu Recht von ihm Verurteilte allgemeine Sympathie erwarben.
Wegen welchen Vergehens Phaedrus angeklagt und bestraft wurde (carmina

1. ANVS AD AMPHORAM

Anus iacere vidit epotam amphoram,
adhuc Falerna faece e testa nobili
odorem quae iucundum late spargeret.
hunc postquam totis avida traxit naribus:

BUCH III

AUS DEM PROLOG

Kurz leg ich dar, weshalb die Gattung man erfand,
die „Fabel" heißt.
                    Der Sklave, hilflos untertan,
der sich zu sagen, was er wollte, nicht getraut,
hat in Histörchen, was er fühlte, eingehüllt,
entgehend so der Strafe durch erfundenen Scherz.
Wo jener einen Pfad, baut' eine Straße ich,
und mehr noch, als er hinterließ, hab ich erdacht.
Auch so trug einiges davon mir Unbill ein.
Hätt mich ein anderer als Sejan verklagt, und wär
gewesen Zeuge nicht und Richter dieser selbe Mann –
selbst dann gestünd ich, daß viel Böses ich verdient
und brauchte solche Linderung nicht für meinen Schmerz.
Wähnt fortan jemand irrig, daß auf ihn ich ziel,
auf sich beziehend, was für alle gilt, so legt
er töricht bloß, wie schlecht's um sein Gewissen steht.
Doch trotzdem mag auch dieser mir verzeihn:
brandmarken will ich ja nicht Einzelne – vielmehr
darstellen will ich Menschenleben und -moral

probrosa?) ist nicht bekannt; jedenfalls hat Sejan, wie aus diesen offenbar
nach Sejans Tod veröffentlichten Versen hervorgeht, gegenüber Phaedrus
nicht seine übliche Grausamkeit walten lassen. – 38 „Jener" ist natürlich
Aesop; schon hier wird also die „aesopische" Fabel als Gattung, nicht als das
ausschließliche Werk Aesops, bezeichnet.
50 *Parcere personis, dicere de vitiis* ist auch Martials Grundsatz (10, 33, 10).

DAS ALTE WEIB ZUM WEINKRUG

Eine Alte sah einen Krug von Zechern ausgeleert;
aus edler Flasche duftete noch Bodensatz
Falerner Weines angenehm heraus. Das Weib
zog gierig, mit den Nüstern schnüffelnd, ein den Duft.

5   „O suavis anima, quale in te dicam bonum
antehac fuisse, tales cum sint reliquiae!"

Hoc quo pertineat dicet qui me noverit.

4. LANIVS ET SIMIVS

Pendere ad lanium quidam vidit simium
inter relicuas merces atque opsonia;
quaesivit quidnam saperet.   tum lanius iocans
„Quale" inquit „caput est, talis praestatur sapor."

5   Ridicule magis hoc dictum quam vere aestimo;
quando et formosos saepe inveni pessimos,
et turpi facie multos cognovi optimos.

5. AESOPVS ET PETVLANS

Successus ad perniciem multos devocat.

Aesopo quidam petulans lapidem impegerat.
„Tanto" inquit „melior!" assem deinde illi dedit
sic prosecutus: „Plus non habeo mehercule,
5   sed unde accipere possis monstrabo tibi.
venit ecce dives et potens; huic similiter
inpinge lapidem, et dignum accipies praemium."
persuasus ille fecit quod monitus fuit,
sed spes fefellit impudentem audaciam;
10   comprensus namque poenas persolvit cruce.

„O süßer Geist, wie gut mußt du gewesen sein,
wenn selbst der Bodensatz noch so vortrefflich ist!"
Was ich hiermit wohl meine? Wer mich kennt, versteht's.

Der Sinn ist nicht ganz deutlich: vielleicht beklagt Ph. sein Alter und erinnert
sich seiner Jugend, so wie man bei einer früheren Schönheit von *les beaux
restes* spricht; Havets Vermutung, daß Ph. um die verlorene Freiheit Roms,
libertatem publicam, trauere, wird von Perry *ad loc.* überzeugend widerlegt.

DER METZGER UND DER AFFE

Im Metzgerladen war ein Affe aufgehängt
mit anderem Fleisch und Fisch. Dies sah ein Mann und fragt':
„Wie schmeckt denn das?" – Der Metzger sprach im Scherz:
„So scheußlich, wie es aussieht, schmeckt das Vieh."

Ich glaube, daß dies mehr ein Witz als Wahrheit war.
Oft fand ich nämlich, daß, wer schön, ein Schurke war,
dagegen kannt' ich viele, häßlich, aber brav.

Es ist nicht bekannt, daß Affenfleisch im Altertum jemals gegessen wurde;
hier liegt wahrscheinlich nur ein Scherz vor.

AESOP UND DER UNVERSCHÄMTE

Erfolg führt viele zum Verderben hin.

Ein Frechling warf und traf mit einem Stein Aesop.
„Recht gut so", sprach der und gab einen Pfennig ihm
und fuhr so fort: „Mehr hab ich leider nicht, bei Gott,
doch zeig ich dir, wie du noch mehr bekommen kannst.
Ein Reicher, schau, und Mächtiger kommt hier; den triff
wie mich mit einem Stein, dann wird dir würdiger Lohn."
Bereden ließ sich der und tat, was man ihm riet.
Doch seine Unverschämtheit wurde schwer enttäuscht;
verhaftet wurde er und büßte es am Kreuz.

auch hier kann man mit L. Müller *mehercules*, sprich *mercules*, lesen.

6. MVSCA ET MVLA

Musca in temone sedit et mulam increpans
,,Quam tarda es" inquit ,,non vis citius progredi?
vide ne dolone collum conpungam tibi."
respondit illa ,,Verbis non moveor tuis;
5 sed istum timeo sella qui prima sedens
cursum flagello temperat lento meum,
et ora frenis continet spumantibus.
quapropter aufer frivolam insolentiam;
nam et ubi tricandum et ubi sit currendum scio."
10 Hac derideri fabula merito potest
qui sine virtute vanas exercet minas.

9. SOCRATES AD AMICOS

Vulgare amici nomen sed rara est fides.
Cum parvas aedes sibi fundasset Socrates
(cuius non fugio mortem si famam adsequar,
et cedo invidiae dummodo absolvar cinis),
5 sex populo sic nescioquis, ut fieri solet:
,,Quaeso, tam angustam talis vir ponis domum?"
,,Utinam" inquit ,,veris hanc amicis impleam!"

11. EVNVCHVS AD IMPROBVM

Eunuchus litigabat cum quodam improbo,
qui super obscena dicta et petulans iurgium
damnum insectatus est amissi corporis.
,,En" ait ,;hoc unum est cur laborem validius,
5 integritatis testes quia desunt mihi.
sed quid Fortunae, stulte, delictum arguis?
id demum est homini turpe quod meruit pati."

DIE FLIEGE UND DAS MAULTIER

Die Fliege auf der Deichsel schalt das Maultier aus.
„Wie langsam bist du", sprach sie, „gehe schneller doch,
sonst stech mit meinem Stachel ich dich in den Hals."
Das Maultier sprach: „Es rührt mich dein Geschwätze nicht;
Angst hab ich nur vor jenem vorne auf dem Bock,
der mit geschmeidiger Peitsche meinen Lauf regiert
und mir das Maul beherrscht mit schäumendem Gebiß.
Drum laß von deiner unverschämten Frechheit ab,
ich weiß schon, wann's zu trödeln, wann's zu laufen gilt."
In dieser Fabel wird mit Recht ein Mensch verlacht,
der leere Drohung ausstößt, aber kraftlos ist.

SOKRATES ZU SEINEN FREUNDEN

Von Freunden spricht man viel, doch selten ist die Treu.
Es hatte Sokrates ein Häuschen sich erbaut
(gern würd' wie er ich sterben, hätt' ich seinen Ruhm,
und wich' der Bosheit, spräch man meine Asche frei) –
da sagte irgendwer zu ihm, wie man halt spricht:
„Nanu, so enges Häuschen für so großen Mann?"
„Oh könnt ichs", sprach er, „doch mit wahren Freunden füllen!"

DER EUNUCH ANTWORTET DEM BÖSARTIGEN

Mit einem Neidling führte Rechtsstreit ein Eunuch.
Der überhäuft ihn mit obszönen Schimpferein
und warf ihm schließlich vor, daß er verstümmelt sei.
„In dieser Hinsicht", sprach der, „bin im Nachteil ich,
weil ich nicht *zeugen* kann, daß ich unschuldig bin.
Warum, du Dummkopf, rechnest du als Schuld mir an,
was mir das Schicksal angetan? Dem Menschen reicht
zur Schande nur, was er zu Recht erleiden muß."

testes: Die Übersetzung versucht das Wortspiel *testes* = 1. Zeuge 2. Testikel, wiederzugeben.

12. PVLLVS AD MARGARITAM

In sterculino pullus gallinacius
dum quaerit escam, margaritam repperit.
„Iaces indigno quanta res" inquit „loco!
hoc si quis pretii cupidus vidisset tui,
5 olim redisses ad splendorem pristinum.
ego quod te inveni, potior cui multo est cibus,
nec tibi prodesse nec mihi quicquam potest."

Hoc illis narro qui me non intellegunt.

13. APES ET FVCI VESPA IVDICE

Apes in alta fecerant quercu favos.
hos fuci inertes esse dicebant suos.
lis ad forum deducta est, vespa iudice;
quae, genus utrumque nosset cum pulcherrime,
5 legem duabus hanc proposuit partibus:
„Non inconveniens corpus et par est color,
in dubium plane res ut merito venerit.
sed, ne religio peccet inprudens mea,
alvos accipite et ceris opus infundite,
10 ut ex sapore mellis et forma favi,
de quis nunc agitur, auctor horum appareat."
fuci recusant, apibus condicio placet.
tunc illa talem rettulit sententiam:
„Apertum est quis non possit et quis fecerit.
15 quapropter apibus fructum restituo suum."
Hanc praeterissem fabulam silentio,
si pactam fuci non recusassent fidem.

DER HAHN ZUR PERLE

Am Düngerhaufen suchte Futter sich ein Hahn
und fand dort eine Perle. „Ach", sprach er, „was liegst
du wertvoll Ding doch dort, wo es dir nicht gebührt.
Hätt' jemand dich gesehn, auf deinen Wert erpicht,
so strahltest längst du schon im dir gemäßen Glanz.
Daß ich dich fand, wo mir viel mehr am Fressen liegt,
ist keinesfalls von Nutzen – weder dir noch mir."

Für den gilt die Geschichte, welcher mich nicht schätzt.

DIE WESPE RICHTET ZWISCHEN BIENEN
UND DROHNEN

Die Bienen bauten Waben hoch im Eichenbaum,
die faulen Drohnen sagten, daß es ihre sei'n.
Der Streit kam vors Gericht, die Wespe richtete.
Die wußte nun recht gut mit beider Art Bescheid
und legte den Parteien die Entscheidung vor:
„An Körperbau und Farbe ähnelt ihr euch ja,
so daß der Fall mit Recht ein zweifelhafter ist.
Damit ich nicht versehentlich die Pflicht verletz',
nehmt diese Körbe und füllt aus mit eurem Werk
das Wachs, damit ich am Geschmack des Honigs und
der Form der Waben sehe, wer die hergestellt."
Die Drohnen weigern sich, den Bienen ist es recht;
drauf gab die Wespe dieses Urteil ab:
„Klar liegt nun, wer's nicht konnte und wer es getan,
drum geb den Bienen jetzt ich ihrer Arbeit Frucht."
Ich hätte diese Fabel nicht erwähnt, wofern
die Drohnen ihr Versprechen eingehalten.

14. DE LVSV ET SEVERITATE

Puerorum in turba quidam ludentem Atticus
Aesopum nucibus cum vidisset, restitit,
et quasi delirum risit.   quod sensit simul
derisor potius quam deridendus senex,
5 arcum retensum posuit in media via;
„Heus" inquit „sapiens, expedi quid fecerim."
concurrit populus. ille se torquet diu,
nec quaestionis positae causam intellegit.
novissime succumbit. tum victor sophus:
10 „Cito rumpes arcum, semper si tensum habueris;
at si laxaris, cum voles erit utilis."

Sic lusus animo debent aliquando dari,
ad cogitandum melior ut redeat tibi.

17. ARBORES IN DEORUM TUTELA

Olim, quas vellent esse in tutela sua,
divi legerunt arbores. quercus Iovi,
at myrtus Veneri placuit, Phoebo laurea,
pinus Cybebae, populus celsa Herculi.
5 Minerva admirans, quare steriles sumerent,
interrogavit. causam dixit Iuppiter:
„Honorem fructu ne videamur vendere."
„At mehercules narrabit, quod quis voluerit,
oliva nobis propter fructum est gratior."
10 tum sic deórum genitor atque hominum sator:
„O nata, merito sapiens dicere omnibus.
nisi utile est, quod facimus, stulta est gloria."
Nihil agere, quod non prosit, fabella admonet.

SPANNUNG UND ENTSPANNUNG

In einer Schar von Buben spielte einst Aesop
um Nüsse. Ein Athener sah's, blieb stehn und lacht'
ihn aus wie einen Narren. Als der Greis dies sah,
der eher Spötter als das Ziel des Spottes war,
legt' auf die Straß' er einen Bogen, der entspannt.
„Schlauberger", sprach er, „leg mal aus, was ich da tat."
Es lief das Volk zu Hauf; lang quälte der sich ab,
doch des Problemes Sinn begriff er keineswegs –
zum Schlusse gab er auf. Der Weise, der gewann,
sprach: „Immer straff gespannt zerbricht der Bogen bald,
entspannt jedoch bleibt nützlich er, wenn man ihn braucht."

So gönne manchmal auch Entspannung man dem Geist,
damit er dann zum Denken besser tauglich sei.

BÄUME UNTER DEM SCHUTZ DER GÖTTER

Einst wählten sich die Götter Bäume, welche sie
beschützen wollten. Juppiter gefiel die Eiche,
die Myrte Venus, Phoebus dann der Lorbeerbaum,
Cybele die Pinie, Herakles die hohe Pappel.
5   Minerva fragt' erstaunt, warum sie Bäume wählten,
die ohne Früchte. Juppiter nennt ihr den Grund:
„Nicht aussehn darf's, als gäben wir der Frucht die Ehr!"
„Fürwahr, erzählen kann mir einer, was er will:
Der Ölbaum ist der Früchte wegen mir genehm."
10 Drauf sprach der Götter Vater und der Menschen Schöpfer:
„Mein Kind, von allen wirst mit Recht du klug genannt.
Bringt Tun nicht Nutzen, töricht ist dann unser Ruhm."
    Was uns nicht nutzt, das nicht zu tun, die Fabel mahnt.

18. PAVO AD IVNONEM DE VOCE SVA

Pavo ad Iunonem venit, indigne ferens
cantus luscinii quod sibi non tribuerit;
illum esse cunctis auribus mirabilem,
se derideri simul ac vocem miserit.
5 tunc consolandi gratia dixit dea:
„Sed forma vincis, vincis magnitudine;
nitor smaragdi collo praefulget tuo,
pictisque plumis gemmeam caudam explicas."
„Quo mi" inquit „mutam speciem si vincor sono?"
10 „Fatorum arbitrio partes sunt vobis datae;
Tibi forma, vires aquilae, luscinio melos,
augurium corvo, laeva cornici omina;
omnesque propriis sunt contentae dotibus.
noli adfectare quod tibi non est datum,
15 delusa ne spes ad querelam reccidat."

19. AESOPVS RESPONDET GARRVLO

Aesopus domino solus cum esset familia,
parare cenam iussus est maturius.
ignem ergo quaerens aliquot lustravit domus,
tandemque invenit ubi lacernam accenderet,
5 tum circumeunti fuerat quod iter longius
effecit brevius: namque recta per forum
coepit redire.   et quidam e turba garrulus:
„Aesope, medio sole quid tu lumine?"
„Hominem" inquit „quaero," et abiit festinans domum.
10 Hoc si molestus ille ad animum rettulit,
sensit profecto se hominem non visum seni,
intempestive qui occupato adluserit.

DER PFAU BESCHWERT SICH BEI JUNO

Zu Juno kam der Pfau, entrüstet, weil sie ihm
der Nachtigall Gesang, der jedes Ohr entzückt,
versagt: sobald er seine Stimme nur erheb',
werd' er verlacht.
   Da sprach die Göttin, ihm zum Trost:
„An Schönheit doch besiegst du sie, an Größe auch,
smaragdenglänzend leuchtet schimmernd dir der Hals,
schlägst du ein Rad, so funkelt's bunt wie Edelstein." –
„Was frommt mir stumme Schönheit, steh' im Sang ich nach?" –
„Das Schicksal teilte jedem von euch zu sein Los:
dir Schönheit, Kraft dem Adler, Sang der Nachtigall,
Weissagung Raben, Krähen böse Prophetie,
und sich bescheidet jeglicher mit seinem Los.
Drum trachte nicht nach dem, was dir nicht zugeteilt,
sonst wirst du nur enttäuscht und bleibst ein Querulant."

Der Pfau war Attribut der Juno; er wurde durch die Phönizier zuerst auf
Samos bekannt.

AESOP ANTWORTET EINEM SCHWÄTZER

Als einst Aesop des Herren einziger Sklave war,
sollt' früher als gewohnt das Mahl er richten ihm.
So ging er, Feuer suchend, drum von Haus zu Haus,
bis er eins fand, sein Lämpchen anzuzünden dort:
Weil nun sein Hinweg ihn zu weit herumgeführt,
nahm er den kürzeren Rückweg mitten durch den Markt.
Da sprach ein Schwätzer aus der Menge: „Was willst du,
Aesop, am hellen Tage mit der Lampe denn?"
„Ich suche einen Menschen". Sprach's und eilte heim.
Falls jener Lästige dies sich zu Gemüt geführt,
so merkt' er wohl, daß er dem Greis als Mensch nicht galt,
da er zur Unzeit neckte den Beschäftigten.

Parallele zu der bekannten Diogenes-Anekdote bei Diog. Laert. 6, 41.

LIBER IV

1. ASINVS ET GALLI

Qui natus est infelix, non vitam modo
tristem decurrit, verum post obitum quoque
persequitur illum dura fati miseria.

Galli Cybebes circum in questus ducere
5   asinum solebant, baiulantem sarcinas
is cum labore et plagis esset mortuus,
detracta pelle sibi fecerunt tympana.
rogati mox a quodam, delicio suo
quidnam fecissent, hoc locuti sunt modo:
10 ,,Putabat se post mortem securum fore:
ecce aliae plagae congeruntur mortuo!"

2. POETA

Ioculare tibi videmur: et sane levi,
dum nil habemus maius, calamo ludimus.
sed diligenter intuere has nenias;
quantam in pusillis utilitatem reperies!
5   non semper ea sunt quae videntur: decipit
frons prima multos, rara mens intellegit
quod interiore condidit cura angulo.

BUCH IV

DER ESEL UND DIE KYBELE-PRIESTER

Wenn jemand von Geburt zum Unheil ist bestimmt,
ist kläglich nicht sein Leben nur: auch nach dem Tod
verfolgt ihn harten Schicksals traurig Los.

Cybebes Bettelpriester zogen durch das Land
mit einem Esel, tragend ihr Gepäck.
Als er an Überlastung und an Prügeln starb,
da zogen sie das Fell ihm ab und spannten es
auf ihre Tamburine. Jemand fragte sie,
„Was tatet ihr mit eurem Liebling?" – Jene drauf:
„Er glaubt', er würde nach dem Tode sorgenfrei,
doch siehe, neue Prügel kriegt er nach dem Tod."

Bei Apuleius ziehen die Bettelpriester gleichfalls mit einem Esel umher. Angesichts
der den Galli nachgesagten sexuellen Ausschweifungen ist das Wort ‚delicium' –
Schoßtierchen, möglicherweise eine derartige Anspielung.

DER DICHTER SPRICHT

Du meinst, ich spaße, und ich führe auch
die Feder scherzend, wenn am ernsten Stoff mir's fehlt.
Doch schau genau dir meine Kleinigkeiten an:
zwar unbedeutend, sind sie praktisch-lehrreich doch.
Nicht immer sind sie, was sie scheinen: viele täuscht
die Außenwand, und selten nur ist die Intelligenz,
die sieht, was sorgsam man im Inneren verbarg ...

Phaedrus widmete sein viertes Buch einem sonst unbekannten Gönner namens
Particulo (sowohl Vorwort wie Nachwort); er beschreibt ihn als einen Mann
von hervorragendem Geschmack, der Phaedrus' Werke abschreiben läßt und
unter seinen Freunden verbreitet. Daher kann man annehmen, daß obige Verse
nicht an einen beliebigen Leser, sondern an Particulo gerichtet sind; sie enthalten einen deutlichen Wink, daß die Fabeln einen satirisch-politischen
Hintergrund haben.

6. PVGNA MVRIVM ET MVSTELARVM

Cum victi mures mustelarum·exercitu
(historia, quot sunt, in tabernis pingitur)
fugerent et artos circum trepidarent cavos,
aegre recepti, tamen evaserunt necem:
5 duces eorum, qui capitibus cornua
suis ligarant ut conspicuum in proelio
haberent signum quod sequerentur milites,
haesere in portis suntque capti ab hostibus;
quos immolatos victor avidis dentibus
10 capacis alvi mersit tartareo specu.
    Quemcumque populum tristis eventus premit,
periclitatur magnitudo principum,
minuta plebes facili praesidio latet.

8. SERPENS AD FABRVM FERRARIVM

Mordaciorem qui improbo dente adpetit,
hoc argumento se describi sentiat.

In officinam fabri venit vipera.
haec, cum temptaret si qua res esset cibi,
5 limam momordit.   illa contra contumax,
„Quid me," inquit, „stulta, dente captas laedere,
omne adsuevi ferrum quae conrodere?"

20. SERPENS MISERICORDI NOCIVA

Qui fert malis auxilium, post tempus dolet.

Gelu rigentem quidam colubram sustulit
sinuque fovit, contra se ipse misericors;

DIE SCHLACHT ZWISCHEN MÄUSEN UND WIESELN

Als Mäuse flohen, die der Wiesel Heer besiegt
(in jeder Kneipe sieht man dieses abgemalt),
da drängten angstvoll sie sich vor dem engen Loch,
gings wohl auch schwer – dem Tod entrannen sie.
Doch ihre Generale hatten Hörner sich
ans Haupt gebunden, daß den Truppen sie im Kampf
gut sichtbar wären. Stecken blieben die im Tor,
der Sieger fing sie, und mit gierigem Zahn zerriß
sein Opfer er und schickte es hinab
in des geräumigen Bauches Unterwelt.

Wann immer Unheil arg ein Volk bedrängt,
so sind's die hohen Herren, die dran glauben müssen:
die kleinen Leute schützt die Unauffälligkeit.

DIE SCHLANGE IN DER SCHMIEDE

Wenn einer den benagt, der schärfer beißen kann,
so mag er diese Fabel auf sich selbst beziehn.

In eine Schmiede schlich sich eine Viper ein,
und als sie suchte, was zum Fressen tauglich sei,
biß sie auf eine Feile. Trotzig sagte die:
,,Warum, du Närrin, probst du deinen Zahn an mir,
wo ich doch Eisen aller Art zerbeiße?''

DIE SCHLANGE STICHT DEN MITLEIDIGEN

Wer Bösen hilft, der büßt es bald durch Leid.

Von Kälte ganz erstarrt, lag eine Schlange. Die
hob einer auf und wärmte sie an seiner Brust

namque, ut refecta est, necuit hominem protinus.
5　hanc alia cum rogaret causam facinoris,
respondit „Ne quis discat prodesse improbis.“

22. PHAEDRUS

Quid iudicare cogitas, Livor, modo?
Licet dissimulet, pulchre tamen intellego.
Quicquid putabit esse dignum memoria,
Aesopi dicet; si quid minus adriserit,
5　a me contendet fictum quovis pignore.
Quem volo refelli iam nunc responso meo:
Sive hoc ineptum sive laudandum est opus,
invenit ille, nostra perfecit manus.
Sed exsequamur coepti propositum ordinem.

24. MONS PARTVRIENS

Mons parturibat, gemitus immanes ciens,
eratque in terris maxima expectatio.
at ille murem peperit.
　　　　　　　　　　Hoc scriptum est tibi,
qui, magna cum minaris, extricas nihil.

voll Mitleid, doch sich selbst zum Unheil, weil
den Mann sie tötete, kaum daß sie aufgetaut.
Als eine andere fragte: „Warum tat's du das?"
sprach sie: „Zur Lehre diene es: hilf Bösen nicht."

PHAEDRUS

„Welch Urteil, blasser Neid, gedenkst du nun zu fäll'n?"
Mag er es auch bestreiten: klar erkenn' ich's doch:
Was immer der Erwähnung wert zu sein ihm scheint,
spricht zu er dem Aesop; was nicht gefallen hat,
das, wettet er um jeden Preis, hätt' ich gemacht.
Er sei jetzt widerlegt mit meinem Wort:
Ob wenig passend oder lobenswert mein Werk:
erdacht hat er's, vollendet hat es meine Hand.
Verfolgen will ich jetzt des Werks geplante Bahn.

livor: Auseinandersetzung mit Kritikern; vgl. Epilog B. 2, 10; Prolog B. 3, 60.

DER KREISSENDE BERG

In Wehen lag ein Berg und stöhnte fürchterlich,
und etwas Riesiges erwartete das Land,
doch eine Maus gebar er.
                          Dieses gilt für dich,
der Großes androht, doch nichts fertig bringt.

Vgl. Hor. *Ars poet.* 139

LIBER V

7. PRINCEPS TIBICEN

Vbi vanus animus aura captus frivola
arripuit insolentem sibi fiduciam,
facile ad derisum stulta levitas ducitur.
  Princeps tibicen notior paulo fuit,
5 operam Bathyllo solitus in scaena dare.
is forte ludis, non satis memini, quibus,
dum pegma rapitur, concidit casu gravi
necopinus et sinistram fregit tibiam,
duas cum dextras maluisset perdere.
10 inter manus sublatus et multum gemens
domum refertur.   aliquot menses transeunt,
ad sanitatem dum venit curatio.
ut spectatorum molle est et lepidum genus,
desiderari coepit, cuius flatibus
15 solebat excitari saltantis vigor.
  Erat facturus ludos quidam nobilis.
is, ut incipiebat Princeps ad baculum ingredi,
perducit pretio precibus ut tantummodo
ipso ludorum ostenderet sese die.
20 qui simul advenit, rumor de tibicine
fremit in theatro: quidam adfirmant mortuum,
quidam in conspectum proditurum sine mora.
aulaeo misso, devolutis tonitribus,
di sunt locuti more translaticio.
25 tunc chorus ignotum modo reducto canticum
insonuit, cuius haec fuit sententia:
LAETARE INCOLVMIS ROMA SALVO PRINCIPE.
in plausus consurrectum est.   iactat basia
tibicen; gratulari fautores putat.
30 equester ordo stultum errorem intellegit
magnoque risu canticum repeti iubet.
iteratur illud.   homo meus se in pulpito
totum prosternit.   plaudit inludens eques;

BUCH V

DER FLÖTENSPIELER FÜRST

Wo wankelmüt'ge Volksgunst Dummheit unterstützt,
die eitles Selbstvertrauen sich hat angemaßt,
so macht sich dieser törichte Leichtsinn lächerlich.
Ein Flötenspieler namens Fürst war wohlbekannt,
musikbegleitend auf der Bühne den Bathyll.
Bei einem Festspiel – welchem, weiß ich nicht genau –
als die Maschine ihn erhob, kam er zu Fall
und brach sich unversehens das linke Flötenbein,
(doch hätte lieber wohl zwei rechte er gemißt).
Man hob den Mann, vor Schmerzen stöhnend, auf und trug
ihn in sein Haus. Dann gehen Monate vorbei,
bis ihm Behandlung endlich Heilung bringt.
Das Publikum, nett und weichherzig, wie es ist,
verlangte nach dem Manne, dessen Flötenton
dem Tänzer Energie verlieh. Ein Schauspiel nun
war im Begriff ein Edelmann zu geben, und
als Fürst bereits auf Krücken hinkte, bat er ihn,
für hohe Gage sich beim Stück zu zeigen nur.
Es kam der Tag, und im Theater summte es
Gerücht vom Flötenspieler: manche sagten, daß
er tot sei, andere, daß sogleich er trete auf.
Der Vorhang hob sich, Donner rollte durch das Haus,
die Götter sprachen so wie es Theaterbrauch.
Da sang der Chor ein Lied, dem Manne unbekannt,
der eben erst zurück war: dies war sein Refrain:
ROM, FREUE DICH: DER FÜRST IST HEIL,
UND SICHER DU!
Das Publikum steht auf und klatscht: Kußhändchen wirft
Herr Fürst, im Glauben, dieser Beifall gelte ihm.
Die Ritter, die des Toren Irrtum gleich erkannt,
vor Lachen brüllend, rufen: „*Bis*! Nochmal das Lied!"
Man wiederholt's – und unser guter Mann
wirft sich zu Boden. Wieder klatscht der Ritterstand

rogare populus hunc coronam existimat.
35 ut vero cuneis notuit res omnibus,
Princeps, ligato crure nivea fascia,
niveisque tunicis, niveis etiam calceis,
superbiens honore divinae domus,
ab universis capite est protrusus foras.

4 Fürst. Nur so kann der Doppelsinn „Princeps", Eigenname und Bezeichnung des Kaisers als Staatsoberhaupt, wiedergegeben werden.

5. Bathyllus, Mime und Tänzer, häufiger Artistenname, wohl nach dem von Anakreon besungenen schönen Knaben dieses Namens.

6. Diese Wendung untersützt die Vermutung, daß hier ein wirkliches Ereignis erzählt wird.

7. Maschine. *Pegma*, eine Vorrichtung, mit der Schauspieler „fliegen" konnten.

8. Flötenbein. Ein Versuch, das doppelsinnige *tibia* wiederzugeben, was sowohl Schienbein wie Flöte bedeutet.

9. Zwei rechte. Die *tibiae dextrae* spielten den Baß, die linken die höheren Töne.

17 f. Diese Verse, in den codd. kaum verständlich, wurden in der hier vorliegenden Form von Edd. berichtigt. Man beachte den Stabreim in v. 18. Pretio-precibus ist eine gebräuchliche Formel – „für Geld und gute Worte".

10. CANIS VETVLVS ET VENATOR

Adversus omnes fortis et velox feras
canis cum domino semper fecisset satis,
languere coepit annis ingravantibus.
aliquando obiectus hispidi pugnae suis,
5 arripuit aurem; sed cariosis dentibus
praedam dimisit rictus.

                              venator dolens
canem obiurgabat. cui senex contra Lacon:
„Non te destituit animus, sed vires meae.
10 quod fuimus lauda, si iam damnas quod sumus."
Hoc cur, Philete, scripserim pulchre vides.

zum Spott, das Volk jedoch vermeint, daß er den Kranz
des Siegs erbitte. Doch als jeder Rang erkennt,
worum es geht, wird Fürst – der ganz in Weiß gehüllt,
schneeweiß verbunden, schneeweiß Tunika und Schuh –
der arrogant des Kaiserhauses Ruhm sich nahm,
Hals über Kopf herausgeworfen. Alles klatscht.

23. hob sich. Eigentlich „wurde herabgelassen": das röm. Theater, im Gegensatz
zum griech., hatte einen Vorhang, der aber zum Freigeben der Bühne versenkt
wurde.

25. Die Lesart der codd. *chorus reducto tunc et notum canticum/inposuit* wurde schon
von Burmann (1745) als sinnwidrig erkannt.

28. Der Kaiser war offenbar einer Gefahr entgangen: manche Gelehrte meinen,
es sei hier auf den Sturz Sejans Bezug genommen, andere glauben an Ge-
nesung von einer Krankheit. Ganz ähnlich rief das Volk (Sueton. *Calig.* 6),
als Germanicus von schwerer Erkrankung genesen war: *Salva Roma, salva
patria, salvus est Germanicus.*

30. Den Rittern (equites) waren die 14 ersten Reihen im Theater vorbehalten.

34. Die schon von Pithou und Burmann zu Recht angenommene Lesart *coronam
existimat* (das aestimat der codd. ergäbe einen unerträglichen Hiat) verdient
vor Havets und Perrys *choro veniam* bei weitem den Vorzug. Warum sollte
der Princeps Nachsicht für den Chor erbitten?
Diese ganze „Fabel" ist, wie bereits an anderer Stelle bemerkt, eigentlich eine
Anekdote (oben S. 25).

RESIGNATION

Ein Hund, der schnell und tapfer gegen jedes Wild
gewesen, und den Herrn zufrieden stets gestellt,
ward schwächer, da die Last der Jahre er verspürt.
Als er mit einem borstigen Eber stand im Kampf,
packt' er ein Ohr; doch da vermorscht schon sein Gebiß,
entglitt das Wild dem Riß.   Der Jäger war betrübt
und schalt den Hund. Da sprach der alte Lacon dies:
„Nur meine Kraft und nicht mein Mut ließ dich im Stich:
drum preise, was ich war, verwirftst du, was ich bin."
Warum, Philetus, ich dies schrieb, begreifst du wohl.

7. Lacon *Bentley* pro latrans *codd.*
Lakonische (spartanische) Hunde waren wegen ihrer Stärke geschätzt; hier
ist „Lacon" wohl der Name des Hundes.

SIMIVS ET VVLPES

(Avarum etiam, quod sibi superest, non libenter dare.)

   Vulpem rogabat partem caudae simius,
   contegere honeste posset ut nudas nates;
   cui sic maligna: „Longior fiat licet,
   tamen illam citius per lutum et spinas traham,
5 partem tibi quam quamvis parvam impartiar.‟

                                        App. Perottina 1

DE ORACVLO APOLLINIS

   Vtilius nobis quid sit dic, Phoebe, obsecro,
   qui Delphos et formosum Parnasum incolis.
   subito sacratae vatis horrescunt comae,
   tripodes moventur, mugit adytis Religio,
5 tremuntque lauri et ipse pallescit dies.
   voces resolvit icta Pytho numine:
   „Audite, gentes, Delii monitus dei:
   pietatem colite, vota superis reddite;
   patriam, parentes, natos, castas coniuges
10 defendite armis, hostem ferro pellite;
   amicos sublevate, miseris parcite;
   bonis favete, subdolis ite obviam;
   delicta vindicate, corripite impios,
   punite turpi thalamos qui violant stupro;

AFFE UND FUCHS

(Der Geizhals gibt selbst von seinem Überfluß nicht gern her)

Vom Fuchsschweif einen Teil erbat der Affe sich,
anständig zu bedecken sein nacktes Hinterteil.
Bösartig sprach der: „Wär' viel länger auch mein Schwanz,
ich zöge eher ihn durch Schlamm und Dornen hin,
als daß ich mit dir teilte selbst das kleinste Stück."

5 vielfach rekonstruiert: die Wiederholung *quám quámvis* ist ebenso verdächtig
wie *partem-parvam-impartiar.*

APOLLOS ORAKEL

Was uns am meisten frommt, sag bitte, Phoebus, an,
in Delphi wohnhaft und am herrlichen Parnaß.
Und sieh: zu Berge steht der heiligen Seherin Haar,
der Dreifuß wackelt, aus dem Innern brüllt's
geheimnisvoll, der Lorbeer bebt, der Tag
wird fahl: die Gottheit treibt die Pythia zum Spruch:
HÖRT, VÖLKER, DELISCHEN GOTTES MAHNENDES
                                          GEBOT:
SEID FROMM UND TREU UND HALTET, WAS IHR
                              GOTT GELOBT;
DIE HEIMAT, ELTERN, KINDER, KEUSCHE
                          GATTINNEN
VERTEIDIGT MIT DER WAFFE UND VERTREIBT
                          DEN FEIND.
DEN FREUNDEN HELFET UND VERSCHONT DIE
                          ELENDEN;
STEHT BEI DEN GUTEN, RÄNKESCHMIEDEN
                      WIDERSTEHT;
BESTRAFT VERBRECHEN, TADELT DEN, DER
                          FEHLT;
BESTRAFT, WER EHE BRICHT IN SCHNÖDER LUST;

15 malos cavete, nulli nimium credite."
    haec elocuta concidit virgo furens;
    furens profecto, nam quae dixit perdidit.

                              App. Perottina 8

POMPEIVS ET MILES

    Magni Pompeii miles vasti corporis
    fracte loquendo et ambulando molliter
    famam cinaedi traxerat certissimi.
    hic insidiatus nocte iumentis ducis
5   cum veste et auro et magno argenti pondere
    avertit mulos.   factum rumor dissipat;
    arguitur miles, rapitur in praetorium.
    tum Magnus: „Quid ais? tune me, commilito,
    spoliare es ausus?" ille continuo exscreat
10 sibi in sinistram et sputum digitis dissipat:
    „Sic, imperator, oculi exstillescant mei,
    si vidi aut tetigi."   tum vir animi simplicis
    id dedecus castrorum propelli iubet,
    nec cadere in illum credit tantam audaciam.
15 breve tempus intercessit, et fidens manu
    unum de nostris provocabat barbarus.
    sibi quisque metuit; primi iam mussant duces.
    tandem cinaedus habitu, sed Mars viribus,
    adit sedentem pro tribunali ducem,
20 et voce molli: „Licet?"

MISSTRAUET BÖSEN UND TRAUT KEINEM ALLZUSEHR!

Zusammen brach die Jungfrau, die dies rasend sprach:
sehr sicher rasend, denn es nahm sie niemand ernst.

13. *corripite* ist die richtige Konjektur Postgates für das metrisch unmögliche
castigate der codd.
3–6: Parodie von Vergil *Aen.* 6.98–102. Die ganze Aufzählung banaler Moralitäten hat parodistischen Charakter.

DER SCHEIN KANN TRÜGEN

Pompeius Magnus hatte einen Krieger einst
von Riesengröße, doch er sprach Diskant und ging
sich in den Hüften wiegend: drum galt er zurecht
als weibisch und pervers.
        Im Hinterhalt bei Nacht
trieb er Maultiere fort, die mit des Generals
Garderobe, Gold und Silber schwer beladen waren.
Doch wird es ruchbar, angeklagt wird der Soldat
und hin zum Hauptquartier geschleppt; und Magnus fragt:
„Nun, Kamerad, hast du's gewagt, mich zu bestehlen?"
Sogleich spuckt jener in die linke Hand und wippt
den Speichel mit den Fingern fort: „So möge mir
mein Auge, General, auslaufen, wenn ich je
etwas gesehen oder angefaßt." Darauf
läßt ihn Pompeius (ehrlich selbst und geradeaus),
als einen Schandkerl aus dem Lager werfen, denn
so frechen Diebstahl trau't er *dem* nicht zu.
Nicht lang danach erschien, auf seine Stärke stolz,
ein Eingeborener vorm Lager, und er forderte
zum Einzelkampf, wer es auch sei, heraus.
Man fürchtet sich: die Unterführer murren schon,
da kommt der, schwul zwar, doch ein Mars an Kraft,
zum General, der auf dem Amtssitz thront, und fragt
ihn lispelnd: „Ist's gestattet?"

                eum vero eici,
ut in re atroci, Magnus stomachans imperat.
tum quidam senior ex amicis principis:
„Hunc ego committi satius fortunae arbitror,
in quo iactura levis est, quam fortem virum,
qui casu victus temeritatis te arguat."
25 assensit Magnus et permisit militi
prodire contra; qui mirante exercitu
dicto celerius hostis abscidit caput,
victorque rediit.   his tunc Pompeius super:
„Corona, miles, equidem te dono libens,
30 quia vindicasti laudem Romani imperi;
sed exstillescant oculi sic" inquit „mei,"
turpe illud imitans ius iurandum militis,
„nisi tu abstulisti sarcinas nuper meas."

                       App. Perottina 10

VIDVA ET MILES

   Post aliquot annos quaedam dilectum virum
amisit et sarcophago corpus condidit;
a quo revelli nullo cum posset modo
et in sepulchro lugens vitam degeret,
5 claram assecuta est famam castae coniugis.
interea fanum qui compilarant Iovis,
cruci suffixi luerunt poenas numini.
horum reliquias ne quis posset tollere,
custodes dantur milites cadaverum,
10 monumentum iuxta, mulier quo se incluserat.
aliquando sitiens unus de custodibus
aquam rogavit media nocte ancillulam,
quae forte dominae tunc adsistebat suae

Magnus ärgert sich,
weil's ihn schockierte. „Werft den Kerl heraus!"
Da sprach ein älterer Offizier: „Mir scheint, man soll
aufs Spiel ruhig diesen setzen – sein Verlust wiegt leicht –
statt eines Besseren, der, wird er besiegt,
dir leicht den Vorwurf brächte, du seist unbedacht."
Magnus sah's ein und stellte dem Soldaten frei,
zum Kampfe anzutreten.
                    Schneller als man sagt
(es staunte die Armee) hieb er dem Feind
den Kopf ab und kam siegreich wieder. Darauf sprach
Pompeius: „Mit Vergnügen geb ich dir, Soldat,
den Siegerkranz: der Römer Ehre wahrtest du.
Doch mög' das Auge mir auslaufen *so*
(und den obszönen Eid des Menschen macht' er nach),
wenn du mir unlängst nicht geklaut hast mein Gepäck."

Es war also schon unbedenklich, den großen Gegner Caesars zu loben. Ähnlich lobte Augustus, als er einen Prinzen beim Lesen von Ciceros Werken überraschte, diesen mit den Worten: „Er war ein großer Patriot" (Plutarch *Cicero* 49, 5) – obwohl er seine Zustimmung zu Ciceros Ermordung im Zuge der Proskriptionen gegeben hatte.

DIE WITWE UND DER SOLDAT

Einst liebte eine Gattin zärtlich ihren Mann.
Nach einigen Jahren starb er, und im Sarkophag
bewahrte sie die Leiche. Niemand konnte sie
losreißen: trauernd wollte ihres Lebens Rest
sie in der Gruft verbringen. So erwarb sie sich
den Ruf als Mustergattin.
                    Mittlerweile büßten
Frevler begangenen Tempelraub am Kreuz,
und, zu verhindern, daß die Leichen man entferne,
stellt bei den Kreuzen man Soldaten-Posten auf,
unweit des Grabmals, wo die Frau sich eingeschlossen.
Um Wasser bat ein durstiger Posten in der Nacht
die Magd, die gerade ihre Frau bediente, als

dormitum eunti; namque lucubraverat
15 et usque in serum vigilias perduxerat.
paulum reclusis foribus miles prospicit,
videtque et aegra et facie pulchra feminam.
correptus animus ilico succenditur
oriturque sensim ut impotentis cupiditas.
20 sollers acumen mille causas invenit,
per quas videre posset viduam saepius.
cotidiana capta consuetudine
paulatim facta est advenae submissior,
mox artior revinxit animum copula.
25 hic dum consumit noctes custos diligens,
desideratum est corpus ex una cruce.
turbatus miles factum exponit mulieri.
at sancta mulier „Non est quod timeas" ait,
virique corpus tradit figendum cruci,
30 ne subeat ille poenas neglegentiae.
sic turpitudo laudis obsedit locum.

App. Perottina 15

1. Das überlieferte *per aliquot annos*, nämlich *dilectum*, ist recht schwach und wurde vielfach beanstandet. Bothius las *ante aliquot annos*, vor einigen Jahren; Müllers Lesart *post aliquot annos* gaben wir den Vorzug.
In V. 5 verteidigte Postgate sonderbarerweise *virginis* statt *coniugis*.
Auch in V. 17 lesen wir mit Müller *et aegra et facie pulchra*, da *egregiam facie pulchra* in störender Weise Adjektive häuft.

AESOPVS ET SERVVS PROFVGVS

Servus profugiens dominum naturae asperae
Aesopo occurrit, notus e vicinia.
„Quid tu confusus?"   „Dicam tibi clare, pater,
hoc namque es dignus appellari nomine,
5 tuto querela quia apud te deponitur.
plagae supersunt, desunt mihi cibaria.

sie schlafen ging; denn wach saß sie bei Lampenlicht,
und bis zu später Stunde hielt sie die Vigil.
Es lugte durch den Spalt der Türe der Soldat
und sah ein Weib, zwar trauernd, aber herrlich schön.
Sogleich ergreift's und setzt in Flammen seinen Sinn,
unwiderstehlich steigt in ihm empor die Lust.
Drum findigreich ersinnt er tausend Gründe sich,
um öfter noch die Witwe zu besuchen.
                                                     Die,
tagaus tagein bereits daran gewöhnt, beginnt
entgegenkommender allmählich sich zu zeigen,
bald binden stärkere Bande auch ihr Herz.
                                              Als so
der treue Posten jede Nacht verbringt, da fehlt
an einem Kreuz auf einmal eine Leiche. Dies
berichtet der Soldat bestürzt alsbald der Frau.
Die edle Dame sprach: „Es ist kein Grund zur Furcht,"
und ihres Gatten Leiche heißt sie ihn ans Kreuz
zu hängen, daß nicht wegen Pflichtvergessenheit
ihn Strafe treffe.
                              So vermochte schnöde Lust,
die Burg von Zucht und Ehren stürmend einzunehmen.

Diese am besten aus Petron 111 f. bekannte Novelle ist durch die ganze Weltliteratur gewandert, von China bis Chamisso: sie wurde dichterisch und dramatisch
behandelt (auch als Operette) und hat eine umfangreiche Literatur der
Motivforschung hervorgerufen. In diesem Gedicht sind es mehrere Wächter,
bei Petron folgerichtiger nur einer. Ähnliches Motiv in Vita Aesopi W 129.

AESOP UND DER SKLAVE

Ein Sklave wollt' entlaufen einem harten Herrn
und traf Aesop, bekannt ihm aus der Nachbarschaft.
„Warum denn so verstört?" – „Ich sag es, Vater, dir –
denn diesen Namen hast du dir verdient, weil man
dir anvertraut getrost Beschwerde jeder Art –
zuviele Schläge krieg ich und zuwenig Brot,

subinde ad villam mittor sine viatico.
domi si cenat, totis persto noctibus;
sive est vocatus, iaceo ad lucem in semita.
10   emerui libertatem, canus servio.
ullius essem culpae mihi si conscius,
aequo animo ferrem. numquam sum factus satur,
et super infelix saevum patior dominium.
has propter causas et quas longum est promere
abire destinavi quo tulerint pedes."
„Ergo" inquit „audi: cum mali nil feceris,
haec experiris, ut refers, incommoda;
quid si peccaris? quae te passurum putas?"
tali consilio est a fuga deterritus.

App. Perottina 20

Entlaufene Sklaven wurden sehr hart bestraft, auch wurde ihnen auf der
Stirn ein F *(fugitivus)* eingebrannt, was allerdings ihren Verkaufswert beein-
trächtigte. Freilassung war niemals (wie in V.10) ein „Recht" des Sklaven,

PASTOR ET CAPELLA

Pastor capellae cornu baculo fregerat:
rogare coepit ne se domino proderet.
„Quamvis indigne laesa reticebo tamen;
sed res clamabit ipsa quid deliqueris."

App. Perottina 24

TERRANEOLA ET VVLPES

Avis quam dicunt terraneolam rustici,
in terra nidum quia componit scilicet,
forte occucurrit improbae vulpeculae,

aufs Land werd manchmal ohne Zehrung ich geschickt.
Speist er daheim, so muß die ganze Nacht ich stehn,
speist auswärts er, lieg ich am Weg die ganze Nacht.
Freiheit verdient' ich, doch bin schon als Sklave grau.
Ja, wäre ich mir irgendeiner Schuld bewußt,
ich trüg's mit Gleichmut. Niemals aber werd' ich satt,
und grausamem Meister bin ich Armer untertan.
Aus diesen und noch vielen anderen Gründen will
icn fort von hier, so weit der Fuß mich tragen kann."
„Hör zu", sprach da Aesop, „wenn all dies Übel du
erleidest, wo du, wie du sagst, nichts Böses tatst –
wie wird's dir, wenn du wirklich Unrecht tust, ergehn?"
Es schreckte von der Flucht ihn ab der gute Rat.

doch konnte er sie bei guter Führung erwarten, zumal wenn er sich aus
Trinkgeldern u. dgl. ein *peculium* zum Freikaufen erspart hatte. Es mußten
allerdings bei der Freilassung fünf Prozent seines Wertes *(vicesima)* an den
Fiskus entrichtet werden.

RES IPSA LOQVITVR

Der Hirte brach der Ziege mit dem Stock ein Horn,
dann bat er sie: „Verrate mich doch nicht dem Herrn." –
„Obschon verletzt zu Unrecht, schweig ich dennoch still,
doch wird die Sache selbst laut künden deine Schuld."

„Res ipsa loquitur" noch heute Juristenlatein für einen offensichtlichen Tat-
bestand, der keines Beweises bedarf. Dasselbe ausführlicher behandelt bei
Babrius 3.

ERDMÄNNCHEN UND FUCHS

Ein Vogel, den am Lande man „Erdmännchen" nennt,
weil auf der Erde er sein Nest zu bauen pflegt,
traf einst ein Füchslein, einen bösen Schelm, und hob

    qua visa pennis altius se sustulit.
5 ,,Salve,'' inquit illa, ,,cur me fugisti obsecro?
    quasi non abunde sit mihi in prato cibus,
    grilli, scarabaei, locustarum copia;
    nihil est quod metuas, ego te multum diligo
    propter quietos mores et vitam probam.''
10 respondit cantrix ,,Tu quidem bene praedicas,
    in campo non par, ⟨par⟩ sum sublimis tibi.
    quin sequere; tibi salutem hic committo meam.''

                               App. Perottina 32

CVLEX ET TAVRVS

Culex cum taurum provocasset viribus,
venere cuncti, ut cernerent spectacula
certaminis. tunc tauro sic parvus culex:
,satis' inquit, 'habeo, quod venisti comminus;
Tibi par ex parvo factus iudicio tuo.'
Hinc se per auras sustulit pinna levi
lusitque turbam et tauri destituit minas.

qui si fuisset validae cervicis memor,
pudendum contempsisset adversarium,
nec inepta se iactasset gloriatio.

Sibi famam minuit, qui se indigne comparat.

                                   Zander 10

SECVRIS ET ARBORES

Dare hosti auxilium sibi suam facere est necem.

Facta securi postulabat manubrium
homo arbores de ligno dare firmissimo.

als er ihn sah, sich flügelschlagend in die Luft.
„Grüß Gott", sprach jener, „warum flohst du doch vor mir,
als hätt' ich reichlich Nahrung auf dem Felde nicht,
in Fülle Grillen, Käfer und Heuschrecken auch?
Drum fürcht' dich nicht: ich liebe dich gar sehr,
weil du friedfertig bist und lebst so tugendhaft."
Es sprach das Vöglein: „Was du sagst, hört gut sich an.
Am Boden komm ich dir nicht gleich, doch in der Luft
bin gleich ich dir: so folge mir doch nach!
Hier will ich gerne mich dir anvertraun."

MÜCKE UND STIER

Die Mücke forderte den Stier zum Kampf heraus,
und alle kamen, um zu sehn des Kampfes Schau.
Da sprach die kleine Mücke also zu dem Stier:
„Daß Du Dich mir zum Nahkampf stellst, ist mir genug:
Dann hob auf leichter Schwinge sie sich in die Luft,
das Volk verhöhnend und des drohenden Stieres Macht.

Wär ihm bewußt gewesen seines Nackens Kraft,
so hätte solchen Gegners wohl er sich geschämt

Sich selbst entwürdigt, wer Unwürdigem sich vergleicht.

Ähnliches Motiv bei Babrius 112 (Maus und Stier) sowie Avian 31 und
Aesop H 234; allerdings kommt es in vorgenannten Fabeln wirklich zum
Kampf, und die Moral ist eine andere.

AXT UND BÄUME

Dem Feinde helfen führt den eigenen Tod herbei.

Als er die Axt geschaffen, forderte der Mensch
von Bäumen aus dem stärksten Holze einen Stiel.

Oleastrum lignum iusserunt dare ceterae.
5   Quod sumpsit homo, securi et aptatum tenens,
et robora alta et ramos coepit caedere.
Tunc sic dixisse fertur quercus fraxino:
„Haec digne et iuste tanta nunc patimur mala:
Hosti roganti dedimus nostro manubrium."
10   Ante ergo ne quid praestes hosti cogites.

Zander 16

Zu 2 und 9: Zweite Silbe von *manubrium* mit Recht kurz gemessen, wie auch bei Plautus *Ep.* 525 *manubrio* im Versausgang: die Silbe ist ja von Natur kurz, auch wenn sie Juvenal 11, 133 positionsgelängt gebraucht.

ANSER ET CICONIA

Ad solitum stagnum venerat ciconia.
Undis se crebris vidit mergentem anserem.
Inquirit cur hoc faceret. Anser: „Quaerere
escam" inquit „limo nobis sic consuevimus;
5   sic saevum accipitris impetum etiam evadimus."
Ciconia illi tunc: „At ego sum fortior
accipitre. Proinde mecum amicitiam tene,
hosti insultare tutum te faciam tuo."
Credens petivit ille auxilium protinus
10   novi patroni, fit comes ciconiae.
In agrum dum sic exit cum ciconia,
volans accipiter ilico supervenit,
et unguibus comprensum fert praedam anserem.
Ciconia est miserata vanis questibus.
15   Cui contra moriens anser: „Qui tam flebili
patrono se coniunxit et concredidit,
is debet vel peiore finiri nece."
Defendi ab illis quidam se desiderant
tutelam qui praestare possint nemini.

Zander 18

Diese Fabel hat kein Vorbild bei Aesop, weshalb sie als Phaedrus' eigene anzusehen ist. Auch die antike, sich an mehrere Wendungen Ovids anlehnende poetische Sprache der Prosafassung (80 Thiele) dieser Fabel zeigt, daß sie der

Vom Ölbaum ließen es die anderen geben her.
Es nahm der Mann das Holz und fügte dran die Axt
und fällte damit Eichen und hieb Äste ab.
Da sprach, so heißt's, die Eiche zu der Esche dies:
„So großes Leiden haben wir zurecht verdient,
dem Feind, der ihn verlangte, gaben wir den Stiel."
Eh du dem Feinde etwas gibst, bedenk es wohl.

Sehr sicher hat Phaedrus diese Fabel gemeint, wenn er im Vorspruch zu Buch
1 erwähnt, daß er auch Bäume reden lasse. In keiner anderen Phaedrus zugeschriebenen Fabel ist dies der Fall (Avian 16 und 19 stammen nicht von
Phaedrus).

GANS UND STORCH

Es war der Storch gekommen zum gewohnten Teich
und sah die Gans, wie ständig sie im Wasser taucht.
„Warum dies?" fragte er. Die Gans sprach: „Futter uns
im Schlamm zu suchen, sind von jeher wir gewohnt.
So auch entgehen wir des Habichts wildem Stoß."
Der Storch darauf: „Ich bin viel stärker ja als der,
drum halte nur getrost mit mir den Freundschaftsbund,
ich will's bewirken, daß du deinen Feind verhöhnst."
Gutgläubig ging die Gans sogleich um Hilfe an
den neuen Schutzherrn, und gesellte sich dem Storch.
Doch als sie mit dem Storche auf die Felder geht,
da stößt der Habicht gleich im schnellen Flug herab,
schlägt mit den Klauen die Gans und trägt die Beute fort.
Mitleidig, aber zwecklos klagte da der Storch.
Die Gans, schon sterbend, sprach: „Wer sich vertraut
so weinerlichem Schützer und sich ihm gesellt,
der hätte wohl noch ärgeren Tod verdient."
Gar mancher geht um Schutz und Hilfe einen an,
der niemandem Verteidigung gewähren kann.

Zeit des Phaedrus und nicht einer späteren entstammt. – 2. *undis crebris* = *crebro*
in undis: es ist häufiger dichterischer Brauch, das Adj. für das Adv. zu setzen
(Zander).

PVLEX ET CAMELVS

Pulex erat cameli dorso in sarcinis.
Illi, inde saliens, dixit: „Ideo me ocius
ad terram mitto, ne iam te attritum gravem.“
At ille: „Gratum est“ inquit; „sed te nec prius
5 impositum sensi, nec nunc deposito levor.“
Qui sese aequare superiori nititur,
merito notatus in despectum devenit.

Zander 20

HAEDVS ET LVPVS

Praecepta audire sedulo parentium
salus natorum et semper laus est maxima.

Capella exire feta pastum dum parat,
ignarum monuit haedum et mandavit diu
5 ne claustra aperiret aliis, quod multae ferae
ad stabula pecorum veniant. Haedum ita commonet.
Silvam petivit. Paulo post venit lupus.
Adsimulans vocem matris, „Aperi“ inquit, „precor
te mater, aperi plenis uberibus tuis.“
10 Auscultans haedus, dum per rimas aspicit,
„Vocem“ inquit „matris audio, video lupum.
Tu vero, inique, fallax atque inimicus es,
sub voce matris nostrum captas sanguinem.

FLOH UND KAMEL

Ein Floh saß im Gepäck am Rücken des Kamels.
Er hüpft' hervor und sprach: „Zu Boden will ich schnell
hinab, dich nicht zu drücken, denn du trägst schon schwer."
Es sprach: „Recht schönen Dank, doch auch zuvor hab' ich
dich nicht gefühlt, noch wird's mir leichter, steigst du ab."
Wer sich dem Überlegenen zu vergleichen strebt,
der wird zu Recht gerügt, und man verachtet ihn –

Diese Fabel gleicht Babrius 84, doch hat Zander mit Recht *pulex*, Floh, statt
des *culex*, Mücke, der Prosavorlage geschrieben: zwei Hdschr. haben *pulex*,
und ein Floh kann sich im Gepäck aufhalten und heraushüpfen *(saliens)*, eine
Mücke kaum. – Über das Alter des Stoffes siehe Anmerkung zu Babrius 84.

BÖCKCHEN UND WOLF

Der Eltern Weisung willig zu gehorchen, ist
der Kinder Heil und immerdar ihr höchstes Lob.

Die trächtige Ziege, eh sie auf die Weide geht,
ermahnt' ihr unerfahren Böckchen und verbot,
den Riegel Fremden aufzutun, weil Raubgetier
oft um die Ställe streiche. So ermahnte sie's.
Als in den Wald sie ging, kam bald darauf der Wolf.
Der Mutter Stimme ahmt' er nach und sprach: „Tu auf
der Mutter, die zu dir mit vollem Euter kommt."
Das Böckchen hört's, doch durch die Ritze späht's und spricht:
„Der Mutter Stimme hör ich, doch ich seh den Wolf.
Du Bösewicht bist listig und du bist mein Feind,
der Mutter Stimme täuschst du vor, doch willst mein Blut.

Me monuit quae te novit et propter tuum
15 metum vix ausast solum me relinquere."

Zander 23

Ähnlich beschimpft bei Babrios (96) ein durch eine Mauer geschutzter Widder
den Wolf. Ob das Märchen vom Wolf und den sieben Geißlein wohl auf die
Fabel des Phaedrus zurückgeht?
Thiele (top. cit. LII) meint, daß dieses Märchen vom *ungehorsamen* Zicklein
bei Grimm (in mehreren Fassungen) sowie bei La Fontaine (4. 15), ebenso wie
die in Daudets *Lettres de mon moulin* enthaltene, aus provenzalischer Überliefe-

MILVVS AEGER

Non fas est sacra pura impurum tangere.
Frustra rogat perdurans veniam malitia.

Morbo iacebat miluus pressus gravi.
Matrem rogavit cordis cum gemitu suam
5 ut votis superos ambiat pro filio.
At illa: „O nate mi, deorum numina
laesisti saepe. Iam diu poenast tibi
metuenda. Qui vastasti delubra omnia
et cuncta scelere polluisti altaria
10 sacrificiis ipsis nec pepercisti impius,
illinc nunc sumes medicamenta a crimine?
Nunc cogit esse te pium praesens dolor;
sed ista pietas tarda moribundi venit."

Zander 27

Das Promythium enthält zwei ganz verschiedene Moralitäten. Im Text stört
das zweimalige *nunc* in 11 und 12. – Wie manchmal bei Phaedrus, hat diese
Fabel gehobenen Ton und Moral. Die Prosa-Paraphrase hat, im Gegensatz zu

ARIETES ET LANIVS

Intereunt qui sibi ipsi non consentiunt.
Quod taliter subiecta narrat fabula.

Die mich gewarnt hat, kannte dich: aus Furcht vor dir
hat sie es kaum gewagt, daß sie allein mich ließ."

rung stammende, Geschichte „La chèvre de M. Seguin" die Hälfte eines
ursprünglichen Doppelmärchens – vom ungehorsamen und vom gehorsamen
Zicklein – sei; die Geschichte vom gehorsamen Zicklein sei dann „unter die
Fabeln geraten" und „an einer dürren Moralität aufgehängt" worden; Thiele
meint, daß die vorliegende Fassung „aus der Trockendarre des Phaedrus
stammt." –
Vers 6 mit seinen vier Resolutionen klingt etwas hart.

DER KRANKE BUSSARD

Wer, unrein, Heiliges berührt, tut Freveltat;
Vergeblich sucht Verzeihung, wer beharrlich schlecht.

Von schwerer Sieche lag bedrückt der Bussard krank.
Die Mutter bat er, ächzend aus des Herzens Not,
sie möchte zu den Göttern beten für den Sohn.
Sie sprach: „Mein Sohn, du hast der Götter Heiligkeit
geschändet oft, und lange schon droht Strafe dir,
da du doch alle Tempel wüst hast heimgesucht,
und frevelhaft besudelt den Altar, und selbst
die Opfer nicht geschont hast, ruchlos wie du bist.
Von dort, wo du gesündigt, suchst du Heilung jetzt?
Jetzt zwingt zur Frömmigkeit dich gegenwärtiger Schmerz,
doch kommt die Frömmigkeit zu spät, geht's an den Tod."

der Phaedrus eigenen Knappheit, noch den Satz der Mutter in den Mund gelegt: „Ich wills zwar gerne tun, doch zweifle ich, daß ich etwas erreichen
werde, denn ..."

DIE HÄMMEL UND DER SCHLÄCHTER

Wer folgerecht nicht handelt, muß zugrunde gehn,
wie es die Fabel die jetzt folgen soll, erzählt.

Vervecibus collectis sociati arietes
inter se intrare lanium dissimulaverunt.
5 Lanii teneri cum unum ex sese cernerent
trahique interficique mortifera manu,
nec sic timebant. Dicebantque incautius:
„Hic me non tangit, te non tangit. Quem trahit
huic dimittamus." Sic trahuntur singuli.
10 Novissime remansit unus. Cum trahi
videret se, dixisse lanio dicitur:
„Digne laniati sumus ab uno singuli,
socordes qui nobismet non prospeximus;
quia, quando congregati cornuto globo
15 te medio nostro coetu stantem aspeximus,
quassatum confractumque non occidimus."
Hac fabula probatur consumi malo
quicunque non sit se tutatus tempore.

Zander 29

GLADIVS

Malus multosque perdit et solus perit.

Gladium viator in via, quem invenerat,
iacentem interrogavit: „Quis te perdidit?"
cui contra telum: „Me unus, sed multos ego."

Zander 30

Gesellt der Schöpsenherde waren Widder einst:
der Schlächter kam – sie gaben vor, sie sähen ihn nicht.
Selbst als sie sahen, wie er von ihnen einen griff,
ihn wegzog und ihn dann mit Mordeshand erschlug,
da fürchteten sie nichts; zu sorglos, sprachen sie:
„Mich packt er nicht, dich packt er nicht: wen er verschleppt,
den mag er haben." Einen nach dem anderen trifft's.
Zum Schluß war Einer übrig; als er sah, daß er
jetzt an die Reihe kam, sprach er zum Schlächter dies:
„Zu Recht hat *ein* Mann jeden einzeln umgebracht,
Stumpfsinnig waren wir und ohne Vorbedacht,
denn als gedrängt zusammen in gehörntem Hauf
wir dich erblickten mitten unter uns,
da stießen wir dich nicht und schlugen nicht dich tot."
Die Fabel zeigt, daß Unheil den vernichten wird,
der sich, solang es Zeit ist, selber nicht beschützt.

Auch die Romulus-Vorlage dieser Fabel *(recensio gallicana)*, Nr. 76 (Thiele)
hat sowohl Promythium wie Epimythium, nicht dagegen die *rec. vetus*, die nur
den Vorspann *dum quis opportunitatem habeat, sibi provideat* besitzt. Zwei Moralitäten sind eigentlich zuviel.

DAS SCHWERT

Ein Schuft bringt viele um, doch er kommt um allein.

Ein Wandrer hatt' ein Schwert gefunden unterwegs.
„Wer läßt dich so umkommen?" fragte er das Schwert.
Darauf die Waffe: „Einer mich, doch viele ich."

Der Doppelsinn von *perdere* = 1. verlieren, 2. vernichten, umkommen lassen ist im
Deutschen nicht ganz wiederzugeben. Vgl. Gnomologium Vaticanum nr. 170.

ΒΑΒΡΙΟΥ ΜΥΘΙΑΜΒΟΙ ΑΙΣΩΠΕΙΟΙ

Γενεὴ δικαίων ἦν τὸ πρῶτον ἀνθρώπων,
ὦ Βράγχε τέκνον, ἣν καλοῦσι χρυσείην,
μεθ᾽ ἣν γενέσθαι φασὶν ἀργυρῆν ἄλλην·
τρίτη δ᾽ ἀπ᾽ αὐτῶν ἐσμεν ἡ σιδηρείη.
5 ἐπὶ τῆς δὲ χρυσῆς καὶ τὰ λοιπὰ τῶν ζῴων
φωνὴν ἔναρθρον εἶχε καὶ λόγους ᾔδει
οἵους περ ἡμεῖς μυθέομεν πρὸς ἀλλήλους,
ἀγοραὶ δὲ τούτων ἦσαν ἐν μέσαις ὕλαις.
ἐλάλει δὲ πεύκη καὶ τὰ φύλλα τῆς δάφνης,
10 καὶ πλωτὸς ἰχθὺς συνελάλει φίλῳ ναύτῃ,
στρουθοὶ δὲ συνετὰ πρὸς γεωργὸν ὡμίλουν.
ἐφύετ᾽ ἐκ γῆς πάντα μηδὲν αἰτούσης,
θνητῶν δ᾽ ὑπῆρχε καὶ θεῶν ἑταιρείη.
μάθοις ἂν οὕτω ταῦτ᾽ ἔχοντα καὶ γνοίης
15 ἐκ τοῦ σοφοῦ γέροντος ἡμῖν Αἰσώπου
μύθους φράσαντος τῆς ἐλευθέρης μούσης·
ὧν νῦν ἕκαστον ἀνθίσας ἐμῇ μνήμῃ
μελισταγές σοι λωτοκηρίον θήσω,
πικρῶν ἰάμβων σκληρὰ κῶλα θηλύνας.

1

Ἄνθρωπος ἦλθεν εἰς ὄρος κυνηγήσων,
τόξου βολῆς ἔμπειρος· ἦν δὲ τῶν ζῴων
φυγή τε πάντων καὶ φόβου δρόμος πλήρης·
λέων δὲ μοῦνος προὐκαλεῖτο θαρσήσας
6 αὐτῷ μάχεσθαι. „μεῖνον" εἶπε „μὴ σπεύσῃς"
ἄνθρωπος αὐτῷ, „μηδ᾽ ἐπελπίσῃς νίκῃ·
τῷ δ᾽ ἀγγέλῳ μου πρῶτον ἐντυχὼν γνώσῃ
τί σοι ποιητόν ἐστιν." εἶτα τοξεύει

PROLOG

Branchos, mein Kind: der ersten Vorzeit Menschen –
Gerechte waren's: Goldenes Alter nennt man's drum.
Dann kam, so heißt's, ein zweites, das man silbern nennt,
das dritte Alter sind wir – eisern ist's.
Im goldenen Alter waren alle Kreaturen
der Sprache mächtig, und sie konnten reden
in Worten, wie wir miteinander sprechen.
Versammlung hielten sie im Waldesinnern:
es sprach die Fichte und die Lorbeerblätter;
der Fisch im Meer sprach freundlich mit dem Schiffer,
der Sperling mit dem Bauern und verstand ihn.
Die Erde brachte alles anspruchslos hervor
und auf vertrautem Fuße standen Mensch und Gott.

Daß dies so war, magst lernen und begreifen du
wie uns Aesop, der weise Alte, lehrte,
der Fabeln uns in ungebundener Form erzählt.
Die will ich alle nun mit eigenen Blüten schmücken,
dir Honigwabe, Süße tropfend, bieten
und bitterer Jamben harten Ton erweichen.

Jamben wurden zuerst von Archilochos und Hipponax für bösartige Invektiven
gebraucht. Babrius meint wohl eher den Inhalt seiner Gedichte, nicht die
choliambische Form.

LÖWE UND SCHÜTZE

Ein Mann ging ins Gebirg auf Jagd: er war
ein guter Schütze. Alle Tiere flohen
vor ihm und rannten voller Furcht davon.
Der Löwe nur war kühn genug, den Mann
zum Kampf zu fordern.
                    „Warte nur," sprach der,
„hab's nicht so eilig: hoffe nicht auf Sieg.
Bekanntschaft mach' mit meinem Boten erst,

μικρὸν διαστάς. χὼ μὲν οἰστὸς ἐκρύφθη
10 λέοντος ὑγραῖς χολάσιν· ὁ δὲ λέων δείσας
ὥρμησε φεύγειν ἐς νάπας ἐρημαίας.
τούτου δ᾽ ἀλώπηξ οὐκ ἄπωθεν εἰστήκει.
ταύτης δὲ θαρσεῖν καὶ μένειν κελευούσης,
„οὔ με πλανήσεις" φησίν, „οὐδ᾽ ἐνεδρεύσεις·
15 ὅπου γὰρ οὕτω πικρὸν ἄγγελον πέμπει,
πῶς αὐτὸς ἤδη φοβερός ἐστι γινώσκω."

2

Ἀνὴρ γεωργὸς ἀμπελῶνα ταφρεύων
καὶ τὴν δίκελλαν ἀπολέσας ἐπεζήτει,
μή τις παρόντων τήνδ᾽ ἔκλεψεν ἀγροίκων.
ἠρνεῖθ᾽ ἕκαστος. οὐκ ἔχων δ᾽ ὃ ποιήσει,
5 εἰς τὴν πόλιν κατῆγε πάντας ὁρκώσων·
τῶν γὰρ θεῶν δοκοῦσι τοὺς μὲν εὐήθεις
ἀγροὺς κατοικεῖν, τοὺς δ᾽ ἐσωτέρω τείχους
εἶναί τ᾽ ἀληθεῖς καὶ τὰ πάντ᾽ ἐποπτεύειν.
ὡς δ᾽ εἰσιόντες τὰς πύλας ἐπὶ κρήνης
10 τοὺς πόδας ἔνιζον κἀπέθεντο τὰς πήρας,
κῆρυξ ἐφώνει χιλίας ἀριθμήσειν
μήνυτρα σύλων ὧν ὁ θεὸς ἐσυλήθη.
ὁ δὲ τοῦτ᾽ ἀκούσας εἶπεν „ὡς μάτην ἥκω·
κλέπτας γὰρ ἄλλους πῶς ὁ θεὸς ἂν εἰδείη,
15 ὃς τοὺς ἑαυτοῦ φῶρας οὐχὶ γινώσκει,
ζητεῖ δὲ μισθοῦ μή τις οἶδεν ἀνθρώπων;"

4

Ἁλιεὺς σαγήνην ἣν νεωστὶ βεβλήκει
ἀνεῖλετ᾽· ὄψου δ᾽ ἔτυχε ποικίλου πλήρης.

dann wirst du wissen, was zu tun." – Er schoß
ganz aus der Nähe: stecken blieb sein Pfeil
im weichen Eingeweide. Voll Entsetzen floh
der Löwe eilends in den öden Forst.
Ihn mahnt' ein Fuchs, der in der Nähe war,
ein Herz zu fassen sich und stand zu halten.
Der Löwe sprach: „Nicht täusche mich mit Fallen:
so scharfen Boten schickte mir der Mensch,
daß ich schon weiß, wie fürchterlich er selbst ist."

Die Gedichte des Babrius (im Gegensatz zu Phaedrus) haben keine Über-
schriften; diese wurden vom Übersetzer hinzugefügt. Ähnlich Avian 17,
Aes. (H. 403, Haus. 283).

HILF DIR SELBST, GOTT

Als er im Weinberg grub, verlor ein Bauer einst
den Karst, und fing jetzt an zu suchen, ob vielleicht
 ein anderer Landmann ihn gestohlen hätte; doch
sie stritten's alle ab. Nun wußt' er keinen Rat
als sie zur Stadt zu nehmen, um zu schwören dort.
Sie glauben nämlich, daß einfältige Götter auf
dem Land nur wohnen, in der Städte Wall jedoch
die richtigen, die alles deutlich übersehn.
Als sie ins Tor gekommen und am Brunnen sich
die Füße wuschen und die Ranzen abgelegt,
da rief ein Herold: „Tausend Drachmen, wer den Dieb
anzeigt, der aus des Gottes Tempelschatz geraubt."
Als dies der Bauer hörte, sprach er: „Ganz umsonst
kam ich hierher. Wie kennte andere Diebe wohl
der Gott, der seine eigenen Diebe nicht erkennt
und Geld anbietet, daß ein Mensch sie finden soll?"

DIE GROSSEN FÄNGT MAN...

Ein Fischer warf sein Netz aus und zog's ein.
Er hatte Glück: voll war's mit leckeren Fischen.

τῶν δ' ἰχθύων ὁ λεπτὸς εἰς βυθὸν φεύγων
ὑπεξέδυνε δικτύου πολυτρήτου,
5 ὁ μέγας δ' ἀγρευθεὶς εἰς τὸ πλοῖον ἠλώθη.
Σωτήριόν πώς ἐστι καὶ κακῶν ἔξω
τὸ μικρὸν εἶναι· τὸν μέγαν δὲ τῇ δόξῃ
σπανίως ἴδοις ἐκφυγόντα κινδύνους.

5

Ἀλεκτορίσκων ἦν μάχη Ταναγραίων,
οἷς θυμὸν εἶναί φασιν οἷον ἀνθρώποις.
τούτων δ' ὁ λειφθείς, τραυμάτων γὰρ ἦν πλήρης,
ἔκυπτ' ἐς οἴκου γωνίην ὑπ' αἰσχύνης·
5 ὁ δ' ἄλλος εὐθὺς εἰς τὸ δῶμα πηδήσας
ἐπικροτῶν τε τοῖς πτεροῖς ἐκεκράγει.
καὶ τὸν μὲν αἰετός τις ἐκ στέγους ἄρας
ἀπῆλθ'· ὁ δ' ἀδεῶς ἀμφέβαινε θηλείαις,
ἀμείνονα σχὼν τἀπίχειρα τῆς ἥττης.
10 [Ἄνθρωπε, καὶ σὺ μή ποτ' ἴσθι καυχήμων,
ἄλλου σε πλεῖον τῆς τύχης ἐπαιρούσης·
πολλοὺς ἔσωσε καὶ τὸ μὴ καλῶς πράσσειν.]

6

Ἁλιεὺς θαλάσσης πᾶσαν ἠόνα ξύων
καλάμῳ τε λεπτῷ τὸν γλυκὺν βίον σῴζων
μικρόν ποτ' ἰχθὺν ὁρμιῆς ἀφ' ἱππείης
ἤγρευσεν, ἐκ τῶν εἰς τάγηνον ὡραίων.
5 ὁ δ' αὐτὸν ἱκέτευε προσδοκῶν πείσειν·
,,τί σοι τὸ κέρδος; ἢ πόσου με πωλήσεις;
οὐκ εἰμὶ γὰρ τέλειος, ἀλλά με πρῴην
πρὸς τῇδε πέτρῃ φυκὶς ἔπτυσεν μήτηρ.
νῦν οὖν ἄφες με, μὴ μάτην μ' ἀποκτείνῃς.

Die kleinen aber, die nach unten flohen,
entkamen durch des Netzes viele Maschen:
die großen blieben in dem Bott gefangen.
In Unbedeutendheit liegt Heil und Rettung oft,
nur selten aber sieht man, wie ein großer Herr
von hohem Ansehn jeglicher Gefahr entkommt.

Vgl. Aes. H. 26

DIE KAMPFHÄHNE

Es kämpften einst zwei Hähne, die aus Tanagra
(und diese, heißt es, zeigen Mut wie sonst ein Mensch).
Der eine ward besiegt; mit Wunden ganz bedeckt
verkroch er sich beschämt im Winkel seines Stalles.
Der andre aber flog aufs Dach hinauf und schlug
die Flügel: stolz des Siegs fing laut er an zu krähen.
Da riß ein Adler ihn vom First und flog hinweg.
Der andere trat die Hennen nunmehr ohne Furcht,
für seine Niederlage erntet' er Gewinn.

Das dreizeilige Epimythion wird zu Recht verworfen. 1. Tanagra in Böotien,
berühmt u. a. wegen seiner hellenistischen Keramikfigürchen. Über Tanagra-
Kampfhähne, siehe Plin. N. H. 10, 24, 48; Varro r. r. 3, 6, 9. 19; Columella 8, 2, 4;
Suda s. v. Ἀλεκτρυόνα und Ταναγραῖοι.

EIN SPATZ IN DER HAND ...

Ein Fischer streift' entlang am ganzen Meeresstrand,
das liebe Leben mit der Angel fristend. Einst
fing mit der Schnur aus Pferdehaar er einen Fisch.
Zwar klein, war er zum Braten in der Pfanne gut.
Zu überreden suchte flehend ihn der Fisch:
„Was bin ich wert schon? Wieviel bring ich beim Verkauf?
Ich bin noch nicht erwachsen; kürzlich erst am Fels
in Algen hat mich meine Mutter abgelaicht.
Drum laß mich los jetzt, bringe mich nicht nutzlos um.

10   ἐπὴν δὲ πλησθεὶς φυκίων θαλασσαίων
     μέγας γένωμαι, πλουσίοις πρέπων δείπνοις,
     τότ᾽ ἐνθάδ᾽ ἐλθὼν ὕστερόν με συλλήψῃ.᾿᾿
     τοιαῦτα μύζων ἱκέτευεν ἀσπαίρων,
     ἀλλ᾽ οὐκ ἔμελλε τὸν γέροντα θωπεύσειν·
15   ἔφη δὲ πείρων αὐτὸν ὀξέῃ σχοίνῳ
     ,,ὁ μὴ τὰ μικρά, πλὴν βέβαια, τηρήσας
     μάταιός ἐστιν, ἢν ἄδηλα θηρεύῃ.᾿᾿

7

     Ἄνθρωπος ἵππον εἶχε. τοῦτον εἰώθει
     κενὸν παρέλκειν, ἐπετίθει δὲ τὸν φόρτον
     ὄνῳ γέροντι. πολλὰ τοιγαροῦν κάμνων
     ἐκεῖνος ἐλθὼν πρὸς τὸν ἵππον ὡμίλει.
5   ,,ἤν μοι θελήσῃς συλλαβεῖν τι τοῦ φόρτου,
     τάχ᾽ ἂν γενοίμην σῷος· εἰ δὲ μή, θνήσκω.᾿᾿
     ὁ δ᾽ ,,οὐ προάξεις;᾿᾿ εἶπε, ,,μή μ᾽ ἐνοχλήσῃς.᾿᾿
     εἷρπεν σιωπῶν, τῷ κόπῳ δ᾽ ἀπαυδήσας
     πεσὼν ἔκειτο νεκρός, ὡς προειρήκει.
10   τὸν ἵππον οὖν παρ᾽ αὐτὸν εὐθέως στήσας
     ὁ δεσπότης καὶ πάντα τὸν γόμον λύων
     ἐπ᾽ αὐτὸν ἐτίθει τὴν σάγην τε τοῦ κτήνους,
     καὶ τὴν ὀνείην προσεπέθηκεν ἐκδείρας.
     ὁ δ᾽ ἵππος ,,οἴμοι τῆς κακῆς᾿᾿ ἔφη ,,γνώμης·
15   οὐ γὰρ μετασχεῖν μικρὸν οὐκ ἐβουλήθην,
     τοῦτ᾽ αὐτό μοι πᾶν ἐπιτέθεικεν ἡ χρείη.᾿᾿

8

     Ἄραψ κάμηλον ἀχθίσας ἐπηρώτα
     πότερ᾽ ἀναβαίνειν μᾶλλον ἢ κάτω βαίνειν
     αἱροῖτο. χὠ κάμηλος οὐκ ἄτερ μούσης
     εἶφ᾽ ,,ἡ γὰρ ὀρθὴ τῶν ὁδῶν ἀπεκλείσθη;᾿᾿

Wenn ich mich erst am Seetang sattgefressen hab,
so daß ich groß genug bin für der Reichen Mahl,
so komme hierher später, und dann fange mich."
So bat das Fischlein flüsternd und schon halb erstickt.
Jedoch den Alten konnt' es so bereden nicht.
Er spießte es auf scharfes Riedgras auf und sprach:
„Wer nicht Gewinn, der klein doch sicher ist, bewahrt,
der ist ein Narr, jagt er dem ungewissen nach."

Vgl. Aes. H. 28

PFERD UND ESEL

Ein Mann besaß ein Pferd, das führte er mit sich,
und es trug nichts; doch einem alten Esel
lud er die Bürde auf. Zu Tod erschöpft, ging der
zum Pferde hin und sprach es bittend an:
„Wenn einen Teil von meiner Last du nähmest,
blieb' ich am Leben: tust du's nicht, so sterb' ich."
Das Pferd sprach: „Fort mit dir, belästige mich nicht!"
Stumm schlich der Esel weiter, doch von Mühsal ganz
bewältigt, fiel er um und starb, wie er's gesagt.
An seine Seite führte schnell der Herr das Pferd,
schnallt' ab den Packen, lud dem Pferd ihn auf,
des Esels Haut (er schund ihn) noch dazu.
„Ach", sprach das Pferd, „wie töricht war ich doch!
Da einen kleinen Teil der Bürde ich verweigert,
ward jetzt die ganze Last mir aufgezwungen."

Vgl. Aes. H. 177

ARABER UND KAMEL

Mit schwerer Last belud ein Araber sein Kamel
und fragte: „Willst bergauf du, willst bergab du gehn?"
Ganz witzig gab ihm da zur Antwort das Kamel:
„Ist denn der gerade ebene Weg gesperrt?"

9

Ἁλιεύς τις [αὐλοὺς εἶχε καὶ σοφῶς ηὔλει
καὶ δή ποτ'] ὄψον ἐλπίσας ἀμοχθήτως
πολὺ πρὸς αὐλῶν ἡδυφωνίην ἥξειν,
τὸ δίκτυον θεὶς ἐτερέτιζεν εὐμούσως.
5 ἐπεὶ δὲ φυσῶν ἔκαμε καὶ μάτην ηὔλει,
βαλὼν σαγήνην εἵλκεν ἰχθύων πλήρη.
ἐπὶ γῆς δ' ἰδὼν σπαίροντας ἄλλον ἀλλοίως,
τοιαῦτ' ἐκερτόμησε τὸν βόλον πλύνων·
„ἄναυλα νῦν ὀρχεῖσθε. κρεῖσσον ἦν ὑμας
10 πάλαι χορεύειν, ἡνίκ' εἰς χοροὺς ηὔλουν."

10

Αἰσχρῆς τις ἤρα καὶ κακατρόπου δούλης
ἰδίης ἑαυτοῦ, καὶ παρεῖχεν αἰτούσῃ
ἄπανθ' ἑτοίμως. ἡ δὲ χρυσίου πλήρης,
σύρουσα λεπτὴν πορφύρην ἐπὶ κνήμης,
5 πᾶσαν μάχην συνῆπτεν οἰκοδεσποίνῃ.
τὴν δ' Ἀφροδίτην ὥσπερ αἰτίην τούτων
λύχνοις ἐτίμα, καὶ καθ' ἡμέρην πᾶσαν
ἔθυεν ηὔχεθ' ἱκέτευεν ἠρώτα,
ἕως ποτ' αὐτῶν ἡ θεὸς καθευδόντων
10 ἦλθεν καθ' ὕπνους, καὶ φανεῖσα τῇ δούλῃ
„μή μοι χάριν σχῇς ὡς καλήν σε ποιούσῃ·
τούτῳ κεχόλωμαί" φησιν „ᾧ καλὴ φαίνῃ."

11

Ἀλώπηκ' ἐχθρὴν ἀμπέλων τε καὶ κήπων
ξένη θελήσας περιβαλεῖν τις αἰκείῃ,
τὴν κέρκον ἅψας καὶ λίνου τι προσδήσας

DIE FLÖTENTÖNE BEIGEBRACHT

Ein Fischer hoffte, reichen Fischzug mühelos
zu fangen durch sein schönes Flötenspiel.
Er legte fort sein Netz und flötete gar schön.
Doch als die Luft ihm ausging und umsonst er blies,
warf er sein Schleppnetz aus und zog voll Fisch es ein.
Als er sie zappeln sah am Boden hier und dort,
wusch er sein Netz aus und verhöhnte sie dabei:
„Tanzt unbegleitet von Musik jetzt. Mehr hätt's euch gefrommt,
zu tanzen, als ich euch zum Tanze aufgespielt."

In Vers 1/2 haben wir mit Nauck zwei Halbverse ausgelassen, die – über-
flüssigerweise – sagen, „Er hatte eine Flöte und verstand es gut, sie zu blasen."
Vgl. Aes. H. 27

„DIE HAND, DIE TAGS DEN BESEN FÜHRT ..."

Ein Mann verliebte sich in seine Sklavin einst,
gar häßlich und von schlechter Art. Doch gab er ihr
sofort, was sie nur wollte. Voller goldenen Schmucks,
mit leichtem Scharlachrock umhüllt die Beine, fing
auf alle Art sie Streit mit ihrer Hausfrau an.
Im Glauben, daß sie Aphrodite dies verdankt,
bracht' Kerzen sie ihr dar und Opfer jeden Tag,
und betete sie an und fragte sie um Rat.
Doch eines Nachts, als beide schliefen, da erschien
der Magd im Traum die Göttin und sprach dies zu ihr:
„Sei mir nicht dankbar, als hätt' ich dich schön gemacht:
dem Mann hier zürne ich – darum scheinst du ihm schön."

DER BRANDSTIFTER

Den Fuchs, der Reben und der Gärten Feind, fing einst
ein Mann, und wollt' ihn strafen mit neuartiger Qual.
Den Schwanz, mit Flachs umwickelt, zündete er an

ἀφῆκε φεύγειν. τὴν δ᾽ ἐπίσκοπος δαίμων
5 εἰς τὰς ἀρούρας τοῦ βλαβόντος ὡδήγει
τὸ πῦρ φέρουσαν. ἦν δὲ ληίων ὥρη,
ποίη δὲ καλλίκαρπος ἐλπίδων πλήρης.
ὁ δ᾽ ἠκολούθει τὸν πολὺν πόνον κλαίων,
οὐδ᾽ εἶδεν αὐτοῦ τὴν ἅλωα Δημήτηρ.

10 Χρὴ πρᾶον εἶναι μηδ᾽ ἄμετρα θυμοῦσθαι.
ἔστιν τις ὀργῆς νέμεσις, ἣν φυλαττοίμην,
αὐτοῖς βλάβην φέρουσα τοῖς δυσοργήτοις.

13

Αὔλαξι λεπτὰς παγίδας ἀγρότης πήξας
γεράνους σποραίων πολεμίας συνειλήφει.
τοῦτον πελαργὸς ἱκέτευε χωλεύων
(ὁμοῦ γὰρ αὐταῖς καὶ πελαργὸς ἡλώκει)·
5 „οὐκ εἰμὶ γέρανος, οὐ σπόρον καταφθείρω.
πελαργός εἰμι χἠ χρόη με σημαίνει,
πτηνῶν πελαργὸς εὐσεβέστατον ζῴων·
τὸν ἐμὸν τιθηνῶ πατέρα καὶ νοσηλεύω.“
κἀκεῖνος „ὦ πελαργέ, τίνι βίῳ χαίρεις
10 οὐκ οἶδα,“ φησίν, „ἀλλὰ τοῦτο γινώσκω,
ἔλαβόν σε σὺν ταῖς ἔργα τἀμὰ πορθούσαις.
ἀπολῇ μετ᾽ αὐτῶν τοιγαροῦν μεθ᾽ ὧν ἥλως.“

und ließ ihn laufen. Doch der schützende Geist
lenkt zu den Feldern seines Quälers hin den Fuchs,
den Feuerträger.
      Hoch schon stand das Korn,
voll schöner Ähren und verheißend reiche Mahd.
Der rannte hinterher, bejammernd seine Not,
jedoch sein Korn erblickte seine Tenne nicht.

Sanft soll man sein und nicht erzürnen übers Maß.
Vergeltung folgt auf Zorn – wovor mich Gott bewahr! –
und bringt Verlust dem, welcher allzu sehr ergrimmt.

Dies erinnert an die Geschichte von Simson (Iud. XV, 4 und 5), der auf
diese Weise dreihundert Füchse die Felder der Philister verbrennen ließ. Vgl.
Aes. H. 63.

MITGEFANGEN, MITGEHANGEN

In Feldes Furchen legt' ein Bauer feines Netz
und fing drin Kraniche, der jungen Aussaat Feind.
Ihn flehte hinkend an ein Storch, der mit im Netz
mit jenen ward gefangen: „Bin kein Kranich doch,
noch schädige ich deine Saat: ich bin ein Storch, das zeigt
dir meine Farbe schon. Von allen Vögeln ist
der Storch der allerfrömmste: nähr' ich doch sogar
den Vater, und ich pflege ihn, wenn krank er ist."
Der sprach: „Herr Storch, wie sonst du lebst, das weiß ich nicht,
doch dieses weiß ich wohl: ich fing dich ein
gesellt zu denen, die verderben mir mein Werk,
drum stirbst mit jenen du, mit denen ich dich fing."

Der Storch ernährt seine Eltern: Plin. N. H. 10, 32, 63; daher wird er im
Pseudo-Publilius Syrus (Petron. 55) *pietaticultrix* genannt. Bemerkenswerterweise heißt der Storch auch auf Hebräisch *chassidah*, die Fromme. Vgl. Aes. H.
100 und 100b.

14

Ἄρκτος φιλεῖν ἄνθρωπον ἐκτόπως ηὔχει·
νεκρὸν γὰρ αὐτοῦ σῶμ᾿ ἔφασκε μὴ σύρειν.
πρὸς ἥν ἀλώπηξ εἶπε „μᾶλλον ἡρούμην
εἰ νεκρὸν εἷλκες, τοῦ δὲ ζῶντος οὐχ ἥπτου.‟
5　Ὁ ζῶντα βλάπτων μὴ νεκρόν με θρηνείτω.

15

Ἀνὴρ Ἀθηναῖός τις ἀνδρὶ Θηβαίῳ
κοινῶς ὁδεύων, ὥσπερ εἰκός, ὡμίλει.
ῥέων δ᾿ ὁ μῦθος ἦλθε μέχρις ἡρώων,
μακρὴ μὲν ἄλλως ῥῆσις οὐδ᾿ ἀναγκαίη·
5　τέλος δ᾿ ὁ μὲν Θηβαῖος υἱὸν Ἀλκμήνης
μέγιστον ἀνδρῶν, νῦν δὲ καὶ θεῶν ὑμνεῖ·
ὁ δ᾿ ἐξ Ἀθηνῶν ἔλεγεν ὡς πολὺ κρείσσων
Θησεὺς γένοιτο, καὶ τύχης ὁ μὲν θείης
ὄντως λέλογχεν, Ἡρακλῆς δὲ δουλείης.
10　λέγων δ᾿ ἐνίκα· στωμύλος γὰρ ἦν ῥήτωρ.
ὁ δ᾿ ἄλλος ὡς Βοιωτὸς οὐκ ἔχων ἴσην
λόγοις ἄμιλλαν, εἶπεν ἀγρίῃ μούσῃ·
„πέπαυσο· νικᾷς. τοιγαροῦν χολωθείη
Θησεὺς μὲν ἡμῖν, Ἡρακλῆς δ᾿ Ἀθηναίοις.‟

17

Αἴλουρος ὄρνεις οἰκίης ἐνεδρεύων
ὡς θύλακός τις πασσάλων ἀπηρτήθη.

BÄR UND FUCHS

Es rühmte sich der Bär, er sei ein Menschenfreund,
denn ihre Leichen rühre er nicht an.
Da sprach der Fuchs zu ihm: „Ich säh es lieber wohl,
daß du die Leichen fräßest, doch Lebendiger schonst."
Wer mich im Leben kränkt, bewein' nicht meinen Tod.

Vgl. Aes. H. 69

DER ATHENER UND DER THEBANER

Mit einem Mann aus Theben ging einst ein Athener
desselben Wegs: sie plauderten, wie's halt so kommt.
Auf die Heroen kam allmählich das Gespräch,
und lang und unnütz wurde nun geschwätzt.
Der Mann aus Theben sang zum Schluß das hohe Lied
dem Sohn Alkmenes, aller Menschen größtem, der
sogar ein Gott jetzt sei.
      „Viel größer", sprach der, „ist
Theseus, der Held Athens: er lebte göttergleich,
wogegen Herakles als Knecht gedient hat." Da
glattzüngig der Athener war, behielt er recht.
Der andere, ein Böotier, kam im Redestreit
nicht mit, natürlich; doch er sprach mit scharfem Witz:
„Schon gut, du siegst. So möge euer Theseus uns
erzürnt sein, euch Athenern aber Herakles."

Die Pointe besteht darin, daß der athenische Halbgott Theseus, wiewohl
Gegenstand eines Lokalkults, niemals Götterrang erreichte, wogegen Herakles als olympische Gottheit von allen Griechen respektiert wurde.
11 f. Böotier galten als rustikal, Athener von jeher als redegewandt: also eine
gute „Abfuhr".

DIE KATZE ALS SACK

Die Katze wollte Hühnern eine Falle stellen
und hängte sich an Pflöcke, einem Sacke ähnlich.

τὸν δ᾿ εἶδ᾿ ἀλέκτωρ πινυτὸς ἀγκυλογλώχιν,
καὶ ταῦτ᾿ ἐκερτόμησεν ὀξὺ φωνήσας·
5 „πολλοὺς μὲν οἶδα θυλάκους ἰδὼν ἤδη·
οὐδεὶς δ᾿ ὀδόντας εἶχε ζῶντος αἰλούρου."

20

Βοηλάτης ἅμαξαν ἦγεν ἐκ κώμης.
τῆς δ᾿ ἐμπεσούσης εἰς φάραγγα κοιλώδη,
δέον βοηθεῖν, αὐτὸς ἀργὸς εἱστήκει,
τῷ δ᾿ Ἡρακλεῖ προσηύχεθ᾿, ὃν μόνον πάντων
5 θεῶν ἀληθῶς προσεκύνει τε κάτιμα.
ὁ θεὸς δ᾿ ἐπιστὰς εἶπε „τῶν τροχῶν ἅπτου
καὶ τοὺς βόας κέντριζε. τοῖς θεοῖς δ᾿ εὔχου
ὅταν τι ποιῇς καὐτός, ἢ μάτην εὔξῃ."

21

Βόες μαγείρους ἀπολέσαι ποτ᾿ ἐζήτουν
ἔχοντας αὐτοῖς πολεμίην ἐπιστήμην·
καὶ δὴ συνηθροίζοντο πρὸς μάχην ἤδη
κέρατ᾿ ἀποξύνοντες. εἷς δέ τις λίην
5 γέρων ἐν αὐτοῖς, πολλὰ γῆν ἀροτρεύσας,
„οὗτοι μὲν ἡμᾶς" εἶπε „χερσὶν ἐμπείροις
σφάζουσι καὶ κτείνουσι χωρὶς αἰκίης·
ἢν δ᾿ εἰς ἀτέχνους ἐμπέσωμεν ἀνθρώπους,
διπλοῦς τότ᾿ ἔσται θάνατος. οὐ γὰρ ἐλλείψει
10 τὸν βοῦν ὁ θύσων, κἂν μάγειρος ἐλλείψῃ."

22

Βίου τις ἤδη τὴν μέσην ἔχων ὥρην
(νέος μὲν οὐκ ἦν, οὐδέπω δὲ πρεσβύτης

Als dies der pfiffige Hahn, der spornbewehrte, sah,
verspottete er sie und krähte dieses laut:
„Wie Säcke aussehn, weiß ich: viele sah ich schon,
doch niemals einen, welcher Katzenzähne zeigt."

HERAKLES UND DER KUHHIRT

Ein Kuhhirt fuhr mit seinem Karren aus dem Dorf,
der in ein tiefes Loch hineinfiel. Doch der Mann,
statt zuzugreifen, wie er sollte, stand herum
untätig, und er bete zu Herakles,
dem einzigen Gott, dem er in Ehrfurcht dienstbar war.
Da kam der Gott und sprach: „Pack' an das Rad,
die Ochsen stachle an! Zu Göttern bete erst,
wenn du dir selber hilfst, sonst ist's umsonst."

Vgl. Aischylos *Pers.* 742: „Wenn einer sich selbst bemüht, schließt auch ein
Gott sich an"; ähnlich Suidas (s. v. αὐτός). Vgl. Aes. H. 81; Avian 32).

DIE OCHSEN UND DER METZGER

Die Ochsen wollten einst die Metzger töten, weil
die ihre Feinde seien von Beruf.
So kamen sie zuhauf und wetzten für die Schlacht
bereits die Hörner. Doch ein greiser Ochse, der
viel Feldarbeit getan, nahm jetzt das Wort:
„Sie schlachten uns doch mit geschulter Hand," sprach er,
„Sie töten uns, doch quälen sie uns nicht.
Doch wenn wir Ungeschickten fallen in die Hand,
ist zweifach unser Tod. Wenn's Ochsenschlachten gilt,
fehlt nie ein Schlächter, sei er noch so ungelernt."

SCHWARZ UND WEISS

Ein Mann, der in der Mitte schon des Lebens stand,
(zwar nicht mehr jung, doch noch nicht alt zu nennen,

λευκὰς μελαίνας μιγάδας ἐκλόνει χαίτας)
ἔτ᾽ εἰς ἔρωτας ἐσχόλαζε καὶ κώμους.
5 ἦρα γυναικῶν δύο, νέης τε καὶ γραίης.
νέον μὲν αὐτὸν ἡ νεῆνις ἐζήτει
βλέπειν ἐραστήν, συγγέροντα δ᾽ ἡ γραίη.
τῶν οὖν τριχῶν ἑκάστοθ᾽ ἡ μὲν ἀκμαίη
ἔτιλλεν ἃς ηὕρισκε λευκανθιζούσας,
10 ἔτιλλε δ᾽ ἡ γραῦς εἰ μέλαιναν ηὑρήκει,
ἕως φαλακρὸν ἀντέδωκαν ἀλλήλαις,
τούτων ἑκάστη τῶν τριχῶν ἀποσπῶσα.

Die Fabel hat keine „Moral" (ein Epimythion von 3 Zeilen ist offenbar unecht und paßt auch nicht zum Vorhergehenden). Der letzte Vers wäre entbehrlich.

23

Βοηλάτης ἄνθρωπος εἰς μακρὴν ὕλην
ταῦρον κεράστην ἀπολέσας ἀνεζήτει.
ἔθηκε δ᾽ εὐχὴν ταῖς ὀρεινόμοις νύμφαις
ἄρνα προσάξειν, εἰ λάβοιτο τὸν κλέπτην.
5 ὄχθον δ᾽ ὑπερβὰς τὸν καλὸν βλέπει ταῦρον
λέοντι θοίνην· δυστυχὴς δ᾽ ἐπαρᾶται
καὶ βοῦν προσάξειν, εἰ φύγοι γε τὸν κλέπτην.

Ἐντεῦθεν ἡμᾶς τοῦτ᾽ ἔοικε γινώσκειν,
ἄβουλον εὐχὴν τοῖς θεοῖσι μὴ πέμπειν,
ἐκ τῆς πρὸς ὥραν ἐκφορουμένης λύπης.

26

Γέρανοι γεωργοῦ κατενέμοντο τὴν χώρην
ἐσπαρμένην νεωστὶ πυρίνῳ σίτῳ.
ὁ δ᾽ ἄχρι πολλοῦ σφενδόνην κενὴν σείων

in dessen Haare schwarze sich und weiße mischten)
fand stets noch Zeit für Liebelei'n und Schmausen.
Zwei liebt' er: eine Junge, eine Ältere.
Die Junge wollte jugendlich von Aussehen
den Freund; die Alte, näher ihrem Alter.
So rupft' ihm jedesmal, wenn sie beisammen waren,
die Jüngere die weißen Haare aus,
die Alte aber zupft' ihm alle schwarzen weg,
bis sie einander einen Glatzkopf präsentierten,
da beide ihm die Haare ausgerissen.

Eine Glatze galt im Altertum als lächerlich; Caesar verbarg die seine unter
einem Lorbeerkranz (Suet. Caes. 45). Bei Aesop wie bei Phaedrus wird Kahl-
heit verspottet; in der Bibel (2 *Kön.* II, 23 f.) verhöhnen 42 Knaben aus Beth-El
den Propheten Elias als Glatzkopf, woraufhin sie von zwei Bärinnen zerrissen
werden. Vgl. Aes. H. 56 und 56b; Phaedr. 2. 2.

VORSCHNELLES GELÜBDE

Ein Rinderhirte suchte tief im Wald einmal
gehörnten Stier, den er verloren hatte; und
gelobte Nymphen, die auf Hügeln schweifen,
ein Lamm zu opfern, falls er fänge ein den Dieb.
Ersteigend einen Kamm, erblickt er plötzlich, wie
den schönen Stier ein Löwe frißt. Sogleich gelobt'
er einen Ochsen, wenn er nur dem Dieb entging'.

Hieraus ziemt uns zu lernen, von den Göttern nicht
unüberlegt uns zu erbitten Gunst,
nur weil im Augenblick uns Kummer hat erregt.

Vgl. Aes. H. 83.

DER BAUER UND DIE KRANICHE

Es überfielen Kraniche eines Bauern Feld,
das eben erst mit Weizen er gesät.
Geraume Zeit verscheucht' er sie, indem er schwang

ἐδίωκεν αὐτὰς τῷ φόβῳ καταπλήσσων.
5 αἱ δ᾽ ὡς ἐπέσχον σφενδονῶντα τὰς αὔρας,
κατεφρόνησαν λοιπὸν ὥστε μὴ φεύγειν,
ἕως ἐκεῖνος οὐκέθ᾽ ὡς πρὶν εἰώθει,
λίθους δὲ βάλλων, ἠλόησε τὰς πλείους.
αἱ δ᾽ ἐκλιποῦσαι τὴν ἄρουραν ἀλλήλαις
10 „φεύγωμεν" ἐκραύγαζον „εἰς τὰ Πυγμαίων.
ἄνθρωπος οὗτος οὐκέτ᾽ ἐκφοβεῖν ἡμας
ἔοικεν, ἤδη δ᾽ ἄρχεταί τι καὶ πράσσειν."

10. Homer (Il. 3, 6) sagt, daß Kraniche im Winter nach dem Südrand des
Okeanos-Flusses wandern und den Pygmäen Tod und Verderben bringen.
Sowohl Herodot wie Aristoteles wissen (wohl durch ägyptische Vermitt-

27

Γαλῆν δόλῳ τις συλλαβών τε καὶ δήσας
ἔπνιγεν ὑδάτων ἐν συναγκίῃ κοίλῃ.
τῆς δ᾽ αὖ λεγούσης „ὡς κακὴν χάριν τίνεις
ὧν ὠφέλουν θηρῶσα μῦς τε καὶ σαύρας,"
5 „ἐπιμαρτυρῶ σοι" φησίν, „ἀλλὰ καὶ πάσας
ἔπνιγες ὄρνεις, πάντα δ᾽ οἶκον ἠρήμους,
βλάπτουσα μᾶλλον ἤπερ ὠφελοῦσ᾽ ἡμας."

29

Γέρων ποθ᾽ ἵππος εἰς ἀλητὸν ἐπράθη,
ζευχθεὶς δ᾽ ὑπὸ μύλην πᾶσαν ἑσπέρην ἤλει.
καὶ δὴ στενάξας εἶπεν „ἐκ δρόμων οἵων
καμπτῆρας οἵους ἀλφιτεῦσι γυρεύω."

die leere Schleuder und erschreckte sie damit.
Doch als sie merkten, daß er in die Luft nur schlug,
verachteten sie ihn und flogen nicht mehr fort.
Entgegen früherer Gewohnheit fing er nun
mit Steinen an zu schleudern, und schlug viele wund.
Da flohen sie aus dem Feld und krächzten dies sich zu:
„Laßt Zuflucht nehmen uns in der Pygmäen Land.
Der Mensch, so scheint es, will uns nicht erschrecken mehr,
nein, er beginnt bereits, etwas zu tun."

lung) von den Zwergstämmen im Innern Afrikas. Tatsache ist, daß, wie moderne Forscher berichten, die Pygmäenstämme Kraniche jagen, die heftigen Widerstand leisten. Solche Kämpfe wurden in der griechischen Kunst oft dargestellt (François-Vase).

UNDANKBAR?

Es fing ein Mann ein Wiesel ein mit List, bánd es
und wollt's ertränken in der engen Schlúcht Stróme.
Es sprach: „Mit üblem Lohn vergiltst du mír, dáß ich
dir nütze, da ich Mäuse jagte únd Échsen".
Er sagte: „Ich geb's zu, doch da du aúch álle
Haushühner würgtest und mein Haus léer raúbtest,
hast du mehr Schaden mir gebracht alś Nútzen."
(Epimythium von Phaedrus 1, 22:)
Das sollen sich gesagt sein lassen solche, die
den eignen Vorteil nur betreiben, aber sich
scheinbarer Dienste vor Arglosen rühmen.

Vgl. Phaedrus 1, 22. Hier bedient sich die Übersetzung ausnahmsweise des Originalversmaßes, nämlich des Hinkjambus.

DAS ALTE RENNPFERD

Ein altes Rennpferd ward zur Mühlenfron verkauft
und drehte angeschirrt den Stein bis in die Nacht.
Da seufzte es und sprach: „Die Rennen, die ich lief –
um welchen Wendepfahl dreh' ich mich jetzt!"

5 Μὴ λίαν ἐπαίρου πρὸς τὸ τῆς ἀκμῆς γαῦρον.
   πολλοῖς τὸ γῆρας ἐν κόποις ἀνηλώθη.

Ähnlich Phaedrus Appendix 21. Das Rennpferd hatte beim Wettrennen den Wagen
in möglichst kleinem Bogen, aber so, daß die Achse nicht an das Wendemal (meta,

                                   30

   Γλύψας ἐπώλει λύγδινόν τις Ἑρμείην.
   τὸν δ' ἠγόραζον ἄνδρες, ὃς μὲν εἰς στήλην
   (υἱὸς γὰρ αὐτῷ προσφάτως ἐτεθνήκει),
   ὁ δὲ χειροτέχνης ὡς θεὸν καθιδρύσων.
5 ἦν δ' ὀψέ, χὠ λιθουργὸς οὐκ ἐπεπράκει,
   συνθέμενος αὐτοῖς εἰς τὸν ὄρθρον αὖ δείξειν
   ἐλθοῦσιν. ὁ δὲ λιθουργὸς εἶδεν ὑπνώσας
   αὐτὸν τὸν Ἑρμῆν ἐν πύλαις ὀνειρείαις
   „εἶεν" λέγοντα „τἀμὰ νῦν ταλαντεύῃ·
10 ἢ γάρ με νεκρὸν ἢ θεὸν σὺ ποιήσεις."

8. Wahre oder trügerische Träume kommen durch ein Tor von Horn bzw.
Elfenbein (Verg. *Aen.* 6 *ad fin.*). Vgl. Avian 23. Die beiden letzten Verse er-
innern an Aes. H. 55: Ein Hinterlistiger nahm sich vor, das delphische Orakel
der Lüge zu überführen. Als die bestimmte Zeit gekommen war, wo er zur
Befragung zugelassen wurde, nahm er einen Spatz in die Hand, hielt sie unter

                                   32

   Γαλῆ ποτ' ἀνδρὸς εὐπρεποῦς ἐρασθείσῃ
   δίδωσι σεμνὴ Κύπρις, ἡ πόθων μήτηρ,
   μορφὴν ἀμεῖψαι καὶ λαβεῖν γυναικείην,
   καλῆς γυναικός, ἧς τίς οὐκ ἔχειν ἦρα;
5 ἰδὼν δ' ἐκεῖνος (ἐν μέρει γὰρ ἠλώκει)
   γαμεῖν ἔμελλεν. ἠρμένου δὲ τοῦ δείπνου
   παρέδραμεν μῦς· τὸν δὲ τῆς βαθυστρώτου

Erheb' dich nicht zu sehr in deiner Jugend Kraft:
gar manchem bringt sein Alter harte Mühsal ein.

καμπτήρ) stieß und dabei u. U. der Wagen umstürzte, gezogen und damit gesiegt;
jetzt muß es, im Kreise gehend, den (unteren) Mühlstein drehen. Vgl. auch Aes.
H. 174.

DAS HERMESBILD

Ein Künstler bot ein marmorn Hermesbild zum Kauf.
Zwei Kunden wollten's kaufen: einer, um es auf
ein Grab zu stellen, da ihm jüngst ein Sohn verstarb,
der andre, ein Handwerksmann, wollt' ihn als Schutzpatron.
Es war schon spät; der Künstler hatte den Verkauf
noch nicht getätigt, denn am nächsten Tag sollt'
er's nochmal ihnen zeigen.
                              Da erschien im Schlaf
dem Künstler Hermes durch der Träume Tor und sprach:
,,Nun gut: du wägst mit deiner Hand jetzt mein Geschick,
ob du zum Leichnam oder Gott mich machen willst.''

seinem Gewand, kam in den Tempel, stellte sich frech hin und fragte; ,,Ist das
was ich in der Hand halte, lebendig oder leblos?'' Er wollte nämlich, wenn
man sagte, ,,unbeseelt,'' den lebendigen Spatzen vorzeigen, sagte man aber
,,lebendig'', so wollte er ihn totdrücken und so vorzeigen. Der Gott aber
durchschaute seine Arglist und sprach: ,,Du da, hör' auf! Bei dir selbst liegt es,
zu bestimmen, ob das, was du hältst, tot oder lebendig ist.''

DAS WIESEL ALS BRAUT

Dem Wiesel, das verliebt in einen schönen Mann,
gewährt' die Mutter aller Liebesleidenschaft,
Kypris, sich zu verwandeln und ein Weib zu sein,
so schön, daß jeder Mann voll Sehnsucht nach ihr war.
Als jener Mann sie sah, entbrannt' er seinerseits
und freite sie.
                  Das Hochzeitsmahl war halb vorbei,

καταβᾶσα κοίτης ἐπεδίωκεν ἡ νύμφη.
γάμου δὲ δαιτὴ 'λέλυτο, καὶ καλῶς παίξας
10 Ἔρως ἀπῆλθε˙ τῇ φύσει γὰρ ἡττήθη.

Vgl. Hausrath 50; H. van Thiel, Antike und Abendland 17 (1971) S. 110.

33

Δυσμαὶ μὲν ἦσαν Πλειάδων, σπόρου δ' ὥρη,
καί τις γεωργὸς πυρὸν εἰς νεὸν ῥίψας
ἐφύλασσεν ἑστώς˙ καὶ γὰρ ἄκριτον πλήθει
μέλαν κολοιῶν ἔθνος ἦλθε δυσφώνων
5 ψᾶρές τ' ὄλεθρος σπερμάτων ἀρουραίων.
τῷ δ' ἠκολούθει σφενδόνην ἔχων κοίλην
παιδίσκος. οἱ δὲ ψᾶρες ἐκ συνηθείης
ἤκουον εἰ τὴν σφενδόνην ποτ' ᾐτήκει,
καὶ πρὶν βαλεῖν ἔφευγον. εὗρε δὴ τέχνην
10 ὁ γεωργὸς ἄλλην τόν τε παῖδα φωνήσας
ἐδίδασκεν˙ „ὦ παῖ, χρὴ γὰρ ὀρνέων ἡμᾶς
σοφὸν δολῶσαι φῦλον, ἡνίκ' ἂν τοίνυν
ἔλθωσ', ἐγὼ μέν,“ εἶπεν, „ἄρτον αἰτήσω,
σὺ δ' οὐ τὸν ἄρτον, σφενδόνην δέ μοι δώσεις.“
15 οἱ ψᾶρες ἦλθον κἀνέμοντο τὴν χώρην.
ὁ δ' ἄρτον ᾔτει, καθάπερ εἶχε συνθήκην˙
οἱ δ' οὐκ ἔφευγον. τῷ δ' ὁ παῖς λίθων πλήρη
τὴν σφενδόνην ἔδωκεν˙ ὁ δὲ γέρων ῥίψας
τοῦ μὲν τὸ βρέγμα, τοῦ δ' ἔτυψε τὴν κνήμην,
20 ἑτέρου τὸν ὦμον, οἱ δ' ἔφευγον ἐκ χώρης.
γέρανοι συνήντων καὶ τὸ συμβὰν ἠρώτων.
καί τις κολοιῶν εἶπε˙ „φεύγετ' ἀνθρώπων
γένος πονηρόν, ἄλλα μὲν πρὸς ἀλλήλους
λαλεῖν μαθόντων, ἄλλα δ' ἔργα ποιούντων.“
25   [Δεινὸν τὸ φῦλον τῶν δόλῳ τι πραττόντων]

als eine Maus durchs Zimmer lief. Vom weichen Pfühl
sprang auf die Braut und jagte nach der Maus – und aus
wars mit der Hochzeit. Eros lachte und ging fort
nach diesem Scherz: er mußte weichen der Natur.

Römisches Sprichwort bei Horaz (*Epist.* 1, 10, 24): naturam expellas furca,
tamen usque recurret – Treib die Natur mit der Heugabel aus, doch stets
kehrt sie wieder.
Bei den Griechen – und lange Zeit auch bei den Römern – vertrat das Wiesel
die Stelle der später aus Ägypten eingeführten Hauskatze. Vgl. Aes. H. 88.

DIE ÜBERLISTETEN VÖGEL

Bei der Plejaden Untergang, zur Zeit der Saat,
hatt' seine Brache mit Weizen ein Bauer einst besät
und stand dabei auf Wacht: es kam in Riesenzahl
Saatkrähenvolk, laut krächzend, Stare auch zugleich,
um zu vernichten auf dem Feld die neue Saat.
Ein Junge war bei ihm, der hohle Schleuder trug.
Die Stare hörten wie gewöhnlich zu, und wenn
die Schleuder er verlangte, flohen sie, bevor
er werfen konnte. Da ersann der Bauer sich
neuartige List und instruierte seinen Jungen so:
„Wir müssen überlisten, Bub, das schlaue Volk
der Vögel. Wenn sie nunmehr kommen, sag ich ‚Brot
gib her', doch du gibst mir die Schleuder statt des Brots."
Die Stare machten wieder her sich übers Feld,
Der Bauer sagte: „Brot!", wie's abgesprochen war,
worauf die Stare ruhig sitzen blieben. Doch
der Junge gab ihm jetzt die Schleuder, steinbeschwert:
Der Alte schmiß und traf am Kopf den einen Star
und andere an Schenkel oder Schulter. Drauf
entflohen sie. Sie trafen unterwegs
mit Kranischen zusammen, die sie fragten was
geschehen sei, und eine Krähe sprach: „Entflieht
dem hinterlistigen Menschenvolk: sie lernten schon,
eins zu einander sprechen, doch was Anderes tun."

34

Δήμητρι ταῦρον ὄχλος ἀγρότης θύσας
ἅλω πλατεῖαν οἰνάσιν κατεστρώκει.
κρεῶν τραπέζας εἶχε καὶ πίθους οἶνου.
ἐκ τῶν δὲ παίδων ἐσθίων τις ἀπλήστως
5 ὑπὸ τῶν βοείων ἐγκάτων ἐφυσήθη,
κἀπῆλθ' ἐς οἴκους γαστρὸς ὄγκον ἀλγήσας.
πεσὼν δ' ἐφ' ὑγραῖς μητρὸς ἀγκάλαις ἤμει,
καὶ ταῦτ' ἐφώνει „δυστυχὴς ἀποθνήσκω·
τὰ σπλάγχνα γάρ, τεκοῦσα, πάντα μου πίπτει."
10 ἡ δ' εἶπε „θάρσει κἀπόβαλλε, μὴ φείδου·
οὐ γὰρ σά, τέκνον, ἀλλ' ἐμεῖς τὰ τοῦ ταύρου."
   [Ὅταν ὀρφανοῦ τις οὐσίαν ἀναλώσας
ἔπειτα ταύτην ἐκτίνων ἀποιμώζῃ,
πρὸς τοῦτον ἄν τις καταχρέοιτο τῷ μύθῳ.]

35

Δύω μὲν υἱοὺς ἡ πίθηκος ὠδίνει,
τεκοῦσα δ' αὐτοῖς ἐστιν οὐκ ἴση μήτηρ,
ἀλλ' ὃν μὲν αὐτῶν ἀθλίης ὑπ' εὐνοίης
θάλπουσα κόλποις ἀγρίοις ἀποπνίγει,
5 τὸν δ' ὡς περισσὸν καὶ μάταιον ἐκβάλλει.
κἀκεῖνος ἐλθὼν εἰς ἐρημίην ζώει.
   Τοιοῦτο πολλῶν ἐστιν ἦθος ἀνθρώπων,
οἷς ἐχθρὸς ἀεὶ μᾶλλον ἢ φίλος γίνου.

Vgl. Oppian Cyneg. 2, 605–611:

Λείπω τρισσὰ γένεθλα, κακὸν μίμημα, πιθήκων.
τίς γὰρ ἂν οὐ στυγέοι τοῖον γένος, αἰσχρὸν ἰδέσθαι,
ἀβληχρὸν στυγερὸν δυσδέρκετον αἰολόβουλον;
κεῖνοι καὶ φίλα τέκνα δυσειδέα δοιὰ τεκόντες.
οὐκ ἀμφοῖν ἀτάλαντον ἐὴν μερίσαντο ποθητύν·
ἀλλὰ τὸ μὲν φιλέουσι, τὸ δ' ἐχθαίρουσι χόλοισιν
αὐταῖς δ' ἀγκαλίδεσσιν ἑῶν τέθνηκε τοκήων.

DIE EINGEWEIDE

Das Landvolk opferte Demeter einen Stier,
die Tenne ward mit Rebenlaub bestreut,
sie hatten Tische voll mit Fleisch und Krügen Weins.
Ein Junge, der hierbei sich maßlos überfraß,
ward von des Rindes Eingeweiden aufgebläht
und kehrte mit gewaltigem Bauchweh heim,
sank in der Mutter weiche Arme, und er spie
und brüllte: „Ach und weh, jetzt sterbe ich,
denn meine Eingeweide, Mama, kotz' ich aus!"
Sie sprach: „Nur Mut, erbrich's, halt nichts zurück,
des Ochsen Eingeweid erbrichst du und nicht deines."

⟨Ein Vormund, der der Waise Gut vertan
und jammert, wenn er's nun aus Eigenem zahlen muß,
auf diesen träfe füglich die Geschichte zu.⟩

Das Epimythion fehlt in einer Handschrift, braucht aber deshalb nicht athetiert zu werden. Vgl. Aes. H. 348, woher auch das Epimythion stammt.

DIE AFFENMUTTER

Zwei Junge bringt zur Welt die Äffin, wenn sie kreißt,
doch nicht die gleiche Mutter ist sie beiden dann
Das eine drückt vor übertriebener Zärtlichkeit
wild an die Brust sie und erstickt es so.
Das andre wirft sie weg als nutzlos und zuviel,
und dies entkommt zur Wildnis und bleibt leben.

Von solcher Art sind viele Menschen auch:
sei denen lieber feindlich als ein Freund.

Ganz ähnlich Oppian:
Wenn sie zwei liebe Kinder (recht garstig sind sie) geboren,
schenken sie beiden nicht gleichmäßig zärtliche Liebe:
lieben und küssen der Sprößlinge einen, doch hassen den andern,
jenes stirbt, erdrückt von der eigenen Eltern Umarmung.
Der Anfang dieser Oppian-Stelle erinnert wiederum an den bekannten Enniusvers
(Sat. 69 V² = Cicero nat. deor. 1, 97):
    simia quam similis taeterrima bestia nobis

36

Δρῦν αὐτόριζον ἄνεμος ἐξ ὄρους ἄρας
ἔδωκε ποταμῷ· τὴν δ᾽ ἔσυρε κυμαίνων,
πελώριον φύτευμα τῶν πρὶν ἀνθρώπων.
πολὺς δὲ κάλαμος ἑκατέρωθεν εἱστήκει
5　ἔλαφρον ὄχθης ποταμίης ὕδωρ πίνων.
θάμβος δὲ τὴν δρῦν εἶχε, πῶς ὁ μὲν λίην
λεπτός τ᾽ ἐὼν καὶ βληχρὸς οὐκ ἐπεπτώκει,
αὐτὴ δὲ τόσση φηγὸς ἐξεριζώθη.
σοφῶς δὲ κάλαμος εἶπε „μηδὲν ἐκπλήσσου.
10　σὺ μὲν μαχομένη ταῖς πνοαῖς ἐνικήθης,
ἡμεῖς δὲ καμπτόμεσθα μαλθακῇ γνώμῃ,
κἂν βαιὸν ἡμῶν ἄνεμος ἄκρα κινήσῃ."
　　Κάλαμος μὲν οὕτως· ὁ δέ γε μῦθος ἐμφαίνει
μὴ δεῖν μάχεσθαι τοῖς κρατοῦσιν, ἀλλ᾽ εἴκειν.

Diese Fabel ist eine der ältesten und sehr weit verbreitet. Vgl. Avian 16, nach
Aes. H. 179 und 179b. Macrobius: *vento nimio abies aut quercus avellitur, cánnám
nulla facile frangit procella;* ähnlich Claudian, Deprecatio ad Hadrianum 37. Die

37

Δαμάλης ἐν ἀγροῖς ἄφετος, ἀτριβὴς ζεύγλης,
κάμνοντι καὶ σύροντι τὴν ὗνιν ταύρῳ
„τάλας" ἐφώνει „μόχθον οἷον ὀτλεύεις."
ὁ βοῦς δ᾽ ἐσίγα χὐπέτεμνε τὴν χώρην.
5　ἐπεὶ δ᾽ ἔμελλον ἀγρόται θεοῖς θύειν,
ὁ βοῦς μὲν ὁ γέρων εἰς νομὰς ἀπεζεύχθη,
ὁ δὲ μόσχος ἀδμὴς κεῖνος εἱλκετο σχοίνῳ
δεθεὶς κέρατα, βωμὸν αἵματος πλήσων.
κἀκεῖνος αὐτῷ τοιάδ᾽ εἶπε φωνήσας·
10　„εἰς ταῦτα μέντοι μὴ πονῶν ἐτηρήθης.
ὁ νέος παρέρπεις τὸν γέροντα, καὶ θύῃ,
καὶ σοῦ τένοντα πέλεκυς, οὐ ζυγὸς τρίψει."
　　[Ἔργοις ἔπαινος, ἀργίᾳ δὲ κίνδυνος.]

EICHE UND RIEDGRAS

Die Eiche auf der Bergeshöh' riß aus der Sturm
mitsamt den Wurzeln, warf sie in den Fluß, und der
schwemmt' fort den Riesenbaum, den Vorzeit einst gepflanzt.
An beiden Ufern aber stand viel Riedgras fest,
das ruhige Wasser trinkend, das beim Ufer strömt.
Erstaunt war da die Eiche: etwas, das so dünn
und schwächlich war, ward nicht gefällt, dieweil sie selbst,
so groß sie immer war, entwurzelt ward. Da gab
ein kluges Gras ihr Antwort: „Staune nicht.
Du kämpftest mit dem Sturmwind und du wardst besiegt,
wir aber geben biegsam und demütig nach,
selbst wenn nur leichte Brise unser Haupt umweht."
So sprach das Ried; die Fabel aber lehrt uns dies:
mit Starken streite nicht, gib ihnen lieber nach.

Moral bei Hesiod (Erga 210 bei Macrob. *sat.* 5, 16, 6): Töricht, wer sich vermißt,
den Streit mit den Stärkern zu wagen. Parallelen in vielen Spruch- und Weisheits-
literaturen.

DER ALTE UND DER JUNGE STIER

Ein Stier lief frei im Feld, den nie ein Joch gedrückt.
Zu einem alten Ochsen, der am Pfluge sich
anstrengte, sprach er: „Armer Tropf, du hast es schwer."
Der Ochse schwieg und pflügte weiter um das Feld.
Als dann das Landvolk Göttern Opfer bringen wollte,
ließ man vom Pflug den alten Stier zur Weide frei.
Den Jungen, der nicht Arbeit kannte, schleppte man
am Strick ums Horn, um ihn zu schlachten am Altar.
Da sprach der alte Ochse zu dem jungen Stier:
„Zu diesem Zweck hat man mit Arbeit dich verschont.
Bist du auch jung, gehst du dem Greis im Tod voraus:
geopfert wirst du: Beil, nicht Joch, trifft dein Genick."

Vgl. Avian 36; Aes. H. 113.

38

Δρυτόμοι τινὲς σχίσαντες ἀγρίην πεύκην
ἐνεῖραν αὐτῇ σφῆνας, ὡς διασταίη
γένοιτό τ᾽ αὐτοῖς ὁ πόνος ὕστερον ῥάων.
πεύκη στένουσα „πῶς ἄν" εἶπε „μεμφοίμην
5 τὸν πέλεκυν, ὅς μου μὴ προσῆκε τῇ ῥίζῃ,
ὡς τοὺς κακίστους σφῆνας, ὧν ἐγὼ μήτηρ;
ἄλλος γὰρ ἄλλῃ μ᾽ ἐμπεσὼν διαρρήσει."
    Ὁ μῦθος ἡμῖν τοῦτο πᾶσι μηνύει,
ὡς οὐδὲν οὕτω δεινὸν ἂν παρ᾽ ἀνθρώπων
10 πάθοις τι τῶν ἔξωθεν ὡς ὑπ᾽ οἰκείων.

39

Δελφῖνες ἀεὶ διεφέροντο φαλλαίναις.
τούτοις παρῆλθε καρκίνος μεσιτεύων,
ὡς εἴ τις ὢν ἄδοξος ἐν πολιτείᾳ
στάσιν τυράννων μαχομένων εἰρηνεύει.

40

Διέβαινε ποταμὸν ὀξὺν ὄντα τῷ ῥείθρῳ
κυρτὴ κάμηλος, εἶτ᾽ ἔχεζε. τοῦ δ᾽ ὄνθου
φθάνοντος αὐτὴν εἶπεν „ἦ κακῶς πράσσω·
ἔμπροσθεν ἤδη τἀξόπισθέ μου βαίνει."
5   [Πόλις ἄν τις εἴποι τὸν λόγον τὸν Αἰσώπου,
ἧς ἔσχατοι κρατοῦσιν ἀντὶ τῶν πρώτων.]

FAMILIENSPALTUNG

Holzhauer spalteten eine zähe Fichte einst,
dann trieben Keile sie hinein ⟨aus ihrem Holz⟩,
sie weiterspaltend zu erleichtern sich ihr Werk.
Die Fichte stöhnte: „Wie kann schelten ich die Axt,
die ja mit mir verwandt nicht ist? Viel mehr jedoch
verdamm' als ihre Mutter diese Keile ich,
sie packen hier und dort mich, bis ich gänzlich platz'‟.
Die Fabel zeigt uns allen diese Wahrheit auf:
was man von Fremden leidet, ist so schlimm nicht als
was man von eigenen Verwandten dulden muß.

Vgl. Aes. H. 123; siehe auch Vorwort S. 30; vgl. Phaedrus Zander 16, oben S. 234.
2. „aus ihrem Holz‟ ist Zusatz des Übersetzers. Vgl. Babrius 142, unten S. 320.

DER MITTLER

Delphine lagen mit den Walen stets im Streit.
Ein Krebs bot ihnen sich dort als Vermittler an,
Als ob ein Mann, der ohne Ansehn ist im Staat,
imstande wär, zu schlichten Streit der Mächtigen.

Vielleicht ist diese Fabel, wie ein Manuskript andeutet, unvollständig; vielleicht war aber auch der byzantinische Epitomator am Werk, der mehrere Fabeln des Babrius auf vier Zeilen reduzierte. – Anklingend an Aes. H. 116 und 116b.

DEMOKRATIE

Ein buckliges Kamel durchquerte einen Strom
und schiß. Doch als den Kot vor sich es fließen sah,
sprach es: „Mit mir steht's schlecht: schon seh ich ja, wie das,
was aus dem Hintern kommt, nunmehr den Vortritt hat.‟

Auch hier vielleicht zum Tetrastich zusammengedrängt. Ein von den Edd. verworfenes Epimythion lautet: „Diese Fabel Aesops möchte wohl ein Staat erzählen, in dem die Niedrigsten statt der Vornehmsten die Macht haben.‟

42

Δεῖπνόν τις εἶχε λαμπρὸν ἐν πόλει θύσας.
ὁ κύων δ᾽ ὁ τούτου κυνὶ φίλῳ συναντήσας
ἐλθεῖν πρὸς αὐτὸν ἐπὶ τὸ δεῖπνον ἠρώτα.
κἀκεῖνος ἦλθε˙ τὸν δὲ τοῦ σκέλους ἄρας
5 ὁ μάγειρος ἐκτὸς ἐξέριψε τοῦ τοίχου
εἰς τὴν ἄγυιαν. τῶν κυνῶν δ᾽ ἐρωτώντων
ὅπως ἐδείπνησ᾽, εἶπε ,,πῶς γὰρ ἂν κρεῖττον,
ὃς οὐδὲ ποίην ἀναλύειν μὲ γινώσκω;"

44

Ἐνέμοντο ταῦροι τρεῖς ἀεὶ μετ᾽ ἀλλήλων.
λέων δὲ τούτους συλλαβεῖν ἐφεδρεύων,
ὁμοῦ μὲν αὐτοὺς οὐκ ἔδοξε νικήσειν,
λόγοις δ᾽ ὑπούλοις διαβολαῖς τε συγκρούων
5 ἐχθροὺς ἐποίει, χωρίσας δ᾽ ἀπ᾽ ἀλλήλων
ἕκαστον αὐτῶν ἔσχε ῥᾳδίην θοίνην.
     Ὅταν μάλιστα ζῆν θέλῃς ἀκινδύνως,
ἐχθροῖς ἀπίστει, τοὺς φίλους δ᾽ ἀεὶ τήρει.

46

Ἔλαφος καθ᾽ ὕλην γυῖα κοῦφα ναρκήσας
ἔκειτο πεδίων ἐν χλόῃ βαθυσχίνῳ,
ἐξ ἧς ἑτοίμην χιλὸν εἶχε πεινήσας.
ἤρχοντο δ᾽ ἀγέλαι ποικίλων ἐκεῖ ζώων
5 ἐπισκοπούντων˙ ἦν γὰρ ἀβλαβὴς γείτων.
ἐλθὼν δ᾽ ἕκαστος τῆς πόης τ᾽ ἀποτρώγων
ᾔει πρὸς ὕλας ⟨τοῦ νοσοῦντος ἀμνήμων.⟩
ἔλαφος δὲ λίμῳ κοὐ νόσῳ κατεσκλήκει,

DER GAST

Ein Städter gab einmal ein prächtiges Opferfest.
Sein Hund traf einen anderen, seinen Freund,
und lud zum Schmaus als Gast ihn in sein Haus.
Der andere kam: da packte ihn am Bein der Koch
und schmiß ihn über die Mauer auf den Weg.
Die anderen Hunde fragten: „Wie hast du gespeist?"
Er sprach: „Großartig – besser geht es nicht!
Ich weiß schon nicht mehr, wie heraus ich kam."

EINIGKEIT MACHT STARK

Drei Stiere grasten immer miteinander.
Ein Löwe, lauernd, um sie zu erbeuten,
begriff, daß er sie nicht bezwingen konnte.
Mit schlauer Rede aber und Verleumdung
erzeugt' er Feindschaft, und sie trennten sich,
worauf er einzeln jeden schlug und fraß.

Willst du so sicher wie nur möglich leben,
vertrau nicht Feinden: halt' zu deinen Freunden!

Vgl. Avian 18; Aes. H. 394 und 394b.

ZUVIELE FREUNDE

Ein Hirsch, vormals so hurtig, lag gelähmt
auf einer Wiese, dicht begrünt mit üppigem Gras,
so daß er für den Hunger reichlich Nahrung fand.
Es kamen aber Horden aller Art von Tier
ihn zu besuchen, der ein braver Nachbar war.
Jedoch ein jedes weidete ab das Gras
und ging zum Wald zurück, des Freundes nicht gedenk.
Durch Hunger, nicht durch Krankheit, ward er zum Skelett

μή πω κορώνην δευτέρην ἀναπλήσας,
10 ὅς εἰ φίλους οὐκ ἔσχε, κἂν γεγηράκει.

47

Ἐν τοῖς παλαιοῖς ἦν ἀνὴρ ὑπεργήρως,
εἶχεν δὲ πολλοὺς παῖδας· οἷς ἐπισκήπτων
(ἔμελλε γὰρ δὴ τὸν βίον τελευτήσειν)
ἐκέλευσε λεπτῶν, εἴ τις ἔστι που, ῥάβδων
5   δέσμην ἐνεγκεῖν. ἧκέ τις φέρων ταύτην.
„πειρᾶσθε δή μοι, τέκνα, σὺν βίῃ πάσῃ
ῥάβδους κατᾶξαι δεδεμένας σὺν ἀλλήλαις.“
οἱ δ᾽ οὐ γὰρ ἠδύναντο· „κατὰ μίαν τοίνυν
πειρᾶσθ᾽.“ ἑκάστης δ᾽ εὐχερῶς καταγείσης,
10 „ὦ παῖδες, οὕτως“ εἶπεν „ἢν μὲν ἀλλήλοις
ὁμοφρονῆτε πάντες, οὐδ᾽ ἂν εἷς ὕμας
βλάψαι δύναιτο, κἂν μέγιστον ἰσχύῃ·
ἢν δ᾽ ἄλλος ἄλλου χωρὶς ἦτε τὴν γνώμην,
πείσεσθ᾽ ἕκαστος ταὐτὰ τῇ μιῇ ῥάβδῳ.“
15   [Φιλαδελφία μέγιστον ἀγαθὸν ἀνθρώποις,
ἣ καὶ ταπεινοὺς ὄντας ἦρεν εἰς ὕψος.]

48

Ἐν ὁδῷ τις Ἑρμῆς τετράγωνος εἱστήκει,
λίθων δ᾽ ὑπ᾽ αὐτῷ σωρὸς ἦν. κύων τούτῳ
εἶπεν προσελθών „χαῖρε πρῶτον, Ἑρμεία·
ἔπειτ᾽ ἀλεῖψαι βούλομαί σε, μηδ᾽ οὕτω
5   θεὸν παρελθεῖν, καὶ θεὸν παλαιστρίτην.“
ὁ δ᾽ εἶπεν „ἢν μου τοῦτο μὴ ᾽πιλιχμήσῃς
τοὔλαιον ἐλθών, μηδέ μοι προσουρήσῃς,
χάριν εἴσομαί σοι· καὶ πλέον με μὴ τίμα.“

eh' er der Krähe zweite Lebenszeit erreicht –
Doch ohne Freunde hätt' er noch als Greis gelebt.

Die Krähe lebte neun Menschenalter, der Hirsch lebte vier Krähenalter lang,
wie man glaubte. Vgl. Aes. H. 131.

DIE FASCES

Es lebte einst vor Zeiten ein uralter Mann,
der viele Söhne hatte. Als der Tod ihm naht',
gebot er seinen Söhnen, wenn sie könnten, ihm
ein Bündel schlanker Ruten herzubringen. Einer tat's.
,,Versuchet zu zerbrechen jetzt mit aller Kraft,
die Ruten allzumal, wie sie verbunden sind.''
Sie konnten's nicht. ,,Versucht's mit jeder einzeln nun.''
Zerbrochen wurde darauf jede einzeln leicht.
,,So ist es, Kinder,'' sprach er, ,,wenn ihr einsgesinnt
zusammenhaltet alle; niemand wird euch dann
verletzen können, wenn er noch so mächtig ist.
Doch wenn ihr euch entzweit und jeder anders will
als jeder andere, so wird es euch ergehn,
wie ihr's am einzelnen Stabe habt gesehen.''

Vgl. Aes. H. 103.

UNERWÜNSCHTES OPFER

Am Weg stand ein viereckig Hermesbild, und um
das Pedestal ein Haufen Steine. Zu ihm kam
ein Hund und sprach: ,,Heil Hermes, Gruß zuvor.
Dann will ich salben dich und nicht so ohne mehr
am Gott vorbeigehen, der der Gott der Ringbahn ist.''
Der sprach: ,,Wenn du das Öl mir, welches ich schon hab',
nicht ableckst, und mich nicht bepinkelst noch dazu,
bin ich dir dankbar. Weitere Ehrung brauch' ich nicht.''

49

Ἐκάθευδε νύκτωρ ἐργάτης ὑπ᾿ ἀγνοίης
φρέατος ἐγγύς. τῆς Τύχης δ᾿ ἐπιστάσης
ἔδοξ᾿ ἀκούειν „οὗτος, οὐκ ἐγερθήσῃ;
μὴ σοῦ πεσόντος αἰτίη παρ᾿ ἀνθρώποις
5 ἐγὼ λέγωμαι καὶ κακὴν λάβω φήμην.
ἐμοὶ γὰρ ἐγκαλοῦσι πάντα συλλήβδην,
ὅσ᾿ ἂν παρ᾿ αὐτοῦ δυστυχῇ τις ἢ πίπτῃ."

51

Ἐν τῷ ποτ᾿ οἴκῳ πρόβατον εἶχέ τις χήρη,
θέλουσα δ᾿ αὐτοῦ τὸν πόκον λαβεῖν μείζω
ἔκειρ᾿ ἀτέχνως, τῆς τε σαρκὸς οὐ πόρρω
τὸν μαλλὸν ἐψάλιζεν, ὥστε τιτρώσκειν.
5 ἀλγοῦν δὲ πρόβατον εἶπε „μή με λυμαίνου·
πόσην γὰρ ὁλκὴν τοὐμὸν αἷμα προσθήσει;
ἀλλ᾿ εἰ κρεῶν, δέσποινα, τῶν ἐμῶν χρῄζεις,
ἔστιν μάγειρος, ὅς με συντόμως θύσει,
εἰ δ᾿ εἰρίων πόκου τε κοὐ κρεῶν χρῄζεις,
10 πάλιν ἔστι κουρεύς, ὃς κερεῖ με καὶ σώσει."

52

Εἰς ἄστυ τετράκυκλον ἄρσενες ταῦροι
ἅμαξαν ὤμοις εἷλκον· ἡ δ᾿ ἐτέτριγει.
καὶ τὸν βοώτην θυμὸς εἶχε, τῇ δ᾿ οὕτως
ἐγγὺς προσελθὼν εἶπεν ὡς ἀκουσθῆναι·

FORTUNAS BESCHWERDE

Dicht neben einem Brunnen schlief des Nachts ein Mann
und merkt' es nicht. Im Traum erschien Fortuna ihm,
stand über ihm und rief: „He du, wach auf!
Wenn du hineinfällst, gibt man mir die Schuld,
und bei den Menschen käm' ich in Verruf.
An allem muß ich insgesamt ja schuldig sein,
auch wenn durch eigene Schuld der Mensch zu Falle kommt."

Vgl. Odyssee 1, 32 ff.: Ach ⟨Zeus spricht⟩ wie doch die Sterblichen uns Götter
beschuldigen! Von uns, sagen sie, komme das Unheil, während sie doch selber
durch ihre Übeltaten mehr erleiden, als das Los verhängt. – Vgl. Aes. H. 316
und 316b.

DER STEUERZAHLER?

Eine Witwe hielt in ihrem Haus einmal ein Schaf.
Da sie mehr Wolle von ihm haben wollte, schor
sie es, doch ungeschickt. So dicht am Fleisch schnitt sie
das Vlies ab, daß das Schaf verwundet ward.
Voll Schmerzen sprach es: „Quäle mich nicht so! Wieviel
fügt an Gewicht denn schon mein Blut der Wolle zu?
Brauchst, Herrin, du mein Fleisch, so hol den Metzger her,
daß er mich schlachte schnell und regelrecht.
Doch willst mein Vlies du haben, aber nicht mein Fleisch,
so hol den Scherer, der mir nicht ans Leben geht."

Vgl. Aes. H. 382 und 382b.

DER KNARRENDE WAGEN

'nen Vierradwagen zogen Ochsen in die Stadt
ans Joch geschirrt. Der Wagen knarrte laut.
Da ward der Fuhrmann zornig: an den Wagen trat
er nah heran und sprach mit lauter Stimme dies:

5 „ὦ παγκάκιστον κτημάτων, τί δὴ κρώζεις
ἄλλων ὑπ᾽ ὤμων φερομένη σιωπώντων;"
    [Κακοῦ πρὸς ἀνδρός ἐστι μακρὸν οἰμώζειν
ἄλλων πονούντων, αὐτὸς ὡσπερεὶ κάμνων.]

53

Εἰς λύκον ἀλώπηξ ἐμπεσοῦσα δειλαίη
ζωγρεῖν ἐδεῖτο μηδὲ γραῦν ἀποκτείνειν.
ὁ δ᾽ „ἢν λόγους μοι τρεῖς ἀληθινοὺς εἴπῃς,
ἐγώ σε νὴ τὸν Πᾶνα" φησί „ζωγρήσω."
5 ἡ δ᾽ „εἴθε μέν μοι πρῶτα μὴ συνηντήκεις,
ἔπειτα δ᾽ εἴθε τυφλὸς ὢν ὑπηντήκεις,
τρίτον δ᾽ ἐπ᾽ αὐτοῖς" εἴπε „μὴ σύ γ᾽ εἰς ὥρας
ἴκοιο, μὴ δή μοι πάλιν συναντήσῃς."

56

Εὐτεκνίης ἔπαθλα πᾶσι τοῖς ζῴοις
ὁ Ζεὺς ἔθηκε, πάντα δ᾽ ἔβλεπεν κρίνων.
ἦλθεν δὲ καὶ πίθηκος, ὡς καλοῦ μήτηρ,
πίθωνα γυμνὸν σιμὸν ἡρμένη κόλποις.
5 γέλως δ᾽ ἐπ᾽ αὐτῷ τοῖς θεοῖς ἐκινήθη·
ἡ δ᾽ εἴπεν οὕτω·„Ζεὺς μὲν οἶδε τὴν νίκην,
ἐμοὶ δὲ πάντων οὗτός ἐστι καλλίων."
    [Ὁ λόγος δοκεῖ μοι πᾶσι τοῦτο σημαίνειν,
τὸν αὐτὸς αὐτοῦ πᾶς τις εὐπρεπῆ κρίνει.]

57

Ἑρμῆς ἄμαξαν ψευσμάτων τε πληρώσας
ἀπάτης τε πολλῆς καὶ πανουργίης πάσης,

„Was soll dein lautes Krächzen, schändlich Ding?
Dich schleppen andere, und die bleiben still."

Vgl. Aes. H. 79. Hier lautet der Titel βόες καὶ ἄξονες, während Perry (Aes. 45) βόες καὶ ἄξων hat.

DREIMAL DIE WAHRHEIT

Das Unglück, einen Wolf zu treffen, hatt' ein Fuchs:
er fleht' ihn an, doch nicht zu töten einen Greis.
Der sprach: „Sofern du mir drei wahre Dinge sagst,
bei Pan! dann schone deines Lebens ich."
„Nun: erstens wünsch' ich, daß ich niemals dich gesehen,
sodann, daß blind du wärest, wenn du mich schon trafst;
als Drittes: daß du dieses Jahr nicht überlebst,
so daß du mir nicht wiederum begegnen kannst."

Vgl. Aes. H. 271; ähnlich 271 b: Wolf und Fuchs, bzw. Wolf und Knabe. Bei Perry Aes. 159 Wolf und Schaf mit etwas anderem Inhalt.

DER SCHÖNHEITSWETTBEWERB

Einmal hielt einen Babyschönheitswettbewerb
für alle Tiere Zeus, und saß als Richter vor.
Die Äffin kam und sagte, sie hab' ein schönes Kind,
und hielt im Arm ein nackt, stumpfnäsig kleines Ding:
Es lachten alle Götter, doch die Mutter sprach:
„Zeus steht es zu, den Sieger zu bestimmen, doch
ich weiß, daß mir mein Kind das allerschönste ist."

καλλίας war ein (euphemistischer) Spitzname für zahme Affen, und Babrius scheint hier auf die bekannte Pindarstelle (Pyth. 2, 73) anzuspielen; vgl. auch Galen (de usu part. 1, 22). – Vgl. Avian 14.

HERMES UND DIE ARABER

Mit Lügen lud einst Hermes seinen Wagen voll
mit Tücke und mit jeder Art von Schurkerei

ἤλαυνε διὰ γῆς, ἄλλο φῦλον ἐξ ἄλλου
σχεδίην ἀμείβων καὶ μέρος τι τῶν ὤνων
5 νέμων ἑκάστῳ μικρόν.

         ὡς δὲ τῷ χώρῳ
τῷ τῶν Ἀράβων ἐπῆλθε καὶ διεξῄει,
λέγουσιν αὐτοῦ συντριβεῖσαν ἐξαίφνης
ἐπισταθῆναι τὴν ἄμαξαν. οἱ δ᾿ ὥσπερ
πολύτιμον ἁρπάζοντες ἐμπόρου φόρτον,
10 ἐκένωσαν αὐτὴν οὐδ᾿ ἀφῆκαν εἰς ἄλλους
ἔτι προελθεῖν, καίπερ ὄντας, ἀνθρώπους.
ἐντεῦθεν Ἄραβές εἰσιν, ὡς ἐπειράθην,
ψεῦσταί τε καὶ γόητες, ὧν ἐπὶ γλώσσης
οὐδὲν κάθηται ῥῆμα τῆς ἀληθείης.

58

Ζεὺς ἐν πίθῳ τὰ χρηστὰ πάντα συλλέξας
ἔθηκεν αὐτὸν πωμάσας παρ᾿ ἀνθρώπῳ.
ὁ δ᾿ ἀκρατὴς ἄνθρωπος εἰδέναι σπεύδων
τί ποτ᾿ ἦν ἐν αὐτῷ, καὶ τὸ πῶμα κινήσας,
5 διῆκ᾿ ἀπελθεῖν αὐτὰ πρὸς θεῶν οἴκους,
κἀκεῖ πέτεσθαι τῆς τε γῆς ἄνω φεύγειν.
μόνη δ᾿ ἔμεινεν ἐλπίς, ἣν κατειλήφει
τεθὲν τὸ πῶμα. τοιγὰρ ἐλπὶς ἀνθρώποις
μόνη σύνεστι, τῶν πεφευγότων ἥμας
10 ἀγαθῶν ἕκαστον ἐγγυωμένη δώσειν.

und zog durchs Land, besuchend bald den einen Stamm.
bald einen andern, und er teilte jedem zu
ein wenig von der Ladung.   Als er in das Land
der Araber gekommen und hindurch wollt' fahren,
da warfen, heißt es, plötzlich sie den Karren um
und brachen ihn entzwei. Als ob er köstlich Gut
geladen hätte, raubten sie ihn leer, und nicht
in andere Länder ließen sie ihn weiterziehn,
obwohl's doch auch wo anders Menschen gab.
Seitdem – dies weiß aus eigener Erfahrung ich –
sind Araber verlogene Betrüger nur,
auf deren Zunge nicht ein Quentchen Wahrheit sitzt.

In fragmentarischer Form bei Aesop H 141. Daß Babrius ausdrücklich eigene
Kenntnis der Araber behauptet, paßt gut zu der Annahme (s. Vorwort), daß er
in Kleinasien lebte – nicht allzu weit von Arabien und jedenfalls mit häufigem
Kontakt mit arabischen Karawanen.

BESTRAFTE NEUGIER

Zeus packt' einst alle guten Dinge in ein Faß,
tat einen Deckel drauf und stellt's bei jemand ab.
Die Neugier, was das Faß enthalte, konnte nicht
der Mensch bezwingen und nahm drum den Deckel ab.
Da flog denn alles Gute zu den Göttern auf,
weil er es losgelassen: fort war's aus der Welt.
Als wieder er den Deckel aufgesetzt, da blieb allein
zurück die Hoffnung. Darum blieb auch diese nur
noch bei den Menschen – Hoffnung, welche uns
verspricht die Segnungen, die uns entflohen sind.

Dies ist die bekannte Legende von der Büchse der Pandora (Hesiod *Theog.* 570;
Op. 50 ff., 94 ff.), mit dem Unterschied, daß Pandora, die Gattin des Epimetheus,
infolge ihrer Neugier alle Übel auf die Menschen losließ. – Die verschiedenen
Gestaltungen des Mythos untersucht G. Fink, Pandora und Epimetheus. Diss.
Erlangen 1958.

59

Ζεὺς καὶ Ποσειδῶν, φασί, καὶ τρίτη τούτοις
ἤριζ᾽ Ἀθηνᾶ, τίς καλόν τι ποιήσει.
ποιεῖ μὲν ὁ Ζεὺς ἐκπρεπέστατον ζῴων
ἄνθρωπον, ἡ δὲ Παλλὰς οἶκον ἀνθρώποις,
5 ὁ δ᾽ αὖ Ποσειδῶν ταῦρον. ᾑρέθη τούτοις
κριτὴς ὁ Μῶμος· ἔτι γὰρ ἐν θεοῖς ᾤκει.
κἀκεῖνος, ὡς πέφυκε πάντας ἐχθραίνων,
πρῶτον μὲν εὐθὺς ἔψεγεν τὸ τοῦ ταύρου,
τῶν ὀμμάτων τὰ κέρατα μὴ κάτω κεῖσθαι,
10 ὡς ἂν βλέπων ἔτυπτε· τοῦ δέ γ᾽ ἀνθρώπου,
μὴ σχεῖν θυρωτὰ μηδ᾽ ἀνοικτὰ τὰ στήθη,
ὡς ἂν βλέποιτο τῷ πέλας τί βουλεύοι·
τῆς οἰκίης δέ, μὴ τροχοὺς σιδηρείους
ἐν τοῖς θεμελίοις γεγονέναι, τόπους τ᾽ ἄλλους
15 συνεξαμείβειν δεσπόταισιν ἐκδήμοις.
[Τί οὖν ὁ μῦθός φησιν ἐν διηγήσει;
πειρῶ τι ποιεῖν, τὸν φθόνον δὲ μὴ κρίνειν.
ἀρεστὸν ἁπλῶς οὐδέν ἐστι τῷ μώμῳ.]

60

Ζωμοῦ χύτρῃ μῦς ἐμπεσὼν ἀπωμάστῳ
καὶ τῷ λίπει πνιγόμενος ἐκπνέων τ᾽ ἤδη
„βέβρωκα" φησί" καὶ πέπωκα καὶ πάσης
τρυφῆς πέπλησμαι· καιρός ἐστί μοι θνήσκειν."
5 [Τότ᾽ ἂν λίχνος γένοιο μῦς ἐν ἀνθρώποις,
ἐὰν τὸ καταβλάπτον ἡδὺ μὴ παραιτήσῃ.]

Sehr wahrscheinlich ist dies eine Parodie auf die von dem wegen seiner weich-
lichen und genußsüchtigen Lebensart berüchtigten Assyrerkönig Sardanapalus
(Assurbanipal, ca. 650) auf sich selbst verfaßte Grabschrift, die Cicero
(*Tusc.* 5, 35) folgendermaßen übersetzt:

Haec habeo, quae edi, quaeque exsaturata libido
hausit; at illa iacent multa et praeclara relicta.

In Bezug auf dieses Epitaph bemerkt Aristoteles, es könne ebensogut auf
einen Ochsen passen. Strabo (14, 5, 9) berichtet, in der Stadt Anchiale befinde
sich das Grabmal Sardanapals und sein steinernes Bild, welches die Finger

DER KRITIKER

Zeus und Poseidon und als dritte Pallas, heißt's,
wetteiferten, wer wohl das Schönste schaffen könnte.
Das herrlichste der Wesen schuf – den Menschen – Zeus,
Pallas erschuf zur Wohnung ihm das Haus,
Poseidon schuf den Stier. Zum Richter wählte man
Momus, denn damals lebt' er mit den Göttern noch.
Da alles schlecht zu machen seine Art war, fand
den Stier zunächst er fehlerhaft, weil nicht
die Hörner unterhalb der Augen säßen, daß,
wohin er stoß', er sehen könne. Und der Mensch
besäße keine Fenster in der Brust, so daß
sein Nächster ihm ins Herz nicht schauen kann.
Und Eisenräder fehlten, sagte er, dem Haus
am Unterbau, sodaß der Eigentümer nicht
beim Umzug dieses mit sich nehmen kann.

Momus, der Geist gehässiger Kritik, galt als Sohn der Nacht (Hesiod *Theog.*
214). Lukian (*Hermot.* 20. 759) tadelt ebenfalls das Fehlen eines Fensters in der Men-
schenbrust. Der dritten Kritik des Momus sind später Wohnwagen bzw. -autos
gerecht geworden. – Vgl. Aes. H. 155.

DIE MAUS IN DER SUPPE

Eine Maus fiel einst in einen unbedeckten Topf
voll Suppe. Schon vom Fett erstickt, sprach sterbend sie
noch dies: „Gegessen hab ich und getrunken und
genossen alle Lust. Jetzt ist die Zeit zum Tod."

der rechten Hand so zusammendrücke, als ob er ein Schnippchen schlage,
und darin finde sich folgende Inschrift in Keilschrift: ‚Sardanapal, der Sohn
des Anakyndaraxes, baute Anchiale und Tarsus an einem Tage. Iß, trink und
scherze: das Übrige ist nicht *so viel* wert (nämlich ein Schnippchen). Auch
Choirilos erwähnte insbesondere folgende Verse:
  Jenes nur, was ich beim Mahl und beim Trank in Liebe genossen,
  habe ich jetzt, doch zurück blieb jegliche Fülle des Reichtums.
Die Grabschrift des Sardanapal findet sich zweimal in der Griechischen
Anthologie (7, 325 und, in erweiterter Form, 16, 27). In der Tusculum-Ausgabe
der Anthologia Graeca findet man Beckbys vortreffliche Übersetzungen sowie
ausführliche zusätzliche Bezüge in der antiken Literatur. – Vgl. Aes. H. 292.

64

Ἤριζον ἐλάτη καὶ βάτος πρὸς ἀλλήλας.
ἐλάτης δ' ἑαυτὴν πολλαχῶς ἐπαινούσης·
„καλή μέν εἰμι καὶ τὸ μέτρον εὐμήκης,
καὶ τῶν νεφῶν σύνοικος ὀρθίη φύω,
5   στέγης τε μέλαθρόν εἰμι καὶ τρόπις πλοίων·
δένδρῳ τοσούτῳ πῶς, ἄκανθα, συγκρίνῃ;"
βάτος πρὸς αὐτὴν εἶπεν „ἢν λάβῃς μνήμην
τῶν πελέκεων ⟨τε⟩ τῶν ἀεί σε κοπτόντων,
βάτος γενέσθαι καὶ σὺ μᾶλλον αἱρήσῃ."
10   Ἅπας ὁ λαμπρὸς τῶν ἐλαττόνων μᾶλλον
καὶ δόξαν ἔσχε χ'ὑπέμεινε κινδύνους.

Ein zweizeiliges Epimythion, des Inhalts, daß dem Hochgestellten größere
Gefahren drohen als dem Niedrigen, haben wir mit Rutherford weggelassen,
„*Epimythium tibi babe*" schreibt er mit der ihm eigenen Schärfe. Nach V. 7
erscheint ein von den meisten Edd. verworfener Vers; Ellis hat hier die Les-
arten von codd. A und G kontaminiert. – Das „Streitgespräch" als literarische
Gattung ist auch in der neulateinischen Literatur, ebenso wie der des Mittel-

69

Θάμνου λαγωὸν δασυπόδην ἀναστήσας
κύων ἐδίωκεν οὐκ ἄπειρος ἀγρεύειν,
δρόμῳ δ' ἐλείφθη. καί τις αἰπόλος σκώπτων
„ὁ πηλίκος σου" φησίν „εὑρέθη θάσσων."
5   ὁ δ' εἶπεν „ἄλλως ἄλλον ἁρπάσαι σπεύδων
τρέχει τις, ἄλλως δ' αὐτὸν ἐκ κακοῦ σῴζων."

70

Θεῶν γαμούντων, ὡς ἕκαστος ἐζεύχθη,
ἐφ' ἅπασι Πόλεμος ἐσχάτῳ παρῆν κλήρῳ.
Ὕβριν δὲ γήμας, ἣν μόνην κατειλήφει,
ταύτης περισσῶς, ὡς λέγουσιν, ἠράσθη,
5   ἕπεται δ' ἔτ' αὐτῇ πανταχοῦ βαδιζούσῃ.

FICHTE UND DORNBUSCH

Es stritten miteinander Dorn und Fichte einst.
Die Fichte sprach von sich mit manchem hohen Preis:
„Schön bin ich und von hocherhabener Statur,
hochaufgewachsen ist mein Wipfel, wolkennah,
des Dachfirsts Stütze bin ich und des Schiffes Kiel;
wie kannst du, Distel, dich vergleichen solchem Baum?"
Der Dornbusch sprach: „Wenn du jedoch gedenken willst
der Äxte auch, die dich beständig niederhaun,
so möchtest du doch wohl ein Dornbusch lieber sein."

alters, vertreten: wir finden es häufig bei den Troubadouren, ja sogar im Volks-
lied – oft in sehr ausgedehnter Form: Ritter oder Kleriker als Geliebter,
Wasser oder Wein, Frauen- oder Knabenliebe. Auch bei Theokrit können wir
dem Streitgedicht ähnelnde Rede und Gegenrede finden. – Vgl. Avian 19;
Aes. H. 125. Streitgespräch zwischen Palme und Tamarinde bereits alt-baby-
lonisch, siehe Vorwort.

UMS LEBEN LÄUFT MAN SCHNELLER

Ein Hund, der in der Hasenjagd kein Neuling war,
scheucht' unter einem Busche Meister Lampe auf,
doch blieb er weit zurück. Ein Geißhirt höhnte ihn:
„Das kleine Kerlchen zeigte schneller sich als du."
Der sprach: „Wenn einer einen anderen fangen will,
läuft schneller jener, welcher um sein Leben rennt."

DER KRIEG UND SEIN WEIB

Die Götter freiten; jeder hatte schon sein Weib,
als eine Frau als letzter sich erlost der Krieg.
Er nahm die Hybris, die allein noch übrig war.
In diese war er, heißt es, überaus verliebt
und folgt ihr überall, wohin sie gehen mag.

Μήτ' οὖν ποτ' ἔθνη, μὴ πόληας ἀνθρώπων
Ὕβρις ⟨γ⟩ ἐπέλθοι, προσγελῶσα τοῖς δήμοις,
ἐπεὶ μετ' αὐτὴν Πόλεμος εὐθέως ἥξει.

Wir folgten Perrys Text, aus dem jedoch nicht ersichtlich ist, daß erstens das
Gedicht als Tetrastich vorlag, und daß zweitens an die in cod. A vorliegende
Fassung, nachdem das Tetrastich um eine Zeile erweitert wurde, ein völlig
überflüssiges Epimythion angehängt wurde, das wir (mit Rutherford u.a.)
verwerfen.

79

Κρέας κύων ἔκλεψεν ἐκ μαγειρείου,
καὶ δὴ παρῄει ποταμόν· ἐν δὲ τῷ ῥείθρῳ
πολὺ τοῦ κρέως ἰδοῦσα τὴν σκιὴν μείζω,
τὸ κρέας ἀφῆκε, τῇ σκιῇ δ' ἐφωρμήθη.
5 ἀλλ' οὔτ' ἐκείνην εὗρεν οὔθ' ὃ βεβλήκει,
πεινῶσα δ' ὀπίσω τὸν πόρον διεξῄει.
  [Βίος ἀβέβαιος παντὸς ἀνδρὸς ἀπλήστου
ἐλπίσι ματαίαις πραγμάτων ἀναλοῦται.]

Statt Phaedrus 1,4, wo der Hund absurderweise beim Durchschwimmen des
Flusses das Spiegelbild des Fleisches sieht. Allerdings kann die Phaedrus-
Stelle durch Interpunktion in etwa saniert werden:
Canis per flumen carnem dum ferret natans/lympharum in speculo vidit simu-
lacrum suum –
wenn man nach *ferret* ein Komma setzt, so daß *natans* sich dann auf *simulacrum*

80

Κάμηλον ἠνάγκαζε δεσπότης πίνων
ὀρχεῖσθ' ὑπ' αὐλοῖς κυμβάλοις τε χαλκείοις.
ἡ δ' εἶπ' „ἐμοὶ γένοιτο κἂν ὁδῷ βαίνειν
μὴ καταγέλαστον, μήτι πυρρίχην παίζειν."

‹Mag zu der Menschen Völkern oder Städten nie
die Hybris kommen und beim Pöbel finden Gunst,
denn auf dem Fuße folgt ihr allsogleich der Krīeg.›

Der Gedanke, daß die Götter ihre Ehefrauen erlosten, ist sonst nicht bekannt.
Das Wort *Hybris*, das Hoffart, Anmassung, überhebliche Herausforderung des
Schicksals (gefolgt durch Nemesis) – immer mit dem Nebensinn von gott-
losem Frevel – bedeutet, haben wir unübersetzt gelassen.

HUND UND SPIEGELBILD

Es stahl ein Hund sich aus der Küche eín Fleiśchstück
und lief damit am Fluß entlang. Als im Strom er
des Fleisches Schatten sah, schien der víel größer,
das Fleisch ließ los er, auf den Schatten sích stürzend.
Doch fand er den nicht, und auch nicht, was er wégwarf:
so daß er hungrig, wie er kam, zurückkéhrte.

bezöge. So interpungiert Perry – nach Postgate, wie er schreibt, doch wird
schon in dem wenig bekannten Werkchen von H. J. Kerler, Römische Fabel-
dichter etc. (1838) S. 166 diese „andere Interpunction" erwähnt. Bei Aphthonios 35 geht der Hund „am Fluß". Im Romulus lesen wir (r. g.) canis flumen
transiens, (r. w.) canis cum flumen transit, (r. v.) canis flumen transiens, (Phaed.
sol. Ad.) cum canis super flumen carnem ferret. Lessing, der Babrius noch nicht
kannte, tadelt Phaedrus scharf (Von dem Vortrage der Fabeln: Sämtl. Schriften,
hrsg. von Lachmann u. Muncker, Bd. 7, S. 473). – Vgl. auch Aes. H. 233, wo es lediglich heißt: ein Hund überschritt einen Fluß (διέβαινε). Vgl. den Papyrus: R. Cave-
naile, Corp. Pap. Lat., Wiesbaden 1958, Nr. 38 (= Pap. Oxy. XI 1404).

DER NICHTTÄNZER

Beim Trinkgelage wollte zwingen das Kamel
sein Herr, zu Flötenklang und Zimbelschall zu tanzen.
Da sprach's: „Ach, könnte ich doch meines Weges gehen
und nicht verspottet werden; soll ich dazu noch
beim Tanzen der Pyrrhiche lächerlich mich machen?"

Die Pyrrhiche war ein Waffen-, ein Kriegstanz. Vgl. Aes. H. 182.

82

Κοιμωμένου λέοντος ἀγρίης χαίτης
διέδραμεν μῦς· ὁ δὲ λέων ἐθυμώθη,
φρίξας δὲ χαίτην ἔθορε φωλάδος κοίτης.
κερδὼ δ᾽ ἐπεχλεύαζεν, ὡς ἐκινήθη
5 πρὸς μῦν ὁ πάντων θηρίων δυναστεύων.
ὁ δ᾽ „οὐχὶ τὸν μῦν" εἶπεν „ὦ παλαμναίη,
δέδοικα, μή μου τὴν δορὴν κνίσῃ φεύγων·
χαίτην δ᾽ ἔμελλε τὴν ἐμὴν καταισχύνειν."

[Ἀρχόμενον ἄρτι τὸ θρασὺ τῶν ὑβριζόντων
10 κἂν μικρὸν ᾖ, κώλυε, μηδὲ συγχώρει
εὐκαταφρόνητον σαυτὸν εἶναι τοῖς φαύλοις.]

84

Κώνωψ ἐπιστὰς κέρατι καμπύλῳ ταύρου
μικρόν τ᾽ ἐπισχὼν εἶπε ταῦτα βομβήσας·
„εἴ σου βαρύνω τὸν τένοντα καὶ κλίνω,
καθεδοῦμ᾽ ἀπελθὼν ποταμίης ἐπ᾽ αἰγείρου."
5 ὁ δ᾽ „οὐ μέλει μοι" φησίν" οὔτ᾽ ἐὰν μείνῃς
οὔτ᾽ ἢν ἀπέλθῃς, οὐδ᾽ ὅτ᾽ ἦλθες ἐγνώκειν."
[Γελοῖος ὅστις οὐδὲν ὢν κατ᾽ ἀνθρώπων
τῶν κρειττόνων θρασύνεθ᾽ ὡς τις ὢν ⟨κρείττων⟩.]

Diese Fabel ist uralt. E. Ebeling (Die babylonische Fabel und ihre Bedeutung
für die Literaturgeschichte [Mitteil. d. altoriental. Gesellschaft II,2, Leipzig
1927]) zitiert die folgende altbabylonische Fabel: Als die Mücke auf dem Ele
phanten saß, sprach sie, ‚war ich dir eine Last, Bruder? Wenn ja, will ich fort-

95

Λέων νοσήσας ἐν φάραγγι πετραίῃ
ἔκειτο νωθρὰ γυῖα γῆς ἐφαπλώσας,

LÖWE UND MAUS

Ein Löwe schlief; durch seine zottige Mähne
lief eine Maus. Der Löwe wurde zornig
und sprang vom Lager mit gesträubter Mähne auf.
Er spottete ein diebischer Fuchs: „Der Herrscher
der Tiere wird von einer Maus verstört?"
Der sprach: „Verworfener, ich hatte keine Angst,
daß meine Haut das Mäuslein ritz' und flüchte:
besudeln aber wollt' es meine Mähne."

⟨Schon dem Beginn der frechen Unverschämtheit,
so klein sie ist, tritt fest entgegen. Dulde nicht,
daß dich mißachtet, wer geringer ist als du.⟩

Epimythion von Perry eingeklammert. Ähnlich, aber nicht ganz übereinstimmend
Aes. H. 257 und 257b; abweichender Wortlaut bei Perry Aes. 146.

MÜCKE UND STIER

Auf eines Stieres krummem Horn ließ eine Mücke
sich nieder, saß ein Weilchen, und dann summte sie:
„Wenn ich zu sehr beschwer' und beuge deinen Nacken,
so flieg' ich fort zur Pappel dort am Fluß."
Er sprach: „Bleib' oder gehe – mir ist's gleich,
ich nahm noch nicht einmal dein Kommen wahr."

gehen, zum Teich dort drüben.' Sprach der Elephant zur Mücke: ‚Ich merkte
gar nicht, daß du auf mir saßest. Was bist du schon? Und flogst du fort, nun,
deinen Weggang bemerkte ich auch nicht.' Die Fabel soll i. J. 716 v. Chr.
nach einem älteren Original niedergeschrieben sein. Aus B. E. Perry, *Babrius
and Phaedrus* (Loeb ed.), Cambridge (Mass.) 1965, p. xxxiii; Babrius weist
selber auf den sumerischen Ursprung der Fabel hin (Beginn von Buch II).
Ähnlich Aesop (Halm 235).

DER HIRNLOSE HIRSCH

Es lag ein Löwe krank in Bergeshöhle einst,
die schlaffen Glieder auf der Erde hingestreckt.

φίλην δ' ἀλώπεκ' εἶχεν ᾗ προσωμίλει.
ταύτῃ ποτ' εἶπεν „εἰ θέλεις με σὺ ζώειν —
5 πεινῶ γὰρ ἐλάφου τῆς ὑπ' ἀγρίαις πεύκαις
κεῖνον τὸν ὑλήεντα δρυμὸν οἰκούσης,
καὶ νῦν διώκειν ἔλαφον οὐκέτ' ἰσχύω —
σὺ δ' ἢν θελήσῃς, χεῖρας εἰς ἐμὰς ἥξει
λόγοισι θηρευθεῖσα σοῖς μελιγλώσσοις."
10 ἀπῆλθε κερδώ, τὴν δ' ὑπ' ἀγρίαις ὕλαις
σκιρτῶσαν εὗρε μαλθακῆς ὑπὲρ ποίης.
προσέκυσε δ' αὐτὴν πρῶτον, εἶτα καὶ χαίρειν
προσεῖπε, χρηστῶν τ' ἄγγελος λόγων ἥκειν.
„ὁ λέων" ἔφασκεν, „οἶδας, ἔστι μοι γείτων,
15 ἔχει δὲ φαύλως, κἀγγύς ἐστι τοῦ θνήσκειν.
τίς οὖν μετ' αὐτὸν θηρίων τυραννήσει
διεσκοπεῖτο· σῦς μέν ἐστιν ἀγνώμων,
ἄρκτος δὲ νωθής, πάρδαλις δὲ θυμώδης,
τίγρις δ' ἀλαζὼν καὶ τὸ πᾶν ἐρημαίη.
20 ἔλαφον τυραννεῖν ἀξιωτάτην κρίνει·
γαύρη μὲν εἶδος, πολλὰ δ' εἰς ἔτη ζώει,
κέρας δὲ φοβερὸν πᾶσιν ἑρπετοῖς φύει,
δένδροις ὅμοιον, κοὺχ ὁποῖα τῶν ταύρων.
τί σοι λέγω τὰ πολλά; πλὴν ἐκυρώθης,
25 μέλλεις τ' ἀνάσσειν θηρίων ὀρειφοίτων.
τότ' οὖν γένοιτο τῆς ἀλώπεκος μνήμη,
δέσποινα, τῆς σοι τοῦτο πρῶτον εἰπούσης.
ταῦτ' ἦλθον. ἀλλὰ χαῖρε, φιλτάτη. σπεύδω
πρὸς τὸν λέοντα, μή πάλιν με ζητήσῃ —
30 χρῆται γὰρ ἡμῖν εἰς ἄπαντα συμβούλοις —
δοκῶ δὲ καὶ σέ, τέκνον, εἴ τι τῆς γραίης
κεφαλῆς ἀκούεις· ἔπρεπέ σοι παρεδρεύειν
ἐλθοῦσαν αὐτῷ καὶ πονοῦντα θαρσύνειν.
τὰ μικρὰ πείθει τοὺς ἐν ἐσχάταις ὥραις,
35 ψυχαὶ δ' ἐν ὀφθαλμοῖσι τῶν τελευτώντων."
ὣς εἶπε κερδώ. τῆς δ' ὁ νοῦς ἐχαυνώθη
λόγοισι ποιητοῖσιν, ἦλθε δ' εἰς κοίλην
σπήλυγγα θηρός, καὶ τὸ μέλλον οὐκ ᾔδει.
λέων δ' ἀπ' εὐνῆς ἀσκόπως ἐφορμήσας

Zu einem Fuchs, der ihm in Freundschaft zugetan,
sprach er: „Wenn du am Leben mich erhalten willst –
mich hungert nach dem Hirsch, der dort im Waldgebüsch
sein Heim hat, wo die Fichte hoch empor sich reckt –
ihn zu erjagen hab ich jetzt nicht mehr die Kraft –
doch willst du es, sollst du mit honigsüßem Wort
erjagen ihn, daß er in meine Hände fällt."
Der Schlaue ging und fand den Hirsch im wilden Forst,
wie er in weichem Gras sprang. Tief verbeugte sich
zuerst der Fuchs und wünscht' ihm Glück und Heil darauf,
Dann sagt er ihm: „Gar gute Botschaft bring ich dir.
Dem Löwen, welcher, wie du weißt, mein Nachbar ist,
dem geht's recht schlecht: er ist bereits dem Tode nah.
Drum dacht' er nach, wer ihm nachfolgen sollte als
der Tiere Herrscher. Zu stumpfsinnig sei das Schwein,
der Bär zu träg, jährzornig sei der Panther, und
der Tiger, Einzelgänger, sei zu prahlerisch.
Der Hirsch scheint ihm zum Herrschen als der Würdigste:
von Ansehn stattlich, hat er lange Lebensdauer,
und sein Geweih ist allem Kriechtier fürchterlich,
des Baumes Ästen gleicht's und nicht dem Horn des Stiers.
Was soll ich mehr noch sagen: auserwählt bist du,
bestätigt als der Herrscher über Berggetier.
Wenn's soweit ist, gedenk' des Fuchses, Herr, der dir
als erster dies gemeldet: drum kam ich zu dir.
Doch lebewohl jetzt, lieber Freund: ich eil zurück
zum Löwen, falls er mich für anderen Dienst gebraucht,
in allen Dingen fragt er mich um meinen Rat.
Auch du wirst's, hoff' ich, tun, mein Kind, wenn einen Rat
vom Greis du brauchst: drum wart ihm auf, wie sich's geziemt,
geh hin und sprich ihm Mut bei seinem Leiden zu.
Am Lebensende zählt auch ein geringer Dienst:
die Seele liegt in Sterbender letztem Blick."
So sprach der Listige, doch dem Hirsche schwoll der Stolz
von diesen Lügenreden. Drum ging er zur Höhle hin
des wilden Tiers: was ihm bevorstand, wußt' er nicht.
Da sprang der Löwe unversehens vom Lager auf,

40 ὄνυξιν οὖατ᾽ ἐσπάραξεν ἀκραίοις,
σπουδῇ διωχθείς· τὴν δὲ φύζα δειλαίην
θύρης κατιθὺς ἦγεν εἰς μέσας ὕλας.
κερδὼ δὲ χεῖρας ἐπεκρότησεν ἀλλήλαις,
ἐπεὶ πόνος μάταιος ἐξανηλώθη.
κἀκεῖνος ἐστέναξε τὸ στόμα βρύχων
(ὁμοῦ γὰρ αὐτὸν λιμὸς εἶχε καὶ λύπη),
πάλιν δὲ κερδὼ καθικέτευε φωνήσας
ἄλλον τιν᾽ εὑρεῖν δεύτερον δόλον θήρης.
ἡ δ᾽ εἶπε κινήσασα βυσσόθεν γνώμην·
50 „χαλεπὸν κελεύεις. ἀλλ᾽ ὅμως ὑπουργήσω.“
καὶ δὴ κατ᾽ ἴχνος ὡς σοφὴ κύων ᾔει,
πλέκουσα τέχνας καὶ πανουργίας πάσας,
ἀεὶ δ᾽ ἕκαστον ποιμένων ἐπηρώτα
μή πού τις ἔλαφος ᾑματωμένη φεύγει.
55 τὴν δ᾽ ὥς τις εἶδε, δεικνύων ἂν ὡδήγει,
ἕως ποθ᾽ εὗρεν ἐν κατασκίῳ χώρῳ
δρόμων ἀναψύχουσαν. ἡ δ᾽ Ἀναιδείης
ὀφρὺν ἔχουσα καὶ μέτωπον εἱστήκει.
ἐλάφου δὲ φρὶξ ἐπέσχε νῶτα καὶ κνήμας,
60 χολὴ δ᾽ ἐπέζει καρδίην, ἔφη δ᾽ οὕτως·
[σὺ νῦν διώκεις πανταχοῦ με καὶ φεύγω.]
„ἀλλ᾽ ὦ στύγημα, νῦν μὲν οὐχὶ χαιρήσεις,
ἢν μοι προσέλθῃς καὶ γρῦσαί τι τολμήσῃς.
ἄλλους ἀλωπέκιζε τοὺς ἀπειρήτους,
65 ἄλλους δὲ βασιλεῖς αἱρέτιζε καὶ ποίει.“
τῆς δ᾽ οὐκ ἐτρέφθη θυμός, ἀλλ᾽ ὑποβλήδην
„οὕτως ἀγεννής“ φησί „καὶ φόβου πλήρης
πέφυκας; οὕτω τοὺς φίλους ὑποπτεύεις;
ὁ μὲν λέων σοι συμφέροντα βουλεύων,
70 μέλλων τ᾽ ἐγείρειν τῆς πάροιθε νωθείης,
ἔψαυσεν ὠτός, ὡς πατὴρ ἀποθνῄσκων·
ἔμελλε γάρ σοι πᾶσαν ἐντολὴν δώσειν,
ἀρχὴν τοσαύτην πῶς λαβοῦσα τηρήσεις.
σὺ δ᾽ οὐχ ὑπέστης κνίσμα χειρὸς ἀρρώστου,
75 βίῃ δ᾽ ἀποσπασθεῖσα μᾶλλον ἐτρώθης.
καὶ νῦν ἐκεῖνος πλεῖον ἢ σὺ θυμοῦται,

doch ritzt' in seiner Hast des Hirsches Ohren nur,
weil übereilt er sprang. Der floh in panischer Furcht
zum Tor hinaus und tief ins Innerste des Forsts.
Es rang der Fuchs die Hände, als er sehen mußt',
daß er umsonst die Mühe hatte angewandt.
Der Löwe aber ächzt' und knirschte voller Wut
(zugleich von Hunger und Enttäuschung heimgesucht),
rief wiederum den Fuchs zu sich und bat ihn sehr:
„Ersinne neue List zum Fang der Beute doch!"
Nach tiefem Sinnen sprach der Fuchs: „Schwer ist,
was du gebietest, doch ich will dir dienstbar sein."
Dann, wie ein schlauer Jagdhund, folgte er der Spur,
erwägend Tücke aller Art und arge List.
Auch fragte jeden Hirten ringsumher er aus,
ob nicht ein schweißender Hirsch vorbei geflohen sei.
Wer ihn gesehen, zeigte an dem Fuchs den Weg,
bis er zuletzt an schattigem Ort ihn fand,
schweratmend nach der Flucht. Die Frechheit in Person,
der Fuchs mit eiserner Stirn, trat vor ihn hin. Dem Hirsch
lief kalter Schauer über Knie und Rücken hin,
es kochte ihm das Herz voll Zorn, und er sprach dies:
„Du Scheusal, diesmal soll's dir schlecht ergehen, kommst
du näher mir und wagst auch nur ein Wort zu schwätzen.
An Unerfahrenen übe Fuchses List jetzt aus,
als König wähle andere und bestätige sie."
Der war nicht eingeschüchtert, sondern warf dies ein:
„Bist du so niederen Sinnes und so feige, daß
du solch Mißtrauen gegen deine Freunde hegst?
Der Löwe wollte nichts als guten Rat dir geben:
aus früherer Geistesträgheit wollt' er dich erwecken
und zupft' am Ohr dich, väterlich, am Totenbett.
Er wollte kund dir seinen ganzen Willen tun,
wie du sein Reich sollst leiten, wenn du's übernimmst.
Doch du ertrugst der schwachen Pranke Zupfen nicht,
du rißest los dich und verwundetest dich selbst.
Jetzt ist er noch erzürnter als du selber bist,
er glaubt, du bist nicht zuverlässig und zu dumm.

λίην ἄπιστον πειράσας σε καὶ κούφην,
βασιλῆ δέ φησι τὸν λύκον καταστήσειν.
οἴμοι πονηροῦ δεσπότου. τί ποιήσω;
80   ἄπασιν ἡμῖν αἰτίη κακῶν γίνῃ.
ἀλλ᾿ ἐλθέ, καὶ τὸ λοιπὸν ἴσθι γενναίη,
μηδ᾿ ἐπτόησο πρόβατον οἷον ἐκ ποίμνης.
ὄμνυμι γάρ σοι φύλλα πάντα καὶ κρήνας,
οὕτω γένοιτο σοὶ μόνῃ με δουλεύειν,
85   ὡς οὐδὲν ὁ λέων ἐχθρός, ἀλλ᾿ ὑπ᾿ εὐνοίης
τίθησι πάντων κυρίην σε τῶν ζῴων."
τοιαῦτα κωτίλλουσα τὴν ἀχαιίνην
ἔπεισεν ἐλθεῖν δὶς τὸν αὐτὸν εἰς ᾅδην.
ἐπεὶ δὲ λόχμης εἰς μυχὸν κατεκλείσθη,
90   λέων μὲν αὐτὸς εἶχε δαῖτα πανθοίνην,
σάρκας λαφύσσων, μυελὸν ὀστέων πίνων,
καὶ σπλάγχνα δάπτων· ἡ δ᾿ ἀγωγὸς εἱστήκει
πεινῶσα θήρης, καρδίην δὲ νεβρείην
λάπτει, πεσοῦσαν ἁρπάσασα λαθραίως,
95   καὶ τοῦτο κέρδος εἶχεν ὧν ἐκεκμήκει.
λέων δ᾿ ἕκαστον ἐγκάτων ἀριθμήσας
μόνην ἀπ᾿ ἄλλων καρδίην ἐπεζήτει,
καὶ πᾶσαν εὐνήν, πάντα δ᾿ οἶκον ἠρεύνα.
κερδὼ δ᾿ ἀπαιολῶσα τῆς ἀληθείης,
100   „οὐκ εἶχε πάντως" φησί „μὴ μάτην ζήτει.
ποίην δ᾿ ἔμελλε καρδίην ἔχειν, ἥτις
ἐκ δευτέρου λέοντος ἦλθεν εἰς οἴκους;"

Das Herz galt als der Sitz der Intelligenz; das Wort „Hirn" käme wohl
unseren Vorstellungen mehr entgegen, würde aber vom Text abweichen. –
Ein weitverbreitetes Fabelmotiv. Von einem Eber, vgl. Avian 30. Ein Hund stiehlt
dem Koch ein Herz; dieser ruft: „Du hast mir nicht ein Herz geraubt, sondern
eines (d. h. Verstand, mich besser vorzusehen) gegeben." – Dies entkräftet
Ellis' Bemerkung zu Avian 30 (S. 105), daß cor = 1. Herz 2. Verstand, nur ein
römisches Wortspiel sei.

Zum König, sagt' er, wird ernennen er den Wolf.
Weh, welch ein harter Herrscher wär's. Was soll ich tun?
An allem Übel, das uns trifft, trägst du die Schuld.
So komm doch, und von jetzt an zeige dich beherzt!
Sei nicht ein zaghaft Schäfchen auf der Weide: bei
den Blättern allen und den Quellen schwör ich dir,
so wahr ich dich allein zum Herrscher haben will,
der Löwe ist dein Feind nicht: gut meint er's mit dir.
drum setzt er dich zum Herrscher aller Tiere ein.''
Den jungen Hirsch beschwatzt' mit solchen Reden er,
bis er zum zweiten Mal des Todes Haus betrat.
Doch als er in der Höhle eingeschlossen war,
da gab er rechtes Festmahl für den Löwen her.
Der schlang das Fleisch, sog aus der Knochen Mark
und fraß die Eingeweide. Hungrig stand dabei,
der ihm dies zugeführt. Zufällig fiel das Herz
beiseite: heimlich griff der Fuchs es sich zum Fraß.
Dies war der Lohn, für den so sehr er sich bemüht.
Der Löwe zählte alle Innereien nach,
doch merkte, daß durchaus kein Herz zu finden war.
Sein Lager und sein ganzes Haus durchsuchte er.
Da sprach der Fuchs, die Wahrheit zu verschleiern, dies:
,,Er hatte gar kein Herz: such nicht vergebens, denn
was für ein Herz konnt' er, und irgendwer, wohl haben,
der zweimal in des Löwen Höhle sich gewagt?''

---

21 f. Nach Hesiod Fr. 171 R., 304 M.-W. lebt die Krähe neun Menschenalter, der
Hirsch erreicht das vierfache Alter der Krähe, der Rabe dreimal das des Hirsches, der
Phönix das zehnfache des Raben. Ebenso Oppian und andere antike Schriftsteller.
Daß der Hirsch Schlangen tötet, berichtet Plinius N. H. 8, 50 und 22, 37. Plinius
erzählt gleichfalls (8, 50, 119) daß man Hirsche, die Alexander mit einem goldenen
Halsband geschmückt habe, noch hundert Jahre später angetroffen habe. In Wirk-
lichkeit wird der Hirsch aber nur ca. 20 Jahre alt.
70. Das Zupfen am Ohr diente dazu, Aufmerksamkeit zu erwecken (Vergil
Ecl. 6, 3) und um Erinnerung einzuprägen (Hor. Serm. 1, 9, 76 „licet antestari'');
ebenso Clemens (Claudius?) Alexandrinus, Strom. 5, 8 (extr.). – Die Verse 101/102
wurden von Rutherford zu Unrecht verworfen. Wie so oft bei Babrius, wird das
Epimythion, sofern es nicht implicite zu verstehen ist, von einer der beteiligten
Personen ausgesprochen.

100

Λύκῳ συνήντα πιμελὴς κύων λίην.
ὁ δ᾽ αὐτὸν ἐξήταζε, ποῦ τραφεὶς οὕτως
μέγας κύων ἐγένετο καὶ λίπους πλήρης.
„ἄνθρωπος" εἶπε „δαψιλής με σιτεύει."
5 „ὁ δέ σοι τράχηλος" εἶπε „πῶς ἐλευκώθη;"
„κλοιῷ τέτριπται σάρκα τῷ σιδηρείῳ,
ὃν ὁ τροφεύς μοι περιτέθεικε χαλκεύσας."
λύκος δ᾽ ἐπ᾽ αὐτῷ καγχάσας „ἐγὼ τοίνυν
χαίρειν κελεύω" φησί „τῇ τρυφῇ ταύτῃ,
10 δι᾽ ἣν σίδηρος τὸν ἐμὸν αὐχένα τρίψει."

103

Λέων ἐπ᾽ ἄγρην οὐκέτι σθένων βαίνειν
(πολλῷ γὰρ ἤδη τῷ χρόνῳ γεγηράκει)
κοίλης ἔσω σπήλυγγος οἷά τις νούσῳ
κάμνων ἐβέβλητ᾽ οὐκ ἀληθὲς ἀσθμαίνων,
5 φωνὴν βαρεῖαν προσποιητὰ λεπτύνων.
θηρῶν δ᾽ ἐπ᾽ αὐλὰς ἦλθεν ἄγγελος φήμη,
καὶ πάντες ἤλγουν ὡς λέοντος ἀρρώστου,
ἐπισκοπήσων δ᾽ εἰς ἕκαστος εἰσῄει.
τούτους ἐφεξῆς λαμβάνων ἀμοχθήτως
10 κατήσθιεν, γῆρας δὲ λιπαρὸν ηὑρήκει.
σοφὴ δ᾽ ἀλώπηξ ὑπενόησε καὶ πόρρω
σταθεῖσα „βασιλεῦ, πῶς ἔχεις;" ἐπηρώτα.
κἀκεῖνος εἶπε „χαῖρε, φιλτάτη ζῴων·
τί δ᾽ οὐ προσέρχῃ, μακρόθεν δέ με σκέπτῃ;
15 δεῦρο, γλυκεῖα, καί με ποικίλοις μύθοις
παρηγόρησον ἐγγὺς ὄντα τῆς μοίρης."
„σῴζοιο" φησίν, „ἢν δ᾽ ἄπειμι, συγγνώσῃ·
πολλῶν γὰρ ἴχνη θηρίων με κωλύει,
ὧν ἐξιόντων οὐκ ἔχεις ὅ μοι δείξεις."

LIEBER FREI ALS FETT

Ein Hund, recht wohlgenährt, traf einmal einen Wolf.
Der fragte ihn: „Wo hat man dich so gut genährt,
daß du so groß und so mit Fett gepolstert wardst?"
„Ich habe einen Herrn, der freigiebig ist."
„Doch was," fragt' jener, „rieb am Hals das Fell dir dünn?"
„Ein eisern Halsband rieb das Fleisch mir wund: das hat
mein Herr geschmiedet und mir um den Hals getan."
Da lachte höhnisch auf der Wolf und sprach: „Es soll
mir ferne diese Art von gutem Leben sein,
wenn meinen Hals mit Eisenbanden es zerwetzt."

Ebenfalls ein oft behandeltes Motiv, vgl. Avian 37, Phaedrus 3, 7. Ähnlich
Aes. H. 278 und 321.

EINBAHNVERKEHR

Ein Löwe hatte nicht die Kraft zum Jagen mehr,
weil er in vieler Jahre Lauf gealtert war.
So lag er denn in seiner Höhle, als ob krank
er sei und leidend, und er röchelte verstellt,
und machte seine tiefe Stimme dünn und schwach.
Die Botschaft drang zum Lager jeglichen Getiers,
und allen tat der kranke Löwe leid.
Ihn zu besuchen, kam ein jegliches herein;
die packt er eines nach dem anderen mühelos
und fraß sie: so gab Greisenalter ihm Genuß.
Es schöpft' jedoch Verdacht der schlaue Fuchs: von fern
rief er hinein: „Herr König, sag, wie geht es dir?"
Der sprach: „Vielliebes Tier, sei mir gegrüßt! Jedoch,
warum siehst du mich nur von weitem? Komm herein,
mein Liebster, und mit heiterm Zuspruch tröste mich
von nahe bei, dieweil ich lieg schon auf den Tod." –
„Recht gute Besserung, doch verzeih mir, wenn ich geh;
mich schrecken nämlich vieler Tiere Spuren ab,
denn keine, die herauskommt, kannst du zeigen mir."

20   Μακάριος ὅστις οὐ προλαμβάνει πταίσας,
      ἀλλ᾿ αὐτὸς ἄλλων συμφοραῖς ἐπαιδεύθη.

Das schwache und eigentlich überflüssige Epimythion ist der „Moral" von
Aes. 246 H. nachgebildet. - Die Fabel wurde von Lucilius (Buch XXX
Warm. 1111-1120) wiedergegeben:
Deducta tunc voce leo: „cur tu ipsa venire non vis huc? . . ."
„Sed tamen hoc dicas quid sit, si noenu molestum est: quid sibi vult, quare fit
ut introversus et ad te spectent atque ferant vestigia omnia prorsus?"
Dann aber sprach der Löwe mit schwächlicher Stimme: „Warum denn kommst
du nicht selber hierher?" . . .

104

      Λάθρη κύων ἔδακνε· τῷ δὲ χαλκεύσας
      ὁ δεσπότης κώδωνα καὶ προσαρτήσας
      πρόδηλον εἶναι μακρόθεν πεποιήκει.
      ὁ κύων δὲ τὸν κώδωνα δι᾿ ἀγορῆς σείων
5   ἠλαζονεύετ᾿· ἀλλὰ δὴ κύων γραίη
      πρὸς αὐτὸν εἶπεν „ὦ τάλαν, τί σεμνύνη;
      οὐ κόσμον ἀρετῆς τοῦτον οὐδ᾿ ἐπιεικείης,
      σαυτοῦ δ᾿ ἔλεγχον τῆς πονηρίης κρούεις."

105

      Λύκος ποτ᾿ ἄρας πρόβατον ἐκ μέσης ποίμνης
      ἐκόμιζεν οἴκαδ᾿· ᾧ λέων συναντήσας
      ἀπέσπασ᾿ αὐτοῦ. καὶ λύκος σταθεὶς πόρρω
      „ἀδίκως μ᾿ ἀφείλω τῶν ἐμῶν" ἐκεκράγει.
5   λέων δὲ τερφθεὶς εἶπε τὸν λύκον σκώπτων
      „σοὶ γὰρ δικαίως ὑπὸ φίλων ἐδωρήθη;"

(Glückselig der, der nicht zu Fall als erster kommt,
und aus den Unglücksfällen anderer Lehre zieht.)

„Sage mir dieses, wofern es dir nicht unangenehm ist: Was bedeutet es, daß
zu dir hinein alle Spuren zeigen und führen allein, und vorwärts immer nur
alle?"
Übernommen von Horaz (*epist.* 1, 1, 73 ff.):
  olim quod volpes aegroto cauta leoni
  respondit referam: ‚quia me vestigia terrent,
  omnia te adversum spectantia, nulla retrorsum.'
Was einmal zum kränkelnden Löwen das listige Füchslein sagte, geb ich zur
Antwort: Weil mich die Spuren erschrecken, alle führen zu dir hinein, heraus
aber keine.

GEZEICHNET, NICHT AUSGEZEICHNET

Ein Hund war falsch und bissig. Drum ließ ihm sein Herr
ein ehern Glöckchen schmieden. Dies band er ihm um,
daß er für jeden schon von weitem kenntlich sei.
Der Hund stolzierte nun sich brüstend auf dem Markt
die Schelle schüttelnd. Eine alte Hündin sprach
jedoch zu ihm: „Worauf bist du so stolz, du Tropf?
Dies ist kein Orden, den dir Mut und Tugend gab:
du läutest deine eigene Schlechtigkeit nur aus."

Vgl. Avian 7; Aes. H. 224.

DER BESTOHLENE DIEB

Ein Schaf, das mitten aus der Herde er geraubt,
schleppt' heim ein Wolf. Ihn traf ein Löwe und entriß
die Beute ihm. Vorsichtig aus der Ferne schrie der Wolf:
„Du handelst unrecht, da du mir das Meine raubst."
Der Löwe, höchlichst amüsiert, sprach spottend: „Dies
erwarbst du ehrlich wohl; hat's dir ein Freund geschenkt?"

Vgl. Aes. H. 279 und 279 b.

107

Λέων ἀγρεύσας μῦν ἔμελλε δειπνήσειν·
ὁ δ᾽ οἰκότριψ κλὼψ ἐγγὺς ὢν μόρου τλήμων
τοιοῖσδε μύθοις ἱκέτευε τονθρύζων
„ἐλάφους πρέπει σοι καὶ κερασφόρους ταύρους
5 θηρῶντα νηδὺν σαρκὶ τῇδε πιαίνειν·
μυὸς δὲ δεῖπνον οὐδ᾽ ἄκρων ἐπιψαῦσαι
χειλῶν ἅλις σῶν. ἀλλὰ λίσσομαι, φείδου.
ἴσως χάριν σοι τήνδε μικρὸς ὢν τίσω."
γελάσας δ᾽ ὁ θὴρ παρῆκε τὸν ἱκέτην ζώειν·
10 καὶ φιλαγρευταῖς ἐμπεσὼν νεηνίσκοις
ἐδικτυώθη καὶ σφαλεὶς ἐδεσμεύθη.
ὁ μῦς δὲ λάθρῃ χηραμοῦ προπηδήσας,
στερρόν τ᾽ ὀδοῦσι βραχυτάτοις βρόχον κείρας,
ἔλυσε τὸν λέοντα, τοῦ τὸ φῶς βλέψαι
15 ἐπάξιον δοὺς μισθὸν ἀντιζωγρήσας.
    [Σαφὴς ὁ μῦθος εὖ νοοῦσιν ἀνθρώποις,
σῴζειν πένητας, μηδὲ τῶν ἀπελπίζειν,
εἰ καὶ λέοντα μῦς ἔσωσ᾽ ἀγρευθέντα.]

[Ἀρχὴ τοῦ β τμήματος]

Μῦθος μέν, ὦ παῖ βασιλέως Ἀλεξάνδρου,
Σύρων παλαιῶν ἐστιν εὕρεμ᾽ ἀνθρώπων,
οἳ πρίν ποτ᾽ ἦσαν ἐπὶ Νίνου τε καὶ Βήλου.
πρῶτος δέ, φασίν, εἶπε παισὶν Ἑλλήνων
5 Αἴσωπος ὁ σοφός, εἶπε καὶ Λιβυστίνοις
λόγους Κυβίσσης. ἀλλ᾽ ἐγὼ νέῃ μούσῃ
δίδωμι, φαλάρῳ χρυσέῳ χαλινώσας
τὸν μυθίαμβον ὥσπερ ἵππον ὁπλίτην.
ὑπ᾽ ἐμοῦ δὲ πρώτου τῆς θύρης ἀνοιχθείσης
10 εἰσῆλθον ἄλλοι, καὶ σοφωτέρης μούσης
γρίφοις ὁμοίας ἐκφέρουσι ποιήσεις,
μαθόντες οὐδὲν πλεῖον ἢ ᾽μὲ γινώσκειν.
ἐγὼ δὲ λευκῇ μυθιάζομαι ῥήσει,
καὶ τῶν ἰάμβων τοὺς ὀδόντας οὐ θήγω,

LÖWE UND MAUS

Es fing ein Löwe eine Maus und wollt' sie fressen.
Das arme hausgeborene Dieblein, nahe schon dem Tod,
bat um sein Leben, leise quiekend, und sprach dies:
„Du solltest Hirsche jagen und gehörnten Stier
und dich am Fleische solcher Beute mästen.
Doch eine Maus ist selbst für deiner Lippen Rand
zu wenig; darum fleh' ich an dich: schone mein!
So klein ich bin – vielleicht vergelt' ich's eines Tags."
Das Raubtier lacht' und ließ die Flehende am Leben.
Er selbst fiel bald in jugendlicher Jäger Hand:
gefesselt saß er hilflos fest im Netz.
Doch heimlich kam das Mäuslein aus dem Loch hervor,
mit scharfen Zähnchen nagt' es an dem festen Tau
und macht den Löwen frei. Daß dieser sie verschont,
vergalt mit Lebensrettung würdig ihm die Maus.

Vgl. Aes. H. 256. Auch dieses ist ein oft behandeltes Motiv, siehe Romulus 22.

PROLOG ZUM ZWEITEN TEIL

Die Fabel wurde, König Alexanders Sohn,
erfunden einst vor Zeiten von den Syrern,
die zu des Ninus und des Belus Zeit gelebt.
Als erster hat, so heißt's, den Söhnen der Hellenen
Aesop, der Weise, sie erzählt: den Libyern auch
erzählte sie Kybisses. Jetzt bring' ich sie dir
im neuen, im poetischen Gewand, geschmückt
im Jambus, wie ein Schlachtroß prangt mit goldenem Zaum.
Da ich als erster dieses Tor nun aufgetan,
so kamen andre, die in hochgelehrtem Stil
Gedichte schreiben, die mehr Rätseln gleichen –
und sonst nichts können, als daß sie mich kennen.
Doch ich erzähle klar, in simplem Stil,
und wetze bißig nicht der Jamben scharfen Zahn,

15 ἀλλ' εὖ πυρώσας, εὖ δὲ κέντρα πρηύνας,
ἐκ δευτέρου σοι τήνδε βίβλον ἀείδω.

1. Der König Alexander, dessen Sohn Babrius sein zweites Buch widmete, könnte ein von Vespasian ernannter Fürst von Cilicien sein. Josephus (*Antiq. Iud.* xviii) erwähnt einen Alexander, Enkel Herodes' des Großen. Ob der Sohn dieses Königs mit dem zu Anfang von Buch I erwähnten Branchus identisch ist, ist fraglich. Jedenfalls weist Babrius, der wohl der Erzieher des Prinzen war, mit Recht auf den semitischen Ursprung der Fabel hin. Dieser ganze Fragenkomplex wurde von B. E. Perry in vielen Artikeln sowie in seiner Einleitung zu *Babrius and Phaedrus* ausführlich behandelt. 2. Syrer: die im Altertum sehr häufige Verwechslung von Syrien und Assyrien. Ninus und Bel bleiben im Dunkel vorzeitlicher Mythologie, obwohl Ninus als Gatte der Semiramis genannt wird, die man mit Sammuramat (ca. 800 v. Chr.) identifiziert. Ninus galt als Sohn des Belus. Dieser Name (verwandt mit dem Hindu-Gott Bali? mit dem phöniz. Ba'al?) wurde mehreren mythologischen Königen (Göttern) beigelegt. Eine auch nur annähernde Zeitbestimmung ist unmöglich. 6. Joseph Jacobs, *The Fables of Aesop*, London 1889, ein in nur 550 Ex. erschienenes Werk, das in Bd. 2 Caxtons *Aesop* reproduziert, während der erste Band

108

Μυῶν ὁ μέν τις βίον ἔχων ἀρουραῖον,
ὁ δ' ἐν ταμείοις πλουσίοισι φωλεύων,
ἔθεντο κοινὸν τὸν βίον πρὸς ἀλλήλους·
ὁ δ' οἰκόστιτος πρότερος ἦλθε δειπνήσων
5 ἐπὶ τῆς ἀρούρης ἄρτι χλωρὸν ἀνθούσης·
τρώγων δ' ἀραιὰς καὶ διαβρόχους σίτου
ῥίζας, μελαίνῃ συμπεφυρμένας βώλῳ,
„μύρμηκος" εἶπε „ζῇς βίον ταλαιπώρου,
ἐν πυθμέσιν γῆς κρίμνα λεπτὰ βιβρώσκων.
10 ἐμοὶ δ' ὑπάρχει πολλὰ καὶ περισσεύει·
τὸ κέρας κατοικῶ πρὸς σὲ τῆς Ἀμαλθείης.
εἴ μοι συνέλθοις, ὡς θέλεις ἀσωτεύσῃ,
παρεὶς ὀρύσσειν ἀσφάλαξι τὴν χώρην."
ἀπῆγε τὸν μῦν τὸν γεηπόνον πείσας
15 εἰς οἶκον ἐλθεῖν ὑπό τε τοῖχον ἀνθρώπου.
ἔδειξε δ' αὐτῷ, ποῦ μὲν ἀλφίτων πλήθη,
ποῦ δ' ὀσπρίων ἦν σωρὸς ἢ πίθοι σύκων,

schmelz' sorglich sie und mindere sorglich ihren Stich:
so sing' ich jetzt für dich mein zweites Buch.

dem Ursprung und der Überlieferung der Fabel gewidmet ist. J. identifiziert
„Kybisses" mit dem indischen Weisen Kásyapa (wobei er sogar einen mög-
lichen Zusammenhang zwischen Kásyapa und dem „ungriechischen" Namen
Aisopos andeutet). Er nimmt ein (hypothetisches) Buch *Itiab ja Kásyapa* an,
das eine zur Zeit des Claudius nach Rom abgefertigte Gesandtschaft aus Ceylon
mitgebracht habe. Dieses Fabelbuch sei Babrios, möglicherweise unter dem
Titel Λόγοι Λιβυκοί, bekannt gewesen. R. Johanan ben Sakkai (dem Vespasian
bekanntlich aus dem belagerten Jerusalem freien Abzug gewährte), erwähnte
Mishle Kubsis, Märchen des Kubsis (= Kybisses?). 6f. Die aesopische Prosafabel galt nicht als Literatur; wenn sich Babrius als den ersten Fabel*dichter*
bezeichnet, so muß er poetische Fabeln in griechischer Sprache gemeint haben,
da ihm Phaedrus' lateinische Jambenfabeln sicherlich bekannt waren. Daß
Babrius' Fabeln auch in anderen Versformen nachgeahmt wurden, wissen
wir. Er betont, daß er keine „Rätsel" schreibt, was wohl bedeutet, daß er
kunstvolle Allegorie vermeidet. Über Jamben siehe Anmerkung zum Prolog;
vielleicht spielt er auch auf die bei Phaedrus deutlich wahrnehmbare politische
Satire an. Näheres siehe Einleitung.

FELDMAUS UND HAUSMAUS

Zwei Mäuse – eine lebte auf dem Lande, und
die andere in eines Reichen Vorratsschrank –
beschlossen, fortan wollten sie zusammen sein.
Als erste kam die Hausmaus auf das Feld zum Mahl,
als auf den Äckern sich das erste Grün gezeigt.
Da nagte sie nur schwaches und durchnäßtes Korn,
die Wurzeln nur, behaftet noch mit schwarzem Schlamm,
und sprach: „Du lebst ja, wie's armselige Ameisen tun,
die du im Erdloch dich von Gerstenkrumen nährst.
Ich hab genug von allem, ja im Überfluß:
mit dir verglichen, hab ich Amaltheas Horn.
Kommst du mit mir nach Hause, schwelgst du, wie du willst,
dann mag der Maulwurf hier aufgraben diesen Grund."
So ward die Feldmaus überredet und kam mit,
in eines Menschen Haus zu kriechen durch die Wand.
Sie zeigte ihr, wo Gerste reichlich lagerte,
ein Haufen Bohnen, wo das volle Feigenfaß,

στάμνοι τε μέλιτος σώρακοί τε φοινίκων.
ὁ δ' ὡς ἐτέρφθη πᾶσι καὶ παρωρμήθη
20   καὶ τυρὸν ἦγεν ἐκ κανισκίου σύρων,
ἀνέῳξε τὴν θύρην τις· ὁ δ' ἀποπηδήσας
στεινῆς ἔφευγε δειλὸς ἐς μυχὸν τρώγλης,
ἄσημα τρίζων τόν τε πρόξενον θλίβων.
μικρὸν δ' ἐπισχὼν εἶτ' ἔσωθεν ἐκκύψας
25   ψαύειν ἔμελλεν ἰσχάδος Καμειραίης·
ἕτερος δ' ἐπῆλθεν ἄλλο τι προαιρήσων·
οἱ δ' ἔνδον ἐκρύβοντο. μῦς δ' ἀρουρίτης
„τοιαῦτα δειπνῶν" εἶπε „χαῖρε καὶ πλούτει,
καὶ τοῖς περισσοῖς αὐτὸς ἐντρύφα δείπνοις,
30   ἔχων τὰ πολλὰ ταῦτα μεστὰ κινδύνων.
ἐγὼ δὲ λιτῆς οὐκ ἀφέξομαι βώλου,
ὑφ' ἧν τὰ κρίμνα μὴ φοβούμενος τρώγω."

Vgl. Aes. (H. 297); nacherzählt von Horaz (*sat.* 2,6).

109

„Μὴ λοξὰ βαίνειν" ἔλεγε καρκίνῳ μήτηρ,
„ὑγρῇ τε πέτρῃ πλάγια κῶλα μὴ σύρειν."
ὁ δ' εἶπε „μῆτερ ἡ διδάσκαλος, πρώτη
ὀρθὴν ἄπελθε, καὶ βλέπων σε ποιήσω."

Vgl. Avian 3; Aes. H. 187. Sprichwörtlich, z. B. bei Aristophanes, Pax 1083:
Niemals wirst du dem Krebs beibringen, gerade zu gehen; das bekannte Sko-
lion ap. Athen. 695 ist sicher älter als Aesop. Wohl kaum hierher gehört
Petron 42 antiquus amor cancer est (= retro cedit, Ellis ad Avian. 3); neuere

111

Μικρέμπορός τις ὄνον ἔχων ἐβουλήθη,
τοὺς ἅλας ἀκούων παρὰ θάλασσαν εὐώνους,

wo Honigkrüge standen und der Dattelkorb.
Die Feldmaus war entzückt und griff nach Kräften zu
und schleppte ein Stück Käse gerade aus dem Korb,
als sich die Türe öffnete. Sie sprang entsetzt
herunter und floh ängstlich in ein enges Loch,
verwirrt nur quiekend drückt' sie eng sich an den Freund.
Sie wartet' ein Weilchen, dann schlüpft' sie heraus
und wollte Trockenfeigen von Kamiros nagen,
als wieder jemand, was herauszuholen, kam.
Sie schlüpften wieder in ihr Loch; die Feldmaus sprach:
„An solchem Festmahl habe Freude und sei reich,
und schwelge nur bei auserlesenem Festgelag:
dein Überfluß an Gütern bringt so viel Gefahr,
daß ich mein simples Erdloch nicht verlassen will,
wo ich die Gerste ohne Furcht verzehren kann."

11. Die Ziege Amalthea ernährte den jungen Zeus; eines ihrer Hörner wurde
von ihm zum Füllhorn (cornucopia) aller guten Dinge gemacht; es gibt verschiedene Überlieferungen der Legende.
25. Kamiros, dorische Stadt an der Westküste von Rhodos, deren Feigen hoch
geschätzt wurden.

DAS VORBILD

Die Mutter sprach zum Krebs: „Geh' nicht so schief,
schlepp dich nicht seitwärts über feuchten Stein."
Das Junge sprach: „Mutter und Lehrerin,
geh' du nur gerad: sobald ich's seh', tu ich dir's nach."

Übersetzer fassen es als „Krebsgeschwür" auf; so Ernout: „un vieil amour,
c'est comme un cancre"; A. D. Leeman (Hilversum-Antwerpen 1966): „ouwe
liefde kankert maar voort"; Schnur (Stuttgart 1968): alte Liebe frißt wie ein
Krebs."

MISSLUNGENE LIST

Ein Krämer hatte einen Esel. Er vernahm,
daß man am Strande wohlfeil kaufen könnte Salz.

τούτους πρίασθαι, φορτίσας τε γενναίως
τὸν ὄνον κατῆγε. τῆς δ᾿ ὁδοῦ προκοπτούσης
5 ὤλισθεν ἄκων εἴς τι ῥεῖθρον ἐξαίφνης
καὶ συντακέντων τῶν ἁλῶν ἐλαφρύνθη,
ῥᾴων δ᾿ ἀνέστη καὶ παρῆν ἀμοχθήτως
εἰς τὴν μεσόγεων. τοὺς ἅλας δὲ πωλήσας,
πάλιν γομώσων τὸν ὄνον ἦγε καὶ πλείω
10 ⟨ἔτ᾿⟩ ἐπετίθει τὸν φόρτον. ὡς δὲ μοχθήσας
διέβαινε τὸν ῥοῦν, οὗπερ ἦν πεσὼν πρῴην,
ἑκὼν κατέπεσε, καὶ πάλιν γόμους τήξας
κούφως ἀνέστη, γαῦρος ὥς τι κερδήσας.
ὁ δ᾿ ἔμπορος μὲν ἐπενόησε, καὶ πλείστους
15 σπόγγους κατῆγεν ὕστερον πολυτρήτους
ἐκ τῆς θαλάσσης, τοὺς δ᾿ ἅλας μεμισήκει.
ὁ δ᾿ ὄνος πανούργως, ὡς προσῆλθε τῷ ῥείθρῳ,
ἑκὼν κατέπεσεν· ἀθρόως δὲ τῶν σπόγγων
διαβραχέντων πᾶς ὁ φόρτος ὠγκώθη,
20 βάρος δὲ διπλοῦν ἦλθε βαστάσας νώτοις.
[Πολλάκις ἐν οἷς τις ηὐτύχησε καὶ πταίει.]

114

Μεθύων ἐλαίῳ λύχνος ἑσπέρης ηὔχει
πρὸς τοὺς παρόντας, ὡς Ἑωσφόρου κρείσσων,
ἅπασι φέγγος ἐκπρεπέστατον λάμπει.
ἀνέμου δὲ συρίσαντος εὐθὺς ἐσβέσθη
5 πνοιῇ ῥαπισθείς. ἐκ δὲ δευτέρης ἅπτων
εἶπέν τις αὐτῷ ,,φαῖνε, λύχνε, καὶ σίγα·
τῶν ἀστέρων τὸ φέγγος οὐκ ἀποθνῄσκει.‟

119

Ξύλινόν τις Ἑρμῆν εἶχεν· ἦν δὲ τεχνίτης.
σπένδων δὲ τούτῳ καὶ καθ᾿ ἡμέρην θύων

So kauft' er's ein und lud dem Esel tüchtig auf
und trieb ihn heim. Sie waren weit gewandert schon,
da glitt der Esel aus und fiel in einen Bach.
Es schmolz das Salz, und leichter wurde seine Last:
gemächlich stand er auf und kam beschwerdenfrei
ins Land hinein. Den Rest vom Salz verkaufte nun
der Händler, trieb den Esel wiederum zum Strand
und bürdet' ihm noch mehr auf als zuvor. Geplagt
durchquerte er den Fluß, wo er zuvor gestürzt,
und fiel absichtlich hin. Und wieder schmolz die Last,
und er erhob sich hurtig, stolz auf seine List.
Doch jetzt begriff's der Krämer, und beim nächsten Mal
kam er vom Meer mit einer großen Ladung
von Schwämmen, denn es reute ihn das Salzgeschäft.
Beim Waten durch den Fluß ließ wieder sich der Schelm
absichtlich fallen: voller Wasser sogen sich
die Schwämme, und es schwoll die ganze Ladung auf,
und seinen Rücken drückte jetzt zweifache Last.

Vgl. Aes. H. 322 und 322 b.

DAS LÄMPCHEN

Des Nachts, vom Öl berauscht, sprach prahlend eine Lampe:
„Ich tu's am Glanz dem Morgenstern voraus
und leuchte heller als die Sterne alle."
Da pfiff der Wind, und blies mit seinem Wehen
alsbald die Lampe aus. Ein Mensch, der wieder sie
entzündete, sprach: „Leuchte, Lampe, und halt's Maul:
denn niemals wird der Sterne Schein gelöscht."

Vgl. Aes. H. 285.

BELOHNTER FREVEL

Ein hölzern Hermesbild besaß ein Handwerksmann,
dem brachte jeden Tag er Trank und Opfer dar,

ἔπρασσε φαύλως. τῷ θεῷ δ' ἐθυμώθη,
χαμαὶ δ' ἀπεκρότησε τοῦ σκέλους ἄρας.
5 χρυσὸς δὲ κεφαλῆς ἐρρύη καταγείσης,
ὃν συλλέγων ἄνθρωπος εἶπεν ,, Ἑρμεία,
σκαιός τίς ἐσσι καὶ φίλοισιν ἀγνώμων,
ὅς προσκυνοῦντας οὐδὲν ὠφέλεις ἥμας,
ἀγαθοῖς δὲ πολλοῖς ὑβρίσαντας ἠμείψω.
10 τὴν εἰς σὲ καινὴν εὐσέβειαν οὐκ ᾔδειν.''

122

Ὄνος πατήσας σκόλοπα χωλὸς εἱστήκει·
λύκον δ' ἰδὼν παρόντα καὶ σαφῆ δείσας
ὄλεθρον οὕτως εἶπεν· ,,ὢ λύκε, θνῄσκω,
μέλλω τ' ἀποπνεῖν. σοὶ δὲ συμβαλὼν χαίρω·
5 σὺ μᾶλλον ἢ γὺψ ἢ κόραξ με δειπνήσεις.
χάριν δέ μοι δὸς ἀβλαβῆ τὲ καὶ κούφην
ἐκ τοῦ ποδός μου τὴν ἄκανθαν εἰρύσσας,
ὥς μου κατέλθῃ πνεῦμ' ἀναλγὲς εἰς Ἅιδου.''
κἀκεῖνος εἰπὼν ,,χάριτος οὐ φθονῶ ταύτης''
10 ὀδοῦσιν ἄκροις σκόλοπα θερμὸν ἐξῆρει.
ὁ δ' ἐκλυθεὶς πόνων τε κἀνίης πάσης
τὸν κνηκίην χάσκοντα λακτίσας φεύγει,
ῥῖνας μέτωπα γομφίους τ' ἀλοιήσας.
,,οἴμοι'' λύκος ,,τάδ''' εἶπε ,,σὺν δίκῃ πάσχω·
15 τί γὰρ ἄρτι χωλοὺς ἠρξάμην ἰατρεύειν,
μαθὼν ἀπ' ἀρχῆς οὐδὲν ἢ μαγειρεύειν;''

125

Ὄνος τις ἀναβὰς εἰς τὸ δῶμα καὶ παίζων
τὸν κέραμον ἔθλα, καί τις αὐτὸν ἀνθρώπων

doch sein Geschäft ging schlecht. Da zürnte er dem Gott,
packt' ihn am Bein und schlug ihn auf den Boden.
Der Kopf zerbricht, und siehe – es rollt Gold heraus.
Das sammelte der Mann und sprach: „Du, Hermes, bist
ein rechter Tölpel und den Freunden undankbar:
wenn wir dir betend dienen, lohnst du es uns nicht,
doch Sakrileg belohnst mit reicher Spende du.
Die neue Art des Dienstes war mir unbekannt."

Ein vierzeiliges Epimythion, das zu der Fabel schlecht paßt, wird mit Recht
verworfen.

DER WOLF ALS ARZT

Ein Esel trat auf einen Dorn und wurde lahm.
Da sah er einen Wolf nah bei, und mit dem Tod
vor Augen rief er ängstlich: „Ach, ich sterbe, Wolf,
ich geb den Geist auf. Gut, daß ich dich traf
und *du* mich anstatt Krähe und Geier fressen wirst.
Doch einen Dienst, der leicht und harmlos, tu mir noch:
zieh aus dem Fuß mir doch den Dorn heraus, damit
mein Geist zum Hades ohne Schmerzen fahren kann."
Der sprach: „Nun, diesen Dienst mißgönne ich dir nicht,"
und zog mit spitzem Zahn den brennenden Dorn heraus.
Der Esel, frei von Schmerz und Mühsal jetzt, schlug aus,
dem gierigen Grautier gerade in den Rachen, ihm
zerschmetternd Stirne, Nase, Kiefer – und entfloh.
„Weh," rief der Wolf, „das ist mir recht geschehen: mußt'
in meinem Alter ich den Arzt für Lahme spielen,
wo ich von jeher nur gelernt des Schlächters Werk?"

Auch bei Petron (62,11) wird der Wolf mit einem Metzger verglichen. –
Vgl. Aes. H. 334, 334b, 334c. Überschrift hier: " Ὄνος καὶ λύκος", bei Perry
(Aes. 187) Λύκος ἰατρός.

DER ESEL AUF DEM DACH

Ein Esel stieg aufs Dach: dort tanzte er umher,
und er zerbrach die Ziegel. Eilends stieg hinauf

ἐπιδραμὼν κατῆγε τῷ ξύλῳ παίων.
ὁ δ' ὄνος πρὸς αὐτόν, ὡς τὸ νῶτον ἠλγήκει,
5 „καὶ μὴν πίθηκος ἐχθές" εἶπε „καὶ πρώην
ἔτερπεν ὑμᾶς αὐτὸ τοῦτο ποιήσας."

127

(Ὁ Ζεὺς τὸν Ἑρμῆν ὀστράκοισιν ἐγγράψαι
ἁμαρτίας ⟨τε κἀδικήματ'⟩ ἀνθρώπων
ἐκέλευσε κἀς κιβωτὸν αὐτὰ σωρεύειν
⟨σταθεῖσαν⟩ αὐτοῦ πλησίην, ἐρευνήσας)
5 ὅπως ἑκάστου τὰς δίκας ἀναπράσσῃ.
τῶν ὀστράκων δὲ κεχυμένων ἐπ' ἀλλήλοις
τὸ μὲν βράδιον τὸ δὲ τάχιον ἐμπίπτει
εἰς τοῦ Διὸς τὰς χεῖρας, εἴ ποτ' εὐθύνοι.
τῶν οὖν πονηρῶν οὐ προσῆκε θαυμάζειν
10 ἢν θᾶσσον ἀδικῶν ὀψέ τις κακῶς πράσσῃ.

129

Ὄνον τις ἔτρεφε καὶ κυνίδιον ὡραῖον,
τὸ κυνίδιον δ' ἔχαιρε παῖζον εὐρύθμως,
τὸν δεσπότην τε ποικίλως περισκαῖρον·
κἀκεῖνος ⟨αὖ⟩ κατεῖχεν αὐτὸ τοῖς κόλποις.
5 ὁ δ' ὄνος γ' ἔκαμνεν ἑσπέρης ἀλετρεύων
πυρὸν φίλης Δήμητρος, ἡμέρης δ' ὕλην
κατῆγ' ἀφ' ὕψους, ἐξ ἀγροῦ θ' ὅσων χρείη·
καὶ μὴν ἐν αὐλῇ παρὰ φάτναισι δεσμώτης
ἔτρωγε κριθὰς χόρτον, ὥσπερ εἰώθει.
10 δηχθεὶς δὲ θυμῷ καὶ περισσὸν οἰμώξας,
σκύμνον θεωρῶν ἁβρότητι σὺν πάσῃ,
φάτνης ὀνείης δεσμὰ καὶ κάλους ῥήξας

ein Mann, und mit dem Prügel trieb hinunter ihn.
Der Esel, den sein Rücken schmerzte, sprach zu ihm:
„Hat gestern nicht und auch vorgestern nicht
der Aff' dich amüsiert, als er dasselbe tat?"

Der sprichwörtliche *asinus in tegulis*, Esel auf den Dachziegeln, erinnert an ein
häufig von Chagall benutztes Motiv; desgleichen an Plautus *Mil.glor.* 178. –
Zusammen mit Nr. 129 illustriert die Fabel das röm. Sprichwort *Duo quum
faciunt idem, non est idem.*

GOTTES MÜHLEN MAHLEN LANGSAM ...

Zeus ließ den Hermes einstmals alle Missetaten
und Sünden auf Tonscherben schreiben, die er dann
in einer Kiste nah bei sich behalten wollte,
um jeden Sünder aufzuspüren und ihn dann
nach Fug und Recht mit Strafe zu belegen.
Weil nun die Scherben aufeinander liegen, und
die eine später und die andere früher Zeus
zu Händen kommt, wenn dieser richtet, darf es uns
nicht wundern, wenn ein Übeltäter, welcher früh
gesündigt hat, die Strafe später erst erhält.

DER ESEL IST KEIN SCHOSSHUND

Einen Esel und ein hübsches Hündchen hielt sich wer.
Das Hündchen hüpfte spielend gern ums Herrchen her
und tanzte voller Grazie vor ihm; und der Mann
hielt's auf dem Schoß.
                              Der Esel aber mußte spät
noch Weizen mahlen, Ceres' Gabe, doch am Tag
schlepp t' Holz er von den Hügeln und vom Felde, was
man eben brauchte. Selbst im Hof noch band man ihn
gefänglich an der Krippe fest, wo Gerste er
tagtäglich kaute, wie gewohnt. Doch eines Tags,
betrübten Herzens, stöhnend mehr als sonst,
da er das Hündchen sah auf alle Art verwöhnt,

ἐς μέσσον αὐλῆς ἦλθ᾽ ἄμετρα λακτίζων.
σαίνων δ᾽ ὁποῖα καὶ θέλων περισκαίρειν,
15   τὴν μὲν τράπεζαν ἔθλασ᾽ ἐς μέσαν βάλλων
ἅπαντα δ᾽ εὐθὺς ἠλόησε τὰ σκεύη˙
δειπνοῦντα δ᾽ ἰθὺς ἦλθε δεσπότην κύσσων,
νώτοις ἐπεμβάς˙ ἐσχάτου δὲ κινδύνου
θεράποντες ἐν μέσοισιν ὡς ⟨τὸν ἄνδρ᾽⟩ εἶδον,
20   ἐσάωσαν ⟨αὐτὸν ἐξ ὄνου γνάθων ὄντως⟩˙
κρανέης δὲ κορύναις ἄλλος ἄλλοθεν κρούων
ἔθεινον, ὥστε καὐτὸς ὕστατ᾽ ἐκπνείων
„ἔτλην" ἔλεξεν „οἷα χρή με, δυσδαίμων˙
τί γὰρ παρ᾽ οὐρήεσσιν οὐκ ἐπωλεύμην,
25   βαιῷ δ᾽ ὁ μέλεος κυνιδίῳ παρισούμην;"

130

Πάγης ἀλώπηξ οὐκ ἄπωθεν ἑστῶσα
βουλὰς ἐκίνει ποικίλας, τί ποιήσει.
λύκος δὲ ταύτην πλησίος θεωρήσας
ἐγγὺς προσελθὼν τὸ κρέας λαβεῖν ᾔτει.
5   ἡ δ᾽ εἶπεν „ἧκε τῇδε καὶ δέχου χαίρων˙
φίλος γὰρ εἶ μοι τῶν ἄγαν ἀναγκαίων."
ὁ δ᾽ ἀθρόως ἐπῆλθεν˙ ὡς δὲ προσκύψας
τὸ σκυτάλιον ⟨τ᾽⟩ ἔσεισε καὶ χαλασθείσης
ῥάβδου μέτωπα σύν τε ῥῖνας ἐπλήγη,
10   „ἀλλ᾽ εἰ τοιαῦτα" φησί „τοῖς φίλοις δώσεις
τὰ δῶρα, πῶς σοί τις φίλος συναντήσει;"

riß er sich los, zerriß die Krippenfesseln
und schlug mit seinen Hufen wild im Hofe aus.
Umschwänzeln und umhüpfen wollt' er seinen Herrn:
warf um den Eßtisch und zerbrach ihn ganz,
und hatte alle Möbel bald zerschmettert.
Auf seinen Herrn, der gerade speiste, ging er los,
um ihn zu küssen, und stieg auf den Rücken ihm.
Aus großer Not, ja sozusagen aus dem Maul
des Esels retteten die Knechte ihren Herrn.
Von allen Seiten droschen auf den Esel sie
mit Kirschholzknüppeln, bis er tot zusammenbrach.
Dies sprach er noch: „Mir Armen ist nur Recht geschehn:
Warum blieb ich beim Maultier, meinesgleichen, nicht,
statt mir zum Unheil es dem Hündchen gleichzutun?"

Häufig behandeltes Motiv, vgl. Aes. H. 331 (hier Titel Ὄνος καὶ κυνίδιον),
bei Perry (Aes. 91) Ὄνος παίζων καὶ δεσπότης, was zur Verwechslung mit
Auch bei Romulus 1, 16, Zander 5 (asinus blandus). Von Perry neuentdeckte
längere Version dieser Fabel siehe Perry Byz. Ztschr. 54, 1961, 4–14 und Babrius and
Phaedrus, p. 438.

EIN GUTER „FREUND"

Ein Fuchs stand unweit einer Falle und erwog
gar mancherlei im Sinne, was er treiben könnt.
Ein Wolf, der in der Nähe war und diesen sah,
kam nah heran und bat ihn um das Fleisch.
Der sprach: „Komm doch und nimm's, und Gott gesegn' es dir,
zu meinen engsten Freunden zähle ich dich ja."
Der stürzte jäh sich drauf: da er sich niederbeugt,
löst er den Drücker aus – der Schlagstock schnellt empor
und trifft mit schwerem Schlage Stirn und Nase ihm.
„Wenn solches", sprach der Wolf, „du deinen Freunden schenkst,
wie findest jemand du, der dich zum Freunde will?"

Diese Fabel ist stark kondensiert; daß die Schlagfalle mit einem Fleischköder
versehen war, erfahren wir nur beiläufig; daß der stärkere Wolf den Fuchs
um Erlaubnis bittet, ist sonderbar. Über die Art der Falle siehe Rutherfords
Bemerkungen *ad loc.* – Ein amerikanischer Volksausdruck: „With such
friends, who needs enemies?"

131

Νέος ἐν κύβοισιν οὐσίην ἀναλώσας
στολὴν ἑαυτῷ κατέλιπεν μίαν ⟨μούνην⟩,
χειμῶνος ὄντος μὴ πάθοι τι ῥιγώσας.
ἀλλ᾽ αὐτὸν ἡ χεὶρ ἐξέδυσε καὶ ταύτης.
5 πρὸ γὰρ εἴαρὸς λιποῦσα ⟨τὰς⟩ κάτω Θήβας
ἐφάνη χελιδὼν ἐκπεσοῦσα τῆς ὥρης·
ταύτης ἀκούσας μικρὰ τιττυβιζούσης
„τί μοι περισσῶν" εἶπε „φαρέων χρείη;
ἰδοὺ χελιδὼν ἤδε· καῦμα σημαίνει."
10 ὡς δ᾽ εἶπεν, ἐλθὼν τοῖς κύβοισιν ὡμίλει
καὶ σμικρὰ παίξας τὴν στολὴν ἐνικήθη.
νιφετὸς δ᾽ ἐπῆλθε καὶ χάλαζα φρικώδης,
κροκύδος δὲ καινῆς πᾶσιν ἦν τότε χρείη.
γυμνὸς δ᾽ ἐκεῖνος τῆς θύρης ὑπεκκύψας
15 καὶ τὴν λάλον χελιδόν᾽ ⟨αὖ⟩ κατοπτεύσας
πεσοῦσαν ὥσπερ στρουθίον ⟨τι⟩ τῷ ψύχει
„τάλαινα" φησίν „εἶθε μοι τότ᾽ οὐκ ὤφθης·
ὡς γὰρ σεαυτὴν κἀμὲ νῦν διεψεύσω."

132

Ὄις μονήρης λύκον ἔφευγεν ἐξαίφνης
ἰδοῦσα, σηκοῦ δ᾽ ἐντὸς ἦλθεν ἀκλείστου·
θυσίη γὰρ ἦν τις κατὰ τύχην ἑορταίη.
ὁ λύκος δ᾽ ἔσω μὲν οὐ παρῆλθε τοῦ τείχους,
5 ἔξω δ᾽ ἐφεστὼς τὴν ὄιν καθωμίλει
„ὁρᾷς" λέγων „τὸν βωμὸν αἵματος πλήρη;
ἔξελθε, μή τις συλλάβῃ σε καὶ θύσῃ."
ἡ δ᾽ εἶπε „μή μου τῆς ἀσυλίης κήδου·
καλῶς ἔχει μοι· κἂν δὲ τοῦτο συμβαίνῃ,
10 θεοῦ γενοίμην σφάγιον ἢ λύκου θοίνη."

EINE SCHWALBE ...

Ein Jüngling, der sein Gut verlor im Würfelspiel,
behielt ein einziges Kleidungsstück für sich zurück,
damit ihm's nicht in Winterkälte schlecht ergeh',
doch schließlich nahmen ihm auch dies die Würfel ab.
Denn ehe es noch Frühling ward, erschien von Theben,
(im Süden) eine Schwalbe, ihrer Zeit voraus.
Als er ihr schwaches Zwitschern hörte, sagte er:
„Was brauche jetzt ich weitere Kleidungstücke noch?
Hier ist die Schwalbe, schau: das warme Wetter kommt."
So sprach er, und er ging zurück zum Würfelspiel
und hatte bald dann auch sein letztes Kleid verspielt.
Da kam ein Schneesturm, frostiger Hagelschauer auch,
und wieder brauchte jeder neues Wollenkleid.
Doch jener spähte nackt zur Tür heraus und sah,
wie die vorlaute Schwalbe tot am Boden lag,
der Kälte fiel zum Opfer wie ein Küken sie.
„Du Arme," sprach er, „hätt' ich dich doch nicht gesehn:
dich selber hast du angeführt genau wie mich."

5/6 Theben im Süden: das ägyptische Theben im Gegensatz zum böotischen. –
Vgl. Aes. H. 304.

GUTER RAT?

Ein einzeln Schaf erblickte plötzlich einen Wolf
und floh in einen Pferch, der nicht verschlossen war,
denn, wie sichs traf, ward gerad Festopfer dargebracht.
Der Wolf ging in den Pferch zwar nicht hinein,
doch draußen stehend redete dem Schaf er zu.
„Siehst du nicht," sprach er, „den Altar, bedeckt mit Blut?
Komm doch heraus, sonst fängt und opfert jemand dich."
Da sprach das Schaf: „Um meine Zuflucht sorg dich nicht:
Ich bin hier richtig, und geschäh auch, was du sagst,
des Gottes Opfer wär ich lieber als dein Fraß."

Vgl. Aes. H. 273; Avian 42.

134

Οὐρή ποτ' ὄφεως οὐκέτ' ἠξίου πρώτην
κεφαλὴν βαδίζειν οὐδ' ἐφείπεθ' ἑρπούσῃ·
„κἀγὼ γάρ" εἶπεν „ἐν μέρει προηγοίμην."
τὰ λοιπὰ δὲ μέλε' εἶπεν „οὐχὶ σιγήσῃ;
5 πῶς, ὦ τάλαινα, χωρὶς ὀμμάτων ἥμας
ἢ ῥινὸς ἄξεις, οἷς ἕκαστα τῶν ζῴων
τὰ πορευτὰ βαίνει πᾶν τε κῶλον εὐθύνει;"
τὴν δ' οὐκ ἔπειθε, τὸ φρονοῦν δ' ἐνικήθη
τῷ μὴ φρονοῦντι· λοιπὸν ἦρχε τῶν πρώτων
10 τὠπισθεν, οὐρὴ δ' ἡγεμὼν καθειστήκει
σύρουσα τυφλῇ πᾶν τὸ σῶμα κινήσει·
κοῖλον δὲ πέτρης εἰς βάραθρον ἠνέχθη
καὶ τὴν ἄκανθαν ταῖς πέτραισι συντρίβει.
σαίνουσα δ' ἱκέτευεν ἡ πρὶν αὐθάδης·
15 „δέσποινα κεφαλή, σῶσον εἰ θέλεις, ἥμας·
κακῆς γὰρ ἔριδος σὺν κακοῖς ἐπειράθην.
εἰς πρῶτον οὖν μᾶλλόν με ⟨σοι⟩ καθιστάσῃ
ἐγὼ προσέξω," φησί, „μή ποτ' ἀρχούσης
ἐμοῦ τι δόξῃς ὕστερον κακῶν κύρειν."

140

Χειμῶνος ὥρῃ σῖτον ἐκ μυχοῦ σύρων
ἔψυχε μύρμηξ, ὃν θέρους σεσωρεύκει.
τέττιξ δὲ τοῦτον ἱκέτευε λιμώττων
δοῦναί τι καὐτῷ τῆς τροφῆς, ὅπως ζήσῃ.
5 „τί οὖν ἐποίεις" φησί „τῷ θέρει τούτῳ;"
„οὐκ ἐσχόλαζον, ἀλλὰ διετέλουν ᾄδων."

GEFAHREN DER DEMOKRATIE

Der Schlange Schwanz beschloß einmal, es dürfte nicht
fortan der Kopf ihn führen, und er folgt' ihm nicht,
und sprach: „Jetzt kommt's mir zu, daß ich der Führer bin."
Die anderen Glieder sagten: „Hältst du nicht den Mund?
Wie kannst du, armer Wicht, uns führen ohne Augen
und Nase, die bei allen Lebewesen doch
des Weges führen und die anderen Glieder lenken?"
Doch er gehorchte nicht, und so ward der Verstand
vom Unverstand besiegt: das Hinterteil regierte
das Vordere, es ward zum Führer nun der Schwanz
und schleppte blindlings so den ganzen Körper nach.
Da fiel die ganze Schlange in ein Felsenloch
und stieß ihr Rückgrat an den harten Steinen wund.
Da bat gar flehentlich der einst so freche Schwanz:
„Herr Kopf, sei doch so gut und rette uns!
Gar bösen Streit begann ich, und gar bös ging's aus.
Stell' mich nur dorthin, wo ich früher war: ich will
gehorsam sein, so daß du nicht besorgt sollst sein
in Zukunft, daß dir meine Führung Übel bringt."

GRILLE UND AMEISE

Im Winter schleppt' aus ihrem Loch die Ameise
die Körner, die sie eingesammelt im Sommer.
Die Grille, halb verhungert, bat sie um Hilfe,
ihr etwas Nahrung abzugeben zum Leben.
Die fragte: „Wie hast du verbracht denn den Sommer?"
„Ich war nicht müßig, denn die ganze Zeit sang ich."

γελάσας δ' ό μύρμηξ τόν τε πυρὸν ἐγκλείων
„χειμῶνος ὀρχοῦ" φησίν „εἰ θέρους ηὔλεις."

142

Αἱ δρῦς ποτ' εἰς Ζηνὸς πρόσωπον ἐλθοῦσαι
τοιῶνδε μύθων μεμπτικῶν ἐπειρῶντο·
„ὦ Ζεῦ, γενάρχα καὶ πατὴρ φυτῶν πάντων,
εἰ κοπτόμεσθα, πρὸς τί κἀξέφυς ἧμας;"
5   πρὸς ταῦτα δ' ὁ Ζεὺς μειδιῶν ἔλεξ' οὕτως·
„αὐταὶ καθ' αὐτῶν εὐπορεῖτε τὴν τέχνην·
εἰ μὴ γὰρ ὑμῖν στέλεα πάντ' ἐγεννήθη,
οὐκ ἂν γεωργῷ πέλεκυς ἐν δόμοις εἴη."

Als ursprüngliche Textfassung vermutet Luzzatto: Φηγοὶ Διός ποτ' εἰς
πρόσωπον ἐλθοῦσαι.

Da lachte jene, während sie ihr Korn wegschloß:
„Im Sommer sangst du? Nun, im Winter jetzt tanze!"

Wiederum ein sehr häufiges Fabelmotiv, vgl. Avian 34 (eine gewisse Verwandtschaft mit Phaedrus 4, 25, 15–21). Berühmt durch La Fontaines *La cigale
et la fourmi*. Die Ameise, die sich hier eigentlich recht herzlos und höhnisch
verhält, wird oft in der Spruchweisheit vieler Völker als Muster hingestellt.

ZEUS UND DIE EICHEN

Die Eichen traten einst vor Zeus' Antlitz hin;
sie wollten sich beschweren etwa in der Art:
„Du unser Ahnherr, Zeus, und Vater aller Bäume,
wozu läßt du uns wachsen, werden wir dann doch gefällt?"
Als Antwort gab – mit einem Lächeln – darauf Zeus:
„Ihr stellt ja selbst die Technik gegen euch bereit.
Denn brächtet ihr die Stiele dazu nicht hervor,
dann hätt' der Bauer keine Axt im Hause stehn."

Vgl. Phaedrus Zander 16 (oben S. 234 ff.), Bodlei. Paraphras. 5

I.   AVIANUS

DE NVTRICE ET INFANTE

Rustica deflentem parvum iuraverat olim,
  Ni taceat, rabido quod foret esca lupo.
Credulus hanc vocem lupus audiit et manet ipsas
  Pervigil ante fores, irrita vota gerens.
5 Nam lassata puer nimiae dat membra quieti,
  Spem quoque raptori sustulit inde fames.
Hunc ubi silvarum repetentem lustra suarum
  Ieiunum coniunx sensit adesse lupa:
„Cur, inquit, nullam referens de more rapinam,
10 Languida consumptis sic trahis ora genis?"
„Ne mireris, ait, deceptum fraude maligna
  Vix miserum vacua delituisse fuga.
Nam quae praeda, rogas, quae spes contingere posset,
  Iurgia nutricis cum mihi verba darent?"
15 Haec sibi dicta putet seque hac sciat arte notari,
  Femineam quisquis credidit esse fidem.

II.

DE TESTVDINE ET AQVILA

Pennatis avibus quondam testudo locuta est:
  Si quis eam volucrum constituisset humi,
Protinus e rubris conchas proferret arenis,
  Quis pretium nitido cortice baca daret;
5 Indignum sibimet, tardo quod sedula gressu
  Nil ageret toto perficeretque die.

DIE AMME UND DAS BABY

Als ihr Kleines weinte, da schwor eine Bäuerin einmal:
  „Still, sonst werf' ich zum Fraß vor dich dem reißenden Wolf!"
Dies vernahm der einfältige Wolf, und draußen am Tore
  wachte und wartete er, aber er hoffte umsonst,
denn in tiefen Schlummer versank das ermüdete Kindlein,
  und enttäuscht dadurch wurde der hungrige Dieb.
Als er darauf zum Lager in seine Wälder zurückging,
  merkte die Wölfin, daß noch hungrig ihr Mann zu ihr kam.
„Warum," sprach sie, „bringst du nicht Beute, so wie du's ge-
                                                    wohnt bist?
  Schleppst ja von Hunger erschlafft kläglich die Lefzen herum."
„Nun, kein Wunder," sagt' er, „man hat mich gröblich betrogen,
  ach, ich erbeutete nichts: kaum daß die Flucht mir gelang.
Kannst du noch fragen, wie ich wohl Beute konnte erhoffen,
  wenn mich die Amme getäuscht, als sie gescholten das Kind?"
Dies laß' sich jeder gesagt sein, und Warnung sei ihm die Fabel,
  welcher vermeint, Verlaß gäb's, wenn ein Weib was verspricht.

Vgl. Babrius 16; Aesop H. 275, 275b, 275c. Donatus zu Terenz *Adelphoe*
4, 2, 21: *Lupus in fabula. Alii putant ex nutricum fabulis natum, pueros ludificantium
terrore lupi, paulatim e cavea venientis usque ad limen cubiculi.* Plaut. *Stich.* 577:
atque eccum lupum in sermone: praesens esuriens adest.

DIE SCHILDKRÖTE UND DER ADLER

Einmal sprach die Schildkröte zu den gefiederten Vögeln:
  Falls sie einer im Flug hoch auf den Gipfel gesetzt,
daß sie sicher gelandet, so würd' sie ihm Schätze des Ostens,
  ja, die Perlen vom Sand schenken der indischen See.
Schande sei es fürwahr, daß trotz ihrer eifrigen Mühsal
  nichts sie am ganzen Tag tun und erreichen vermöcht.

Ast ubi promissis aquilam fallacibus implet,
  Experta est similem perfida lingua fidem.
Et male mercatis dum quaerit sidera pennis,
10 Occidit infelix alitis ungue fero.
Tum quoque sublimis, cum iam moreretur, in auras
  Ingemuit votis haec licuisse suis.
Nam dedit exosae post haec documenta quietis
  Non sine supremo magna labore peti.
15 Sic, quicumque nova sublatus laude tumescit,
  Dat merito poenas, dum meliora cupit.

Der Text dieses Gedichtes ist im einzelnen sehr verderbt, obwohl der Sinn
deutlich ist. Daß nach Vers 2 zwei Zeilen ausgefallen sind, ist wahrscheinlich;
die Übersetzung hat versucht, dieser Annahme Rechnung zu tragen. – Das
doppelte Epimythium ist recht schwächlich und wird daher angezweifelt. –
3 e *rubris arenis*: also das Erythräische Meer (d. h. der arabische, persische und

IV.

DE VENTO ET SOLE

Immitis Boreas placidusque ad sidera Phoebus,
  Iurgia cum magno conseruere Iove,
Quis prior inceptum peragat: mediumque per aequor
  Carpebat solitum forte viator iter.
5 Convenit hanc potius liti praefigere causam,
  Pallia nudato decutienda viro.
Protinus impulsus ventis circumtonat aether,
  Et gelidus nimias depluit imber aquas.
Ille magis duplicem lateri circumdat amictum,
10 Turbida summotos quod trahit aura sinus.
Sed tenues radios paulatim increscere Phoebus
  Iusserat, ut nimio surgeret igne iubar,
Donec lassa volens requiescere membra viator,

Doch als den Adler sie so mit falschen Versprechungen lockte,
  ward ihrem trügenden Spruch gleiche Belohnung zuteil.
Als zu den Sternen sie strebte auf teuer erhandelten Schwingen,
  fand durch des Raubvogels Klau'n jämmerlich sie ihren Tod.
Schon im Sterben seufzte sie da in luftigen Höhen,
  daß man ihr leider gewährt hätte, was sie sich gewünscht.
Denn sie diente hernach als Beweis, daß, sei's noch so langsam,
  harte Arbeit allein wirkliche Größe erreicht.
Ist also einer gebläht von kürzlich erworbenem Lobe,
  wird er mit Recht bestraft, strebt er noch höher hinauf.

indische Meerbusen), was auf hellenistischen Ursprung hindeuten mag. Diese Fabel
bei Babrius 115 und Aes. H. 419 (wo die versprochene Belohnung noch nicht vor-
kommt). In der Suda finden sich 4^1/$_2$ zu dieser Fabel gehörende Hexameter, die
Rutherford (p. XXI) anführt und bespricht. – Phaedrus 2, 6 ähnelt nur in der äußeren
Situation.

WIND UND SONNE

Einmal stritten der rauhe Nordostwind und Phoebus, der sanfte,
  Vor den Sternen und Zeus, welcher der Richter im Streit,
Wer von ihnen zuerst sein Ziel erreichte; ein Wandrer
  ging grad, wie er's gewohnt, mitten durchs Feld seines Wegs.
Dieses beschloß man darauf, dem Streit zugrunde zu legen:
  wer wohl von beiden zuerst jenen des Mantels entblößt.
Gleich auch stürmen die Winde und bringen den Himmel zum
                                                    Donnern,
  und die brausende Bö schüttet den Regen im Guß.
Aber je stärker die Windsbraut den doppeltgefalteten Mantel
  zaust', um so enger nur noch schlug er um sich ihn herum.
Phoebus aber gebot den anfangs sanfteren Strahlen
  zuzunehmen, bis voll glänzte die Sonne im Schein
und bis der Wandrer, um Ruhe dem müden Leibe zu gönnen,
  sich entledigt des Kleids und auf die Erde sich setzt.

15   Tunc victor docuit praesentia numina Titan,
         Nullum praemissis vincere posse minis.

Gleichfalls häufiges Motiv, vgl. Babrius 18; Aes. H. 82 und 82b. Auf eine
interessante Parallele zu Vers 1 und 2 bei Macrobius weist Ellis (ad loc.)
hin.
1,2 Obwohl der Sinn nicht zweifelhaft ist, sind diese Verse wahrscheinlich
verderbt. Für das schwierige *ad sidera* versuchte man *ad cetera, ad ludicra, ad
sibila, ad siders*, sogar *citharistaque*; Gilbert Murray versuchte *Inmitis Boreas
rapit usque ad sidera Phoebum*: *Iurgia cum magno conserueree Ioue*. 3. *quis* statt des
korrekteren *uter*. – *aequor*, das sich im Gegensatz zu allen anderen Handschriften in einer findet, ist dem *orbem* derselben vorzuziehen: ein ebenes Feld

V.

DE ASINO PELLE LEONIS INDVTA

[Metiri se quemque decet propriisque iuvari
       Laudibus, alterius nec bona ferre sibi,
Ne detracta gravem faciant miracula risum,
       Coeperit in solis cum remanere malis].
5   Exuvias asinus Gaetuli forte leonis
       Repperit et spoliis induit ora novis,
Aptavitque suis incongrua tegmina membris,
       Et miserum tanto pressit honore caput.
Ast ubi terribilis mimo circumstetit horror,
10   Pigraque praesumptus venit in ossa vigor,
Mitibus ille feris communia pabula calcans,
       Turbabat pavidas per sua rura boves.
Rusticus hunc magna postquam deprendit ab aure,
       Correptum vinclis verberibusque domat.
15   Et simul abstracto denudans corpora tergo,
       Increpat his miserum vocibus ille pecus:
„Forsitan ignotos imitato murmure fallas,
       At mihi, qui quondam, semper asellus eris".

Ein vierzeiliges Promythion wird fast ausnahmslos als unecht verworfen und
wurde hier weggelassen, so daß unsere Verszählung mit V. 5 beginnt.
5. Ein unwissender Kopist schrieb statt des ihm unbekannten *Gaetuli* (poet.
Synonym für afrikanisch oder libysch) *defuncti*, das Fell eines *toten* Löwen!
9. *mimo* ist Cannegieters überzeugender Ersatz für *animo* (beide Worte wurden

Also lehrte die siegreiche Sonne der Götter Versammlung,
   daß uns der Sieg entgeht, schicken wir Drohung voraus.

ist die beste Arena für den Wettkampf; die Lesart *arvum* ist abzulehnen
(Ackerfeld!) und die Konjektur *agrum* ist unnötig. 5. *causam*, den Streitgegen-
stand. 6. *nudato*, proleptisch, wie Verg. *Aen.* 1, 69 *submersas obrue puppis*. 10 11.
Magis - quod, je mehr - desto, doch findet sich auch die Lesart *quo*. 8 u. 12.
nimius hat, wie schon vereinzelt im klass. Schrifttum, die im nachkl. und mlat.
übliche Bedeutung „sehr stark". 16. *praemissis*, milit. Ausdruck für vorausge-
sandte Truppen.
Dieselbe Fabel: Aesop. 46, Babrius 18.
Übrigens ist Boreas (= *Aquilo*), meist als „Nordwind" übersetzt, streng-
genommen der NNO-Wind.

DER ESEL IN DER LÖWENHAUT

Einst fand ein Esel das Fell von einem gaetulischen Löwen
   und verkleidet sich mit der gefundenen Haut,
paßte sich an ein Kleid, das seinem Leibe nicht zukam,
   und mit dem stolzen Haupt krönt er den elenden Kopf.
Als den Schauspieler aber die grimmige Mähne bedeckte,
   und sein träges Gebein fühlte vermessene Kraft,
trampelt' er nieder die Weide, gemeinsam den friedlichen Tieren,
   und das furchtsame Rind schreckt er und trieb's durch das Land.
Doch an den langen Ohren erkannt' ihn ein Bauer: er packt ihn,
   bindet ihn fest, und er macht prügelnd ihn wiederum zahm,
reißt ihm auch ab des Löwen Fell, den Körper entblößend,
   und beschimpfte zugleich also das elende Vieh:
„Wer dich nicht kennt, den täusche mit nachgeahmten Gebrülle,
   mir aber wirst, wie zuvor, immer ein Esel du sein."

oft verwechselt), wodurch auch die metrische Härte *terribilis animo* beseitigt
wird. - *Circumsto* hat meistens den acc.
13. depre(he)ndo: eigentlich „ergreifen", aber auch „ertappen, erkennen";
und da *correptum* unmittelbar folgt, ziehen wir die zweite Übersetzung vor.
17. *imitatus* als part. pass. finden wir schon im klassischen Gebrauch. Die
Fabel findet sich bei Aesop (Halm 333, 333b, 336) und Lukian (Pisc. 32).
Der Esel in der Löwenhaut (ebenso wie sein Gegenteil, der Wolf im Schafspelz) wurde sprichwörtlich; ähnlich Phaedrus 1, 11; 1, 3. Vgl. Shakespeare,
King John 3, 1, 128: Thou wear a lion's hide! Doff it for shame, and hang a
calf's skin on those recreant limbs!

VIII.

DE CAMELO

[Contentum propriis sapientem vivere rebus,
   Nec cupere alterius, fabula nostra monet;
Indignata cito ne stet fortuna recursu,
   Atque eadem minuat, quae dedit ante, rota].
5 Corporis immensi fertur pecus isse per auras,
   Et magnum precibus sollicitasse Iovem:
Turpe nimis cunctis irridendumque videri;
   Insignes geminis cornibus ire boves;
Et solum nulla munitum parte camelum
10   Obiectum cunctis expositumque feris.
Iuppiter arridens postquam sperata negavit,
   Insuper et magnae sustulit auris onus:
„Vive minor merito, cui sors non sufficit, inquit,
   Et tua perpetuum, livide, damna geme".

5. Humorlose Kritiker haben *auras* durch *aras* ersetzt: ein Kamel könne ja nicht fliegen und brauche es auch nicht zu tun, da es ja Zeus an dessen Altären anflehen könne (Withofius). Das Grotesk-Komische der Vorstellung wurde nicht verstanden.

13. Vive minor merito, gemeinhin aufgefaßt als „lebe auf geringerem Fuß, als du eigentlich verdienst", kann hier nicht zutreffen; schon Wopkens (1736) wies darauf hin, daß *minor* auch „verstümmelt" bedeuten kann (Juvenal 8, 4 umerosque minorem Corvinum: ⟨eine Büste des⟩ Corvinus, schon ohne Schultern).

XII.

DE RVSTICO ET THESAVRO

Rusticus impresso molitus vomere terram,
   Thesaurum sulcis prosiluisse videt.
Mox indigna animo properante reliquit aratra,
   Semina compellens ad meliora boves.
5 Continuo supplex telluri construit aras,
   Quae sibi depositas sponte dedisset opes.
Hunc fortuna novis gaudentem provida rebus
   Admonuit dignam se quoque ture docens:

DAS KAMEL

Dies unförmige Tier, heißt's, schwang sich empor in die Lüfte,
    und dem erhabenen Zeus setzte mit Bitten es zu.
Allzu häßlich erschein' es und werde von allen verspottet:
    denn ein Hörnerpaar ziere die Ochsen sogar,
doch es sei dem Kamel nicht Wehr noch Waffe beschieden,
    wehrlos steh' es und bloß jeglichem reißenden Tier.
Zeus verwarf das Gesuch und lachte; darüberhinaus noch
    kürzte dem Tier er das Ohr – lang war und schwer es zuvor –
und sprach: „Lebe fortan verstümmelt, wie du's verdient hast,
    da dein Geschick dir mißfällt, Neider, bewein' den Verlust."

Das diesem Gedicht vorangestellte Promythion wurde nicht wiedergegeben;
es ist, ebenso wie die drei anderen, mit Sicherheit eine Fälschung aus späterer
Zeit.
Vgl. Aes. H. 184. Bei Kaiser Julian, *misop.* 366 A findet sich eine ähnliche Geschichte
von der Weihe, die von Zeus verlangte, wie ein edles Pferd wiehern zu können,
worauf ihr selbst die bisherige Stimme genommen und eine häßliche verliehen
wurde.

DER BAUER UND DER SCHATZ

Als mit der Pflugschar ein Bauer die Scholle des Feldes gewendet,
    siehe, da hat einen Schatz frei seine Furche gelegt.
Hastig wirft er beiseite den Pflug und, seiner nicht achtend,
    treibt zu besserer Trift gleich seine Ochsen er hin,
baut demütig alsbald und dankbar Altäre der Erde,
    weil freiwillig sie ihm gab den verborgenen Schatz.
Doch Fortuna belehrt ihn, den neuer Reichtum erfreute,
    (weiter sieht sie voraus), daß auch ihr Weihrauch gebührt:

„Nunc inventa meis non prodis munera templis,
10   Atque alios mavis participare deos.
Sed cum surrepto fueris tristissimus auro,
    Me primam lacrimis sollicitabis inops.“

4. *semina.* Hier mit einigen edd. *gráminá* zu lesen, ist unnötig, da Vergil (Georg. 2, 302) *seminá* für „Pflanzen" schlechthin gebraucht. 7. *Fortuna.* Es ist überraschend, daß edd. diese Personifikation nicht groß schreiben. 8. Der überlieferte Text *admonet indignum se quoque ture dolens* bietet mehrere Schwierigkeiten: wir folgen Lachmanns Lesart *admonuit dignam ... docens.* Ellis' Konjektur *admonet indignam ... docens* mit minimaler Änderung verdient Beachtung. Dieser Fabel folgen vier Epimythia, drei mit groben metrischen Fehlern, und alle offenbar mittelalterliche Zutaten.

XXII.
DE CVPIDO ET INVIDO

Iuppiter ambiguas hominum praediscere mentes
    Ad terras Phoebum misit ab arce poli.
Tunc duo diversis poscebant numina votis:
    Namque alter cupidus, lividus alter erat.
5 His sese medium Titan, scrutatus utrumque,
    Obtulit, et precibus cum peteretur, ait:
„Praestan⟨t⟩ di facilis: quae namque rogaverit unus,
    Protinus haec alter congeminata feret“.
Sed cui longa iecur nequeat satiare cupido,
10   Distulit admotas in nova dona preces;
Spem sibi confidens alieno crescere voto,
    Seque ratus solum munera ferre duo.
Ille ubi captantem socium sua praemia vidit,
    Supplicium proprii corporis optat ovans:
15 Nam petit extincto cum lumine degeret uno,
    Alter ut, hoc duplicans, vivat utroque carens.
Tum sortem sapiens humanam risit Apollo,
    Invidiaeque malum rettulit ipse Iovi;

„Meinem Tempel weihst du jetzt nichts von dem Schatz, den du
fandest,
und als Teilhaber ziehst andere Götter du vor;
doch ist das Gold verbraucht, dann wirst du jämmerlich klagen,
weinend wirst du zu mir flehen, bist wieder du arm."

12. Vgl. Aes. H. 101. Da man in Fährnissen sein Geld vergrub, ist die Auf-
findung von Schätzen vielfach bezeugt (Hor. Sat. 2, 6, 10; Persius 2, 10; Calpurnius
4, 116-120; Petron 38). In den Digesten 41, 1, 63 werden verschiedene rechtliche
Gesichtspunkte betr. Schatzfunde geregelt; im angelsächsischen Recht herrscht im
allgem. noch das Prinzip, daß „treasure trove" dem Fiskus zufällt. Archäologen
umgehen erfreulicherweise oft solche Bestimmungen.

HABSÜCHTIGER UND NEIDER

Jupiter wollte erkunden die launischen Wünsche der Menschen
und zur Erde darum sandte er Phoebus herab.
Waren da zwei mit einander entgegengesetzten Gebeten:
einer war gierig, dieweil neidisch der andere war.
Phoebus musterte beide, dann bot er sich ihnen als Mittler;
als mit Bitten sie ihm zusetzten, sagte er dies:
„Gerne gewähren die Götter: was einer von euch sich erbittet,
das wird ohne Verzug doppelt dem Andern zuteil."
Der, dem große Begierde sein Inneres nimmer gesättigt,
stellte zurück sein Gebet, wartend auf neues Geschenk,
hoffte er doch auf Zuwachs durch das, was der Andere wünschte,
denn es fiel ihm allein doppelte Gabe dann zu.
Der jedoch sah, wie sein Freund erschlich, was er sich erhoffte,
und einen Körperteil opferte darum er gern.
Denn es war sein Gebet, er möge ein Auge verlieren,
daß, verdopple man dies, gänzlich der Andre sei blind.
So erkannte Apollo des Menschen Natur, und er lachte,
und er berichtete Zeus, was für ein Fluch doch der Neid,

Quae, dum proventis aliorum gaudet iniquis,
20   Laetior infelix et sua damna cupit.

Der Text bietet erhebliche Schwierigkeiten.

4. Die ältere Korrektur *lividus* statt des *invidus* der codd. verbessert eine metrische Härte.

3. *munerá*, das durch einige Mss. gestützt wird, ist dem *numiná* der meisten vorzuziehen.

7. Dieser Vers ist verderbt; unter vielen Lesarten ist *praestant di facilis* (Ellis, Guagl.) vorzuziehen. Die codd. schwanken ferner zwischen *nam quae speravit* und *nám quaeque rogáverit* oder *poposcerit*. Rhythmisch am besten ist Ellis' Lesart *quáe námque rogáverit unus*.

10. Das *damná* der codd. ergibt einen recht gequälten Sinn: wir haben Lachmanns *doná* vorgezogen.

11. *confidens ... crescere* und 12. *ratus ... ferre* spät-lat., wenn auch nicht ganz ohne klass. Vorgänger.

XXVII.

DE CORNICE ET VRNA

Ingentem sitiens cornix aspexerat urnam,
    Quae minimam fundo continuisset aquam.
Hanc enisa diu planis effundere campis,
    Scilicet ut nimiam pelleret inde sitim,
5 Postquam nulla viam virtus dedit, admovet omnes
    Indignata nova calliditate dolos.
Nam brevis immersis accrescens sponte lapillis
    Potandi facilem praebuit unda viam.
Viribus haec docuit quam sit prudentia maior,
10   Qua coeptum volucris explicuisset opus.

Text bietet ausnahmsweise wenig Schwierigkeiten. In V. 10 wird wiederum eine kurze Silbe (volucris) in der Pentameter-Zäsur verlängert, was jedoch nicht ohne klass. Vorbilder ist, weshalb Ellis' Ersatz *cornix* (ohne Ms.-Stütze) unnötig ist. Zahlreiche Anklänge an Vergil und Ovid; in Claudian (*B. Gild.* 318) finden wir *virtute viam* (V. 5 *viam virtus*). Die Moral steht bei Phaedrus 1, 13, 14 *virtute semper praevalet sapientia* (ein Epimythion, das allerdings nicht zu dieser

welcher schadenfroh ist, wenn's anderen schlecht geht, und selber
- trotz seiner Freude voll Schmerz - eigenes Leid sich er-
wünscht.

15. Das *exstinctus ut* mehrerer codd. würde denselben metrischen Verstoß
(vgl. V. 4) zweimal in 20 Zeilen begehen. Ellis' *sic* überzeugt nicht, aber andere
Konj. sind nicht besser; vielleicht *cum*. Auch *petit ... degeret* ist eine harte Verletzung der consec. temp. und veranlaßte mehrere Konjekturen.
20. *in sua damna ruit* wurde vorgeschlagen.
Zwei kurze Epimythia (eines verstümmelt) sind offenbar späte Zutaten und
von Ellis zurecht weggelassen.
Der Ausdruck ist recht unklar (allerdings teilweise wegen Textschwierig-
keiten) und gesucht: *proventum* (selten, statt *-us*) *iniquum* und *laetior infelix* sind
gezwungene Oxymora.
Weder bei Babrius noch im Aesop findet sich ein Vorbild für dieses Gedicht.

KRÄHE UND KRUG

Einen riesigen Krug erblickt' eine durstige Krähe,
   wenig Wasser enthielt aber im Boden er nur.
Lange bemühte sie sich, auf ebenen Grund ihn zu kippen,
   daß sie ergieße das Naß, stillend den quälenden Durst.
Doch als Kraft ihr nicht half, da wurde sie zornig und wandte
   an neuartige List, die ihre Schlauheit ersann.
Steinchen warf sie hinein, bis so von selber das Wasser
   stieg, und so ihr gewährt' leichteren Zugang zum Trunk.
Also lehrte sie uns, daß Klugheit stärker als Kraft ist,
   denn durch Klugheit allein hatte ihr Werk sie vollbracht.

Fabel paßt, sondern wahrscheinlich zu einer uns nicht erhaltenen Fabel des
Phaedrus gehört). *Nimius* (V. 4) statt *magnus* o. dgl. ist spät-lat. und mittel-
alterlich.
Ein Vorbild zu dieser Fabel nur bei Ps.-Dositheus 8 (ed. Böcking 1834 Hausr.-H.
Nr. 311), bei Perry Aesopica 390. Dieselbe Geschichte erzählt Aelian (De natura
animalium 2,48) von den Krähen in Libyen.

XXXI.
DE MVRE ET BOVE

Ingentem fertur mus quondam parvus oberrans
    Ausus ab exiguo laedere dente bovem;
Verum ubi mordaci confecit vulnera rostro,
    Tutus in amfractus conditur inde suos.
5 Ille licet vasta torvum cervice minetur,
    Non tamen iratus quem petat esse videt.
Tunc indignantem lusor sermone fatigans,
    Distulit hostiles calliditate minas:
,,Non quia magna tibi tribuerunt membra parentes,
10   Viribus effectum constituere tuis.
Disce tamen brevibus quae sit fiducia rostris
    Ut facias quidquid parvula turba cupit.

XXXIII.
DE ANSERE ET SVO DOMINO

Anser erat cuidam pretioso germine feta
    Ovaque quae nidis aurea saepe daret.
Fixerat hanc volucri legem natura superbae,
    Ne liceat pariter munera ferre duo.
5 Sed dominus, cupidum † sperans vanesceret † votum,
    Non tulit exosas in sua lucra moras,
Grande ratus pretium volucris de morte referre,
    Quae tam continuo munere dives erat.
Postquam nuda minax egit per viscera ferrum
10   Et vacuam solitis fetibus esse videt,
Ingemuit tantae deceptus crimine fraudis;
    Nam poenam meritis rettulit inde suis.

MAUS UND OCHSE

Einen riesigen Ochsen biß einmal, so heißt es, ein Mäuslein,
    als es schweifte umher, dreist mit dem winzigen Zahn.
Als es ihn tüchtig verwundet mit seinem bißigen Schnäuzchen,
    schlüpft' in sein Loch es zurück, wo es in Sicherheit war.
Finster drohte wohl jener mit seinem gewaltigen Nacken,
    doch so wütend er war, fand er zum Angriff kein Ziel.
Aber den Zornigen neckte die Maus mit treffender Rede,
    und zunichte ward so Drohung durch Schlauheit gemacht:
„Haben die Eltern dir auch gar mächtige Glieder verliehen,
    haben sie doch deiner Kraft völlige Wirkung versagt.
Lerne daher, wie auch auf kleinere Schnauzen Verlaß ist,
    daß dem Willen du dich fügst auch der Winzigen Schar."

Vgl. Babrius 112

DIE GANS, DIE GOLDENE EIER LEGTE

Einer hatt' eine Gans, die, schwanger mit kostbarem Nachwuchs,
    oftmals in ihrem Nest legte ihm Eier aus Gold.
Doch es ward von Natur dem wertvollen Vogel verordnet,
    nie das Geschenk zu verleihn zweimal zur selbigen Zeit.
Aber ihr gieriger Herr, befürchtend, es schwände der Segen,
    haßte und duldete nicht Zögerung seines Gewinns.
Großen Vorteil erhoffte er sich vom Tode des Vogels,
    welcher beständig ihm doch gab dieses reiche Geschenk.
Also schlitzte den Bauch er ihr auf mit grausamem Messer:
    nichts, was sonst sie gelegt, fand er, denn leer war der Bauch.
Da beklagte er sich, daß er so schmählich betrogen,
    denn er sah sich bestraft, so wie er's hatte verdient.

Sic qui cuncta deos uno male tempore poscunt,
   Iustius his etiam vota diurna negant.

Von Babrius ist nur *ein* Vers über dieses Thema überliefert; dagegen Aes. H.
343, 343b sowie eine Prosaparaphrase im Cod. Bodleianus.
5. Der Text *sperans vanescere* ist höchst verdächtig und von Ellis zurecht obelisiert. *Sperare* kann (trotz Ellis *ad. loc.*) niemals = „befürchten" sein, obwohl
Rt Vt die Glosse *timens* hat. Die Lesart von N, *veritus*, ergäbe noch den besten
Sinn, während *spirans* A, *sperans* B sinnlos ist. Ellis' Konjektur *grandescere* verdient Beachtung. *Vanescere* wäre nur dann berechtigt, wenn die Eier stets
weniger würden; das Epimythion aber zeigt, daß nicht Ertragsrückgang,
sondern Gier nach mehr das Motiv des Schlachtens ist.

XXXV.
DE SIMIA ET NATIS

Fama est quod geminum profundens simia partum
   Dividat in varias pignora nata vices.
Namque unum caro genetrix educit amore,
   Alteriusque odiis exsaturata tumet.
5 Coeperit ut fetam gravior terrere tumultus,
   Dissimili natos condicione rapit:
Dilectum manibus vel pectore gestat amico,
   Contemptum dorso suscipiente levat.
Sed cum lassatis nequeat consistere plantis,
10   Oppositum fugiens sponte remittit onus.
Alter ab hirsuto circumdans brachia collo
   Haeret et invita cum genetrice fugit.
Mox quoque dilecti succedit in oscula fratris,
   Servatus vetulis unicus heres avis.

Wer zu Unrecht alles auf einmal verlangt von den Göttern,
    dem verweigern zurecht sie auch sein täglich Gebet.

8. Auch dieser Vers sollte obelisiert werden: reich ist ja nicht die Gans, sondern
ihr Eigentümer. Die Verbesserung *qui* (b³) entspringt wohl dieser Erwägung.
Fände unsere Konjektur Ms.-Unterstützung, so läsen wir *quamquam continuo*,
allenfalls sogar *qui (oder quae) tamen assiduo*, etc.
14. *vota diurna* kann natürlich „tägliches Gebet" sein, also „das, worum er täglich betet." Wir möchten aber *diurna* als Subst. (= Tagesration) und *vota* als
Partizip auffassen, so daß „sein täglich Brot", d. h. „die erbetene Tagesration"
vertretbar scheint.

DIE ÄFFIN UND IHRE JUNGEN

Wenn eine Äffin, so sagt man, zugleich zwei Junge geboren,
    teile den Kindern sie zu gänzlich verschiedenes Los.
Denn das eine zieht auf die Mutter mit zärtlicher Liebe,
    doch für das andere schwillt jener im Herzen nur Haß.
Als nun plötzlicher Angriff die eben Entbundene schreckte,
    schleppt' auf verschiedene Art jene die Jungen mit sich.
Das geliebte trägt sie im Arm und am liebenden Busen,
    das aber, welches sie haßt, lädt auf den Rücken sie sich.
Aber als aufrecht nicht mehr die ermüdeten Füße sie trugen,
    ließ sie fallen die Last, welche sie vor sich her trug.
Jenes jedoch umschlingt mit den Armen den struppigen Hals ihr,
    hält sich fest und entkommt trotz seiner Mutter mit ihr.
Bald auch wird es geküßt wie einst der geliebtere Bruder,
    einziger Erbe, bliebs auch ältlichen Ahnen bewahrt.

15 [Sic multos neglecta iuvant atque, ordine verso,
   Rursus spes humiles in meliora refert].

1. prŏfundo ist zwar in klass. Prosodie selten, findet sich aber schon bei Catull (64, 202), weshalb Emendationen wie *producens* oder *cum fundit* unnötig sind. 2. *pignora* oder *pignera* ist eine belanglose Variante. 3. Das in zwei Hdschr. gefundene *educat* ist contra metrum (kurzes u!). 4. Alteriusque: das -que fehlt in den meisten Hdschr., aber *alterius* wäre eine Härte, die zu der allgemeinen Korrektheit von A.s Prosodie im Widerspruch stünde; Ellis (ad loc.) hat nachgewiesen, daß das zweite Glied von *unus - alter* sehr wohl die Copula haben kann. - *tumet*. Bemerkenswerterweise folgen in Verg. Georg. 1, 464 f. *tumultus* und *tumescere* einander. 11. Vielleicht geht das in manchen Hdschr. gefundene *ad* (statt *ab*) auf *at* zurück, was die Konstruktion vereinfachen würde; jetzt müssen wir *baeret ... ab birsuto collo* lesen. 13–16. Lachmann athetierte alle vier Verse, hauptsächlich, weil *beres* ein metrischer Fehler ist; doch vgl. Ellis ad loc. Das Epimythium wird jedoch u. E. zu Recht athetiert: es ist unklar, paßt nicht genau zu der Fabel, hat die harte Längung rursus in der Pentameter-Zäsur (Wir haben den Text *Spes humiles rursus* durch Umstellung verbessert). - Entgegen der Textüberlief. *spes* ist *sors* oder *fors* eine ansprechende Konjektur, vgl. Aes. 218 τύχη, während von *spes* gar nicht die Rede ist.

XXXIX.
DE MILITE ARMA CREMANTE

Voverat attritus quondam per proelia miles
   Omnia suppositis ignibus arma dare,
Vel quae victori moriens sibi turba dedisset,
   Vel quidquid profugo posset ab hoste capi.
5 Interea votis fors affuit et memor arma
   Coeperat accenso singula ferre rogo.
Tunc lituus rauco deflectens murmure culpam
   Immeritum flammis se docet isse piis.
„Nulla tuos, inquit, petierunt tela lacertos,
10   Viribus affirmes quae tamen acta meis.
Sed tantum ventis et cantibus arma coegi,
   Hoc quoque submisso (testor et astra) sono".
Ille resultantem flammis crepitantibus addens,

⟨Viele finden so Freude an dem, was niedrig geschätzt ward,
   und es erhebet das Glück den, der erniedrigt einst war.⟩

Aes. 218 (P)   Πιθήκων παῖδες

Τοὺς πιθήκους φασὶ δύο τίκτειν καὶ τὸ μὲν ἓν τῶν γεννημάτων στέργειν
καὶ μετ' ἐπιμελείας τρέφειν, τὸ δὲ ἕτερον μισεῖν καὶ ἀμελεῖν. συμβαίνει
δὲ κατά τινα θείαν τύχην τὸ μὲν ἐπιμελούμενον ἀποθνῄσκειν, τὸ δὲ ὀλι-
γορούμενον τελειοῦσθαι.
Ὁ λόγος δηλοῖ ὅτι πάσης προνοίας ἡ τύχη δυνατωτέρα καθέστηκε.

Man sagt, daß Äffinnen zwei Junge gebären, und eines mit liebevoller Sorgfalt
aufziehen, daß sie aber das andere hassen und vernachlässigen. Durch eine
göttliche Fügung aber geschieht es, daß das wohlversorgte stirbt, das vernach-
lässigte aber heranwächst.
Dies lehrt uns, daß das Geschick stärker ist als jede Vorsorge.

Plinius N. H. 8, 216

Simiarum generi praecipua erga fetum adfectio. gestant catulos ... omnibus
demonstrant ... magna ex parte complectando necant.
Das Affengeschlecht zeigt außerordentliche Liebe zu seinen Jungen. Sie tragen
sie herum ... zeigen sie allen vor ... und töten sie oft durch ⟨übermäßiges⟩
Umarmen.

EIN SOLDAT VERBRENNT SEINE WAFFEN

Ganz zermürbt von Kämpfen gelobte einmal ein Krieger
   auf den Holzstoß zu tun all sein Gewaffen zum Brand,
solche, der er als Sieger gefallenen Feinden genommen,
   wie auch jene, die er fliehendem Gegner entriß.
Günstig war sein Geschick, und seines Gelübdes gedenkend,
   legt' er sie Stück für Stück hin auf den lohenden Brand.
Doch alle Schuld wies von sich mit lautem Schall die Trompete,
   ganz ohne Schuld, sprach sie, gäb er den Flammen sie preis.
„Keine Geschosse haben ja deine Schultern verwundet,
   aber du handelst, als ob ich sie geschleudert auf dich.
Nur mit tönendem Winde hab' ich zum Sammeln geblasen
   und auch dies nur gedämpft (Sterne bezeugen mir dies).‟
Wie sie sich aber auch sträubte – er warf sie ins prasselnde Feuer.

„Nunc te maior, ait, poena dolorque rapit:
15 Nam licet ipse nihil possis temptare nec ausis,
   Saevior hoc, alios quod facis esse malos".

Der Text ist an vielen Stellen unsicher. 1 f. *voverát . . . dáre* ist spät.-lat.; die Verbesserung *daret* Pet.[2] zeigt, daß der Abschreiber die Unkorrektheit erkannte. 4. *ab* hoste capi: in diesem Zusammenhang kaum klassisch; die Lesart *rapi* verdient den Vorzug. 5. die übliche Verwechslung von *sors* und *fors*, die ohnedies oft fast synonym sind. 8. Ein Vers, der viele Schwierigkeiten bietet. Unter den vielen Konjekturen verdient Ellis' *isse pyrae* den Vorzug; das *esse prius* der codd. ist sinnlos. Guaglianone schreibt, mehreren edd. folgend, *isse piis* mit der naiven Begründung, daß so der Reim im Pentameter gewahrt bleibe. 13. *resultantem*: Mehrere Lesarten; trotz Ellis *ád loc.* kann *resultáre* auch „sich sträuben" bedeuten (Plin. ep. 8, 4, 3).

XL.

DE PARDO ET VULPE

Distinctus maculis et pulchro pectore pardus
   inter consimiles ibat in arva feras;
Sed quia nulla graves variarent terga leones,
   Protinus his miserum credidit esse genus.
5 Cetera sordenti damnans animalia vultu,
   Solus in exemplum nobilitatis erat.
Hunc arguta novo gaudentem vulpis amictu
   Corripit et vanas approbat esse notas.
„Vade", ait, „et pictae nimium confide iuventae,
10   Dum mihi consilium pulchrius esse queat.
Miremurque magis, quos munera mentis adornant,
   Quam qui corporeis enituere bonis."

Vgl. Plutarch, Septem sap. 155 b. Moral. 500 A; Halm 42; 42 b; Hausrath 12; Babrius 180 Crus., tetr. II 16.

„Um so größer," sprach er, „ist deine Strafe und Pein.
Wenn du auch selbst kein Wagnis zu unternehmen vermochtest,
    ist es noch ärger, daß du andre zum Bösen verführst."

Ein hübscher Gedanke wird hier unlogisch dargestellt. Daß das Gelübde sichere
Heimkehr vom Feldzug voraussetzt, wird erst in V. 5 (*sors* oder *fors*) klar.
Kann man metallene Waffen verbrennen? Der Ausdruck (V. 9/10) ist gequält
und unklar; V. 12 ist töricht: „und zudem war mein Schall gedämpft, wie die
Sterne bezeugen können", d. h. der Schall drang nicht zu ihnen, im bewußten
Gegensatz zu poetischen Wendungen wie *tollitur in caelum clamor, ferit aethera
clamor, clamor se tollit ad auras, clamorem ad sidera tollunt.*
Derselbe Gedanke knapper und besser in *Aesop.* 386 Halm: Ein Trompeter,
der dem Heer zum Sammeln blies, wurde vom Feind gefangen genommen. Er
schrie: „Ihr Herren, bringt mich nicht sinnlos und übereilt um: hab ich doch
keinen der Euren getötet, denn außer diesem Erz besitze ich keinerlei Waffen."
Da sprachen sie: „Umsomehr hast du den Tod verdient, weil du, selbst zum
Kämpfen nicht fähig, alle anderen zur Schlacht weckst."
(Fast mit den gleichen Worten die Bodl. Paraphrase [131 Kn], von Gitlbauer
in Hinkjamben übertragen.)

PANTHER UND FUCHS

Herrlich getüpfelt, voll Stolz in der Brust schritt einstens der
                                                            Panther
    unter dem wilden Getier durch das Gefilde dahin.
Doch da der ernste Leu nicht hatte solch eine Zierde,
    kam er sogleich zu dem Schluß, der sei von minderer Art.
Voll Verachtung nur schaut' er herab auf die übrigen Tiere:
    Adel der Herkunft allein, dafür war Beispiel nur er.
Ihn, der sich freute des neuen Gewandes, nahm schlau sich der
                                                            Fuchs vor,
    macht' ihm gar deutlich klar, daß sein Getüpfel nichts wert:
„Geh nur", sprach er, „vertraue getrost deiner farbigen Jugend,
    Denken dagegen kann mir ehrenvoller nur sein,
Mehr doch bewundern wir die, die geistige Vorzüge schmücken,
    als wen körperlich Gut zeichnet vor anderen aus."

ZEITTAFEL

Diese Tabelle ist kein literarischer Stammbaum; sie bietet nur eine annähernde Abfolge von Fabeldichtern und -sammlungen. Der Ursprung mancher Werke kann zeitlich nicht bestimmt werden und liegt oft Jahrhunderte vor der Übersetzung oder Veröffentlichung. * bezeichnet verlorengegangene, Kursivdruck angenommene Werke. Die Zeittafel nennt nur Werke und Autoren, die in der vorliegenden Sammlung vertreten sind oder erwähnt werden.

Streitgespräche aus Ur (II. Dynastie)	2000–1900
Orientalische Weisheitsbücher	1800–600 v. Chr.
Bibel: Buch Richter	Zeit d. Handlung vor 1050, Aufzeichnung wohl post-exilisch ca. 400 (?)
Hesiod	ca. 700
Archilochos	ca. 650
Aesop (Historizität bestritten)	620–561 ?
Volksbuch von Aesop (bestritten)	vor 500
Ahiqar-Roman, älteren Ursprungs	aufgezeichnet ca. 550–450
*Aesopica (Demetrios Phalereus)	ca. 300
Pantschatantra	wohl nach 300
Q. Ennius	239–169
Phaedrus	18 v. Chr. – Anfang d. 50er Jahre
Aesoproman (Vita)	1. Jhdt. n. Chr. (Herausg. Mx. Planudes, ca. 1300)
Babrius (Babrios, Babrias)	1./2. Jhdt.
*Aesopus latinus	2. Jhdt. n. Chr.
Avian	Ende d. 4. Jhdts.?
„Romulus"	ursprünglich entstanden zw. 350–500

| Talmud (Babylon.) | beendet ca. 500 n. Chr. |
| „Dositheus", „Syntipas", „Josipos" – wohl apokryphe Namen, zeitlich nicht mit Sicherheit bestimmbare Sammlungen, S. und J. aus dem Syrischen. Griech. Übersetzung von „Syntipas" | Ende des 11. Jhdts. |

BIBLIOGRAPHIE

von Andreas Beschorner

Die folgende Bibliographie beinhaltet neben Literaturangaben zu den in diesem Band vertretenen Autoren (Aesop, Phaedrus, Babrius und Avian) Literaturhinweise zu anderen Schriftstellern und Werken, die sich in den letzten Jahren als zentral für die Entwicklung der Gattung der Fabel herausgestellt haben. Dies gilt im besonderen für die unter (1) genannten Vorläufer der griechisch-römischen Fabel, die unter (3) verzeichneten Autoren, die Fabeln im Kontext ihrer Werke erzählen, und den Aesop-Roman (4). Auf Literaturhinweise zur Fabel im Mittelalter und in der Neuzeit wurde verzichtet, da jede noch so weit gefaßte Auswahl nur rudimentären Charakter haben würde.

1   Orientalische Fabeln

Die mesopamische Fabel · Ausgaben und Übersetzungen

E. Ebeling, Die babylonische Fabel und ihre Bedeutung für die Literaturgeschichte, Leipzig 1927.

S. Langdon, The legend of Etana and the Eagle or the epical poem „The city they hated", in: Babyloniaca 12 (1931), S. 1–53.

S. N. Kramer, From the tablets of Sumer: Twenty-five firsts in man's recorded history, Indian Hills 1956 [Capter 17: „Aesopica: The first animal tales"].

E. I. Gordon, Sumerian proverbs: ‚Collection Four', in: Journal of the American Oriental Society 77 (1957), S. 67–79.

E. I. Gordon, Sumerian animal proverbs and fables: ‚Collection Five', in: Journal of Cuneiform Studies 12 (1958), S. 1–21 und 43–75.

E. I. Gordon, Sumerian proverbs. Glimpses of everyday life in Ancient Mesopotamia, Philadelphia 1959.

E. I. Gordon, A new look at the wisdom of Sumer and Akkad, in: Bibliotheca Orientalis 17 (1960), S. 122–152.

W. G. Lambert, Babylonian wisdom literature, Oxford 1960 [bes. S. 150–212].

E. A. Speiser, Akkadian myths and epics, in: J. B. Pritchard (Hg.), Ancient Near Eastern texts relating to the Old Testament, Princeton (New Jersey) ²1955, S. 60–119 [bes. S. 114–118: „Etana"].

R. S. Falkowitz, The Sumerian rhetoric collections, Winona Lake (Indiana) 1984.

Sekundärliteratur

F. R. Adrados, El tema del aguila, de la épica acadia a Esquilo, in: Emérita 33 (1964), S. 267–282.

A. Baldi, Strane analogie tra un antichissimo mito paleobabilonese e la trilogia di Oreste, in: Aevum 33 (1959), S. 145–147.

A. Baldi, Tracce del mito di Etana in Archiloco ed Esopo, in: Aevum 35 (1961), S. 381–384.

W. Burkert, Die orientalisierende Epoche in der griechischen Religion und Literatur, Sitzungsberichte der Heidelberger Akademie der Wissenschaften, philosophisch-historische Klasse 1984, 1 [bes. S. 111–114].

H. Diels, Orientalische Fabeln in griechischem Gewande, in: Internationale Wochenschrift für Wissenschaft, Kunst und Technik 4 (1910), Sp. 993–1002.

J. Duchemin, Recherche sur un thème aristophanien et ses sources religieuses: Les voyages dans l'autre monde, in: Les Études Classiques 25 (1957), S. 273–295.

R. S. Falkowitz, Discrimination and condensation of sacred categories: The fable in early Mesopotamian literature, in: F. R. Adrados / O. Reverdin (Hg.), La fable (1984) [s. 2, Gesamtdarstellungen], S. 1–32.

H. Freydank, Die Tierfabel im Etana-Mythus. Ein Deutungsversuch, in: Mitteilungen des Instituts für Orientforschung 17 (1971/72), S. 1–13.

J. V. Kinnier Wilson, Some contributions to the legend of Etana, in: Iraq 31 (1969), S. 8–17.

J. V. Kinnier Wilson, Further contributions to the legend of Etana, in: Journal of Near Eastern Studies 33 (1974), S. 237–249.

A. La Penna, Letteratura esopica e letteratura assiro-babilonese, in: Rivista di Filologia e d'Istruzione Classica 92 (1964), S. 24–39.

A. La Penna, Un'altra favola esopica di origine babilonese, in: Maia 43 (1991), S. 163–165.

M. Stol, De voorgeschiedenis van een fabel, in: Hermeneus 44 (1972/73), S. 49–51.

M. L. West, Near Eastern material in Hellenistic and Roman literature, in: Harvard Studies in Classical Philology 73 (1969), S. 113–134.

R. J. Williams, The literary history of a Mesopotamian fable, in: Phoenix 10 (1956), S. 70–77.

R. J. Williams, The fable in the ancient Near East, in: E. C. Hobbs (Hg.), A Stubborn Faith. Papers on Old Testament and related subjects presented to honor W. A. Irwin, Dallas 1956, S. 3–26.

Die ägyptische Fabel · Ausgaben und Übersetzungen

G. Maspero, Fragment d'une version égyptienne de la fable des members et de l'estomac, in: Études Égyptiennes 1 (1886), S. 260–267.

W. Spiegelberg, Der ägyptische Mythus vom Sonnenauge (Der Papyrus der Tierfabeln – „Kufi"). Nach dem Leidener Demotischen Papyrus I 384, Straßburg 1917.

E. Brunner-Traut, Altägyptische Märchen, München [8]1989 [bes. S. 160–177].

Sekundärliteratur

F. W. v. Bissing, Eudoxos von Knidos Aufenthalt in Ägypten und seine Übertragung ägyptischer Tierfabeln, in: Forschungen und Fortschritte 25 (1949), S. 225–230.

H. Brugsch, Aesopische Fabeln in einem ägyptischen Papyrus, in: Zeitschrift für ägyptische Sprache und Alterthumskunde 16 (1878), S. 47–50.

E. Brunner-Traut, Tiermärchen im alten Ägypten, in: Universitas 10 (1955), S. 1071–78.

E. Brunner-Traut, Altägyptische Tiergeschichte und Fabel, in: Saeculum 10 (1959), S. 124–185; erw. in: E. B., Altägyptische Tiergeschichte und Fabel. Gestalt und Strahlkraft, Darmstadt [2]1980.

E. Brunner-Traut, Erzählsituation und Erzählfigur in ägyptischem Erzählgut, in: Fabula 22 (1981), S. 74–78.

G. Franzow, Zu der demotischen Fabel vom Geier und der Katze, in: Zeitschrift für ägyptische Sprache und Altertumskunde 66 (1931), S. 46–49.

W. Spiegelberg, Eine Illustration der Ramessidenzeit zu dem ägyptischen Mythus vom Sonnenauge, in: Orientalistische Literaturzeitung 19 (1916), S. 225–228.

R. Würfel, Die ägyptische Fabel in Bildkunst und Literatur, in: Wissenschaftliche Zeitschrift der Universität Leipzig 3 (1952/53), S. 63–77 und 153–160.

Die indische Fabel · Ausgabe und Übersetzungen

Th. Benfey, Pantschatantra. Fünf Bücher indischer Fabeln, Märchen und Erzählungen. Aus dem Sanskrit übersetzt, 2 Bde., Leipzig 1854/1859; Nachdr. Hildesheim 1966.

Sekundärliteratur

S. Luria, L'asino nella pelle del leone (Un parallelo fra le favole dell' India e quelle dell'antica Grecia), in: Rivista di Filologia e d'Istruzione Classica 62 (1934), S. 447–473.

Ch. I. Pawate, The Panchatantra and Aesop's fables. A study in genre, Delhi 1986.
F. Ribezzo, Nuovi studi sulla origine e la propagazione delle favole indo-elleniche communemente dette esopiche, Neapel 1901.
W. Ruben, Das Pañcatantra und seine Morallehré, Berlin 1959.
G. U. Thite, Indian fable, in: F. R. Adrados / O. Reverdin (Hg.), La fable (1984) [s. 2, Gesamtdarstellungen], S. 33–60.

2 Fabeln der griechisch-römischen Antike

Forschungsberichte und Bibliographie

W. Port, Die Literatur zur griechischen und römischen Fabel in den Jahren 1925–1931/32, in: Jahresbericht über die Fortschritte der Klassischen Altertumswissenschaft 240 (1933), S. 63–94.
W. Port, Griechische und römische Fabel. Bericht über das Schrifttum der Jahre 1932–1937, in: Jahresbericht über die Fortschritte der Klassischen Altertumswissenschaft 265 (1939), S. 1–29.
P. Carnes, Fable scholarship. An annotated bibliography, New York / London 1985.

Sammelausgaben und Übersetzungen

L. Hervieux, Les fabulistes latins depuis le siècle d'Auguste jusque'à la fin du moyen âge, 5 Bde., Paris 1893–1899; Nachdr. Hildesheim / New York 1970.
Aesopische Fabeln. Zusammengestellt und ins Deutsche übertragen von A. Hausrath. Gefolgt von einer Abhandlung: Die Aesoplegende. Urtext und Übertragung, München 1940.
L. Mader, Antike Fabeln. Hesiod. Archilochos. Aesop. Ennius. Horaz. Phaedrus. Babrios. Avianus. Romulus. Ignatius Diaconus. Eingeleitet und neu übertragen, Zürich 1951.
B. E. Perry, Aesopica. A series of texts relating to Aesop or ascribed to him or closely connected with the literary tradition that bears his name. Collected and critically edited, in part translated from oriental languages, with a commentary and historical essay, Vol. I: Greek and Latin texts, Urbana (Illinois) 1952; Nachdr. New York 1980.
B. E. Perry, Babrius and Phaedrus. Newly edited and translated into English together with an historical introduction and a comprehensive survey of Greek and Latin fables in the Aesopic tradition, Cambridge (Mass.) / London 1965.

J. Irmscher, Antike Fabeln. Griechische Anfänge. Äsop. Fabeln in römischer Literatur. Phaedrus. Babrios. Romulus. Avian. Ignatios Diakonos. Aus dem Griechischen und Lateinischen übersetzt, Berlin 1978, ³1991.

Gesamtdarstellungen und Aufsatzsammlungen

F. R. Adrados, Historia de la fábula greco-latina. I: Introducción y de los origines e la edad helenística (1.2.). II: La fábula en epoca imperial romana y medieval. III: Inventario y documentación de la fábula greco-latina, Madrid 1979–1987.

F. R. Adrados / O. Reverdin (Hg.), La fable. Huit exposés suivis de discussion, Vandœuvres-Genf 1984.

F. R. Adrados, Documentación suplementaria de la fábula greco-latina, in: Euphrosyne N. S. 18 (1990), S. 213–226.

F. R. Adrados, Mito y fábula, in: Emérita 61 (1993), S. 1–14.

H. Th. Archibald, The fable as a stylistic test in Classical Greek literature, Baltimore 1912.

B. Axelson, Die zweite Senkung im jambischen Senar, Lund 1949, wiederabgedr. in: B. A.: Kleine Schriften, Stockholm 1987.

D. Bieber, Studien zur Geschichte der Fabel in den ersten Jahrzehnten der Kaiserzeit, Berlin 1906 (Diss. München 1905).

J. Cascajero, Lucha de clases e ideología: introducción al estudio de la fábula esópica como fuente histórica, in: Gerión 9 (1991), S. 11–58.

J. Cascajero, Lucha de clases e ideología: aproximación temática a las fábulas no contenidas en las colecciones anónimas, in: Gerión 10 (1992), S. 23–63.

O. Crusius, Aus der Geschichte der Fabel, in: C. H. Kleukens (Hg.), Das Buch der Fabeln, Leipzig 1913, ²1920, S. I–LXI.

G.-J. van Dijk, Theory and terminology of the Greek fable, in: Reinardus 6 (1993), S. 171–183.

G.-J. van Dijk, Αἶνοι, Λόγοι, Μῦθοι. Fables in context in Archaic, Classical and Hellenistic Greek literature, Leiden 1997.

H. Grassl, Die Arbeitswelt in der antiken Volksliteratur, in: E. Olshausen (Hg.), Mensch und Arbeit, Stuttgart 1990, S. 69–89.

K. Grubmüller, Meister Esopus. Untersuchungen zu Geschichte und Funktion der Fabel im Mittelalter, München 1977 [bes. S. 48–67].

K. Grubmüller, Zur Geschichte der Fabel in Antike und Mittelalter, in: Fabula docet. Illustrierte Fabelbücher aus sechs Jahrhunderten. Ausstellung aus den Beständen der Herzog August Bibliothek Wolfenbüttel und der Sammlung Dr. Ulrich von Kritter, Braunschweig 1983, S. 20–33.

P. Hasubek (Hg.), Die Fabel. Theorie, Geschichte und Rezeption einer Gattung, Berlin 1982.

P. Hasubek, Fabelforschung, Darmstadt 1983.

A. Hausrath, Das Problem der äsopischen Fabel, in: Neue Jahrbücher für das classische Altertum 1 (1898), S. 305–322.

A. Hausrath, Fabel, in: Paulys Real-Encyclopädie der Classischen Altertumswissenschaft 12 (1909), Sp. 1704–36; wiederabgedr. in: P. Hasubek, Fabelforschung (1983), S. 38–52.

N. Holzberg, Die antike Fabel. Eine Einführung, Darmstadt 1993.

S. Jedrkiewicz, A proposito del volume degli Entretiens Hardt sulla favola, in: Quaderni Urbinati di Cultura Classica N. S. 24 (1986), S. 145–155.

S. Jedrkiewicz, Sapere e paradosso nell'antichità: Esopo e la favola, Rom 1989.

O. Keller, Untersuchungen über die Geschichte der griechischen Fabel, Leipzig 1862, S. 309–412.

L. Koep, Fabel, in: Reallexikon für Antike und Christentum 7 (1969), Sp. 129–154.

E. Leibfried, Fabel. Realien zur Literatur, Stuttgart ⁴1982.

K. Meuli, Herkunft und Wesen der Fabel, in: Schweizerisches Archiv für Volkskunde 50 (1954), S. 65–88; wiedergedr. in: K. M., Gesammelte Schriften, Bd. 2, Basel / Stuttgart 1975, S. 731–756.

M. Nøjgaard, La fable antique. I: La fable grecque avant Phèdre. II: Les grands fabulistes, Kopenhagen 1964–1967.

M. Nøjgaard, The moralisation of the fable: from Aesop to Romulus, in: H. Bekker-Nielsen et al. (Hg.), Medieval narrative. A Symposium. Proceedings of the Third International Symposium organized by the Centre for the study of vernacular literature in the Middle Ages, Odense 1979, S. 31–43; frz. u. d. T.: M. N., La moralisation de la fable: D'Ésope à Romulus, in: F. R. Adrados / O. Reverdin (Hg.), La fable (1984), S. 225–251.

B. E. Perry, The origin of the epimythium, in: Transactions and Proceedings of the American Philological Association 71 (1940), S. 391–419.

B. E. Perry, Fable, in: Studium Generale 12 (1959), S. 17–37.

J. C. Rodríguez, La terminología latina de la fábula, in: J. L. Melena (Hg.), Symbolae Ludovico Mitxelena septuagenario oblatae, Bd. 1, Vitoria 1985, S. 287–294.

A. M. Scarcella, Note di etologia esopica, in: Euphrosyne N. S. 20 (1992), S. 261–267.

Th. Spoerri, Der Aufstand der Fabel, in: Trivium 1 (1942/43), S. 31–63; wiederabgedr. in: P. Hasubek, Fabelforschung (1983), S. 97–127.

G. Thiele, Die vorliterarische Fabel der Griechen, in: Neue Jahrbücher für das klassische Altertum 11 (1908), S. 377–400.

F. Wagner, Äsopika, in: Enzyklopädie des Märchens, Bd. 1, Berlin 1977, Sp. 889–901.

W. Wienert, Die Typen der griechisch-römischen Fabel, Helsinki 1925.

M. Wissemann, Fabel. Zur Entwicklung der Bezeichnung für eine Literaturgattung, in: Fabula 33 (1992), S. 1–13.

3 Fabeln im Kontext

Übergreifende Darstellungen

H. Th. Archibald, The fable in Archilochus, Herodotus, Livy and Horace, in: Transactions and Proceedings of the American Philological Association 33 (1902), S. LXXXVIII–XC.

J. Dalfen, Die Fabeln in der griechischen Literatur, in: Ianus 11 (1990), S. 56–62.

J. G. M. van Dijk, Fables in ancient historiography, in: Bestia 5 (1993), S. 27–41 [„Notes" in: Bestia 6 (1994), S. 119–135].

E. Fraenkel, Zur Form der αἶνοι, in: Rheinisches Museum 73 (1924), S. 366–370; wiederabgedr. in: E. F., Kleine Beiträge zur Klassischen Philologie, Bd. 1, Rom 1964, S. 235–239.

S. Jedrkiewicz, La favola esopica nel processo di argomentazione orale fino al IV sec. d. C., in: Quaderni Urbinati di Cultura Classica N. S. 27 (1987), S. 35–63.

F. Lasserre, La fable in Grèce dans le poésie archaïque, in: F. R. Adrados / O. Reverdin (Hg.), La fable (1984), S. 61–103.

Das Alte Testament

W. Richter, Traditionsgeschichtliche Untersuchungen zum Richterbuch, Bonn 1963 [bes. S. 246–250 und 282–299].

Hesiod

A. Bonnafe, Le rossignol et la justice en pleurs (Hésiode, „Travaux", 203–12), in: Bulletin de l'Association G. Budé (1983), S. 260–264.

J. Dalfen, Die ὕβρις der Nachtigall: Zu der Fabel (Erga 202–218) und zur griechischen Fabel im allgemeinen, in: Wiener Studien 107/108 (1994/95), S. 157–177.

L. W. Daly, Hesiod's fable, in: Transactions and Proceedings of the American Philological Association 92 (1961), S. 45–51.

H. Erbse, Die Funktion des Rechtsgedankens in Hesiods ‚Erga', in: Hermes 121 (1993), S. 12–28.

C. B. Ford, An interpretation of the fable of the Hawk and Nightingale in Hesiod's „Work and Days", in: Orpheus 12 (1965), S. 3–9.

L. Isebaert, Le rossignol et l'épervier, in: Les Études Classiques 56
(1988), S. 369–377.
M.-Ch. Leclerc, L'épervier et le rossignol d'Hésiode. Une fable
à double sens, in: Revue des Études Grecques 105 (1992),
S. 37–44.
E. Livrea, L'αἶνος esiodeo, in: Giornale Italiano di Filologia N. S.
1 (1970), H. 2, S. 1–20.
S. H. Lonsdale, Hesiod's Hawk and Nightingale (Op. 202–12):
Fable or omen?, in: Hermes 117 (1989), S. 403–412.
M. Puelma, Sänger und König, in: Museum Helveticum 29 (1972),
S. 86–109.
J. U. Schmidt, Hesiods Ainos von Habicht und Nachtigall, in: Wort
& Dienst 17 (1983), S. 55–76.

Archilochus

A. Baldi, Tracce del mito (1961) [s. 1, Sekundärliteratur].
L. Bodson, Le renard et le hérisson (Archiloque, fr. 201 West),
in: J. Servais / T. Hackens / B. Servais-Soyez (Hg.), Stemmata.
Mélanges de philologie, d'historie et d'archéologie grecques
offerts à Jules Labarbe, Liège / Louvain-la-Neuve 1987, S. 55–59.
C. Carey, Archilochus and Lycambes, in: The Classical Quarterly
N. S. 36 (1986), S. 60–67.
O. Immisch, Ein Epodos des Archilochos, Sitzungsberichte der
Heidelberger Akademie der Wissenschaften, philosophisch-
historische Klasse (1930/31) 3.
R. Janko, Aeschylus' Oresteia and Archilochus, in: The Classical
Quarterly N. S. 30 (1980), S. 291–293.
F. Lasserre, Les épodes d'Archiloque, Paris 1950, S. 28–52.
H. J. Mette, Echte Selbstanrede bei Archilochos? Zu Pap. Ox.
2316, in: Museum Helveticum 18 (1961), S. 35–36; wieder-
abgedr. in: H. J. M., Kleine Schriften, Frankfurt a. M. 1988,
S. 156–157.
R. J. Williams, The literary history (1956) [s. 1, Sekundärlitera-
tur].

Aeschylus

F. R. Adrados, El tema del aguila (1964) [s. 1, Sekundärliteratur].
A. Baldi, Strane analogie (1959) [s. 1, Sekundärliteratur].
M. Davies, Aeschylus and the fable, in: Hermes 109 (1981),
S. 248–251.
G.-J. van Dijk, Intertextualiteit in de Griekse Literatuur. De
Functie van een Fabel van Aeschylus tot Eustathius, in: Kleio 22
(1993), S. 141–157.
B. M. W. Knox, The lion in the house (Agamemnon 717–36.
[Murray]), in: Classical Philology 47 (1952), S. 17–25; wieder-

352 Bibliographie

abgedr. in: H. Hommel (Hg.), Wege zu Aischylos, Bd. 2, Darmstadt 1974, S. 202 ff.; und in: Word and Action: Essays on the Ancient Theatre, Baltimore 1979, S. 27–38.

C. Nappa, Agamemnon 717–36: The parable of the lion cub, in: Mnemosyne N. S. 47 (1994), S. 82–87.

Herodot

S. W. Hirsch, Cyrus' parable of the fish: Sea power in the early relations of Greece and Persia, in: The Classical Journal 81 (1985/86), S. 222–229.

Callimachus

H. Diels, Orientalische Fabeln (1910) [s. 1, Sekundärliteratur].

E. A. Barber, Notes on the Diegeseis of Callimachus, in: The Classical Quarterly 30 (1939), S. 65–68.

V. Castrucci, Elementi orientali nella letteratura ellenistica: Per una lettura di Callimaco, FR. 194 Pfeiffer, in: Quaderni di storia 43 (1996), S. 279–293.

C. Corbato, La funzione delle „fabulae" in Callimaco, in: La struttura della fabulazione antica, Genua 1979, S. 45–64.

L. Früchtel, Zur Äsopfabel des Kallimachos, in: Gymnasium 57 (1950), S. 123–124.

A. Hausrath, Ζεὺς καὶ τὰ θηρία: Die unbekannte Äsopfabel im Iambenbuch des Kallimachos, in: Gymnasium 56 (1949), S. 48–58.

S. Smith, Notes on ‚The Assyrian Tree', in: Bulletin of the School of Oriental Studies 4 (1926–28), S. 69–76.

I. M. Unvala, Draxt I Asurīk, in: Bulletin of the School of Oriental Studies 2 (1921–23), S. 637–678.

Ennius/Gellius

C. W. Müller, Ennius und Aesop, in: Museum Helveticum 33 (1976), S. 193–218.

Livius

P. Barie, Menenius Agrippa erzählt eine politische Fabel. Beobachtungen zur Struktur und Funktion einer primitiven Herrschaftsideologie, in: Der Altsprachliche Unterricht 13,4 (1970), S. 50–77; wiederabgedr. in: P. B., Die mores maiorum in einer vaterlosen Gesellschaft. Ideologiekritische Aspekte literarischer Texte, aufgezeigt am Beispiel des altsprachlichen Unterrichts, Frankfurt a. M. 1973, S. 101–128.

H. Gombel, Die Fabel „Vom Magen und den Gliedern" (1934) [s. 10].

D. G. Hale, The body politic (1971) [s. 10].

M. Hoefmans, De speech van Menenius Agrippa: Livius, AUC II, 32, 8–12, in: Kleio 22 (1992), S. 23–35.
W. Nestle, Die Fabel des Menenius Agrippa, in: Klio 21 (1927), S. 350–360; wiederabgedr. in: W. N., Griechische Studien, Stuttgart 1948, Aalen 1968, S. 502–516; und in: H. Kloft (Hg.), Ideologie und Herrschaft in der Antike, Darmstadt 1979, S. 191–204.
D. Peil, Der Streit der Glieder mit dem Magen (1985) [s. 10].
H. Quellet, L'apologue de Ménénius Agrippa (1982) [s. 10].

Horaz

H. Th. Archibald, The fable in Horace, in: Transactions and Proceedings of the American Philological Association 41 (1910), S. XIV–XIX.
F. Della Corte, Orazio favolista, in: Cultura e Scuola 25 (1986), H. 100, S. 87–93.
O. Hiltbrunner, Volteius Mena. Interpretationen zu Hor. epist. I, 7, in: Gymnasium 67 (1960), S. 289–300.
R. S. Kilpatrick, Fact and fable in Horace Epistle I, 7, in: Classical Philology 68 (1973), S. 47–53.
R. C. Tovar, Satura, sermo y fabella en Serm. II 6 de Horacio, in: A. R. Guerreira (Hg.), Mnemosynum C. Condeñer a discipulis oblatum, Salamanca 1991, S. 63–80.
G. Warmuth, Autobiographische Tierbilder bei Horaz, Hildesheim / Zürich / New York 1992 (Altertumswissenschaftliche Texte und Studien 22).
D. West, Of mice and men: Horace, Satires II, 6, 77–117, in: T. Woodman / D. W. (Hg.), Quality and pleasure in Latin poetry, Cambridge 1974, S. 67–80.

4 Der Äsop-Roman

Bibliographie, Forschungsberichte, Ausgaben und Übersetzungen, Index

A. Beschorner / N. Holzberg, A bibliography of the Aesop Romance, in: N. Holzberg (Hg.), Der Äsop-Roman (1992) [s. 4, Sekundärliteratur], S. 165–187.
K. Münscher, Bericht über die Literatur zur zweiten Sophistik (rednerische Epideiktik und Belletristik) aus den Jahren 1910 bis 1915, in: Jahresbericht über die Fortschritte der Klassischen Altertumswissenschaft 170 (1915), S. 229–230.
O. Mazal, Der griechische und byzantinische Roman in der Forschung von 1945 bis 1960, in: Jahrbuch der Österreichischen Byzantinischen Gesellschaft 11/12 (1962/63), S. 53–55.

A. Westermann, Vita Aesopi. Ex Vratislaviensi ac partim Mona-
censi et Vindobonensi codicibus, Braunschweig / London
1845.

H. Zeitz, Die Fragmente des Äsopromans in Papyrushandschriften,
Diss. Gießen 1935.

L. W. Daly, Aesop without morals: The famous fables, and a Life of
Aesop, newly translated. Illustrated by G. Muscarella, New
York / London 1961.

G. Poethke, Das Leben Äsops. Aus dem Griechischen von G. P. Mit
Einleitung herausgegeben und erläutert von W. Müller, Leipzig
1974.

M. W. Haslam, [POxy] 3331. Life of Aesop, in: The Oxyrhynchus
Papyri, Vol. XLVII (1980), S. 53–56.

M. W. Haslam, [POxy] 3720. Life of Aesop, in: The Oxyrhynchus
Papyri, Vol. LIII (1986), S. 149–172.

M. Papathomopoulos, Ὁ Βίος τοῦ Αἰσώπου. Ἡ Παραλλαγὴ
G. Κριτικὴ ἔκδοση μὲ εἰσαγωγὴ καὶ μετάφραση, Ioannina
1990.

E. Dimitriadou-Toufexi, Index verborum Vitae Aesopi Perria-
nae, in: Ἐπιστημονικὴ ἐπετηρίδα τῆς φιλοσφικῆς σχολῆς τοῦ
Ἀριστοτελείου πανεπιστημίου Θεσσαλονίκης 20 (1981),
S. 69–153.

Der Ahiqar-Roman

E. Sachau, Aramäische Papyrus und Ostraka aus einer jüdischen
Militärkolonie zu Elephantine, Leipzig 1911; Nachdr. 1973.

F. C. Conybeare / J. R. Harris / A. S. Lewis (Hg.), The story of
Ahikar. From the Aramaic, Syriac, Arabic, Armenian, Ethiopic,
Old Turkish, Greek and Slavonic versions, London ²1913.

A. Cowley, Aramaic papyri of the fifth century B. C., Oxford 1923;
Nachdr. Osnabrück 1967, S. 204–248.

J. M. Lindenberger, Ahiqar. A new translation and introduction, in:
J. H. Charlesworth (Hg.), The Old Testament Pseudepigrapha,
Bd. 2, London 1985, S. 479–507.

R. Degen, Achikar, in: Enzyklopädie des Märchens, Bd. 1, Berlin
1977, Sp. 53–59.

A. Hausrath, Achiqar und Aesop. Das Verhältnis der orientalischen
und griechischen Fabeldichtung, Sitzungsberichte der Heidelberger Akademie der Wissenschaften, philosophisch-historische
Klasse 1918, 2.

R. Kussl, Achikar, Tinuphis und Äsop, in: N. Holzberg (Hg.), Der
Äsop-Roman (1992) [s. 4, Sekundärliteratur], S. 23–30.

M. J. Luzzatto, Ancora sulla ‚Storia di Ahiqar‘, in: Quaderni di storia
39 (1994), S. 253–277.

N. Oettinger, Achikars Weisheitssprüche im Licht ältester Fabeldichtung, in: N. Holzberg (Hg.), Der Äsop-Roman (1992)
[s. 4, Sekundärliteratur], S. 3–22.
H. Wilsdorf, Der weise Achikaros bei Demokrit und Theophrast.
Eine Kommunikationsfrage, in: Philologus 135 (1991), S. 191–
206.

Sekundärliteratur

F. R. Adrados, The „Life of Aesop" and the origins of the novel in
antiquity, in: Quaderni Urbinati di Cultura Classica N. S. 1
(1979), S. 93–112.
H. Baker, A portrait of Aesop, in: Sewanee Review 78 (1969),
S. 557–590.
J. M. Beyer, Aesop – eine Sklavenbiographie, in: Antike Welt 25
(1994), S. 290–291.
K. Brodersen, Rache für Äsop. Zum Umgang mit Geschichte außer-
halb der Historiographie, in: N. Holzberg (Hg.), Der Äsop-
Roman (1992), S. 97–109.
G.-J. van Dijk, The fables in the Greek Life of Aesop, in: Reinardus 8
(1995), S. 131–150.
S. E. Goins, The influence of Old Comedy on the Vita Aesopi, in:
Classical World 83 (1989), S. 28–30.
B. Holbek, Äsop, in: Enzyklopädie des Märchens, Bd. 1, Berlin
1977, Sp. 882–889.
N. Holzberg (Hg.), Der Äsop-Roman. Motivgeschichte und
Erzählstruktur, Tübingen 1992.
N. Holzberg, Ein vergessener griechischer Schelmenroman: Die
fiktionale Äsop-Vita des 2./3. Jahrhunderts, in: Anregung 38
(1992), S. 390–403.
N. Holzberg, Novel-like works of extended prose fiction II, in:
G. Schmeling (Hg.), The novel in the ancient world, Leiden / New
York / Köln 1996, S. 633–639.
K. Hopkins, Novel evidence for Roman slavery, in: Past & Present
138 (1993), S. 3–27.
S. Jedrkiewicz, The last champion of play-wisdom: Aesop, in: Itaca
6–8 (1990–1992), S. 115–130.
A. La Penna, Il Romanzo di Esopo, in: Athenaeum N. S. 40 (1962),
S. 264–314.
M. J. Luzzatto, Plutarco, Socrate e l'Esopo di Delfi, in: Illinois
Classical Studies 13 (1988), S. 427–445.
M. J. Luzzatto, Aisop-Roman, in: Der Neue Pauly, Bd. 1, Stuttgart /
Weimar 1996, Sp. 359–360.
S. Merkle, Die Fabel von Frosch und Maus. Zur Funktion der λόγοι
im Delphi-Teil des Äsop-Romans, in: N. Holzberg (Hg.), Der
Äsop-Roman (1992), S. 110–128.

E. Mignogna, Aesopus bucolicus. Come si „mette in scena" un
   miracolo (vita Aesopi c.6), in: N. Holzberg (Hg.), Der Äsop-
   Roman (1992), S. 76–84.
P. v. Möllendorff, Die Fabel von Adler und Mistkäfer im Äsop-
   roman, in: Rheinisches Museum 137 (1994), S. 141–161.
A. Patterson, Fables of power. Aesopian writing and political
   history, Durham / London 1991 [bes. S. 13–43].
B. E. Perry, The text tradition of the Greek Life of Aesop, in:
   Transactions and Proceedings of the American Philological
   Association 64 (1933), S. 198–244.
B. E. Perry, Studies in the text history of the Life and Fables of Aesop,
   Haverford (Pa.) 1936.
M. Schauer / S. Merkle, Äsop und Sokrates, in: N. Holzberg (Hg.),
   Der Äsop-Roman (1992), S. 85–96.
M. L. West, The ascription of fables to Aesop in archaic and classical
   Greece, in: F. R. Adrados / O. Reverdin (Hg.), La fable (1984)
   [s. 2, Gesamtdarstellungen], S. 105–136.
A. Wiechers, Aesop in Delphi, Meisenheim am Glahn 1961.
H. Zeitz, Der Aesoproman und seine Geschichte. Eine Unter-
   suchung im Anschluss an die neugefundenen Papyri, in: Aegyptus
   16 (1936), S. 225–256.

5 Aesop

Ausgaben und Übersetzungen, Index

C. Halm, Fabulae Aesopicae collectae, Leipzig 1852 [u. ö.].
E. Chambry, Aesopi fabulae. I. II., Paris 1925.
E. Chambry, Ésope, Fables. Texte établi et traduit, Paris 1927.
A. Hausrath, Corpus Fabularum Aesopicarum. I: Fabulae Aeso-
   picae soluta oratione conscriptae. Fasc. 1 und 2, Leipzig 1940–
   1956 (Fasc. 1: [2]1970; Fasc. 2: [2]1959; cur. H. Hunger).
F. M. Garcia / A. R. Lopez, Index Aesopi fabularum, Hildesheim /
   Zürich / New York 1991.

Sekundärliteratur

F. R. Adrados, Estudios sobre el léxico de las fábulas Esópicas. En
   torno a los problemas de la koiné litteraria, Salamanca 1948.
F. R. Adrados, El Papiro Rylands 493 y la tradición fabulística
   antigua, in: Emérita 20 (1952), S. 337–388.
F. R. Adrados, La tradición fabulística griega y sus modelos métri-
   cos, in: Emérita 37 (1969), S. 235–315; 38 (1970), S. 1–52.
F. R. Adrados, Les collections de fables à l'époque hellénistique et
   romaine, in: F. R. A. / O. Reverdin (Hg.), La fable (1984) [s. 2,
   Gesamtdarstellungen], S. 137–195.

F. R. Adrados, Politica cinica en las fábulas esópicas, in: Filologia e forme letterarie. Studi offerti a F. Della Corte, Bd. 1, Urbino 1988, S. 413–426.

A. Demandt, Politik in den Fabeln Aesops, in: Gymnasium 28 (1991), S. 397–404.

G.-J. van Dijk, Ἐκ τῶν μύθων ἄρξασθαι, Greek fable theory after Aristotle: Character and characteristics, in: Greek literary theory after Aristotle. A collection of papers in honour of D. M. Schenkeveld, Amsterdam 1995, S. 235–258.

A. Hausrath, Untersuchungen zur Überlieferung der äsopischen Fabeln, in: Jahrbücher für classische Philologie, Supplement 21 (1984), S. 247–312.

M. J. Luzzatto, La datazione della Collectio Augustana di Esopo ed il verso politico delle origini, in: Jahrbuch der Österreichischen Byzantinistik 33 (1983), S. 137–177.

M. J. Luzzatto, Aisopos, in: Der Neue Pauly, Bd. 1, Stuttgart / Weimar 1996, Sp. 360–365.

I. Opelt, Krokodile als Gymnasiarchen – Zur Datierung aesopischer Fabeln, in: Rheinisches Museum 125 (1982), S. 241–251.

B. E. Perry, Demetrius of Phalerum and the Aesopic fables, in: Transactions and Proceedings of the American Philological Association 93 (1962), S. 287–346.

A. Skillen, Aesop's lessons in literary realism, in: Philosophy 67 (1992), S. 169–181.

6 Phaedrus

Forschungsberichte, Ausgaben und Übersetzungen, Indices

E. Heydenreich, Bericht über die Literatur zu Phaedrus aus den Jahren 1873–1882, in: Jahresbericht über die Fortschritte der Classischen Altertumswissenschaften 39 (1884), S. 1–3; [. . .] aus den Jahren 1883 und 1884, in: 39 (1884), S. 205–249; [. . .] aus dem Jahre 1885, in: 43 (1885), S. 100–124; [. . .] für die Jahre 1886 und 1887, in: 55 (1888), S. 170–174.

H. Draheim, Bericht über die Litteratur zu Phaedrus und der römischen Fabeldichtung für das Jahr 1888 mit einem Rückblick auf die vorangehenden Jahre, insbesondere über die Litteratur zu Avianus seit dem Jahre 1885, in: Jahresbericht über die Fortschritte der Classischen Altertumswissenschaft 59 (1889), S. 107–121; Bericht über die Litteratur zu Phaedrus und Avianus seit 1889, in: 68 (1891), S. 210–215; [. . .] für die Jahre 1892–1894, in: 84 (1895), S. 235–258; [. . .] für die Jahre 1895–1898, in: 101 (1899), S. 142–147; [. . .] für die Jahre 1899–1903, in: 126 (1905), S. 149–158; [. . .] für die Jahre 1904–1908, in: 143 (1909), S. 55–62; [. . .] für die Jahre 1909–1919, in 183 (1920), S. 195–203; [. . .] für die Jahre 1919–1924, in: 204 (1925), S. 223–232.

L. Tortora, Recenti studi su Fedro (1967–1974), in: Bollettino di studi latini 5 (1975), S. 266–273.

J. P. Postgate, Phaedri Fabulae Aesopiae. Cum Nicolai Perotti prologo et decem novis fabulis, Oxford 1919.

A. Guaglianone, Phaedri Augusti liberti liber fabularum, Turin 1969.

V. Riedel, Phaedrus, Der Wolf und das Lamm. Fabeln. Lateinisch und deutsch, Leipzig 1989.

O. Schönberger, Phaedrus, Liber Fabularum. Fabelbuch. Lateinisch und deutsch. Übersetzt von F. F. Rückert und O. S. Herausgegeben und erläutert von O. S., Stuttgart [5]1992.

H. Rupprecht, Phaedrus. Libertus Augusti, Fabulae. Die Fabeln. Lateinischer Text mit Einleitung, Übersetzung im Versmaß des Originals, kurzen Erläuterungen und Nachwort, Mitterfels 1992.

Phaedrus, Fabeln. Lateinisch-deutsch, herausgegeben und übersetzt von E. Oberg, Zürich / Düsseldorf 1996.

A. Cinquini, Index Phaedrianus, Mailand 1905; Nachdr. Hildesheim 1964.

C. A. Cremona, Lexicon Phaedrianum, Hildesheim / New York 1980.

Sekundärliteratur

S. Boldrini, Fedro e Perotti. Ricerche di storia della tradizione, Urbino 1988.

J. Christes, Reflexe erlebter Unfreiheit in den Sentenzen des Publilius Syrus und den Fabeln des Phaedrus. Zur Problematik ihrer Verifizierung, in: Hermes 107 (1979), S. 199–220.

H. M. Currie, Phaedrus the fabulist, in: Aufstieg und Niedergang der Römischen Welt, hg. von H. Temporini und W. Haase, Tl. 2: Principat, Bd. 32,1, Berlin / New York 1984, S. 497–513.

P. Dams, Dichtungskritik bei nachaugusteischen Dichtern, Diss. Marburg 1970, S. 96–113.

J. W. Duff, A literary history of Rome in the Silver Age. From Tiberius to Hadrian, London 1927, [2]1960, S. 107–124.

J. W. Duff, Roman Satire. Its outlook on Roman life, Cambridge 1937; Nachdr. Hamden (Conn.) 1964, S. 106–125.

G. Galli, Fedro e Orazio, in: Paideia 38 (1983), S. 195–199.

A. Hausrath, Zur Arbeitsweise des Phaedrus, in: Hermes 71 (1936), S. 70–103.

A. Hausrath, Phaedrus, in: Paulys Real-Encyclopädie der Classischen Altertumswissenschaft XIX, 2 (1938), Sp. 1475–1505.

N. Holzberg, Die Fabel von Stadtmaus und Landmaus bei Phaedrus und Horaz, in: Würzburger Jahrbücher für die Altertumswissenschaft N. F. 17 (1991), S. 229–239.

N. Holzberg, Phaedrus in der Literaturkritik seit Lessing. Alte und neue Wege der Interpretation, in: Anregung 37 (1991), S. 226–242.

S. Jedrkiewicz, Fedro e la verità, in: Quaderni Urbinati di Cultura Classica N. S. 34 (1990), S. 121–128.

D. Korzeniewski, Zur Verstechnik des Phaedrus. Aufgelöste Hebungen und Senkungen in seinen Senaren, in: Hermes 98 (1970), S. 430–458.

S. Koster, Phaedrus: Skizze einer Selbstauffassung, in: P. Neukam (Hg.), Die Antike im Brennpunkt, München 1991, S. 59–87.

M. J. Luzzatto, Fedro. Un poeta tra favola e realtà. Antologia. Con un saggio di L. Mondo, Turin 1976.

L. de Maria, La femina in Fedro. Emarginazione e privilegio, Lecce 1987.

M. Massaro, La redazione fedriana della Matrona di Efeso, in: Materiali e contributi per la storia della narrativa greco-latina 3 (1981), S. 217–237.

A. Önnerfors, Textkritisches und Sprachliches zu Phaedrus, in: Hermes 115 (1987).

G. B. Perini, Cui reddidi iampridem quicquid debui: il debito di Fedro con Esopo secondo Fedro, in: La storia, la letteratura e l'arte a Roma: da Tiberio a Domiziano. Atti del convegno (4 – 5 – 6 – 7 ottobre 1990), Mantua 1992, S. 43–59.

G. Pisi, Fedro traduttore di Esopo, Florenz 1977.

P. L. Schmidt, Politisches Argument und moralischer Appell: Zur Historizität der antiken Fabel im frühkaiserzeitlichen Rom, in: Der Deutschunterricht 31,6 (1979), S. 74–88.

G. Thiele, Phaedrus-Studien, in: Hermes 41 (1906), S. 562–592; 43 (1908), S. 337–372; 46 (1911), S. 376–392.

O. Weinreich, Fabel, Aretalogie, Novelle. Beiträge zu Phädrus, Petron, Martial und Apuleius, Sitzungsberichte der Heidelberger Akademie der Wissenschaften, philosophisch-historische Klasse 1930/31, 7.

O. Zwierlein, Der Codex Pithoeanus des Phaedrus in der Pierpont Morgan Library, in: Rheinisches Museum 113 (1970), S. 91–93.

O. Zwierlein, Jupiter und die Frösche, in: Hermes 117 (1989), S. 182–191.

7 Babrius

Forschungsberichte, Ausgaben und Übersetzungen, Index

J. Sitzler, Bericht über die griechischen Lyriker (mit Ausnahme des Pindar und Bakchylides), die Bukoliker, die Anthologia Palatina und die Epigrammsammlungen für 1891–1894, in: Jahresbericht über die Fortschritte der Classischen Altertumswissenschaft 92 (1897), S. 109–115; [. . .] für 1895–1898, in: 104 (1900), S. 104–106; [. . .] für 1898–1905, in: 133 (1907), S. 162–165; [. . .] für 1917 bis 1920, in: 191 (1922), S. 51.

P. Knöll, Fabularum Babrianarum paraphrasis Bodleiana, Wien
   1877.
W. G. Rutherford, Babrius, edited with introductory dissertations,
   critical notes, commentary and lexicon, London 1883.
O. Crusius, Babrii fabulae Aesopeae. Accedunt fabularum dacty-
   licarum et iambicarum reliquiae. Ignatii et aliorum tetrasticha
   iambica rec. a C. F. Müller, Leipzig 1897.
M. J. Luzzatto / A. La Penna, Babrii Mythiambi Aesopei, Leipzig
   1986.
F. M. Garcia / A. R. Lopez, Index mythiamborum Babrii, Hildesheim / Zürich / New York 1990.

Sekundärliteratur

O. Crusius, De Babrii aetate, in: Leipziger Studien zur Classischen
   Philologie 2 (1879), S. 127–248 (Diss. Leipzig 1879).
O. Crusius, Fabeln des Babrius auf Wachstafeln aus Palmyra, in:
   Philologus 53 (1894), S. 228–252.
O. Crusius, Babrios, in: Paulys Real-Encyclopädie der Classischen
   Altertumswissenschaft II, 2 (1896), Sp. 2655–67.
D. C. Hesseling, On waxen tablets with fabels of Babrius (Tabulae
   ceratae Assendelftianae), in: The Journal of Hellenic Studies 13
   (1892/93), S. 293–314.
M. Ihm, Eine lateinische Babriosübersetzung, in: Hermes 37 (1902),
   S. 147–151.
M. J. Luzzatto, La cultura letteraria di Babrio, in: Annali della Scuola
   Normale Superiore di Pisa, Classe di lettere e filosofia N. S. 5,1
   (1975), S. 17–97.
G. Marenghi, I mitiambi di Babrio e la tradizione esopiana, in:
   Giornale Italiano di Filologia 7 (1954), S. 341–348.
J. Vaio, An alleged paraphrase of Babrius, in: Greek, Roman and
   Byzantine Studies 11 (1970), S. 49–52.
J. Vaio, A new manuscript of Babrius: Fact or fable?, in: Illinois
   Classical Studies 2 (1977), S. 173–183.
J. Vaio, New non-evidence for the name of Babrius, in: Emérita
   48 (1980), S. 1–3.
J. Vaio, Babrius and the Byzantine fable, in: F. R. Adrados /
   O. Reverdin (Hg.), La fable (1984) [s. 2, Gesamtdarstellungen],
   S. 197–224.
F. Wagner, Babrios, in: Enzyklopädie des Märchens, Bd. 1, Berlin
   1977, Sp. 1123–28.

8   Avian

Ausgaben und Übersetzungen

R. Ellis, The fables of Avianus. Edited with prolegomena, critical
apparatus, commentary excursus, and index, Oxford 1887;
Nachdr. Hildesheim 1966.

J. W. Duff / A. M. Duff, Minor Latin poets. With an English translation, Bd. 2, Cambridge (Mass.) / London 1934, S. 667–749.

A. Guaglianone, Aviani Fabulae, Turin 1958.

F. Gaide, Avianus. Texte établi et traduit, Paris 1980.

Sekundärliteratur

A. Cameron, Macrobius, Avienus, and Avianus, in: The Classical
Quarterly N. S. 17 (1967), S. 385–399.

O. Crusius, Avianus, in: Paulys Real-Encyclopädie der Classischen
Altertumswissenschaft II, 2 (1896), Sp. 2373–78.

W. R. Jones, The text traditions of Avianus, Diss. University of
Illinois 1940.

W. R. Jones, Avianus, Flavianus, Theodosius, and Macrobis, in:
Classical studies presented to B. E. Perry, Urbana / Chicago /
London 1969, S. 203–209.

J. Küppers, Die Fabeln Avians. Studien zur Darstellung und Erzähl-
weise spätantiker Fabeldichtung, Bonn 1977.

J. Küppers, Zu Eigenart und Rezeptionsgeschichte der antiken
Fabeldichtung, in: E. Könsgen (Hg.), Arbor amoena comis: 25
Jahre Mittellateinisches Seminar in Bonn: 1965–1990, Stuttgart
1990, S. 23–33.

M. J. Luzzatto, Note su Aviano e sulle raccolte esopiche greco-la-
tine, in: Prometheus 10 (1984), S. 75–94.

K. Thraede, Zu Ausonius ep. 16,2 (Sch.), in: Hermes 96 (1968/69),
S. 608–628.

A. Weische, Avianus, in: Enzyklopädie des Märchens, Bd. 1, Berlin
1977, Sp. 1099–1104.

9   Der „Aesopus Latinus"

G. Thiele, Der illustrierte lateinische Äsop in der Handschrift des
Ademar. Codex Vossianus Lat. vet. 15, fol. 195–205. Einleitung
und Beschreibung. In phototypischer Reproduktion, Leiden
1905.

G. Thiele, Der Lateinische Äsop des Romulus und die Prosa-Fassun-
gen des Phädrus. Kritischer Text mit Kommentar und einleiten-
den Untersuchungen, Heidelberg 1910; Nachdr. Hildesheim /
Zürich / New York 1985.

C. M. Zander, Phaedrus solutus vel Phaedri fabulae novae XXX. Quas fabulas prosarias Phaedro vindicavit recensuit metrumque restituit, Lund 1921.

F. Bertini, Il monaco Ademaro e la sua raccolta di favole fedriane, Genua 1975.

P. Gatti, Le favole del Monaco Ademaro e la tradizione manoscritta del corpus fedriano, in: Sandalion 2 (1979), S. 247–256.

10   Zu einzelnen Fabeln

H. Ahrens, Die Fabel vom Löwen und der Maus in der Weltliteratur, Diss. Rostock 1920.

H. D. Austin, The origin and Greek versions of the Strange Feathers fable, in: Studies in honor of A. Marshall Eliott, Vol. 1, Baltimore 1911, S. 305–327.

C. M. Bowra, The fox and the hedgehog, in: The Classical Quarterly 34 (1940), S. 26–29.

R. Dithmar, Fuchs und Rabe – bei Äsop, La Fontaine und Lessing, in: Unterricht heute 21 (1970), S. 44–54.

M. Fuchs, Die Fabel von der Krähe, die sich mit fremden Federn schmückt, betrachtet in ihren verschiedenen Gestaltungen in der abendländischen Literatur, Diss. Berlin 1886.

H. Gombel, Die Fabel „Vom Magen und den Gliedern" in der Weltliteratur. (Mit besonderer Berücksichtigung der Romanischen Fabelliteratur), Halle 1934.

K. Górski, Die Fabel vom Loewenantheil in ihrer geschichtlichen Entwicklung, Diss. Berlin 1888.

F. Grawi, Die Fabel vom Baum und dem Schilfrohr in der Weltliteratur, Diss. Rostock 1911.

D. G. Hale, The body politic. A political metaphor in Renaissance English literature, Paris 1971.

M. Nøjgaard, Le cerf, le cheval, et l'homme. Étude sur la transmission des fables antiques, in: Classica et Mediaevalia 24 (1963), S. 1–19.

D. Peil, Der Streit der Glieder mit dem Magen. Studien zur Überlieferungs- und Deutungsgeschichte der Fabel des Menenius Agrippa von der Antike bis ins 20. Jahrhundert, Frankfurt a. M. 1985.

H. Quellet, L'apologue de Ménénius Agrippa, la doctrine des souffles vitaux (skr. prā-nā) et les origines du stoïcisme, in: Travaux Neuchâtelois de Linguistique 3 (1982), S. 59–167.

G. J. M. Bartelink, Vulpes et corvus: De lotgevallen van een fabel uit de oudheid, in: Kleio 15 (1985), S. 18–36.

SAMMLUNG TUSCULUM

Eine vollständige Ausgabe der Fabeln des Phaedrus
(5 Bücher und Appendix Perottina A,
mit 23 Holzschnitten aus der Äsop-Ausgabe Venedig 1491)
bietet der Tusculum-Band:

PHAEDRUS
FABELN

Lateinisch – deutsch

Herausgegeben und übersetzt
von Eberhard Oberg

Zürich/Düsseldorf 1996

ISBN 3-7608-1692-4